晉書

四部備要

史部

上海中華書局據武英殿本校刊

桐鄉 陸費逵 總勘

杭縣 高時顯 吳汝霖 輯校

杭縣 丁輔之 監造

晉書卷六十一

唐　太　宗　文　皇　帝　御　撰

列傳第三十一

周浚　子嵩　謨　從父弟馥

周浚字開林汝南安成人也父裴少府卿浚性果烈以才理見知有人倫鑒識鄉人史曜素微賤衆所未知浚獨引之爲友遂以妹妻之曜竟有名於世浚初不應州郡之辟後仕魏爲尚書郎累遷御史中丞拜折衝將軍揚州刺史封射陽侯隨王渾伐吳攻破江西屯戍與孫皓中軍大戰斬僞丞相張悌等首級數千俘馘萬計進軍屯於橫江時聞龍驤將軍王濬既破上方別駕何惲說浚曰張悌率精銳之卒悉吳國之衆殄滅於此吳之朝野莫不震懾今王龍驤既破武昌兵威甚盛順流而下所向輒克土崩之勢見矣竊謂宜速渡江直指建鄴大軍卒至奪其膽氣可不戰而擒浚善其謀便使白渾惲曰渾闇於事機而欲愼己免咎必不我從浚固使白之渾果曰受詔但令江北抗衡吳軍不使輕進

貴州雖武豈能獨平江東今者違命勝不足多若其不勝爲罪已重且詔令龍驤受我節度但當具君舟楫一時俱濟耳惲曰龍驤剋萬里之寇以旣濟之功來受節度未之聞也且握兵之要可則奪之所謂受命不受辭也今渡江必全剋獲將有何慮若疑於不濟不可謂智知而不行不可謂忠實鄙州上下所以恨恨也渾執不聽居無何而濬至渾召之不來乃直指三江山孫皓遂降於濬渾深恨之而欲與濬爭功惲牋與浚曰書貴克讓易大謙光斯古文所詠道家所崇前破張悌吳人失氣龍驤因之陷其區宇論其前後我實緩師動則爲傷事則不及而今方競其功彼旣不吞聲將虧雍穆之弘興矜爭之鄙斯愚情之所不取也浚得牋卽諫止渾渾不能納遂相表奏浚旣濟江與渾共行吳城壘綏撫新附以功進封成武侯食邑六千戶賜絹六千匹明年移鎮秣陵時吳初平屢有逃亡者頻討平之賓禮故老搜求俊乂甚有威德吳人悅服初吳之未平也浚在弋陽南北爲互市而諸將多相襲奪以爲功吳將蔡敏守于沔中其兄珪爲將在秣陵與敏書曰古者兵交使在其閒軍國固當舉信義以相高而

聞疆場之上往往有襲奪互市甚不可行弟慎無爲小利而忘大備也候者得
珪書以呈浚浚曰君子也及渡江求珪得之問其本曰汝南人也浚戲之曰吾
固疑吳無君子而卿果吾鄉人還侍中武帝問浚卿宗後生稱誰爲可答曰臣
叔父子恢稱重臣宗從父子馥稱清臣宗帝並召用浚轉少府以本官領將作
大匠改營宗廟訖增邑五百戶後代王渾爲使持節都督揚州諸軍事安東將
軍卒于位三子顗嵩謨顗嗣爵別有傳云
嵩字仲智狷直果俠每以才氣陵物元帝作相引爲參軍及帝爲晉王又拜奉
朝請嵩上疏曰臣聞取天下者常以無事及其有事不足以取天下故古之王
者必應天順時義全而後取讓成而後得是以享世長久重光萬載也今議者
以殿下化流江漢澤被六州功濟蒼生欲推崇尊號臣謂今梓宮未反舊京未
清義夫泣血士女震動宜深明周公之道先雪社稷大恥盡忠言嘉謨之助以
時濟弘仁之功崇謙謙之美推後己之誠然後揖讓以謝天下誰敢不應誰敢
不從由是忤旨出爲新安太守嵩怏怏不悅臨發與散騎郎張嶷在侍中戴邈

坐褒貶朝士又詆毀邈邈密表之帝召嵩入面責之曰卿矜豪傲慢敢輕忽朝廷由吾不德故耳嵩跪謝曰昔唐虞至聖四凶在朝陛下雖聖明御世亦安能無碌碌之臣乎帝怒收付廷尉廷尉華恆以嵩大不敬棄市論疑以扇和減罪除名時顗方貴重帝隱忍久之補廬陵太守不之職更拜御史中丞是時帝以王敦勢盛漸疏忌王導等嵩上疏曰臣聞明君思隆其道故賢智之士樂在其朝忠臣將明其節故量時而後仕思隆其道故無過任之譏將明其節故無過寵之謗是以君臣並隆功格天地近代以來德廢道衰君懷術以御臣臣挾利以事君君臣交利而禍亂相尋故得失之迹難可詳言臣請較而明之夫傅說之相高宗申召之相宣王管仲之佐齊桓衰范之翼晉文或宗師其道垂拱受成委以權重終致匡主未有憂其逼己還爲國蠹者也始田氏擅齊王莽簒漢皆藉封土之彊假累世之寵因闇弱之主資母后之權樹比周之黨階絕滅之勢然後乃能行其私謀以成簒奪之禍耳豈遇立功之主爲天人所相而能運其姦計以濟其不軌者哉光武以王族奮於閭閻因時之望收攬英奇遂續漢

業以美中興之功及天下既定頗廢黜功臣者何哉武力之士不達國體以立
一時之功不可久假以權勢其與廢之事亦可見矣近者三國鼎峙並以雄略
之才命世之能皆委賴俊哲終成功業貽之後嗣未有愆失遺方來之恨者也
今王導王廙等方之前賢猶有所後至於忠素竭誠義以輔上共隆洪基翼成
大業亦昔之亮也雖陛下乘奕世之德有天人之會割據江東奄有南極龍飛
海嵎興復舊物此亦羣才之明豈獨陛下之力也今王業雖建羯寇未梟天下
蕩蕩不賓者衆公私匱竭倉庾未充梓宮沉淪妃后不反正委賢任能推轂之
日也功業垂就晉祚方隆而一旦聽孤臣之言惑疑似之說乃更以危爲安以
疎易親放逐舊德以佞伍賢遠虧既往之明顧傷伊管之交傾巍巍之望喪如
山之功將令賢智杜心義士喪志近招當時之患遠遺來世之笑夫安危在號
令存亡在寄任以古推今豈可不寒心而哀歎哉臣兄弟受遇無彼此之嫌而
臣干犯時諱觸忤龍鱗者何誠念社稷之憂欲報之於陛下也古之明王思聞
其過悟逆旅之言以明成敗之由故採納愚言以考虛實上爲宗廟無窮之計

下收億兆元元之命臣不勝憂憤竭愚以聞疏奏帝感悟故導等獲全王敦既害顗而使人弔嵩嵩曰亡兄天下人爲天下人所殺復何所弔敦甚銜之懼失人情故未加害用爲從事中郎嵩王應嫂父也以顗橫遇禍意恆憤憤嘗衆中云應不宜統兵敦密使妖人李脫誣嵩及周筵潛相署置遂害之嵩精於事佛臨刑猶於市誦經云

謨以顗故頻居顯職王敦死後詔贈戴若思譙王承等而未及顗時謨爲後軍將軍上疏曰臣亡兄顗昔蒙先帝顧盼之施特垂表啓以參戎佐顯居上列遂管朝政並與羣后共隆中興仍典選曹重蒙寵授忝位師傅得與陛下揖讓抗禮恩結特隆加以鄙族結婚帝室義深任重庶竭股肱以報所受凶逆所忌惡直醜正身陷極禍忠不忘君守死善道有隕無二顗之云亡誰不痛心況臣同生能不哀結王敦無君由來實久元惡之甚古今無二幸賴陛下聖聰神武故能摧破凶彊撥亂反正以寧區宇前軍事之際聖恩不遺取顗息閔得充近侍臣時面啓欲令閔還襲臣亡父侯爵時卞壼庾亮並侍御座壼云事了當論顯

贈時未淹久言猶在耳至於譙王承甘卓已蒙清復王澄久遠猶在議論況顗
忠以衞主身死王事雖嵇紹之不違難何以過之至今不聞復封加贈褒顯之
言不知顗有餘責獨負殊恩爲朝廷急於時務不暇論及此臣所以痛心疾首
重用哀歎者也不勝辛酸冒陳愚款疏奏不報謨復重表然後追贈顗官謨歷
少府丹陽尹侍中中護軍封西平侯卒贈金紫光祿大夫謚曰貞
馥字祖宣浚從父弟也父蕤安平太守馥少與友人成公簡齊名俱起家爲諸
王文學累遷司徒左西屬司徒王渾表馥理識清正兼有才幹主定九品檢括
精詳臣委任責成褒貶允當請補尚書郎許之稍遷司徒左長史吏部郎選舉
精密論望益美轉御史中丞侍中拜徐州刺史加冠軍將軍假節徵爲廷尉惠
帝幸鄴成都王穎以馥守河南尹李盼上官巳等奉清河王覃爲太子加馥衞
將軍錄尚書馥辭不受覃令馥與上官巳合軍馥以巳小人縱暴終爲國賊乃
共司隸滿奮等謀共除之謀泄爲巳所襲奮被害馥走得免及巳爲張方所敗
召馥還攝河南尹暨東海王越迎大駕以馥爲中領軍未就遷司隸校尉加散

騎常侍假節都督諸軍事於澠池帝還宮出爲平東將軍都督揚州諸軍事代劉準爲鎮東將軍與周玘等討陳敏滅之以功封永寧伯馥自經世故每欲維正朝廷忠情懇至以東海王越不盡臣節每言論厲然越深憚之馥覩羣賊孔熾洛陽孤危乃建策迎天子遷都壽春永嘉四年與長史吳思司馬殷識上書曰不圖厄運遂至於此戎狄交侵畿甸危逼臣輒與祖納裴憲華譚孫惠等三十人伏思大計僉以殷人有屢遷之事周王有岐山之徙方今王都罄乏不可久居河朔蕭條崤函險澀宛都屢敗江漢多虞於今平夷東南爲愈淮揚之地北阻塗山南抗靈嶽名川四帶有重險之固是以楚人東遷遂宅壽春徐邳東海亦足戍禦且運漕四通無患空乏雖聖上神聰元輔賢明居儉守約用保宗廟未若相土遷宅以享永祚臣謹選精卒三萬奉迎皇駕輒檄前北中郎將裴憲行使持節監豫州諸軍事東中郎將風馳卽路荊湘江揚各先運四年米租十五萬斛布絹各十四萬匹以供大駕令王浚荀晞共平河朔臣等戮力以啓南路遷都弭寇其計並得皇輿來巡臣宜轉據江州以恢王略知無不爲古人

所務敢竭忠誠庶報萬分朝遂夕隕猶生之年越與苟晞不協馥不先白於越而直上書越大怒先是越召馥及淮南太守裴碩馥不肯行而令碩率兵先進碩貳於馥乃舉兵稱馥擅命已奉越密旨圖馥遂襲之爲馥所敗碩退保東城求救於元帝帝遣揚威將軍甘卓建威將軍郭逸攻馥于壽春安豐太守孫惠率衆應之使謝摛爲檄摛馥之故將也馥見檄流涕曰必謝摛之辭摛聞之遂毀草旬日而馥衆潰奔于項爲新蔡王確所拘憂憤發病卒初華譚之失廬江也往壽春依馥及馥軍敗歸于元帝帝問曰周祖宣何至于反譚對曰周馥雖死天下尙有直言之士馥見寇賊滋蔓王威不振故欲移都以紓國難方伯不同遂致其伐曾不踰時而京都淪沒若使從馥之謀或可後亡也原情求實何得爲反帝曰馥位爲征鎭握兵方隅召而不入危而不持亦天下之罪人也譚曰然馥振纓中朝素有俊彥之稱出據方嶽實有偏任之重而高略不舉往往失和危而不持當與天下共受其責然謂之反不亦誣乎帝意始解馥有二子密矯密字泰玄性虛簡時人稱爲清士位至尙書郎矯字正玄亦有才幹

成公簡

成公簡字宗舒東郡人也家世二千石性朴素不求榮利潛心道味罔有干其志者默識過人張茂先每言簡清靜比楊子雲默識擬張安世後爲中書郎時馥已爲司隸校尉遷鎭東將軍簡自以才高而在馥之下謂馥曰楊雄爲郎三世不徙而王莽董賢位列三司古今一揆耳馥甚慚之官至太子中庶子散騎常侍永嘉末奔苟晞與晞同沒

苟晞

苟晞字道將河南山陽人也少爲司隸部從事校尉石鑒深器之東海王越爲侍中引爲通事令史累遷陽平太守齊王冏輔政晞參冏軍事拜尚書右丞轉左丞廉察諸曹八座以下皆側目憚之及冏誅晞亦坐免長沙王乂爲驃騎將軍以晞爲從事中郎惠帝征成都王穎以爲北軍中候及帝還洛陽晞奔范陽王虓虓承制用晞行兗州刺史汲桑之破鄴也東海王越出次官渡以討之命晞爲前鋒桑素憚之於城外爲柵以自守晞將至頓兵休士先遣單車示以禍

福桑衆大震棄柵宵遁嬰城固守晞陷其九壘遂定鄴而還西討呂朗等滅之後高密王泰討青州賊劉根破汲桑故將公師藩敗石勒於河北威名甚盛時人擬之韓白進位撫軍將軍假節都督青兗諸軍事封東平郡侯邑萬戶晞練於官事文簿盈積斷決如流人不敢欺其從母依之奉養甚厚從母子求爲將晞拒之曰吾不以王法貸人將無後悔邪固欲之晞乃以爲督護後犯法晞杖節斬之從母叩頭請救不聽既而素服哭之流涕曰殺卿者兗州刺史哭弟者苟道將其杖法如此晞見朝政日亂懼禍及己而多所交結每得珍物即遺都下親貴兗州去洛五百里恐不鮮美募得千里牛每遣信旦發暮還初東海王越以晞復其讎恥甚德之引升堂結爲兄弟越司馬潘滔等說曰兗州要衝魏武以之輔相漢室苟晞有大志非純臣久令處之則患生心腹矣若遷于青州厚其名號晞必悅公自牧兗州經緯諸夏藩衞本朝此所謂謀之於未有爲之於未亂也越以爲然乃遷晞征東大將軍開府儀同三司加侍中假節都督青州諸軍事領青州刺史進爲郡公晞乃多置參佐轉易守令以嚴刻立功日加

斬戮流血成川人不堪命號曰屠伯頓丘太守魏植爲流人所逼衆五六萬大掠兗州晞出屯無鹽以弟純領青州刑殺更甚於晞百姓號小苟酷於大苟晞尋破植時潘滔及尚書劉望等共誣陷晞晞怒表求滔等首又請越從事中郎劉洽爲軍司越皆不許晞於是昌言曰司馬元超爲宰相不平使天下淆亂苟道將豈可以不義使之韓信不忍衣食之惠死於婦人之手今將誅國賊尊王室桓文豈遠哉乃移告諸州稱己功伐陳越罪狀時懷帝惡越專權乃詔晞曰朕以不德戎車屢興上懼宗廟之累下愍兆庶之困當賴方嶽爲國藩翰公威振赫然梟斬藩桑走降喬朗魏植之徒復以誅除豈非高識明斷朕用委成加王彌石勒爲社稷之憂故有詔委統六州而公謙分小節稽違大命非所謂與國同憂也今復遣詔便施檄六州協同大舉翦除國難稱朕意焉晞復移諸征鎮州郡曰天步艱難禍難殷流劉元海造逆於汾陰石世龍階亂於三魏薦食畿甸覆喪鄴都結壘近郊仍震兗豫害三刺史殺二都督郡守官長湮沒數十百姓流離肝腦塗地晞以虛薄負荷國重是以弭節海隅援枹曹衞猥被中詔

委以關東督統諸軍欽承詔命剋今月二日當西經濟黎陽即日得滎陽太守丁嶷白事李惲陳午等救懷諸軍與羯大戰皆見破散懷城已陷河內太守裴整爲賊所執宿衞闕乏天子蒙難宗廟之危甚於累卵承問之日憂思累息晞以爲先王選建明德庸以服章所以藩固王室無俾城壞是以舟檝不固齊桓責楚襄王逼狄晉文致討夫翼獎皇家宣力本朝雖陷湯火大義所甘加諸方牧俱受榮寵義同畢力以報國恩晞雖不武首啓戎行秣馬裹糧以俟方鎮凡我同盟宜同赴救顯立名節在此行矣會王彌遣曹嶷破琅邪北攻齊地苟純城守嶷衆轉盛連營數十里晞還登城望之有懼色與賊連戰輒破之後簡精銳與賊大戰會大風揚塵晞遂敗績棄城夜走嶷追至東山部衆皆降嶷晞單騎奔高平收邸閣募得數千人帝又密詔晞討越晞復上表曰殿中校尉李初至奉被手詔肝心若裂東海王越得以宗臣遂執朝政委任邪佞寵樹奸黨至使前長史潘滔從事中郎畢邈主簿郭象等操弄大權刑賞由己尚書何綏中書令繆播太僕繆胤黄門侍郎應紹皆是聖詔親所抽拔而滔等妄搆陷以重

戮帶甲臨宮誅討后弟翦除宿衛私樹國人崇奬魏植招誘逋亡覆喪州郡王塗圮隔方貢乖絶宗廟闕蒸嘗之饗聖上有約食之匱鎮東將軍周馥豫州刺史馮嵩前北中郎將裴憲並以天朝空曠權臣專制事難之興慮在旦夕各率士馬奉迎皇輿思隆王室以盡臣禮而滔邀等劫越出關矯立行臺逼徙公卿擅爲詔令縱兵寇抄茹食居人交尸塞路暴骨盈野遂令方鎮失職城邑蕭條淮豫之氓陷離塗炭臣雖憤懣守局東嵎自奉明詔三軍奮厲卷甲長驅次于倉垣即日承司空博陵公浚書稱殿中中郎劉權齎詔勅浚與臣共剋大舉輒遣前鋒征虜將軍王讚徑至項城使越稽首歸政斬送滔等伏願陛下寬宥宗臣聽越還國其餘逼迫宜蒙曠蕩輒寫詔宣示征鎮顯明義舉遣揚烈將軍閻弘步騎五千鎮衛宗廟五年帝復詔晞曰太傅信用姦佞阻兵專權內不遵奉皇憲外不協比方州遂令戎狄充斥所在犯暴留軍何倫抄掠宮寺劫剝公主殺害賢士悖亂天下不可忍聞雖惟親親宜明九伐詔至之日其宣告天下率齊大舉桓文之績一以委公其思盡諸宜善建弘略道澁故練寫副手筆示意

晞表曰奉被手詔委臣征討喻以桓文紙練兼備伏讀跪歎五情惶怛自頃宰臣專制委杖佞邪內擅朝威外殘兆庶矯詔專征遂圖不軌縱兵寇掠陵踐宮寺前司隸校尉劉暾御史中丞温畿右將軍杜育並見攻劫廣平武安公主先帝遺體咸被逼辱逆節虐亂莫此之甚輒祗奉前詔部分諸軍遣王讚率陳午等將兵詣項龔行天罰初越疑晞與帝有謀使游騎於成皐閒獲晞使果得詔令及朝廷書遂大構疑隙越出牧豫州以討晞復下檄說晞罪惡遣從事中郎楊瑁爲兗州與徐州刺史裴盾共討晞晞使騎收河南尹潘滔滔夜遁乃執尚書劉曾侍中程延斬之會越薨盾敗詔晞爲大將軍大都督督青徐兗豫荆揚六州諸軍事增邑二萬戸加黃鉞先官如故晞以京邑荒饉日甚寇難交至表請遷都遣從事中郎劉會領船數十艘宿衞五百人獻穀千斛以迎帝朝臣多有異同俄而京師陷晞與王讚屯倉垣豫章王端及和郁等東奔晞晞率羣官尊端爲皇太子置行臺端承制以晞領太子太傅都督中外諸軍錄尚書自倉垣徙屯蒙城讚屯陽夏晞出於孤微位至上將志頗盈滿奴婢將千人侍妾數

十終日累夜不出庭戸刑政苛虐縱情肆欲遼西閻亨以書固諫晞怒殺之晞從事中郎明預有疾居家聞之乃轝病諫晞曰皇晉遭百六之數當危難之機明公親稟廟算將爲國家除暴閻亨美士奈何無罪一旦殺之晞怒曰我自殺閻亨何關人事而轝病來罵我左右爲之戰慄預曰以明公以禮見進預欲以禮自盡今明公怒預其若遠近怒明公何昔堯舜之在上也以和理而興桀紂之在上也以惡逆而滅天子且猶如此況人臣乎願明公且置其怒而思預之言晞有慚色由是衆心稍離莫爲致用加以疾疫饑饉其將温畿傅宣皆叛之石勒攻陽夏滅王讚馳襲蒙城執晞署爲司馬月餘乃殺之晞無子弟純亦遇害

華軼

華軼字彥夏平原人魏太尉歆之曾孫也祖表太中大夫父澹河南尹軼少有才氣聞於當世汎愛博納衆論美之初爲博士累遷散騎常侍東海王越牧兗州引爲留府長史永嘉中歷振威將軍江州刺史雖逢喪亂每崇典禮置儒林

祭酒以弘道訓乃下教曰今大義頹替禮典無宗朝廷滯議莫能攸正常以慨然宜特立此官以弘其事軍諮祭酒杜夷棲情玄遠確然絕俗才學精博道行優備其以爲儒林祭酒俄被越檄使助討諸賊軼遣前江夏太守陶侃爲揚武將軍率兵三千屯夏口以爲聲援軼在州甚有威惠州之豪士接以友道得江表之歡心流亡之士赴之如歸時天子孤危四方瓦解軼有匡天下之志每遣貢獻入洛不失臣節謂使者曰若洛都道斷可輸之瑯邪王以明吾之爲司馬氏也軼自以受洛京所遣而爲壽春所督時洛京尚存不能祗承元帝教命郡縣多諫之軼不納曰吾欲見詔書耳時帝遣揚烈將軍周訪率衆屯彭澤以備軼訪過姑孰著作郎干寶見而問之訪曰大府受命令屯彭澤彭澤江州西門也華彥夏有憂天下之誠而不欲碌碌受人控御頃來紛紜粗有嫌隙今又無故以兵守其門將成其釁吾當屯尋陽故縣既在江西可以扞禦北方又無嫌於相逼也尋洛郡不守司空荀藩移檄而以帝爲盟主既而帝承制改易長史軼又不從命於是遣左將軍王敦都督甘卓周訪宋典趙誘等討之軼遣別駕

陳雄屯彭澤以距敦自爲舟軍以爲外援武昌太守馮逸次于湓口訪擊逸破之前江州刺史衞展不爲軼所禮心常怏怏至是與豫章太守周廣爲內應潛軍襲軼軼衆潰奔于安城追斬之及其五子傳首建鄴初廣陵高悝寓居江州軼辟爲西曹掾尋而軼敗悝藏匿軼二子及妻崎嶇經年旣而遇赦悝攜之出首帝嘉而宥之

劉喬　孫耽　耽子柳

劉喬字仲彥南陽人也其先漢宗室封安衆侯傳襲歷三代祖廙魏侍中父阜陳留相喬少爲祕書郎建威將軍王戎引爲參軍伐吳之役戎使喬與參軍羅尚濟江破武昌還授滎陽令遷太子洗馬以誅楊駿功賜爵關中侯拜尚書右丞豫誅賈謐封安衆男累遷散騎常侍齊王冏爲大司馬初嵇紹爲冏所重每下階迎之喬言於冏曰裴張之誅朝臣畏憚孫秀故不敢不受財物嵇紹今何所逼忌故畜裴家車牛張家奴婢邪樂彥輔來公未嘗下牀何獨加敬於紹冏乃止紹謂喬曰大司馬何故不復迎客喬曰似有正人言以卿不足迎者紹曰

正人爲誰喬曰其則不遠紹默然頃之遷御史中丞岡腹心董艾勢傾朝廷百僚莫敢忤旨喬二旬之中奏劾艾罪釁者六艾諷尚書右丞苟晞免喬官復爲屯騎校尉張昌之亂喬出爲威遠將軍豫州刺史與荊州刺史劉弘共討昌進左將軍惠帝西幸長安喬與諸州郡舉兵迎大駕東海王越承制轉喬安北將軍冀州刺史以范陽王虓領豫州刺史喬以虓非天子命不受代發兵距之潁川太守劉輿昵於虓喬上尚書列輿罪惡河閒王顒得喬所上乃宣詔使鎮南將軍劉弘征東大將軍劉準平南將軍彭城王繹與喬并力攻虓於許昌輿弟琨率衆救虓未至而虓敗虓乃與琨俱奔河北未幾琨率突騎五千濟河攻喬喬劫琨父蕃以檻車載之據考城以距虓衆不敵而潰喬復收散卒屯於平氏河閒王顒進喬鎮東將軍假節以其長子祐爲東郡太守又遣劉弘劉準彭城王繹等率兵援喬弘與喬牋曰適承范陽欲代明使君明使君受命本朝列居方伯當官而行同獎王室橫見遷代誠爲不允然古人有言牽牛以蹊人之田信有罪矣而奪之牛罰亦重矣明使君不忍亮直狷介之忿甘爲戎首竊以爲

過何者至人之道用行舍藏跨下之辱猶宜俯就況於換代之嫌纖介之釁哉范陽國屬使君庶姓周之宗盟疏不閒親曲直既均責有所在廉藺區區戰國之將猶能升降以利社稷況命世之士哉今天下紛紜主上播越正是忠臣義士同心勠力之時弘實闇劣過蒙國恩願與使君共戴盟主鴈行下風掃除凶寇救蒼生之倒懸反北辰於太極此功未立不宜乖離備蒙顧遇情隆於常披露丹誠不敢不盡春秋之時諸侯相伐復爲和親者多矣願明使君迴既往之恨追不二之蹤解連環之結修如初之好范陽亦將悔前之失思崇後信矣東海王越將討喬弘又與越書曰適聞以吾州將擅舉兵逐范陽當討之誠明同異懲禍亂之宜然吾竊謂不可何者今北辰還居元首移幸羣后抗義以謀王室吾州將荷國重恩列位方伯亦伐鼓即戎勠力致命之秋也而范陽代之吾州將不從由代之不允但矯枉過正更以爲罪耳昔齊桓赦射鉤之讎而相管仲晉文忘斬袪之怨而親勃鞮方之於今當何有哉且君子躬自厚而薄責於人今奸臣弄權朝廷困逼此四海之所危懼宜釋私嫌共存公義含垢匿瑕忍

所難忍以大逆爲先奉迎爲急不可思小怨忘大德也苟崇忠恕共明分局連旗推鋒各致臣節吾州將必輸寫肝膽以報所蒙實不足計一朝之謬發赫然之怒使韓盧東郭相困而爲豺狼之擒也吾雖庶姓負乘過分實願足下率齊內外以康王室竊恥同儕自爲蠹害貪獻所懷惟足下圖之又上表曰范陽王虓欲代豫州刺史喬喬舉兵逐虓司空東海王越以喬不從命討之臣以爲喬忝受殊恩顯居州司自欲立功於時以狥國難無他罪闕而范陽代之代之爲非然喬亦不得以虓之非專威輒討誠應顯戮以懲不恪然自頃兵戈紛亂猜禍鋒生恐疑隙構於羣王災難延于宗子權柄隆於朝廷逆順效於成敗今夕爲忠明旦爲逆翩其反而互爲戎首載籍以來骨肉之禍未有如今者也臣竊悲之痛心疾首今邊陲無備豫之儲中華有杼軸之困而股肱之臣不惟國體職競尋常自相楚剝爲害轉深積毀銷骨萬一四夷乘虛爲變此亦猛獸交鬭自效於卞莊者矣臣以爲宜速發明詔詔越等令兩釋猜嫌各保分局自今以後其有不被詔書擅興兵馬者天下共伐之詩云誰能執熱逝不以濯若誠濯

之必無灼爛之患永有泰山之固矣時河閒王顒方距關東倚喬爲助不納其言東海王越移檄天下帥甲士三萬將入關迎大駕軍次於蕭喬懼遣子祐距越於蕭縣之靈壁劉琨分兵向許昌許昌人納之琨自滎陽率兵迎越遇祐衆潰見殺喬衆遂散與五百騎奔平氏帝還洛陽大赦越復表喬爲太傅軍諮祭酒越薨復以喬爲都督豫州諸軍事鎮東將軍豫州刺史卒於官時年六十三愍帝末追贈司空子挺潁川太守挺子耽

耽字敬道少有行檢以義尙流稱爲宗族所推博學明習詩禮三史歷度支尙書加散騎常侍在職公平廉愼所在著績桓玄耽女婿也及玄輔政以耽爲尙書令加侍中不拜改授特進金紫光祿大夫尋卒追贈左光祿大夫開府耽子柳

柳字叔惠亦有名譽少登清官歷尙書左右僕射時右丞傅迪好廣讀書而不解其義柳唯讀老子而已迪每輕之柳云卿讀書雖多而無所解可謂書簏矣時人重其言出爲徐兗江三州刺史卒贈右光祿大夫開府儀同三司喬弟乂

始安太守乂子戍丹陽尹

史臣曰周浚人倫鑒悟周馥理識精詳華軼勤顧禮經劉喬志存諒直用能歷官內外咸著勳庸而祖宣獻策遷都乖忤於東海彥夏係心宸極獲罪於瑯邪乃被以惡名加其顯戮豈不哀哉向若違左衽於伊川建右社於淮服據方城之險藉全楚之資簡練吳越之兵漕引淮海之粟縱未能祈天永命猶足以紓難緩亡嗟乎不用其良覆俾我悖其此之謂也苟晞擢自庸微位居上將釋位之功未立貪暴之釁已彰假手世龍以至屠戮斯所謂殺人多矣能無及此乎

贊曰開林才理爰登貴仕績著折衝化行江汜軼旣尊主馥亦勤王背時獲戾違天不祥喬爲戎首未識行藏道將鞠旅成名克舉貪虐有聞忠勤未取

晉書卷六十一

晉書卷六十一考證

周浚傳乃直指三江山○三江山一本作三山王濬傳濬舟師過三山是也今仍監本

荀晞傳龔行天罰○龔監本誤襲今從閣本改正

晉書卷六十一考證

晉書卷六十二

唐　太　宗　文　皇　帝　御　撰

列傳第三十二

劉琨　琨子羣　琨兄輿　輿子演

劉琨字越石中山魏昌人漢中山靜王勝之後也祖邁有經國之才爲相國參軍散騎常侍父蕃清高沖儉位至光祿大夫琨少得儁朗之目與范陽祖納俱以雄豪著名年三十六爲司隸從事時征虜將軍石崇河南金谷澗中有別廬冠絕時輩引致賓客日以賦詩琨預其閒文詠頗爲當時所許祕書監賈謐參管朝政京師人士無不傾心石崇歐陽建陸機陸雲之徒並以文才降節事謐琨兄弟亦在其閒號曰二十四友太尉高密王泰辟爲掾頻遷著作郎太學博士尚書郎趙王倫執政以琨爲記室督轉從事中郎倫子荂卽琨姊壻也故琨父子兄弟並爲倫所委任及篡荂爲皇太子琨爲荂詹事三王之討倫也以琨爲冠軍假節與孫秀子會率宿衞兵三萬距成都王穎戰于黃橋琨大敗而還

焚河橋以自固及齊王冏輔政以其父兄皆有當世之望故特宥之拜兄輿爲
中書郎琨爲尚書左丞轉司徒左長史冏敗范陽王虓鎮許昌引爲司馬及惠
帝幸長安東海王越謀迎大駕以琨父蕃爲淮北護軍豫州刺史劉喬攻范陽
王虓於許昌也琨與汝南太守杜育等率兵救之未至而虓敗琨與虓俱奔河
北琨之父母遂爲劉喬所執琨乃說冀州刺史温羨使讓位於虓及虓領冀州
遣琨詣幽州乞師於王浚得突騎八百人與虓濟河共破東平王楙於廩丘南
走劉喬始得其父母又斬石超降呂朗因統諸軍奉迎大駕於長安以勳封廣
武侯邑二千戶永嘉元年爲并州刺史加振威將軍領匈奴中郎將琨在路上
表曰臣以頑蔽志望有限因緣際會遂忝過任九月末得發道險山峻胡寇塞
路輒以少擊衆冒險而進頓伏艱危辛苦備嘗即日達壺口關臣自涉州疆目
覩困乏流移四散十不存二攜老扶弱不絕於路及其在者鬻賣妻子生相捐
棄死亡委厄白骨橫野哀呼之聲感傷和氣羣胡數萬周匝四山動足遇掠開
目覩寇唯有壺關可得告糴而此二道九州之險數人當路則百夫不敢進公

私往反沒喪者多嬰守窮城不得薪采耕牛既盡又乏田器以臣愚短當此至難憂如循環不遑寢食臣伏思此州雖云邊朔實邇皇畿南通河內東連司冀北捍殊俗西禦彊虜是勁弓良馬勇士精騎之所出也當須委輸乃全其命今上尚書請此州穀五百萬斛絹五百萬匹綿五百萬斤願陛下時出臣表速見聽處朝廷許之時東嬴公騰自晉陽鎮鄴并土饑荒百姓隨騰南下餘戶不滿二萬寇賊縱橫道路斷塞琨募得千餘人轉鬬至晉陽府寺焚毀僵尸蔽地其有存者饑羸無復人色荊棘成林豺狼滿道琨翦除荊棘收葬枯骸造府朝建市獄寇盜互來掩襲恆以城門為戰場百姓負楯以耕屬鞬而耨琨撫循勞來甚得物情劉元海時在離石相去三百許里琨密遣離間其部雜虜降者萬餘落元海甚懼遂城蒲子而居之在官未朞流人稍復雞犬之音復相接矣琨父蕃自洛赴之人士奔迸者多歸於琨琨善於懷撫而短於控御一日之中雖歸者數千去者亦以相繼然素奢豪嗜聲色雖暫自矯勵而輒復縱逸河南徐潤者以音律自通遊於貴勢琨甚愛之署為晉陽令潤恃寵驕恣干預琨政奮威

護軍令狐盛性亢直數以此爲諫幷勸琨除潤琨不納初單于猗㐌以救東嬴公騰之功琨表其弟猗盧爲代郡公與劉希合衆於中山王浚以琨侵己之地數來擊琨琨不能抗由是聲實稍損徐潤又譖令狐盛於琨曰盛將勸公稱帝矣琨不之察便殺之琨母曰汝不能弘經略駕豪傑專欲除勝己以自安當何以得濟如是禍必及我不從盛子泥奔于劉聰具言虛實聰大喜以泥爲鄉導屬上黨太守襲醇降于聰鴈門烏丸復反琨親率精兵出禦之聰遣子粲及令狐泥乘虛襲晉陽太原太守高喬以郡降聰琨父母並遇害琨引猗盧幷力攻粲大敗之死者十五六琨乘勝追之更不能剋猗盧以爲聰未可滅遺琨牛羊車馬而去留其將箕澹段繁等戍晉陽琨志在復讎而屈於力弱泣血尸立撫慰傷痍移居陽邑城以招集亡散愍帝卽位拜大將軍都督幷州諸軍事加散騎常侍假節琨上疏謝曰陛下略臣大愆錄臣小善猥蒙天恩光授殊寵顯以蟬冕之榮崇以上將之位伏省詔書五情飛越臣聞晉文以郤縠爲元帥而定霸功高祖以韓信爲大將而成王業咸有敦詩閱禮之德戎昭果毅之威故能

振豐功於荊南拓洪基於河北況臣凡陋擬蹤前哲俯懼折鼎慮在覆餗昔曹沫三北而收功於柯盟馮異垂翅而奮翼於澠池皆能因敗爲成以功補過陛下宥過之恩已隆而臣自新之善不立臣雖不逮預聞前訓恭讓之節臣猶庶幾所以冒承寵命者實欲沒身報國輒死自效要以致命寇場盡其臣節至於寵榮之施非言辭所謝又謁者史蘭殿中中郎王春等繼至奉詔臣俯尋聖旨伏紙飲淚臣聞夷險流行古今代有靈厭皇德曾未悔禍蟻狄縱毒於神州夷裔肆虐於上國七廟闕禋祀之饗百官喪彝倫之序梓宮淪辱山陵未兆率土永慕思同考妣陛下龍姿日茂叡質彌光升區宇於既頹崇社稷於已替四海之內肇有上下九服之萌復覩典制伏惟陛下蒙塵于外越在秦郊蒸嘗之敬在心桑梓之思未克臣備位歷年才質駑下丘山之釁已彰豪氂之效未著頃以時宜權假位號竟無殪戎之績而有負乘之累當肆刑書以明黜陟是以臣前表上聞敢緣愚款乞奉先朝之班苟存偏師之職赦其三敗之愆收其一功之用得騁志虜場快意大逆雖身膏野草無恨黃壚陛下偏恩過隆曲蒙擢拔

遂授上將位兼常伯征討之務得從事宜拜命驚惶五情戰悸懼於隕越以爲
朝羞昔申胥不徇伯舉而成公壻之勳伍員不從城父而濟入郢之庸臣雖頑
凶無覬古人其於被堅執銳致身寇讎所謂天地之施羣生莫謝不勝受恩至
深謹拜表陳聞及麴允敗劉曜斬趙冉琨又表曰逆胡劉聰敢率犬羊憑陵輦
轂人神發憤遐邇奮怒伏省詔書相國南陽王保太尉涼州刺史軌糾合二州
同恤王室冠軍將軍允護軍將軍綝總齊六軍戮力國難王旅大捷俘馘千計
旌旗首於晉路金鼓振於河曲崤函無虔劉之驚汧隴有安業之慶斯誠宗廟
社稷陛下神武之所致含氣之類莫不引領況臣之心能無踊躍臣前表當與
鮮卑猗盧剋今年三月都會平陽會匈羯石勒以三月三日徑掩薊城大司馬
博陵公浚受其僞和爲勒所虜勒勢轉盛欲來襲臣城塢駭懼志在自守又猗
盧國內欲生姦謀幸盧警慮尋皆誅滅遂使南北顧慮用愆成舉臣所以泣血
宵吟扼腕長歎者也勒據襄國與臣隔山寇騎朝發夕及臣城同惡相求其徒
實繁自東北八州勒滅其七先朝所授存者唯臣是以勒朝夕謀慮以圖臣爲

計闚伺間隙寇抄相尋戎士不得解甲百姓不得在野天網雖張靈澤未及唯
臣孑然與寇爲伍自守則稽聰之誅進討則勒襲其後進退唯谷首尾狼狽徒
懷憤踊力不從顧慚怖怔營痛心疾首形留所在神馳寇庭秋穀既登胡馬已
肥前鋒諸軍並有至者臣當首啓戎行身先士卒臣與二虜勢不並立聰勒不
梟臣無歸志庶憑陛下威靈使微意獲展然後隕首謝國沒而無恨三年帝遣
兼大鴻臚趙廉持節拜琨爲司空都督并冀幽三州諸軍事琨上表讓司空受
都督剋期與猗盧討劉聰尋猗盧父子相圖盧及兄子根皆病死部落四散琨
子遵先質於盧衆皆附之及是遵與箕澹等帥盧衆三萬人馬牛羊十萬悉來
歸琨琨由是復振率數百騎自平城撫納之屬石勒攻樂平太守韓據請救於
琨而琨自以士衆新合欲因其銳以威勒箕澹諫曰此雖晉人久在荒裔未習
恩信難以法御今內收鮮卑之餘穀外抄殘胡之牛羊且閉關守險務農息士
既服化感義然後用之則功可立也琨不從悉發其衆命澹領步騎二萬爲前
驅琨自爲後繼勒先據險要設伏以擊澹大敗之一軍皆沒并土震駭尋又災

旱琨窮蹙不能復守幽州刺史鮮卑段匹磾數遣信要琨欲與同獎王室琨由是率衆赴之從飛狐入薊匹磾見之甚相崇重與琨結婚約爲兄弟是時西都不守元帝稱制江左琨乃令長史温嶠勸進於是河朔征鎮夷夏一百八十人連名上表語在元紀令報曰豺狼肆毒荐覆社稷億兆顒顒延首罔繫是以居于王位以答天下庶以剋復聖主掃蕩讎恥豈可猥當隆極此孤之至誠著於遐邇者也公受奕世之寵極人臣之位忠允義誠精感天地實賴遠謀共濟艱難南北迥邈同契一致萬里之外心存咫尺公其撫寧華戎致罰醜類動靜以聞建武元年琨與匹磾期討石勒匹磾推琨爲大都督喢血載書檄諸方守俱集襄國琨匹磾進屯固安以俟衆軍匹磾從弟末波納勒厚賂獨不進乃沮其計琨匹磾以勢弱而退是歲元帝轉琨爲侍中太尉其餘如故并贈名刀琨答曰謹當躬自執佩馘截二虜匹磾奔其兄喪琨遣世子羣送之而末波率衆要擊匹磾而敗走之羣爲末波所得末波厚禮之許以琨爲幽州刺史共結盟而襲匹磾密遣使齎羣書請琨爲內應而爲匹磾邏騎所得時琨別屯故征北府

小城不之知也因來見匹磾匹磾以羣書示琨曰意亦不疑公是以白公耳琨曰與公同盟志獎王室仰憑威力庶雪國家之恥若兒書密達亦終不以一子之故負公忘義也匹磾雅重琨初無害琨志將聽還屯其中弟叔軍好學有智謀爲匹磾所信謂匹磾曰吾胡夷耳所以能服晉人者畏吾衆也今我骨肉構禍是其良圖之日若有奉琨以起吾族盡矣匹磾遂留琨琨之庶長子遵懼誅與琨左長史楊橋并州治中如綏閉門自守匹磾諭之不得因縱兵攻之琨將龍季猛迫於乏食遂斬橋綏而降初琨之去晉陽也慮及危亡而大恥不雪亦知夷狄難以義伏冀輸寫至誠僥倖萬一每見將佐發言慷慨悲其道窮欲率部曲死於賊壘斯謀未果竟爲匹磾所拘自知必死神色怡如也爲五言詩贈其別駕盧諶曰握中有懸璧本自荊山球惟彼太公望昔是渭濱叟鄧生何感激千里來相求白登幸曲逆鴻門賴留侯重耳憑五賢小白相射鉤能隆二伯主安問黨與讎中夜撫枕歎想與數子遊吾衰久矣夫何其不夢周誰云聖達節知命故無憂宣尼悲獲麟西狩泣孔丘功業未及建夕陽忽西流時哉不我

與去矣如雲浮朱實隕勁風繁英落素秋狹路傾華蓋駭駟摧雙輈何意百鍊剛化爲繞指柔琨詩託意非常攄暢幽憤遠想張陳感鴻門白登之事用以激諶諶素無奇略以常詞酬和殊乖琨心重以詩贈之乃謂琨曰前篇帝王大志非人臣所言矣然琨既忠於晉室素有重望被拘經月遠近憤歎匹磾所署代郡太守辟閭嵩與琨所署鴈門太守王據後將軍韓據連謀密作攻具欲以襲匹磾而韓據女爲匹磾兒妾聞其謀而告之匹磾於是執王據辟閭嵩及其徒黨悉誅之會王敦密使匹磾殺琨匹磾又懼衆反己遂稱有詔收琨初琨聞敦使至謂其子曰處仲使來而不我告是殺我也死生有命但恨讎耻不雪無以下見二親耳因歔欷不能自勝匹磾遂縊之時年四十八子姪四人俱被害朝廷以匹磾尚彊當爲國討石勒不舉琨哀三年琨故從事中郎盧諶崔悅等上表理琨曰臣聞經國之體在於崇明典刑立政之務在於固慎關塞況方岳之臣殺生之柄而可不正其枉直以杜其姦邪哉竊見故司空廣武侯琨在惠帝擾攘之際值羣后鼎沸之難戮力皇家義誠彌厲躬統華夷親受矢石石超授

首呂朗面縛社稷克寧鑾輿反駕奉迎之勳琨實爲隆此琨效忠之一驗也其後幷州刺史東嬴公騰以晉川荒匱移鎮臨漳太原西河盡徙三魏琨受任幷州屬承其弊到官之日遺戶無幾當易危之勢處難濟之土鳩集傷痍撫和戎狄數年之閒公私漸振會京都失守羣逆縱逸邊萌頓仆苟懷宴安咸以爲幷州之地四塞爲固且可閉關守險畜資養徒抗辭厲聲忠亮奮發以爲天子沉辱而不隕身死節情非所安遂乃跋履山川東西征討屠各乘虛晉陽沮潰琨父母罹屠戮之殃門族受殲夷之禍向使琨從州人之心爲自守之計則聖朝未必加誅而族黨可以不喪及猗盧敗亂晉人歸奔琨於平城納其初附將軍箕澹又以爲此雖晉人久在荒裔難以法整不可便用琨又讓之義形於色假從澹議偷於苟存則晏然於幷土必不亡身於燕薊也琨自以備位方嶽綱維不舉無緣虛荷大任坐居三司是以陛下登祚便引愆告遜前後章表具陳誠款尋令從事中郎臣續澹以章綬節傳奉還本朝與匹磾使榮邵期一時俱發又匹磾以琨王室大臣懼奪己威重忌琨之形漸彰於外琨知其如此慮不可

久欲遣妻息大小盡詣京城以其門室一委陛下有征舉之會則身充一卒若
匹磾縱凶慝則妻息可免具令臣澹密宣此旨求詔敕路次令相迎衞會王成
從平陽逃來說南陽王保稱號隴右士衆甚盛當移關中匹磾聞此私懷顧望
留停榮邵欲遣前兼鴻臚邊邈奉使詣保懼澹獨南言其此事遂不許引路丹
誠赤心卒不上達匹磾兄眷喪亡嗣子幼弱欲因奔喪奪取其國又自以欺國
陵家懷邪樂禍恐父母宗黨不容其罪是以卷甲櫜弓陰圖作亂欲害其從叔
鱗從弟末波等以取其國匹磾親信密告鱗波鱗波乃遣人距之匹磾僅以身
免百姓謂匹磾已沒皆憑向琨若琨于時有害匹磾之情則居然可擒不復勞
於人力自此之後上下並離匹磾遂欲盡勒胡晉徙居上谷琨深不然之勸移
厭次南憑朝廷匹磾不能納反禍害父息四人從兄二息同時并命琨未遇害
知匹磾必有禍心語臣等云受國厚恩不能克報雖才略不及亦由遇此厄運
人誰不死死生命也唯恨下不能效節於一方上不得歸誠於陛下辭旨慷慨
動於左右匹磾既害琨橫加誣謗言琨欲闚神器謀圖不軌琨免述囂頑凶之

思又無信布懼誅之情踦䠐亂亡之際夾肩異類之間而有如此之心哉雖臧
獲之愚廝養之智猶不爲之況在國士之列忠節先著者乎匹磾之害琨稱陛
下密詔琨信有罪陛下加誅自當肆諸市朝與衆棄之不令殊俗之豎戮台輔
之臣亦已明矣然則擅詔有罪雖小必誅矯制有功雖大不論正以興替之根
咸在於此開塞之由不可不閉故也而匹磾無所顧忌怙亂專殺虛假王命虐
害鼎臣辱諸夏之望敗王室之法是可忍也孰不可忍若聖朝猶加隱忍未明
大體則不逞之人襲匹磾之跡殺生自由好惡任意陛下將何以誅之哉折衝
厭難唯存戰勝之將除暴討亂必須知略之臣故古語云山有猛獸藜藿爲之
不採非虛言矣自河以北幽并以南醜類有所顧憚者唯琨而已琨受害之後
羣凶欣欣莫不得意鼓行中州曾無纖介此又華夷小大所以長歎者也伏惟
陛下叡聖之隆中興之緒方將平章典刑以經序萬國而琨受害非所寃痛已
甚未聞朝廷有以甄論昔壺關三老訟衛太子之罪谷永劉向辨陳湯之功下
足以明功罪之分上足以悟聖主之懷臣等祖考以來世受殊遇入侍翠幄出

簪彤管弗克負荷播越遐荒與琨周旋接事終始是以仰慕三臣在昔之義謹陳本末冒以上聞仰希聖朝曲賜哀察太子中庶子温嶠又上疏理之帝乃下詔曰故太尉廣武侯劉琨忠亮開濟乃誠王家不幸遭難志節不遂朕甚悼之往以戎事未加弔祭其下幽州便依舊弔祭贈侍中太尉謚曰愍琨少負志氣有縱横之才善交勝己而頗浮誇與范陽祖逖爲友聞逖被用與親故書曰吾枕戈待旦志梟逆虜常恐祖生先吾著鞭其意氣相期如此在晉陽嘗爲胡騎所圍數重城中窘迫無計琨乃乘月登樓清嘯賊聞之皆悽然長歎中夜奏胡笳賊又流涕歔欷有懷土之切向曉復吹之賊並棄圍而走子羣嗣

羣字公度少拜廣武侯世子隨父在晉陽遭逢寇亂數領偏軍征討性清慎有裁斷得士類懽心及琨爲匹磾所害琨從事中郎盧諶等率餘衆奉羣依末波温嶠前後表稱姨弟劉羣内弟崔悅盧諶等皆在末波中翹首南望愚謂此等並有文思於人之中少可愍惜如蒙錄召繼絕興亡則陛下更生之恩望古無二咸康二年成帝詔徵羣等爲末波兄弟愛其才託以道險不遣石季龍滅遼

西羣及諶悅同沒胡中季龍皆優禮之以羣爲中書令至冉閔敗後羣遇害時
勒及季龍得公卿人士多殺之其見擢用終至大官者唯有河東裴憲渤海石
璞滎陽鄭系潁川荀綽北地傅暢及羣悅諶等十餘人而已
輿字慶孫儁朗有才局與琨並尙書郭奕之甥名著當時京都爲之語曰洛中
奕奕慶孫越石辟宰府尙書郎兄弟素侮孫秀及趙王倫輔政孫秀執權並免
其官妹適倫世子荂荂與秀不協復以輿爲散騎侍郎齊王冏輔政以輿爲中
書侍郎東海王越范陽王虓之舉兵也以輿爲潁川太守及河閒王顒檄劉喬
討虓於許昌矯詔曰潁川太守劉輿迫脅范陽王虓距逆詔命多樹私黨擅劫
郡縣合聚兵衆輿兄弟昔因趙王婚親擅弄權勢凶狡無道久應誅夷以遇赦
令得全首領小人不忌爲惡日滋輒用苟晞爲兗州斷截王命鎭南大將軍弘
平南將軍彭城王繹征東大將軍準各勒所領徑會許昌與喬并力今遣右將
軍張方爲大都督督建威將軍呂朗陽平太守刁默率步騎十萬同會許昌以
除輿兄弟敢有舉兵距違王命誅及五族能殺輿兄弟送首者封三千戶縣侯

賜絹五千匹虓之敗輿與之俱奔河北虓既鎮鄴以輿爲征虜將軍魏郡太守虓薨東海王越將召之或曰輿猶膩也近則污人及至越疑而御之輿密視天下兵簿及倉庫牛馬器械水陸之形皆默識之是時軍國多事每會議自潘滔以下莫知所對輿既見越應機辯畫越傾膝酬接卽以爲左長史越既總錄以輿爲上佐賓客滿筵文案盈机遠近書記日有數千終日不倦或以夜繼之皆人人懽暢莫不悅附命議如流酬對款備時人服其能比之陳遵時稱越府有三才潘滔大才劉輿長才裴邈清才越誅繆播王延等皆輿論也延愛妾荊氏有音伎延尚未殯輿便娉之未及迎又爲太傅從事中郎王儁所爭奪御史中丞傅宣劾奏越不問輿而免儁官輿乃說越遣琨鎮并州爲越北面之重洛陽未敗病指疽卒時年四十七追贈驃騎將軍先有功封定襄侯諡曰貞子演嗣演字始仁初辟太尉掾除尚書郎以父憂去職服闋襲爵太傅東海王越引爲主簿遷太子中庶子出爲陽平太守自洛奔琨琨以爲輔國將軍魏郡太守琨將討石勒以演領勇士千人行北中郎將兗州刺史鎮廩丘演斬王桑走趙固

得衆七千人爲石勒所攻演距戰勒退元帝拜爲都督後將軍假節後爲石季龍所圍求救於邵續段龕龕騎救之季龍走隨龕屯厭次被害弟胤爲琨引兵路逢烏桓賊戰沒胤弟挹初爲太傅東海王越掾與琨俱被害挹弟啓啓弟述與琨子羣俱在末波中後並入石季龍啓爲季龍尚書僕射後歸國穆帝拜爲前將軍加給事中永和九年隨中軍將軍殷浩北伐爲姚襄所敗啓戰沒述爲季龍侍中隨啓歸國拜驍騎將軍

祖逖 兄納

祖逖字士稚范陽遒人也世吏二千石爲北州舊姓父武晉王掾上谷太守逖少孤兄弟六人兄該納等並開爽有才幹逖性豁蕩不修儀檢年十四五猶未知書諸兄每憂之然輕財好俠慷慨有節尚每至田舍輒稱兄意散穀帛以賙貧乏鄉黨宗族以是重之後乃博覽書記該涉古今往來京師見者謂逖有贊世才具僑居陽平年二十四陽平辟察孝廉司隸再辟舉秀才皆不行與司空劉琨俱爲司州主簿情好綢繆共被同寢中夜聞荒雞鳴蹴琨覺曰此非惡聲

也因起舞逖琨並有英氣每語世事或中宵起坐相謂曰若四海鼎沸豪傑並起吾與足下當相避於中原耳辟齊王冏大司馬掾長沙王乂驃騎祭酒轉主簿累遷太子中舍人豫章王從事中郎從惠帝北伐王師敗績於蕩陰遂退還洛大駕西幸長安關東諸侯范陽王虓高密王略平昌公模等競召之皆不就東海王越以逖爲典兵參軍濟陰太守母喪不之官及京師大亂逖率親黨數百家避地淮泗以所乘車馬載同行老疾躬自徒步藥物衣糧與衆共之又多權略是以少長咸宗之推逖爲行主達泗口元帝逆用爲徐州刺史尋徵軍諮祭酒居丹徒之京口逖以社稷傾覆常懷振復之志賓客義徒皆暴桀勇士逖遇之如子弟時揚土大饑此輩多爲盜竊攻剽富室逖撫慰問之曰比復南塘一出不或爲吏所繩逖輒擁護救解之談者以此少逖然自若也時帝方拓定江南未遑北伐逖進說曰晉室之亂非上無道而下怨叛也由藩王爭權自相誅滅遂使戎狄乘隙毒流中原今遺黎既被殘酷人有奮擊之志大王誠能發威命將使若逖等爲之統主則郡國豪傑必因風向赴沉溺之士欣於來蘇庶

幾國恥可雪願大王圖之帝乃以逖爲奮威將軍豫州刺史給千人廩布三千匹不給鎧仗使自招募仍將本流徙部曲百餘家渡江中流擊楫而誓曰祖逖不能清中原而復濟者有如大江辭色壯烈衆皆慨歎屯于江陰起冶鑄兵器得二千餘人而後進初北中郎將劉演距于石勒也流人塢主張平樊雅等在譙演署平爲豫州刺史雅爲譙郡太守又有董瞻于武謝浮等十餘部衆各數百皆統屬平逖誘浮使取平浮譎平與會遂斬以獻逖帝嘉逖勳使運糧給之而道遠不至軍中大飢進據太丘樊雅遣衆夜襲逖遂入壘拔戟大呼直趣逖幕軍士大亂逖命左右距之督護董昭與賊戰走之逖率衆追討而張平餘衆助雅攻逖蓬陂塢主陳川自號寧朔將軍陳留太守逖遣使求救於川川遣將李頭率衆援之逖遂剋譙城初樊雅之據譙也逖以力弱求助於南中郎將王含含遣桓宣領兵助逖逖既剋譙宣等乃去石季龍聞而引衆圍譙含又遣宣救逖季龍聞宣至而退宣遂留助逖討諸屯塢未附者李頭之討樊雅也力戰有勳逖時獲雅駿馬頭甚欲之而不敢言逖知其意遂與之頭感逖恩遇每歎

曰若得此人爲主吾死無恨川聞而怒遂殺頭頭親黨馮寵率其屬四百人歸于逖川益怒遣將魏碩掠豫州諸郡大獲子女車馬逖遣將軍衛策邀擊於谷水盡獲所掠者皆令歸本軍無私焉川大懼遂以衆附石勒逖率衆伐川石季龍領兵五萬救川逖設奇以擊之季龍大敗收兵掠豫州徙陳川還襄國留桃豹等守川故城住西臺逖遣將韓潛等鎮東臺同一大城賊從南門出入放牧逖軍開東門相守四旬逖以布囊盛土如米狀使千餘人運上臺又令數人擔米僞爲疲極而息於道賊果逐之皆棄擔而走賊既獲米謂逖士衆豐飽而胡戍飢久益懼無復膽氣石勒將劉夜堂以驢千頭運糧以饋桃豹逖遣韓潛馮鐵等追擊於汴水盡獲之豹宵遁退據東燕城逖使潛進屯封丘以逼之馮鐵據二臺逖鎮雍丘數遣軍要截石勒勒屯戍漸蹙候騎嘗獲濮陽人逖厚待遣歸咸感逖恩德率鄉里五百家降逖勒又遣精騎萬人距逖復爲逖所破勒鎮戍歸附者甚多時趙固上官巳李矩郭默等各以詐力相攻擊逖馳使和解之示以禍福遂受逖節度逖愛人下士雖疎交賤隸皆恩禮遇之由是黃河以南

盡爲晉土河上堡固先有任子在胡者皆聽兩屬時遣游軍僞抄之明其未附
諸塢主感戴胡中有異謀輒密以聞前後剋獲亦由此也其有微功賞不踰日
躬自儉約勸督農桑克己務施不畜資產子弟耕耘負擔樵薪又收葬枯骨爲
之祭醊百姓感悅嘗置酒大會耆老中坐流涕曰吾等老矣更得父母死將何
恨乃歌曰幸哉遺黎免俘虜三辰既朗遇慈父玄酒忘勞甘瓠脯何以詠恩歌
且舞其得人心如此故劉琨與親故書盛贊逖威德詔進逖爲鎭西將軍石勒
不敢窺兵河南使成皐縣修逖母墓因與逖書求通使交市逖不報書而聽互
市收利十倍於是公私豐贍士馬日滋方當推鋒越河掃清冀朔會朝廷將遣
戴若思爲都督逖以若思是吳人雖有才望無弘致遠識且已翦荊棘收河南
地而若思雍容一旦來統之意甚怏怏且聞王敦與劉隗等構隙慮有內難大
功不遂感激發病乃致妻孥汝南大木山下時中原士庶咸謂逖當進據武牢
而反置家險阸或諫之不納逖雖內懷憂憤而圖進取不輟營繕武牢城城北
臨黃河西接成皐四望甚遠逖恐南無堅壘必爲賊所襲乃使從子汝南太守

濟率汝陽太守張敞新蔡內史周閎率衆築壘未成而逖病甚先是華譚庾闡問術人戴洋洋曰祖豫州九月當死初有妖星見于豫州之分歷陽陳訓又謂人曰今年西北大將當死逖亦見星曰爲我矣方平河北而天欲殺我此乃不祐國也俄卒於雍丘時年五十六豫州士女若喪考妣譙梁百姓爲之立祠冊贈車騎將軍王敦久懷逆亂畏逖不敢發至是始得肆意焉尋以逖弟約代領其衆約別有傳逖兄納

納字士言最有操行能清言文義可觀性至孝少孤貧常自炊爨以養母平北將軍王敦聞之遣其二婢辟爲從事中郎有戲之曰奴價倍婢納曰百里奚何必輕於五羖皮邪轉尚書三公郎累遷太子中庶子歷官多所駁正有補於時齊王冏建義趙王倫收冏弟北海王實及前黃門郎弘農董祚弟艾與冏俱起皆將害之納上疏救焉並見宥後爲中護軍太子詹事封晉昌公以洛下將亂乃避地東南元帝作相引爲軍諮祭酒納好奕棋王隱謂之曰禹惜寸陰不聞數棋對曰我亦忘憂耳隱曰蓋聞古人遭逢則以功達其道若其不遇則以言

達其道古必有之今亦宜然當晉未有書而天下大亂舊事蕩滅君少長五都遊宦四方華夷成敗皆當聞見何不記述而有裁成應仲遠作風俗通崔子真作政論蔡伯喈作勸學篇史游作急就章猶皆行於世便成沒而不朽僕雖無才非志不立故疾沒世而無聞焉所以自彊不息也況國史明乎得失之跡俱取散愁此可兼濟何必圍棋然後忘憂也納喟然歎曰非不悅子之道力不足耳乃言之於帝曰自古小國猶有史官況於大府安可不置因舉隱稱清純亮直學思沉敏五經羣史多所綜悉且好學不倦從善如流若使修著一代之典褒貶與奪誠一時之儁也帝以問記室參軍鍾雅雅曰納所舉雖有史才而今未能立也事遂停然史官之立自納始也初弟約與逖同母偏相親愛納與約異母頗有不平乃密以啓帝稱約懷陵上之性抑而使之可也今顯侍左右假其權勢將爲亂階人謂納與約異母忌其寵貴乃露其表以示約約憎納如讎朝廷因此棄納納既閑居但清談披閱文史而已及約爲逆朝野歎納有鑒裁焉温嶠以納州里父黨敬而拜之嶠既爲時用盛言納有名理除光祿大夫納

嘗問梅陶曰君鄉里立月旦評何如陶曰善褒惡貶則佳法也紈曰未益時王隱在坐因曰尚書稱三載考績三考黜陟幽明何得一月便行褒貶陶曰此官法也月旦私法也隱曰易稱積善之家必有餘慶積不善之家必有餘殃稱家者豈不是官必須積久善惡乃著公私何異古人有言貞良而亡先人之殃酷烈而存先人之勳累世乃著豈但一月若必月旦則顏回食埃不免貪污盜蹠引少則爲清廉朝種暮穫善惡未定矣時梅陶及鍾雅數說餘事紈輒困之因曰君汝潁之士利如錐我幽冀之士鈍如槌持我鈍槌捶君利錐皆當摧矣陶雅並稱有神錐不可得槌紈曰假有神錐必有神槌雅無以對卒於家

史臣曰劉琨弱齡本無異操飛纓賈謐之館借箸馬倫之幕當于是日實佻巧之徒歟祖逖散穀周貧聞雞暗舞思中原之燎火幸天步之多艱原其素懷抑爲貪亂者矣及金行中毀乾維失統三后流亡遞縈居彘之禍六戎橫噬交肆長蛇之毒於是素絲改色跅弛易情各運奇才並騰英氣遇時屯而感激因世亂以驅馳陳力危邦犯疾風而表勁勵其貞操契寒松而立節咸能自致三鉉

成名一時古人有言曰世亂識忠良蓋斯之謂矣天不祚晉方啓戎心越石區

區獨禦鯨鯢之銳推心異類竟終幽圄痛哉士稚叶迹中興剋復九州之半而

災星告釁笠轂徒招惜矣

贊曰越石才雄臨危效忠枕戈長息投袂徼功踦嶇汾晉契闊獯戎見欺段氏

于嗟道窮祖生烈烈夙懷奇節扣楫中流誓清凶孽鄰醜景附遺萌載悅天妖

是徵國恥奚雪

晉書卷六十二

晉書卷六十二考證

劉琨傳匹磾從弟末波〇本書及後魏書波或作杯或作柸

能隆二伯主〇文選作苟能隆二伯

祖逖傳祖逖字士稚范陽遒人也〇稚監本作雅又遒訛作遒今從本書地理

志改正

蓬陂塢主陳川自號寧朔將軍〇綱目分注逖攻川於蓬關與此小異

晉書卷六十二考證

晉書卷六十三

唐 太 宗 文 皇 帝 御 撰

列傳第三十三

邵續

邵續字嗣祖魏郡安陽人也父乘散騎侍郎續朴素有志烈博覽經史善談理義妙解天文初爲成都王穎參軍穎將討長沙王乂續諫曰續聞兄弟如左右手今明公當天下之敵而欲去一手乎續竊惑之穎不納後爲苟晞參軍除沁水令時天下漸亂續去縣還家糾合亡命得數百人王浚假續綏集將軍樂陵太守屯厭次以續子乂爲督護續綏懷流散多歸附之石勒既破浚遣乂還招續續以孤危無援權附於勒勒亦以乂爲督護既而段匹磾在薊遺書要續俱歸元帝續從之其下諫曰今棄勒歸匹磾任子危矣續垂泣曰我出身爲國豈得顧子而爲叛臣哉遂絕於勒勒乃害乂續懼勒攻先求救於匹磾匹磾遣弟文鴦救續文鴦未至勒已率八千騎圍續勒素畏鮮卑及聞文鴦至乃棄攻具

東走續與文鴦追勒至安陵不及虜勒所署官并驅三千餘家又遣騎入散勒北邊掠常山亦二千家而還匹磾既殺劉琨夷晉多怨叛遂徙其徒依續勒南和令趙領等率廣川渤海千餘家背勒歸續而帝以續爲平原樂安太守右將軍冀州刺史進平北將軍假節封祝阿子續遣兄子武邑內史存與文鴦率匹磾衆就食平原爲石季龍所破續先與曹嶷亟相侵掠嶷因存等敗乃破續屯田又抄其戶口續首尾相救疲於奔命太興初續遣存及文鴦屯濟南黃巾固因以逼嶷嶷懼求和俄而匹磾率衆攻段末杯石勒知續孤危遣季龍乘虛圍續季龍騎至城下掠其居人續率衆出救季龍伏騎斷其後遂爲季龍所得使續降其城續呼其兄子竺等曰吾志雪國難以報所受不幸至此汝等努力自勉便奉匹磾爲主勿有二心時帝既聞續沒下詔曰邵續忠烈在公義誠慷慨綏集荒餘憂國亡身功勳未遂不幸陷沒朕用悼恨于懷所統任重宜時有代其部曲文武已共推其息緝爲營主續之忠誠著于公私今立其子足以安衆一以續本位即授緝使總率所統效節國難雪其家仇季龍遣使送續於勒勒

使使徐光讓之曰國家應符撥亂八表宅心遺晉怖威遠竄揚越而續蟻封海阿跋扈王命以夷狄不足爲君邪何無上之甚也國有常刑於分甘乎續對曰晉末饑亂奔控無所保合鄉宗庶全老幼屬大王龍飛之始委命納質精誠無感不蒙慈恕言歸遺晉仍荷寵授誓盡忠節實無二心且受彼厚榮而復二三其趣者恐亦不容於明朝矣周文生于東夷大禹出於西羌帝王之興蓋惟天命所屬德之所招當何常邪伏惟大王聖武自天道隆虞夏凡在含生孰不延首神化耻隔皇風而況囚乎使囚去真卽僞不得早叩天門者大王負囚囚不負大王也釁鼓之刑因之恆分但恨天實爲之謂之何哉勒曰其言慨至孤愧之多矣夫忠于其君者乃吾所求也命張賓延之于館厚撫之尋以爲從事中郎令自後諸剋敵擒俊皆送之不得輒害冀獲如續之流初季龍之攻續也朝廷有王敦之逼不遑救恤續既爲勒所執身灌園鬻菜以供衣食勒屢遣察之歎曰此真高人矣不如是安足貴乎嘉其清苦數賜穀帛每臨朝嗟歎以勵羣官續被獲之後存及竺緝等與匹磾嬰城距寇而帝又假存揚武將軍武邑太

守勒屢遣季龍攻之戰守疲苦不能自立久之匹磾及其弟文鴦與竺緝等悉見獲惟存得潰圍南奔在道爲賊所殺續竟亦遇害

李矩

李矩字世迴平陽人也童齓時與羣兒聚戲便爲其率計畫指授有成人之量及長爲吏送故縣令於長安征西將軍梁王肜以爲牙門伐氐齊萬年有殊功封東明亭侯還爲本郡督護太守宋冑欲以所親吳畿代之矩謝病去畿恐矩復還陰使人刺矩會有人救之故得免屬劉元海攻平陽百姓奔走矩素爲鄉人所愛乃推爲塢主東屯滎陽後移新鄭矩勇毅多權略志在立功東海王越以爲汝陰太守永嘉初使矩與汝南太守袁孚率衆修洛陽千金堨以利運漕及洛陽不守太尉荀藩奔陽城衛將軍華薈奔成皋時大饑賊帥侯都等每略人而食之藩薈部曲多爲所啖矩討都等滅之乃營護藩薈各爲立屋宇輸穀以給之及藩承制建行臺假矩滎陽太守矩招懷離散遠近多附之石勒親率大衆襲矩矩遣老弱入山令所在散牛馬因設伏以待之賊爭取牛馬伏發齊

呼聲動山谷遂大破之斬獲甚衆勒乃退藩表元帝加矩冠軍將軍軺車幢蓋進封陽武縣侯領河東平陽太守時饑饉相仍又多疫癘矩垂心撫恤百姓賴焉會長安羣盜東下所在多虜掠矩遣部將擊破之盡得賊所略婦女千餘人諸將以非矩所部欲遂留之矩曰俱是國家臣妾焉有彼此乃一時遣之時劉琨所假河內太守郭默爲劉元海所逼乞歸於矩矩將使其甥郭誦迎致之而不敢進會劉琨遣參軍張肇率鮮卑范勝等五百餘騎往長安屬默被圍道路不通將還依邵續行至矩營矩謂肇曰默是劉公所授公家之事知無不爲屠各舊畏鮮卑遂邀肇爲聲援肇許之賊望見鮮卑不戰而走誦潛遣輕舟濟河使勇士夜襲懷城掩賊留營又大破之默遂率其屬歸于矩後劉聰遣從弟暢步騎三萬討矩屯于韓王故壘相去七里遣使招矩時暢卒至矩未暇爲備遣使奉牛酒詐降于暢潛匿精勇見其老弱暢不以爲虞大饗渠帥人皆醉飽矩謀夜襲之兵士以賊衆皆有懼色矩令郭誦禱鄭子產祠曰君昔相鄭惡鳥不鳴凶胡臭羯何得過庭使巫揚言東里有教當遣神兵相助將士聞之皆踴躍

爭進乃使誦及督護楊璋等選勇敢千人夜掩暢營獲鎧馬甚多斬首數千級

暢僅以身免先是郭默聞矩被攻遣弟芝率衆援之既而聞破暢芝復馳來赴

矩矩乃與芝馬五百匹分軍爲三道夜追賊復大獲而旋先是聰使其將趙固

鎮洛陽長史周振與固不協密陳固罪矩之破暢也帳中得聰書勑暢平矩訖

過洛陽收固斬之便以振代固矩送以示固固即斬振父子遂率騎一千來降

矩還令守洛後數月聰遣其太子粲率劉雅生等步騎十萬屯孟津北岸分遣

雅生攻趙固於洛固奔陽城山遣弟告急矩遣郭誦屯洛口以救之誦使將張

皮簡精卒千人夜渡河粲候者告有兵至粲恃其衆不以爲虞既而誦等奄至

十道俱攻粲衆驚擾一時奔潰殺傷大半因據其營獲其器械軍資不可勝數

及旦粲見皮等人少更與雅生悉餘衆攻之苦戰二十餘日不能下矩進救之

使壯士三千泛舟迎皮賊臨河列陣作長鈎以鈎船連戰數日不得渡矩夜遣

部將格增潛濟入皮壘與皮選精騎千餘而殺所獲牛馬焚燒器械夜突圍而

出奔武牢聰追之不及而退聰因憤恚發病而死帝嘉其功除矩都督河南三

郡軍事安西將軍滎陽太守封脩武縣侯及劉粲嗣位昏虐日甚其將靳準乃起兵殺粲并其宗族發聰冢斬其尸遣使歸矩稱劉元海屠各小醜因大晉事故之際作亂幽并矯稱天命至令二帝幽沒虜庭輒率衆扶侍梓宮因請上聞矩馳表于帝帝遣太常韓胤等奉迎梓宮未至而準已爲石勒劉曜所沒矩以衆少不足立功每慷慨憤歎及帝踐阼以爲都督司州諸軍事司州刺史改封平陽縣侯將軍如故時弘農太守尹安振威將軍宋始等四軍並屯洛陽各相疑阻莫有固志矩默各遣千騎至洛以鎮之安等乃同謀告石勒勒遣石生率騎五千至洛陽矩默軍皆退還俄而四將復背勒遣使乞迎默又遣步卒五百人入洛石生以四將相謀不能自安乃虜宋始一軍渡河而南百姓相率歸矩於是洛中遂空矩乃表郭誦爲揚武將軍陽翟令阻水築壘且耕且守爲滅賊之計屬趙固死石生遣騎襲誦誦多計略賊至輒設伏破之虜掠無所得生怒又自率四千餘騎暴掠諸縣因攻誦壘接戰須臾退軍堨坂誦率勁勇五百追及生於磐脂故亭又大破之矩以誦功多表加赤幢曲蓋封吉陽亭侯郭默欲

侵祖約矩禁之不可遂爲約所破石勒遣其養子恩襲默默懼後患未已將降於劉曜遣參軍鄭雄詣矩謀之矩距而不許後勒遣其將石良率精兵五千襲矩矩逆擊不利郭誦弟元復爲賊所執賊遣元以書說矩曰去年東平曹嶷西賓猗盧矩如牛角何不歸命矩以示誦誦曰昔王陵母在賊猶不改意弟當何論勒復遺誦麈尾馬鞭以示殷勤誦不答勒將石生屯洛陽大掠河南矩默大飢默因復說矩降曜矩旣爲石良所破遂從默計遣使於曜曜遣從弟岳軍于河陰欲與矩謀攻石生勒使將圍岳岳閉門不敢出默後爲石恩所敗自密南奔建康矩聞之大怒遣其將郭誦等齎書與默又勑誦曰汝識昏士之談不迎接郭默皆由於卿臨難逃走其必留之誦追及襄城默自知負矩棄妻子而遁誦擁其餘衆而歸矩待其妻子如初劉岳以外救不至降于石季龍矩所統將士有陰欲歸勒者矩知之而不能討乃率衆南走將歸朝廷衆皆道亡惟郭誦及參軍郭方功曹張景主簿苟遠將軍騫韜江霸梁志司馬尚季弘李瓌段秀等百餘人棄家送矩至於魯陽縣矩墜馬卒葬襄陽之峴山

段匹磾

段匹磾東郡鮮卑人也種類勁健世爲大人父務勿塵遣軍助東海王越征討有功王浚表爲親晉王封遼西公嫁女與務勿塵以結鄰援懷帝卽位以務勿塵爲大單于匹磾爲左賢王率衆助國征討假撫軍大將軍務勿塵死弟涉復辰以務勿塵子疾陸眷襲號劉曜逼洛陽王浚遣督護王昌等率疾陸眷及弟文鴦從弟末杯攻石勒於襄國勒敗還壘末杯追入壘門爲勒所獲勒質末杯遣使求和於疾陸眷疾陸眷將許之文鴦諫曰受命討勒寧以末杯一人故縱成擒之寇既失浚意且有後憂必不可許疾陸眷不聽以鎧馬二百五十匹金銀各一簏贖末杯勒歸之又厚以金寶綵絹報疾陸眷疾陸眷令文鴦與石季龍同盟約爲兄弟遂引騎還昌等不能獨守亦還建武初匹磾推劉琨爲大都督結盟討勒并檄涉復辰疾陸眷末杯等三面俱集襄國琨匹磾進屯固安以候衆軍勒懼遣間使厚賂末杯然末杯既思報其舊恩且因匹磾在外欲襲奪其國乃間匹磾於涉復辰疾陸眷曰以父兄而從子弟邪雖一旦有功匹磾獨

收之矣涉復辰等以爲然引軍而還匹磾亦止會疾陸眷病死匹磾從薊奔喪至于右北平末杯宣言匹磾將篡出軍擊敗之末杯遂害涉復辰及其子弟黨與二百餘人自立爲單于及王浚敗匹磾領幽州刺史劉琨自幷州依之復與匹磾結盟俱討石勒匹磾復爲末杯所敗士衆離散懼琨圖己遂害之於是晉人離散矣匹磾不能自固北依邵續末杯又攻敗之匹磾被瘡謂續曰吾夷狄慕義以至破家君若不忘舊要與吾進討君之惠也續曰賴公威德續得效節今公有難豈敢不俱遂幷力追末杯斬獲略盡又令文鴦北討末杯弟於薊城及還去城八十里聞續已沒衆懼而散復爲石季龍所遮文鴦以其親兵數百人力戰破之始得入城季龍復抄城下文鴦登城臨見欲出擊之匹磾不許文鴦曰我以勇聞故百姓杖我見人被略而不救非丈夫也令衆失望誰復爲我致死乎遂將壯士數十騎出戰殺胡甚多遇馬乏伏不能起季龍呼曰大兄與我俱是戎狄久望共同天不違願今日相見何故復戰請釋杖文鴦罵曰汝爲寇虐久應合死吾兄不用吾計故令汝得至此吾寧死不爲汝擒遂下馬苦戰

槊折執刀力戰不已季龍軍四面解馬羅披自鄣前捉文鴦文鴦戰自辰至申力極而後被執城內大懼匹磾欲單騎歸朝續弟樂安內史泊勒兵不許泊復欲執臺使王英送於季龍匹磾正色責之曰卿不能遵兄之志逼吾不得歸朝亦以甚矣復欲執天子使者我雖胡夷所未聞也因謂英曰匹磾世受重恩不忘忠孝今日事逼欲歸罪朝廷而見逼迫忠款不遂若得假息未死之日心不忘本遂渡黃河南匹磾著朝服持節賓從出見季龍曰我受國恩志在滅汝不幸吾國自亂以至於此既不能死又不能爲汝敬也勒及季龍素與匹磾結爲兄弟季龍起而拜之匹磾到襄國又不爲勒禮常著朝服持晉節經年國中謀推匹磾爲主事露被害文鴦亦遇鴆死惟末杯存焉及死弟牙立牙死其後從祖就陸眷之孫遼立自務勿塵已後值晉喪亂自稱位號據有遼西之地而臣御晉人其地西盡幽州東界遼水然所統胡晉可三萬餘家控弦可四五萬騎而與石季龍遞相侵掠連兵不息竟爲季龍所破徙其遺黎數萬家於司雍之地其子蘭復聚兵與季龍爲患久之及石氏之亡末杯之子勤鳩集胡羯得萬

餘人保枉人山自稱趙王附于慕容儁俄爲冉閔所敗徙于繹幕僭即尊號儁遣慕容恪擊之勤懼而降

魏浚　浚族子該

魏浚東郡東阿人也寓居關中初爲雍州小史河間王顒敗亂之後以爲武威將軍後爲度支校尉有幹用永嘉末與流人數百家東保河陰之硤石時京邑荒儉浚劫掠得穀麥獻之懷帝帝以爲揚威將軍平陽太守度支如故以亂不之官及洛陽陷屯于洛北石梁塢撫養遺衆漸修軍器其附賊者皆先解喻說大晉運數靈長行已建立歸之者甚衆其有恃遠不從命者遣將討之服從而已不加侵暴於是遠近感悅襁負至者甚衆劉琨承制假浚河南尹時太尉荀藩建行臺在密縣浚詣藩諮謀軍事藩甚悅要李矩同會矩將夜赴之矩官屬以浚不可信不宜夜往矩曰忠臣同心將何疑乎及會客主盡歡浚因與矩相結而去劉曜忌浚得衆率衆軍圍之劉演郭默遣軍來救曜分兵逆於河北乃伏兵深隱處以邀演默軍大破之盡虜演等騎浚夜遁走爲曜所得遂死之追

贈平西將軍族子該領其衆

該一名亥本僑居京兆陰磐河間王顒之伐趙王倫以該爲將兵都尉及劉曜攻洛陽隨浚赴難先領兵守金墉城故得無他曜引去餘衆依之時杜預子尹爲弘農太守屯宜陽界一泉塢數爲諸賊所抄掠尹要該共距之該遣其將馬瞻將三百人赴尹瞻知其無備夜襲尹殺之迎該據塢塢人震懼並服從之乃與李矩郭默相結以距賊荀藩卽以該爲武威將軍統城西雍涼人使討劉曜元帝承制加冠軍將軍河東太守督護河東河南平陽三郡曜嘗攻李矩該破之及矩將迎郭默該遣軍助之又與河北尹任愔相連結後漸饑弊曜寇日至欲率衆南徙衆不從該遂單騎走至南陽帝又以爲前鋒都督平北將軍雍州刺史馬瞻率該餘衆降曜曜徵發旣苦瞻又驕虐部曲遣使呼該該密往赴之其衆殺瞻而納該該還於新野率衆助周訪討平杜曾詔以該爲順陽太守王敦之反也梁州刺史甘卓不從欲觀該去就試以敦旨動之該曰我本去賊惟忠於國今王公舉兵向天子非吾所宜與也遂距而不應及蘇峻反率衆救臺

軍次石頭受陶侃節度峻未平該病篤還屯卒於道葬于武陵從子雄統其衆

郭默

郭默河內懷人少微賤以壯勇事太守裴整爲督將永嘉之亂默率遺衆自爲塢主以漁舟抄東歸行旅積年遂致巨富流人依附者漸衆撫循將士甚得其歡心默婦兄同郡陸嘉取官米數石餉妹默以爲違制將殺嘉嘉懼奔石勒默乃自射殺婦以明無私遣使謁劉琨琨加默河內太守劉元海遣從子曜討默曜列三屯圍之欲使餓死默送妻子爲質幷請糴焉糴畢設守曜怒沉默妻子于河而攻之默遣弟芝求救於劉琨琨知默狡猾留芝而緩其救默更遣人告急會芝出城浴馬使強與俱歸乃遣芝質於石勒勒以默多詐封默書與劉曜默使人伺得勒書便突圍投李矩後與矩幷力距劉石事見矩傳太興初除頴川太守默與石悤戰敗矩轉蹙弱默深憂懼解印授其參軍殷嶠謂之曰李使君遇吾甚厚今遂棄去無顏謝之三日可白吾去也乃奔陽翟矩聞之大怒遣其將郭誦追默至襄城及之默棄家人單馬馳去默至京都明帝授征虜將軍

劉遐卒以默爲北中郎將監淮北軍事假節遐故部曲李龍等謀反詔默爲右
衞將軍趙胤討平之朝廷將徵蘇峻懼其爲亂召默拜後將軍領屯騎校尉初
戰有功及六軍敗績南奔郄鑒議於曲阿北大業里作壘以分賊勢使默守之
峻遣韓晃等攻默甚急壘中頗乏水默懼分人馬出外乃潛從南門邉出留人
堅守會峻死圍解徵爲右軍將軍默樂爲邊將不願宿衞及赴召謂平南將軍
劉胤曰我能禦胡而不見用右軍主禁兵若疆埸有虞被使出征方始配給將
卒無素恩信不著以此臨敵少有不敗矣時當爲官擇才若人臣自擇官安得
不亂乎胤曰所論事雖然非小人所及也當發求資於胤時胤被詔免官不卽
歸罪方自申理而驕侈更甚遠近怪之初默之被徵距蘇峻也下次尋陽見胤
胤參佐張滿等輕默倮露視之默常切齒至是胤臘日餉默酒一器豘一頭默
對信投之水中忿憤益甚又僑人蓋肫先略取祖煥所殺孔煒女爲妻煒家求
之張滿等使還其家肫不與因與胤滿有隙至是肫謂默曰劉江州不受免密
有異圖與長史司馬張滿荀楷等日夜計謀反逆已形惟忌郭侯一人云當先

除郭侯而後起事禍將至矣宜深備之默既懷恨便率其徒候旦門開襲胤胤將吏欲距默默呴之曰我被詔有所討動者誅及三族遂入至內寢胤尙與妾臥默牽下斬之出取胤僚佐張滿荀楷等誣以大逆傳胤首于京師詐作詔書宣視內外掠胤女及諸妾幷金寶還船初云下都俄而遂停胤故府招桓宣王愆期愆期懼逼勸默爲平南江州默從之愆期因逃廬山桓宣固守不應司徒王導懼不可制乃大赦天下梟胤首於大航以默爲西中郎將豫州刺史武昌太守鄧嶽馳白太尉陶侃侃聞之投袂起曰此必詐也卽日率衆討默上疏陳默罪惡導聞之乃收胤首詔庾亮助侃討默默欲南據豫章而侃已至城下築土山以臨之諸軍大集圍之數重侃惜默驍勇欲活之遣郭誦見默默許降而默將張丑宋侯等恐爲侃所殺故致進退不時得出攻之轉急宋侯遂縛默來降卽斬于軍門同黨死者四十人傳首京師

史臣曰邵李魏郭等諸將契闊喪亂之辰驅馳戎馬之際威懷足以容衆勇略足以制人乃保據危城折衝千里招集義勇抗禦仇讐雖艱阻備嘗皆乃心王

室而矩能以少擊衆戰勝獲多遂使玄明憤恚世龍挫衂惜其寡弱功虧一簣

方之數子其最優乎默既拔迹危亡參陪朝伍忿因眦睚禍及誅夷非夫狂悖

豈宜至此段匹磾本自遐方而係心朝廷始則盡忠國難終乃抗節虜廷自蘇

子卿以來一人而已越石之見誅段氏實以威名匹磾之取戮世龍亦由衆望

禍福之應何其速哉詩云無言不酬無德不報此之謂也

贊曰邵李諸將實惟忠壯蒙犯艱危驅馳亭鄣力小任重功虧身喪匹磾勁烈

隕身全節默實凶殘自貽罪戾

晉書卷六十三

晉書卷六十三考證

邵續傳俄而匹磾率衆攻段末杯○前劉琨傳稱匹磾從弟末波此更稱末杯先後互異

段匹磾傳以務勿塵子疾陸眷襲號○疾陸眷石勒載記作段就六眷又作段疾六眷陽裕傳又作段眷亦猶段末波與末柸末杯先後互異耳

晉書卷六十三考證

晉書卷六十四

唐　太　宗　文　皇　帝　御　撰

列傳第三十四

武十三王

武帝二十六男楊元后生毗陵悼王軌惠帝秦獻王柬審美人生城陽懷王景楚隱王瑋長沙厲王乂徐才人生城陽殤王憲匱才人生東海沖王祗趙才人生始平哀王裕趙美人生代哀王演李夫人生淮南忠壯王允吳孝王晏嚴保林生新都懷王該陳美人生清河康王遐諸姬生汝陰哀王謨程才人生成都王穎王才人生孝懷帝楊悼后生渤海殤王恢餘八子不顯母氏並早夭又無封國及追諡今並略之其瑋乂穎自有傳

毗陵悼王軌字正則初拜騎都尉年二歲而夭太康十年追加封諡以楚王瑋子義嗣

秦獻王柬字弘度沉敏有識量泰始六年封汝南王咸寧初徙封南陽王拜左

將軍領右軍將軍散騎常侍武帝嘗幸宣武場以三十六軍兵簿令柬料校之柬一省便擿脫謬帝異之於諸子中尤見寵愛以左將軍居齊獻王故府甚貴寵爲天下所屬目性仁訥無機辯之譽太康十年徙封於秦邑八萬戶于時諸王封中土者皆五萬戶以柬與太子同產故特加之轉鎮西將軍西戎校尉假節與楚淮南王俱之國及惠帝卽位來朝拜驃騎將軍開府儀同三司加侍中錄尙書事進位大將軍時楊駿伏誅柬既痛舅氏覆滅甚有憂危之慮屢述武帝旨請還藩而汝南王亮留柬輔政及亮與楚王瑋被誅時人謂柬有先識元康元年薨時年三十朝野痛惜之葬禮如齊獻文王攸故事廟設軒懸之樂無子以淮南王允子郁爲嗣與允俱被害永寧二年追謚曰悼又以吳王晏子鄴嗣懷帝崩鄴入纂帝位國絕

城陽懷王景字景度出繼叔父城陽哀王兆後泰始五年受封六年薨

東海沖王祗字敬度泰始九年五月受封殤王薨復以祗繼兆其年薨時年三歲

始平哀王裕字濬度咸寧三年受封其年薨年七歲無子以淮南王允子迪爲
嗣太康十年改封漢王爲趙王倫所害

淮南忠壯王允字欽度咸寧二年封濮陽王拜越騎校尉太康十年徙封淮南
仍之國都督揚江二州諸軍事鎮東大將軍假節元康九年入朝初愍懷之廢
議者將立允爲太弟會趙王倫廢賈后詔遂以允爲驃騎將軍開府儀同三司
侍中都督如故領中護軍允性沉毅宿衞將士皆敬服之倫既有篡逆志允陰
知之稱疾不朝密養死士潛謀誅倫倫甚憚之轉爲太尉外示優崇實奪其兵
也允稱疾不拜倫遣御史逼允收官屬以下劾以大逆允恚視詔乃孫秀手書
也大怒便收御史將斬之御史走而獲免斬其令史二人厲色謂左右曰趙王
欲破我家遂率國兵及帳下七百人直出大呼曰趙王反我將攻之佐淮南王
者左袒於是歸之者甚衆允將赴宮尚書左丞王輿閉東掖門允不得入遂圍
相府允所將兵皆淮南奇才劍客也與戰頻敗之倫兵死者千餘人太子左率
陳徽勒東宮兵鼓譟於內以應允結陣於承華門前弓弩齊發射倫飛矢雨下

主書司馬畦祕以身蔽倫箭中其背而死倫宮屬皆隱樹而立每樹輒中數百箭自辰至未徽兄淮時爲中書令遣麾騶虞幡以解鬬倫子虔爲侍中在門下省密要壯士約以富貴於是遣司馬督護伏胤領騎四百從宮中出舉空版詐言有詔助淮南王允允不之覺開陣納之下車受詔爲胤所害時年二十九初倫兵敗皆相傳曰已擒倫矣百姓大悅既而聞允死莫不歎息允三子皆被害坐允夷滅者數千人及倫誅齊王冏上表理允曰故淮南王允忠孝篤誠憂國忘身討亂奮發幾於剋捷遭天凶運奄至隕沒逆黨遘惡并害三子冤魂酷毒莫不悲酸洎與義兵淮南國人自相率領衆過萬人人懷忼愾愍國統滅絶發言流涕臣輒以息超繼允後以慰存亡有詔改葬賜以殊禮追贈司徒冏敗超被幽金墉城後更以吳王晏子祥爲嗣拜散騎常侍洛京傾覆爲劉聰所害

代哀王演字宏度太康十年受封少有廢疾不之國演常止于宮中薨無子以成都王穎子廓爲嗣改封中都王後與穎俱死

新都王該字玄度咸寧三年受封太康四年薨時年十二無子國除

清河康王遐字深度美容儀有精彩武帝愛之既受封出繼叔父城陽哀王兆
太康十年增封渤海郡歷右將軍散騎常侍前將軍元康初進撫軍將軍加侍
中遐長而懦弱無所是非性好內不能接士大夫及楚王瑋之舉兵也使遐收
衞瓘而瓘故吏榮晦遂盡殺瓘子孫遐不能禁爲世所尤永康元年薨時年二
十八四子覃籥銓端覃嗣立及冲太孫薨齊王冏表曰東宮曠然冢嗣莫繼天
下大業帝王神器必建儲副以固洪基今者後宮未有孕育不可庶幸將來而
虛天緒非祖宗之遺志社稷之長計也禮兄弟之子猶子故漢成無嗣繼由定
陶孝和之絕安以紹興此先王之令典往代之成式也清河王覃神姿岐嶷慧
智早成康王正妃周氏所生先帝衆孫之中於今爲嫡昔薄姬賢明文則承位
覃外祖恢世載名德覃宜奉宗廟之重統無窮之祚以寧四海顒顒之望覃兄
弟雖並出紹可飭令淑還爲國胤不替其嗣輒諮大將軍穎及羣公卿士咸同
大願請具禮儀擇日迎拜遂立覃爲皇太子既而河間王顒脇遷大駕表成都
王穎爲皇太弟廢覃復爲清河王初覃爲清河世子所佩金鈴欻生隱起如麻

粟祖母陳太妃以爲不祥毀而賣之占者以金是晉行大與之祥覃爲皇胤是其瑞也毀而賣之象覃見廢不終之驗也永嘉初前北軍中候任城呂雍度支校尉陳顏等謀立覃爲太子事覺幽於金墉城未幾被害時年十四葬以庶人禮籥初封新蔡王覃薨還封清河王銓初封上庸王懷帝卽位更封豫章王二年立爲皇太子洛京傾覆沒于劉聰端初封廣川王銓之爲皇太子也轉封豫章禮秩如皇子拜散騎常侍平南將軍都督江州諸軍事假節當之國會洛陽陷沒端東奔苟晞於蒙晞立爲皇太子七十日爲石勒所沒

汝陰哀王謨字令度太康七年薨時年十一無後國除

吳敬王晏字平度太康十年受封食丹陽吳興幷吳三郡歷射聲校尉後軍將軍與兄淮南王允共攻趙王倫允敗收晏付廷尉欲殺之傅祗於朝堂正色而爭於是羣官並諫倫乃貶爲賓徒縣王後徙封代王倫誅詔復晏本封拜上軍大將軍開府加侍中長沙王乂成都王穎之相攻也乂以晏爲前鋒都督數交戰永嘉中爲太尉大將軍晏爲人恭愿才不及中人於武帝諸子中最劣又少

有風疾視瞻不端後轉增劇不堪朝覲及洛京傾覆晏亦遇害時年三十一愍帝卽位追贈太保五子長子不顯名與晏同沒餘四子祥鄴固衍祥嗣淮南王允鄴卽愍帝固初封漢王改封濟南衍初封新都王改封濟陰爲散騎常侍皆沒于賊

勃海殤王恢字思度太康五年薨時年二歲追加封謚

元四王

元帝六男宮人荀氏生明帝及琅邪孝王裒石婕妤生東海哀王沖王才人生武陵威王晞鄭夫人生琅邪悼王煥及簡文帝

琅邪孝王裒字道成母荀氏以微賤入宮元帝命虞妃養之裒初繼叔父長樂亭侯渾後徙封宣城郡公拜後將軍及帝爲晉王有司奏立太子帝以裒有成人之量過於明帝從容謂王導曰立子以德不以年導曰世子宣城俱有朗儁之目固當以年於是太子位遂定更封裒琅邪嗣恭王後改食會稽宣城邑五萬二千戶拜散騎常侍使持節都督青徐兗三州諸軍事車騎將軍徵還京師

建武元年薨年十八贈車騎大將軍加侍中及妃山氏薨祔葬穆帝更贈裦太

保子哀王安國立未踰年薨

東海哀王沖字道讓元帝以東海王越世子毗沒于石勒不知存亡乃以沖繼

毗後稱東海世子以毗陵郡增本封邑萬戸又改食下邳蘭陵以越妃裴氏爲

太妃拜長水校尉高選寮佐以沛國劉耽爲司馬潁川庾懌爲功曹吳郡顧和

爲主簿永昌初遷中軍將軍加散騎常侍及東海太妃薨因發毗喪沖即王位

以滎陽益東海國轉車騎將軍徙驃騎將軍咸康七年薨年三十一贈侍中驃

騎大將軍儀同三司無子成帝臨崩詔曰哀王無嗣國統將絶朕所哀怛其以

小晚生奕繼哀王爲東海王以道遠罷滎陽更以臨川郡益東海及哀帝以琅

邪王即尊位徙奕爲琅邪王東海國闕無嗣奕後入纂大業桓溫廢之復爲東

海王既而貶爲海西公東海國又闕嗣隆安三年安帝詔以會稽忠王次子彥

璋爲東海王繼哀王爲曾孫改食吳興郡爲桓玄所害國除

武陵威王晞字道叔出繼武威王喆後太興元年受封咸和初拜散騎常侍後

以湘東增武陵國除左將軍遷鎮軍將軍加散騎常侍康帝卽位加侍中特進建元初領祕書監穆帝卽位轉鎮軍大將軍遷太宰太和初加羽葆鼓吹入朝不趨贊拜不名劍履上殿固讓晞無學術而有武幹爲桓溫所忌及簡文帝卽位溫乃表晞曰晞體自皇極故寵靈光世不能率由王度修己慎行而聚納輕剽苞藏亡命又息綜矜忍虐加于人袁真叛逆事相連染頃日猜懼將成亂階請免晞官以王歸藩免其世子綜官解子璲散騎常侍璲以梁王隨晞晞既見黜送馬八十五匹三百人杖以歸溫溫又逼新蔡王晃使自誣與晞綜及著作郎殷涓太宰長史庾籍掾曹秀舍人劉彊等謀逆遂收付廷尉請誅之簡文帝不許溫於是奏徙新安郡家屬悉從之而族誅殷涓等廢晃徙衡陽郡太元六年晞卒于新安時年六十六孝武帝三日臨于西堂詔曰感惟摧慟便奉迎靈柩并改移妃應氏及故世子梁王諸喪家屬悉還復下詔曰故前武陵王體自皇極剋己思愆仰惟先朝仁宥之旨豈可情禮靡寄其追封新寧郡王邑千戶晞三子綜璲遵以遵嗣追贈綜給事中璲散騎郎十二年追復晞武陵國綜璲

各復先官璲還繼梁國

梁王璲字賢明出繼梁王翹官至永安太僕與父晞俱廢薨子龢嗣太元中復國薨子珍之嗣桓玄篡位國人孔僕奉珍之奔于壽陽桓玄敗珍之歸朝廷大將軍武陵王令曰梁王珍之理悟貞立蒙險違難撫義懷順載奔闕庭值壽陽擾亂在危克固且可通直散騎郎累遷游擊將軍左衞太常劉裕伐姚泓請爲諮議參軍裕將弱王室誣其罪害之

忠敬王遵字茂遠初襲封新寧時年十二拜受流涕哀感左右右將軍桓伊嘗詣遵遵曰門何爲通桓氏左右曰伊與桓溫疎宗相見無嫌遵曰我聞人姓木邊便欲殺之況諸桓乎由是少稱聰慧及晞追復封武陵王以遵嗣歷位散騎常侍祕書監太常中領軍桓玄用事拜金紫光祿大夫玄篡貶爲彭澤侯遣之國行次石頭夜濤水入淮船破未得發會義旗興復還國第朝廷稱受密詔使遵總攝萬機加侍中大將軍移入東宮內外畢敬遷轉百官稱制書又教稱令書安帝反正更拜太保加班劍二十人義熙四年薨時年三十五詔賜東園溫

明祕器朝服一具衣一襲錢百萬布千匹策贈太傅葬加殊禮子定王季度立拜散騎侍郎薨子球之立宋興國除

琅邪悼王煥字耀祖母有寵元帝特所鍾愛初繼帝弟長樂亭侯渾後封顯義亭侯尚書令刁協奏昔魏臨淄侯以邢顒爲家丞劉楨爲庶子今侯幼弱宜選明德帝令曰臨淄萬戶封又植少有美才能同遊田蘇者今晚生矇弱何論於此間封此兒不以寵稚子也亡弟當應繼嗣不獲已耳家丞庶子足以攝祠祭而已豈宜屈賢才以受無用乎及煥疾篤帝爲之徹膳乃下詔封爲琅邪王嗣恭王後俄而薨年二歲帝悼念無已將葬以煥既封列國加以成人之禮詔立凶門柏歷備吉凶儀服營起陵園功役甚衆琅邪國右常侍會稽孫霄上疏諫曰臣聞法度典制先王所重吉凶之禮事貴不過是以世豐不使奢放凶荒必務約殺朝聘嘉會足以展庠序之儀殯葬送終務以稱哀榮之情上無奢泰之謬下無匱竭之困故華元厚葬君子謂之不臣嬴博至儉仲尼稱其合禮明傷財害時古人之所譏節省簡約聖賢之所嘉也語曰上之化下如風靡草京邑

翼翼四方所則明教化法制不可不慎也陛下龍飛踐阼與微濟弊聖懷勞謙
務從簡儉憲章舊制猶欲節省禮典所無而反尙飾此臣愚情竊所不安也棺
槨輿服旒翣之屬禮典舊制不可廢闕凶門柏歷禮典所無天晴可不用遇兩
則無益此至宜節省者也若瑯邪一國一時所用不爲大費臣在機近義所不
言今天臺所居王公百寮聚在都輦凡有喪事皆當供給材木百數竹薄千計
凶門兩表衣以細竹及材價直既貴又非表凶哀之宜如此過飾宜從麤簡又
案禮記國君之葬棺槨之閒容柷大夫容壺士容甒以壺甒爲差則柷財大於
壺明矣槨周於棺槨不甚大也語曰葬者藏也藏欲其深而固也槨大則難爲
堅固無益於送終而有損於財力凶荒殺禮經國常典既減殺而猶過舊此爲
國之所厚惜也又禮將葬遷柩于廟祖而行及墓卽窆葬之日卽反哭而虞如
此則柩不宿於墓上也聖人非不哀親之在土而無情於丘墓蓋以墓非安神
之所故修虞於殯宮始則營草宮於山陵遷神柩於墓側又非典也非禮之事
不可以訓萬國臣至愚至賤忽求革前之非可謂狂瞽不知忌諱然今天下至

弊自古所希宗廟社稷遠託江表半州之地凋殘以甚加之荒旱百姓困瘁非但不足死亡是懼此乃陛下至仁之所矜愍可憂之至重也正是匡矯末俗改張易調之時而猶當竭已罷之人營無益之事殫已困之財修無用之費此固臣之所不敢安也今琅邪之於天下國之最大若割損非禮之事務遵古典上以彰聖朝簡易之至化下以表萬世無窮之規則此芻蕘之言有補萬一塵露之微有增山海表寢不報永昌元年立煥母弟昱爲琅邪王卽簡文帝也咸和二年徙封會稽以康帝爲琅邪王康帝卽位哀帝爲琅邪王哀帝卽位廢帝爲琅邪王廢帝卽位又以簡文帝攝行琅邪王國祀簡文登祚國遂無嗣帝臨崩封少子道子爲琅邪王太元十七年道子爲會稽王更以恭帝爲琅邪王恭帝卽位於是琅邪國除

簡文三子

簡文帝七子王皇后生會稽思世子道生皇子俞生胡淑儀生臨川獻王郁皇子朱生王淑儀生皇子天流李夫人生孝武帝會稽文孝王道子俞生朱生天

流並早夭今並略之
會稽思世子道生字延長帝爲會稽王立道生爲世子拜散騎侍郞給事中性
踈躁不脩行業多失禮度竟以幽廢而卒時年二十四無後及孝武帝即位嘗
晝日見道生及臨川獻王郁郁曰大郎飢乏辛苦言竟不見帝傷感因以西陽
王羕玄孫珣之爲後珣之歷吳興太守劉裕之伐關中以爲諮議參軍時帝道
方謝珣之爲宗室之美與梁王珍之俱被害
臨川獻王郁字深仁幼而敏慧道生初以無禮失旨郁數勸以敬慎之道道生
不納郁爲之流涕簡文帝深器異之年十七而薨久之追謚獻世子寧康初贈
左將軍加散騎常侍追封郡王以武陵威王曾孫寶爲嗣追尊其母胡淑儀爲
臨川太妃
寶字弘文歷祕書監太常左將軍散騎常侍護軍將軍宋興以爲金紫光祿大
夫降爲西豐侯食邑千戶
會稽文孝王道子字道子出後琅邪孝王少以清澹爲謝安所稱年十歲封琅

邪王食邑一萬七千六百五十一戶攝會稽國五萬九千一百四十戶太元初
拜散騎常侍中軍將軍進驃騎將軍後公卿奏道子親賢莫二宜正位司徒固
讓不拜使錄尚書六條事尋加開府領司徒及謝安薨詔曰新喪哲輔華戎未
一自非明賢懋德莫能綏御內外司徒琅邪王道子體道自然神識穎遠實當
旦奭之重宜總二南之任可領揚州刺史錄尚書假節都督中外諸軍事衞府
文武一以配驃騎府讓不受數年領徐州刺史太子太傅公卿又奏宜進位丞
相揚州牧假黃鉞羽葆鼓吹並讓不受于時孝武帝不親萬幾但與道子酣歌
爲務姏姆尼僧尤爲親暱並竊弄其權凡所幸接皆出自小豎郡守長吏多爲
道子所樹立既爲揚州總錄勢傾天下自是朝野奔湊中書令王國寶性卑佞
特爲道子所寵昵官以賄遷政刑謬亂又崇信浮屠之學用度奢侈下不堪命
太元以後爲長夜之宴蓬首昏目政事多闕桓玄嘗候道子正遇其醉賓客滿
坐道子張目謂人曰桓溫晚塗欲作賊云何玄伏地流汗不得起長史謝重舉
板答曰故宣武公黜昏登聖功超伊霍紛紜之議宜裁之聽覽道子頷曰儂知

儓知因舉酒屬玄玄乃得起由是玄益不自安切齒於道子于時朝政既紊左衞領營將軍會稽許榮上疏曰今臺府局吏直衞武官及僕隸婢兒取母之姓者本臧獲之徒無鄉邑品第皆得命議用爲郡守縣令並帶職在內委事於小吏手中僧尼乳母競進親黨又受貨賂輒臨官領衆無衞霍之才而比方古人爲患一也臣聞佛者清遠玄虛之神以五誡爲教絕酒不淫而今之奉者穢慢阿尼酒色是耽其違二矣夫致人於死未必手刃害之若政教不均暴濫無罪必夭天命其違三矣盜者未必躬竊人財江乙母失布罪由令尹今禁令不明刦盜公行其違四矣在上化下必信爲本昔年下書勑使盡規而衆議兼集無所採用其違五矣尼僧成羣依傍法服五誡麤法尚不能遵況精妙乎而流惑之徒競加敬事又侵漁百姓取財爲惠亦未合布施之道也又陳太子宜出臨東宮克獎德業疏奏並不省中書郎范寧亦深陳得失帝由是漸不平於道子然外每優崇之國寶卽寧之甥以諂事道子寧奏請黜之國寶懼使陳郡袁悅之因尼妙音致書與太子母陳淑媛說國寶忠謹宜見親信帝因發怒斬悅之

國寶甚懼復譖寧於帝帝不獲已流涕出寧為豫章太守道子由是專恣嬖人趙牙出自優倡茹千秋本錢塘捕賊吏因賂諂進道子以牙為魏郡太守千秋驃騎諮議參軍牙為道子開東第築山穿池列樹竹木功用鉅萬道子使宮人為酒肆沽賣於水側與親昵乘船就之飲宴以為笑樂帝嘗幸其宅謂道子曰府內有山因得遊矚甚善也然修飾太過非示天下以儉道子無以對唯唯而已左右侍臣莫敢有言帝還宮道子謂牙曰上若知山是板築所作爾必死矣牙曰公在牙何敢死營造彌甚千秋賣官販爵聚貲貨累億又道子既為皇太妃所愛親遇同家人之禮遂恃寵乘酒時失禮敬帝益不能平然以太妃之故加崇禮秩博平令吳興聞人奭上疏曰驃騎諮議參軍茹千秋協附宰相起自微賤竊弄威權衒賣天官其子壽齡為樂安令贓私狼藉畏法奔逃竟無罪罰傲然還縣又尼姏屬類傾動亂時穀賤人飢流殣不絕由百姓單貧役調深刻又振武將軍庾恆鳴角京邑主簿戴良夫苦諫被囚殆至亡命而恆以醉酒見怒良夫以執忠廢棄又權寵之臣各開小府施置吏佐無益於官有損於國疏

奏帝益不平而逼於太妃無所廢黜乃出王恭爲兗州殷仲堪爲荆州王珣爲僕射王雅爲太子少傅以張王室而潛制道子也道子復委任王緒由是朋黨競扇友愛道盡太妃每和解之而道子不能改中書郎徐邈以國之至親唯道子而已宜在敦穆從容言於帝曰昔漢文明主猶悔淮南世祖聰達負愧齊王兄弟之際實宜深慎帝納之復委任道子如初時有人爲雲中詩以指斥朝廷曰相王沉醉輕出教命捕賊千秋干豫朝政王愷守常國寶馳競荆州大度散誕難名盛德之流法護王寧仲堪仙民特有言詠東山安道執操高抗何不徵之以爲朝匠荆州謂王忱也法護卽王珣寧卽王恭仙民卽徐邈字安道戴逵字也及恭帝爲琅邪王道子受封會稽國幷宣城爲五萬九千戶安帝踐阼有司奏道子宜進位太傅揚州牧中書監假黃鉞備殊禮固辭不拜又解徐州詔內外衆事動靜諮之帝既冠道子稽首歸政王國寶始總國權勢傾朝廷王恭乃舉兵討之道子懼收國寶付廷尉幷其從弟琅邪內史緒悉斬之以謝於恭恭卽罷兵道子乞解中外都督錄尚書以謝方岳詔不許道子世子元顯時年

十六爲侍中心惡恭請道子討之乃拜元顯爲征虜將軍其先衞府及徐州文武悉配之屬道子妃薨帝下詔曰會稽王妃尊賢莫二朕義同所親今葬加殊禮一依琅邪穆太妃故事元顯夙令光懋乃心所寄誠孝性蒸蒸至痛難奪然不以家事辭王事陽秋之明義不以私限違公制中代之變禮故閔子腰絰山王逼屈艮以至感由中軌容著外有禮無時賢哲斯順須妃葬畢可居職如故于時王恭威振內外道子甚懼復引譙王尙之以爲腹心尙之說道子曰藩伯彊盛宰相權輕宜密樹置以自藩衞道子深以爲然乃以其司馬王愉爲江州刺史以備恭與尙之等日夜謀議以伺四方之隙王恭知之復舉兵以討尙之爲名荆州刺史殷仲堪豫州刺史庾楷廣州刺史桓玄並應之道子使人說楷曰本情相與可謂斷金往年帳中之飲結帶之言寧可忘邪卿今棄舊交結新援忘王恭疇昔陵侮之恥乎若乃欲委體而臣之若恭得志以卿爲反覆之人必不相信何富貴可保禍敗亦旋及矣楷怒曰王恭昔赴山陵相王憂懼無計我知事急卽勒兵而至去年之事亦俟命而奮我事相王無相負者既不能距

恭反殺國寶自爾已來誰復敢攘袂於君之事乎庾楷實不能以百口助人屠
滅當與天下同舉誅鉏姦臣何憂府不開爵不至乎時楷已應恭檄正徵士馬
信反朝廷憂懼於是內外戒嚴元顯攘袂慷慨謂道子曰去年不討王恭致有
今役今若復從其欲則太宰之禍至矣道子曰飲醇酒而委事於元顯元顯雖
年少而聰明多涉志氣果銳以安危爲己任尙之爲之羽翼時相傅會者皆謂
元顯有明帝神武之風於是以爲征討都督假節統前將軍王恂左將軍謝琰
及將軍桓之才毛泰高素等伐恭滅之旣而楊佺期桓玄殷仲堪等復至石頭
元顯於竹里馳還京師遣丹陽尹王愷鄱陽太守桓放之新蔡內史何嗣頴川
太守溫詳新安太守孫泰等發京邑士庶數萬人據石頭以距之道子將出頓
中堂忽有驚馬蹂藉軍中因而擾亂赴江而死者甚衆仲堪旣知王恭敗死狼
狽西走與桓玄屯于尋陽朝廷嚴兵相拒內外騷然詔元顯甲杖百人入殿尋
加散騎常侍中書令又領中領軍持節都督如故會道子有疾加以昏醉元顯
知朝望去之謀奪其權諷天子解道子揚州司徒而道子不之覺元顯自以少

年頻居權重慮有譏議於是以琅邪王領司徒元顯自爲揚州刺史既而道子酒醒方知去職於是大怒而無如之何廬江太守會稽張法順以刀筆之才爲元顯謀主交結朋援多樹親黨自桓謙以下諸貴遊皆斂衽請交元顯性苛刻生殺自己法順屢諫不納又發東土諸郡免奴爲客者號曰樂屬移置京師以充兵役東土囂然人不堪命天下苦之矣既而孫恩乘釁作亂加道子黃鉞元顯爲中軍以討之又加元顯錄尚書事然道子更爲長夜之飲政無大小一委元顯時謂道子爲東錄元顯爲西錄西府車騎填湊東第門下可設雀羅矣元顯無良師友正言弗聞諂譽日至或以爲一時英傑或謂爲風流名士由是自謂無敵天下故驕侈日增帝又以元顯有翼亮之功加其所生母劉氏爲會稽王夫人金章紫綬會洛陽覆沒道子以山陵幽辱上疏送章綬請歸藩不許及太皇太后崩詔道子乘輿入殿元顯因諷禮官下議稱己德隆望重既錄百揆內外羣僚皆應盡敬於是公卿皆拜于時軍旅荐興國用虛竭自司徒已下日廩七升而元顯聚斂不已富過帝室及謝琰爲孫恩所害元顯求領徐州刺史

加侍中後將軍開府儀同三司都督十六州諸軍事封其子彥璋爲東海王尋以星變元顯解錄復加尙書令會孫恩至京口元顯柵斷石頭率兵距戰頻不利道子無他謀略唯日禱蔣侯廟爲厭勝之術旣而孫恩遁于北海桓玄復據上流致牋於道子曰賊造近郊以風不得進以雨不致火食盡故去耳非力屈也昔國寶卒後王恭不乘此威入統朝政足見其心非侮於明公也而謂之非忠今之貴要腹心有時流淸望者誰乎豈可云無佳勝直是不能信之耳用理之人然後可以信義相期求利之徒豈有所惜而更委信邪爾來一朝一夕遂成今日之禍矣阿衡之重言何容易求福則立至干忤或致禍在朝君子豈不有懷但懼害及身耳玄忝任在遠是以披寫事實元顯覽而大懼張法順謂之曰桓玄承藉門資素有豪氣旣幷殷楊專有荊楚然桓氏世在西藩人或爲用而第下之所控引止三吳耳孫恩爲亂東土塗地編戶饑饉公私不贍玄必乘此縱其姦兇竊用憂之元顯曰爲之奈何法順曰玄始據荊州人情未輯方就綏撫未遑他計及其如此發兵誅之使劉牢之爲前鋒而第下以大軍繼進桓

玄之首必懸於麾下矣元顯以爲然遣法順至京口謀於牢之而牢之有疑色法順還說元顯曰觀牢之顏色必貳於我未若召入殺之不爾敗人大事元顯不從道子尋拜侍中太傅置左右長史司馬從事中郎四人崇異之儀備盡盛典其驃騎將軍僚佐文武卽配太傅府加元顯侍中驃騎大將軍開府征討大都督十八州諸軍事儀同三司加黃鉞班劒二十人以伐桓玄竟以牢之爲前鋒法順又言於元顯曰自舉大事未有威斷桓謙兄弟每爲上流耳目斬之以孤荆楚之望且事之濟不繼在前軍而牢之反覆萬一有變則禍敗立至可令牢之殺謙兄弟以示不貳若不受命當逆爲其所元顯曰非牢之無以當桓玄且始事而誅大將人情必動二三不可于時揚土饑虛運漕不繼玄斷江路商旅遂絕於是公私匱乏士卒唯給粰橡大軍將發玄從兄驃騎長史石生馳使告玄玄進次尋陽傳檄京師罪狀元顯俄而玄至西陽帝戎服餞元顯于西池始登舟而玄至新亭元顯棄船退屯國子學堂明日列陣於宣陽門外元顯佐吏多散走或言玄已至大桁劉牢之遂降于玄元顯迴入宣陽門牢之參軍張

暢之率衆逐之衆潰元顯奔入相府唯張法順隨之問計於道子道子對之泣
玄遣太傅從事中郎毛泰收元顯送于新亭縛於舫前而數之元顯答曰爲王
誕張法順所誤於是送付廷尉幷其六子皆害之玄又奏道子酣縱不孝當棄
市詔徙安成郡使御史杜竹林防衛竟承玄旨酖殺之時年三十九帝三日哭
於西堂及玄敗大將軍武陵王遵承旨下令曰故太傅公阿衡二世契闊皇家
親賢之重地無與二驃騎大將軍內總朝維外宣威略志蕩世難以寧國祚天
未靜亂禍酷備鍾悲動區宇痛貫人鬼感惟永往心情崩隕今皇祚反正幽顯
式敘宜崇明國體述以舊典便可追崇太傅爲丞相加殊禮一依安平獻王故
事追贈驃騎爲太尉加羽葆鼓吹丞相墳塋翳然飄薄非所須南道清通便奉
迎神柩太尉宜便遷改可下太史詳吉日定宅兆於是遣通直常侍司馬珣之
迎道子柩于安成時寇賊未平喪不時達義熙元年合葬于王妃陵追謚元顯
曰忠以臨川王寶子脩之爲道子嗣尊妃王氏爲太妃義熙中有稱元顯子秀
熙避難蠻中而至者太妃請以爲嗣於是脩之歸于別第劉裕意其詐而案驗

之果散騎郎滕羨奴勺藥也竟坐棄市太妃不悟哭之甚慟脩之復爲嗣薨謚悼王無子國除

史臣曰泰始之受終也乃憲章往昔稽古前王廣誓山河大開藩屛文昭武穆方駕於魯衞應韓磐石犬牙連衡於吳楚齊代然而作法於亂付託非才何曾歎經國之無謀郭欽識危亡之有兆及宮車宴駕墳土未乾國難荐臻朝章弛廢重以八王繼亂九服沸騰戎羯交馳乘輿幽逼瑤枝瓊萼隨鋒鏑而消亡朱芾綠車與波塵而殄瘁遂使茫茫禹跡咸窟穴於豺狼惵惵周餘竟沉淪於塗炭嗚呼運極數窮一至於此詳觀載籍未或前聞道子地則親賢任惟元輔耽荒麴蘖信惑讒諛遂使尼媼竊朝權姦邪制國命始則彝倫攸斁終則宗社淪亡元顯以童丱之年受棟梁之寄專制朝廷陵蔑君親奮庸瑣之常材抗姦兇之巨寇喪師殄國不亦宜乎斯則元顯爲安帝之孫強道子實晉朝之宰嚭者也列代之崇建維城用藩王室有晉之分封子弟實樹亂階詩云懷德惟寧宗子維城無俾城壞無獨斯畏城既壞矣畏也宜哉典午之喪亂弘多實此之由

也

贊曰帝子分封嬰此鞠凶札瘥繼及禍難仍鍾秦獻聰悟清河內顧淮南忠勇

宣城識度道子昏凶遂傾國祚

晉書卷六十四

晉書卷六十五

唐　太　宗　文　皇　帝　御　撰

列傳第三十五

王導　子悅　恬　洽　協　劭　薈　洽子珣　珉　劭子謐

王導字茂弘光祿大夫覽之孫也父裁鎮軍司馬導少有風鑒識量清遠年十四陳留高士張公見而奇之謂其從兄敦曰此兒容貌志氣將相之器也初襲祖爵即丘子司空劉寔尋引爲東閣祭酒遷祕書郎太子舍人尚書郎並不行後參東海王越軍事時元帝爲琅邪王與導素相親善導知天下已亂遂傾心推奉潛有興復之志帝亦雅相器重契同友執帝之在洛陽也導每勸令之國會帝出鎮下邳請導爲安東司馬軍謀密策知無不爲及徙鎮建康吳人不附居月餘士庶莫有至者導患之會敦來朝導謂之曰琅邪王仁德雖厚而名論猶輕兄威風已振宜有以匡濟者會三月上巳帝親觀禊乘肩輿具威儀敦導及諸名勝皆騎從吳人紀瞻顧榮皆江南之望竊覘之見其如此咸驚懼乃相

率拜於道左導因進計曰古之王者莫不賓禮故老存問風俗虛己傾心以招俊乂況天下喪亂九州分裂大業草創急於得人者乎顧榮賀循此土之望未若引之以結人心二子既至則無不來矣帝乃使導躬造循榮二人皆應命而至由是吳會風靡百姓歸心焉自此之後漸相崇奉君臣之禮始定俄而洛京傾覆中州士女避亂江左者十六七導勸帝收其賢人君子與之圖事時荆揚晏安戶口殷實導爲政務在清靜每勸帝克己勵節匡主寧邦於是尤見委杖情好日隆朝野傾心號爲仲父帝常從容謂導曰卿吾之蕭何也對曰昔秦爲無道百姓厭亂巨猾陵暴人懷漢德革命反正易以爲功自魏氏以來迄于太康之際公卿世族豪侈相高政教陵遲不遵法度羣公卿士皆饜於安息遂使姦人乘釁有虧至道然否終斯泰天道之常大王方立命世之勳一匡九合管仲樂毅於是乎在豈區區國臣所可擬議願弘深神慮廣擇良能顧榮賀循紀瞻周玘皆南土之秀願盡優禮則天下安矣帝納焉永嘉末遷丹陽太守加輔國將軍導上牋曰昔魏武達政之主也荀文若功臣之最也封不過亭侯倉舒

愛子之寵贈不過別部司馬以此格萬物得不局跡乎今者臨郡不問賢愚豪賤皆加重號輒有鼓蓋動見相準時有不得者或爲恥辱天官混雜朝望頹毀導忝荷重任不能崇浚山海而開導亂源饕竊名位取紊彝典謹送鼓蓋加崇之物請從導始庶令雅俗區別羣望無惑帝下令曰導德重勳高孤所深倚誠宜表彰殊禮而更約己沖心進思盡誠以身率衆宜順其雅志式允開塞之機拜寧遠將軍尋加振威將軍愍帝卽位徵吏部郎不拜晉國既建以導爲丞相軍諮祭酒桓彝初過江見朝廷微弱謂周顗曰我以中州多故來此欲求全活而寡弱如此將何以濟憂懼不樂往見導極談世事還謂顗曰向見管夷吾無復憂矣過江人士每至暇日相要出新亭飲宴周顗中坐而歎曰風景不殊舉目有江山之異皆相視流涕惟導愀然變色曰當共戮力王室剋復神州何至作楚囚相對泣邪衆收淚而謝之俄拜右將軍揚州刺史監江南諸軍事遷驃騎將軍加散騎常侍都督中外諸軍領中書監錄尚書事假節刺史如故導以敦統六州固辭中外都督後坐事除節于時軍旅不息學校未修導上書曰夫

風化之本在於正人倫人倫之政存乎設庠序庠序設五教明德禮洽通彝倫攸敘而有恥且格父子兄弟夫婦長幼之序順而君臣之義固矣易所謂正家而天下定者也故聖王蒙以養正少而教之使化霑肌骨習以成性遷善遠罪而不自知行成德立然後裁之以位雖王之世子猶與國子齒使知道而後貴其取才用士咸先本之於學故周禮卿大夫獻賢能之書于王王拜而受之所以尊道而貴士也人知士之貴由道存則退而修其身以及家正其家以及鄉學於鄉以登朝反本復始各求諸己敦樸之業著浮僞之競息教使然也故以之事君則忠用之莅下則仁孟軻所謂未有仁而遺其親義而後其君者也自頃皇綱失統頌聲不興于今將二紀矣傳曰三年不爲禮禮必壞三年不爲樂樂必崩而況如此之久乎先進忘揖讓之容後生惟金鼓是聞干戈日尋俎豆不設先王之道彌遠華僞之俗遂滋非所以端本靖末之謂也殿下以命世之資屬陽九之運禮樂征伐翼成中興誠宜經綸稽古建明學業以訓後生漸之教義使文武之道墜而復興俎豆之儀幽而更彰方今戎虜扇熾國恥未雪忠

臣義夫所以扼腕拊心苟禮儀膠固淳風漸著則化之所感者深而德之所被者大使帝典闕而復補皇綱弛而更張獸心革面饕餮檢情揖讓而服四夷緩帶而天下從得乎其道豈難也哉故有虞舞干戚而化三苗魯僖作泮宮而服淮夷桓文之霸皆先教而後戰今若聿遵前典興復道教擇朝之子弟並入于學選明博修禮之士而爲之師化成俗定莫尚於斯帝甚納之及帝登尊號百姓陪列命導升御牀共坐導固辭至于三四曰若太陽下同萬物蒼生何由仰照帝乃止進驃騎大將軍儀同三司以討華軼功封武岡侯進位侍中司空假節錄尚書領中書監會太山太守徐龕反帝訪可以鎮撫河南者導舉太子左衞率羊鑒既而鑒敗抵罪導上疏曰徐龕叛戾久稽天誅臣創議征討調舉羊鑒鑒闇懦覆師有司極法聖恩降天地之施全其首領然臣受重任總錄機衡使三軍挫衄臣之責也乞自貶黜以穆朝倫詔不許尋代賀循領太子太傅時中興草創未置史官導始啓立於是典籍頗具時孝懷太子爲胡所害始奉諱有司奏天子三朝舉哀羣臣一哭而已導以爲皇太子副貳宸極普天有情宜

同三朝之哀從之及劉隗用事導漸見疎遠任真推分澹如也有識咸稱導善處興廢焉王敦之反也劉隗勸帝悉誅王氏論者為之危心導率羣從昆弟子姪二十餘人每旦詣臺待罪帝以導忠節有素特還朝服召見之導稽首謝曰逆臣賊子何世無之豈意今者近出臣族帝跣而執之曰茂弘方託百里之命於卿是何言邪乃詔曰導以大義滅親可以吾為安東時節假之及敦得志加導守尚書令初西都覆沒海內思主羣臣及四方並勸進於帝時王氏彊盛有專天下之心敦憚帝賢明欲更議所立導固爭乃止及此役也敦謂導曰不從吾言幾致覆族導猶執正議敦無以能奪自漢魏已來賜謚多由封爵雖位通德重先無爵者例不加謚導乃上疏稱武官有爵必謚卿校常伯無爵不謚甚失制度之本意也從之自後公卿無爵而謚導所議也初帝愛琅邪王裒將有奪嫡之議以問導導曰夫立子以長且紹又賢不宜改革帝猶疑之導日夕陳諫故太子卒定及明帝卽位導受遺詔輔政解揚州遷司徒一依陳羣輔魏故事王敦又舉兵內向時敦始寢疾導便率子弟發哀衆聞謂敦死咸有奮志及

帝伐敦假導節都督諸軍領揚州刺史敦平進封始興郡公邑三千戶賜絹九
千匹進位太保司徒如故劒履上殿入朝不趨讚拜不名固讓帝崩導復與庾
亮等同受遺詔共輔幼主是爲成帝加羽葆鼓吹班劒二十人及石勒侵阜陵
詔加導大司馬假黃鉞出討之軍次江寧帝親餞于郊俄而賊退解大司馬庾
亮將徵蘇峻訪之於導導曰峻猜險必不奉詔且山藪藏疾宜包容之固爭不
從亮遂召峻旣而難作六軍敗績導入宮侍帝峻以導德望不敢加害猶以本
官居己之右峻又逼乘輿幸石頭導爭之不得峻日來帝前肆醜言導深懼有
不測之禍時路永匡術賈寧並說峻令殺導盡誅大臣更樹腹心峻敬導不納
故永等貳於峻導使參軍袁躭潛諷誘永等謀奉帝出奔義軍而峻衞禦甚嚴
事遂不果導乃攜二子隨永奔于白石及賊平宗廟宮室並爲灰燼溫嶠議遷
都豫章三吳之豪請都會稽二論紛紜未有所適導曰建康古之金陵舊爲帝
里又孫仲謀劉玄德俱言王者之宅古之帝王不必以豐儉移都苟弘衞文大
帛之冠則無往不可若不績其麻則樂土爲虛矣且北寇游魂伺我之隙一旦

示弱竄於蠻越求之望實懼非良計今特宜鎮之以靜羣情自安由是嶠等謀並不行導善於因事雖無日用之益而歲計有餘時帑藏空竭庫中惟有練數千端鬻之不售而國用不給導患之乃與朝賢俱制練布單衣於是士人翕然競服之練遂踊貴乃令主者出賣端至一金其爲時所慕如此六年冬烝詔歸胙於導曰無下拜導辭疾不敢當初帝幼沖見導每拜又常與導書手詔則云惶恐言中書作詔則曰敬問於是以爲定制自後元正導入帝猶爲之興焉時大旱導上疏遜位詔曰夫聖王御世動合至道運無不周故能人倫攸敘萬物獲宜朕荷祖宗之重託於王公之上不能仰陶玄風俯洽宇宙亢陽踰時兆庶胥怨邦之不臧惟予一人公體道明哲弘猷深遠勳格四海翼亮三世國典之不墜實仲山甫補之而猥崇謙光引咎克讓元首之愆寄責宰輔祗增其闕博綜萬幾不可一日有曠公宜遺履謙之近節遵經國之遠略門下速遣侍中以下敦喻導固讓詔累逼之然後視事導簡素寡欲倉無儲穀衣不重帛帝知之給布萬匹以供私費導有羸疾不堪朝會帝幸其府縱酒作樂後令輿車入殿

其見敬如此石季龍掠騎至歷陽導請出討之加大司馬假黃鉞中外諸軍事置左右長史司馬給布萬匹俄而賊退解大司馬復轉中外大都督進位太傅又拜丞相依漢制罷司徒官以并之冊曰朕夙罹不造肆陟帝位未堪多難禍亂旁興公文貫九功武經七德外緝四海內齊八政天地以平人神以和業同伊尹道隆姬旦仰思唐虞登庸儁乂申命羣官允釐庶績朕思憑高謨弘濟遠猷維稽古建爾于上公永爲吾輔往踐厥職敬敷道訓以亮天工不亦休哉公其戒之是歲妻曹氏卒贈金章紫綬初曹氏性妬導甚憚之乃密營別館以處衆妾曹氏知將往焉導恐妾被辱遽令命駕猶恐遲之以所執麈尾柄驅牛而進司徒蔡謨聞之戲導曰朝廷欲加公九錫導弗之覺但謙退而已謨曰不聞餘物惟有短轅犢車長柄麈尾導大怒謂人曰吾往與羣賢共游洛中何曾聞有蔡克兒也于時庾亮以望重地逼出鎮於外南蠻校尉陶稱間說亮當舉兵內向或勸導密爲之防導曰吾與元規休慼是同悠悠之談宜絕智者之口則如君言元規若來吾便角巾還第復何懼哉又與稱書以爲庾公帝之元舅宜

善事之於是讒間遂息時亮雖居外鎮而執朝廷之權既據上流擁彊兵趣向者多歸之導內不能平常遇西風塵起舉扇自蔽徐曰元規塵污人自漢魏以來羣臣不拜山陵導以元帝睠同布衣匪惟君臣而已每一崇進皆就拜不勝哀戚由是詔百官拜陵自導始也咸和五年薨時年六十四帝舉哀於朝堂三日遣大鴻臚持節監護喪事賵襚之禮一依漢博陸侯及安平獻王故事及葬給九游轀輬車黃屋左纛前後羽葆鼓吹武賁班劍百人中興名臣莫與爲比冊曰蓋高位以酬明德厚爵以答懋勳至乎闔棺標跡莫尙號謚風流百代於是乎在惟公邁達沖虛玄鑒劭邈夷淡以約其心體仁以流其惠棲遲務外則名儁中夏應期濯纓則潛算獨運昔我中宗肅祖之基中興也下帷委誠而策定江左拱己宅心而庶績咸熙故能威之所振寇虐改心化之所鼓檮杌易質調陰陽之和通彝倫之紀遼隴承風丹穴景附隆高世之功復宣武之績舊物不失公協其猷若乃荷負顧命保朕沖人遭遇艱圮夷險委順拯其淪墜而濟之以道扶其顛傾而弘之以仁經緯三朝而蘊道彌曠方賴高謨以穆四海昊

天不弔奄忽薨殂朕用震慟于心雖有殷之殞保衡有周之喪二南曷諭茲懷今遣使持節謁者僕射任瞻錫諡曰文獻祠以太牢魂而有靈嘉茲榮寵二弟穎敞少與導俱知名時人以穎方温太真以敞比鄧伯道並早卒導六子悅恬洽協劭薈

悅字長豫弱冠有高名事親色養導甚愛之導嘗共悅奕棋爭道導笑曰相與有瓜葛那得爲爾邪導性儉節帳下甘果爛敗令棄之云勿使大郎知悅少侍講東宮歷吳王友中書侍郎先導卒諡貞世子先是導夢人以百萬錢買悅潛爲祈禱者備矣尋掘地得錢百萬意甚惡之一皆藏閉及悅疾篤導憂念特至不食積日忽見一人形狀甚偉被甲持刀導問君是何人曰僕是蔣侯也公兒不佳欲爲請命故來耳公勿復憂因求食遂噉數升食畢勃然謂導曰中書患非可救者言訖不見悅亦殞絕悅與導語恆以慎密爲端導還臺及行悅未嘗不送至車後又恆爲母曹氏襞斂箱篋中物悅亡後導還臺自悅常所送處哭至臺門其母長封作篋不忍復開悅無子以弟恬子琨爲嗣襲導爵丹陽尹卒

贈太常子嘏嗣尚鄱陽公主歷中領軍尚書卒子恢嗣義熙末爲游擊將軍
恬字敬豫少好武不爲公門所重導見悅輒喜見恬便有怒色州辟別駕不行
襲爵卽丘子性傲誕不拘禮法謝萬嘗造恬既坐少頃恬便入內萬以爲必厚
待己殊有喜色恬久之乃沐頭散髮而出據胡牀於庭中曬髮神氣傲邁竟無
賓主之禮萬悵然而歸晚節更好士多技藝善奕棊爲中興第一遷中書郎帝
欲以爲中書令導固讓從之除後將軍魏郡太守加給事中領兵鎮石頭導薨
去官俄起爲後將軍復鎮石頭轉吳國會稽內史加散騎常侍卒贈中軍將軍
諡曰憲
洽字敬和導諸子中最知名與荀羨俱有美稱弱冠歷散騎中書郎中軍長史
司徒左長史建武將軍吳郡內史徵拜領軍尋加中書令固讓表疏十上穆帝
詔曰敬和清裁貴令昔爲中書郎吾時尚小數呼見意甚親之今所以用爲令
既機任須才且欲時時相見共講文章待以友臣之義而累表固讓甚違本懷
其催洽令拜苦讓遂不受升平二年卒於官年三十六二子珣珉

珣字元琳弱冠與陳郡謝玄爲桓溫掾俱爲溫所敬重嘗謂之曰謝掾年四十必擁旄杖節王掾當作黑頭公皆未易才也珣轉主簿時溫經略中夏竟無寧歲軍中機務並委珣焉文武數萬人悉識其面從討袁真封東亭侯轉大司馬參軍琅邪王友中軍長史給事黃門侍郎珣兄弟皆謝氏壻以猜嫌致隙太傅安既與珣絕昏又離珉妻由是二族遂成仇釁時希安旨乃出珣爲豫章太守不之官除散騎常侍不拜遷祕書監安卒後遷侍中孝武深杖之轉輔國將軍吳國內史在郡爲士庶所悅徵爲尚書右僕射領吏部轉左僕射加征虜將軍復領太子詹事時帝雅好典籍珣與殷仲堪徐邈王恭郄恢等並以才學文章見昵於帝及王國寶自媚於會稽王道子而與珣等不協帝慮晏駕後怨隙必生故出恭恢爲方伯而委珣端右珣夢人以大筆如椽與之既覺語人曰此當有大手筆事俄而帝崩哀冊謚議皆珣所草隆安初國寶用事謀黜舊臣遷珣尚書令王恭赴山陵欲殺國寶珣止之曰國寶雖終爲禍亂要罪逆未彰今便先事而發必大失朝野之望況擁強兵竊發於京輦誰謂非逆國寶若遂不改

惡布天下然後順時望除之亦無憂不濟也恭迺止既而謂珣曰比來視君一
似胡廣珣曰王陵廷爭陳平慎默但問歲終何如耳恭尋起兵國寶將殺珣等
僅而得免語在國寶傳二年恭復舉兵假珣節進衞將軍都督瑯邪水陸軍事
事平上所假節加散騎常侍四年以疾解職歲餘卒時年五十二追贈車騎將
軍開府謚曰獻穆桓玄與會稽王道子書曰珣神情朗悟經史明徹風流之美
公私所寄雖逼嫌謗才用不盡然君子在朝弘益自多時事艱難忽爾喪失歎
懼之深豈但風流相悼而已其崎嶇九折風霜備經雖賴明公神鑒亦識會居
之故也卒以壽終殆無所哀但情發去來寘之未易耳玄輔政改贈司徒初珣
既與謝安有隙在東聞安薨便出京師詣族弟獻之曰吾欲哭謝公獻之驚曰
所望於法護於是直前哭之甚慟法護珣小字也珣五子弘虞柳孺曇首宋世
並有高名
珉字季琰少有才藝善行書名出珣右時人爲之語曰法護非不佳僧彌難爲
兄僧彌珉小字也時有外國沙門名提婆妙解法理爲珣兄弟講毗曇經珉時

尙幼講未半便云已解即於別室與法門法綱等數人自講法綱歎曰大義皆是但小未精耳辟州主簿舉秀才不行後歷著作散騎郎國子博士黃門侍郎侍中代王獻之爲長兼中書令二人素齊名世謂獻之爲大令珉爲小令太元十三年卒時年二十八追贈太常二子朗練義熙中並歷侍中

協字敬祖元帝撫軍參軍襲爵武岡侯早卒無子以弟劭子謐爲嗣

謐字稚遠少有美譽與譙國桓胤太原王綏齊名拜祕書郎襲父爵遷祕書丞歷中軍長史黃門郎侍中及桓玄舉兵詔謐銜命詣玄玄深敬昵焉拜建威將軍吳國內史未至郡玄以爲中書令領軍將軍吏部尙書遷中書監加散騎常侍領司徒及玄將簒以謐兼太保奉璽冊詣玄玄簒封武昌縣開國公加班劍二十人初劉裕爲布衣衆未之識也惟謐獨奇貴之嘗謂裕曰卿當爲一代英雄及裕破桓玄謐以本官加侍中領揚州刺史錄尙書事謐既受寵桓氏常不自安護軍將軍劉毅嘗問謐曰璽綬何在謐益懼會王綏以桓氏甥自疑謀反父子兄弟皆伏誅謐從弟諶少驍果輕俠欲誘謐還吳起兵爲亂乃說謐曰王

綏無罪而義旗誅之是除時望也兄少立名譽加位地如此欲不危得乎謐懼
而出奔劉裕戕諸大將軍武陵王遵遣人追躡謐既還委任如先加謐班劍二
十人義熙三年卒時年四十八追贈侍中司徒謚曰文恭三子璀球琇入宋皆
至大官
劭字敬倫歷東陽太守吏部郎司徒左長史丹陽尹劭美姿容有風操雖家人
近習未嘗見其墮替之容桓温甚器之遷吏部尚書尚書僕射領中領軍出爲
建威將軍吳國內史卒贈車騎將軍謚曰簡三子穆默恢穆臨海太守默吳國
內史加二千石恢右衛將軍穆三子簡智超默二子鑒惠義熙中並歷顯職
薈字敬文恬虛守靖不競榮利少歷清官除吏部郎侍中建威將軍吳國內史
時年饑粟貴人多餓死薈以私米作饘粥以飴餓者所濟活甚衆徵補中領軍
不拜徙尚書領中護軍復爲征虜將軍吳國內史頃之桓沖表請薈爲江州刺
史固辭不拜轉督浙江東五郡左將軍會稽內史進號鎮軍將軍加散騎常侍
卒於官贈衛將軍子廞歷太子中庶子司徒左長史以母喪居于吳王恭舉兵

假廞建武將軍吳國內史令起軍助為聲援廞即壘經合衆誅殺異己仍遣前吳國內史虞嘯父等入吳興義興聚兵輕俠赴者萬計廞自謂義兵一動勢必未寧可乘間而取富貴而曾不旬日國寶賜死恭罷兵符廞去職廞大怒迴衆討恭恭遣司馬劉牢之距戰于曲阿廞衆潰奔走遂不知所在長子泰為恭所殺少子華以不知廞存亡憂毀布衣蔬食後從兄謐言其死所華始發喪入仕

初導渡淮使郭璞筮之卦成璞曰吉無不利淮水絕王氏滅其後子孫繁衍竟如璞言

史臣曰飛龍御天故資雲雨之勢帝王興運必俟股肱之力軒轅聖人也杖師臣而授圖商湯哲后也託負鼎而成業自斯已降罔不由之原夫典午發蹤本于陵寡金行撫運無德在時九土未宅其心四夷已承其弊既而中原蕩覆江左嗣興兆著玄石之圖乖少康之祀夏時無思晉之士異文叔之與劉輔佐中宗艱哉甚矣茂弘策名枝屏叶情交好負其才智恃彼江湖思建剋復之功用成翼宣之道於是王敦內侮憑天邑而狼顧蘇峻連兵指宸居而隼擊實賴元

宰固懷匪石之心潛運忠謨竟翦吞沙之寇乃誠貫日主垂餌以終全貞志陵
霜國綴旒而不滅觀其開設學校存乎沸鼎之中爰立章程在乎櫛風之際雖
則世道多故而規模弘遠矣比夫蕭曹弼漢六合爲家頭望匡周萬方同軌功
未半古不足爲儔至若夷吾體仁能相小國孔明踐義善翊新邦撫事論情抑
斯之類也提挈三世終始一心稱爲仲父蓋其宜矣恬珣踵德副呂虔之贈刀
謐乃隤聲慚劉毅之徵璽語曰深山大澤有龍有蛇寔斯之謂也
贊曰虎嘯猋馳龍升雲映武嵩矯矯匡時緝政懿績克宣忠規靡競契叶三主
榮逾九命貽刀表祥筮水流慶赫矣門族重光斯盛

晉書卷六十五

晉書卷六十六

唐　太　宗　文　皇　帝　御　撰

列傳第三十六

劉弘

劉弘字和季沛國相人也祖馥魏揚州刺史父靖鎮北將軍弘有幹略政事之才少家洛陽與武帝同居永安里又同年共研席以舊恩起家太子門大夫累遷率更令轉太宰長史張華甚重之由是爲寧朔將軍假節監幽州諸軍事領烏丸校尉甚有威惠寇盜屛迹爲幽朔所稱以勳德兼茂封宣城公太安中張昌作亂轉使持節南蠻校尉荆州刺史率前將軍趙驤等討昌自方城至宛新野所向皆平及新野王歆之敗也以弘代爲鎮南將軍都督荆州諸軍事餘官如故弘遣南蠻長史陶侃爲大都護參軍蒯恆爲義軍督護牙門將皮初爲都戰帥進據襄陽張昌幷軍圍宛敗趙驤軍弘退屯梁侃初等累戰破昌前後斬首數萬級及到官昌懼而逃其衆悉降荆土平初弘之退也范陽王虓遣長水

校尉張奕領荊州弘至奕不受代舉兵距弘弘遣軍討奕斬之表曰臣以凡才
謬荷國恩作司方州奉辭伐罪不能奮揚雷霆折衝萬里軍退於宛分受顯戮
猥蒙含宥被遣之職即進達所鎮而范陽王虓先遣前長水校尉張奕領荊州
臣至不受節度擅舉兵距臣今張昌姦黨初平昌未梟擒益梁流人蕭條猥集
無賴之徒易相扇動飆風駭蕩則滄海橫波苟患失之無所不至比須表上慮
失事機輒遣軍討奕即梟其首奕雖貪亂欲為荼毒由臣劣弱不勝其任令奕
肆心以勞資斧敢引覆餗之刑甘受專輒之罪詔曰將軍文武兼資前委方夏
宛城不守咎由趙驤將軍所遣諸軍剋滅羣寇張奕貪禍距違詔命將軍致討
傳首闕庭雖有不請之嫌古人有專之之義其恢宏奥略鎮綏南海以副推轂
之望焉張昌竄于下雋山弘遣軍討昌斬之悉降其衆時荊部守宰多闕弘請
補選帝從之弘迺敘功銓德隨才補授甚為論者所稱乃表曰被中詔勑臣隨
資品選補諸缺吏夫慶賞刑威非臣所專且知人則哲聖帝所難非臣闇蔽所
能斟酌然萬事有機毫釐宜慎謹奉詔書差所應用蓋崇化莫若貴德則所以

濟屯故太上立德其次立功也頃者多難淳朴彌凋臣輒以徵士伍朝補零陵太守庶以懲波蕩之弊養退讓之操臣以不武前退於宛長史陶侃參軍蒯恆牙門皮初戮力致討蕩滅姦凶侃恆各以始終軍事初為都戰帥忠勇冠軍漢沔清肅實初等之勳也司馬法賞不踰時欲人知為善之速福也若不超報無以勸徇功之士慰熊羆之志臣以初補襄陽太守侃為府行司馬使典論功事恆為山都令詔惟令臣以散補空缺然泝鄉令虞潭忠誠烈正首唱義舉舉善以教不能者勸臣輒特轉潭補醴陵令南郡廉吏仇勃母老疾困賊至守衛不移以致拷掠幾至隕命尚書令史郭貞張昌以為尚書郎欲訪以朝議遁逃不出昌質其妻子避之彌遠勃孝篤著於臨危貞忠厲於強暴雖各四品皆可以訓獎臣子長益風教臣輒以勃為歸鄉令貞為信陵令皆功行相參循名校實條列行狀公文具上朝廷以初雖有功襄陽又是名郡名器宜慎不可授初乃以前東平太守夏侯陟為襄陽太守餘並從之陟弘之壻也弘下教曰夫統天下者宜與天下一心化一國者宜與一國為任若必姻親然後可用則荊州十

郡安得十女壻然後爲政哉乃表陟姻親舊制不得相監皮初之勳宜見酬報
詔聽之弘於是勸課農桑寬刑省賦歲用有年百姓愛悅弘嘗夜起聞城上持
更者歎聲甚苦遂呼省之兵年過六十羸疾無襦弘愍之乃譴罰主者遂給韋
袍複帽轉以相付舊制峴方二山澤中不聽百姓捕魚弘下教曰禮名山大澤
不封與共其利今公私幷兼百姓無復厝手地當何謂邪速改此法又酒室中
云齊中酒聽事酒猥酒同用麴米而優劣三品投醪當與三軍同其薄厚自今
不得分別時益州刺史羅尚爲李特所敗遣使告急請糧弘移書贍給而州府
綱紀以運道懸遠文武匱乏欲以零陵一運米五千斛與尚弘曰諸君未之思
耳天下一家彼此無異吾今給之則無西顧之憂矣遂以零陵米三萬斛給之
尚賴以自固于時流人在荊州十餘萬戶羈旅貧乏多爲盜賊弘乃給其田種
糧食擢其賢才隨資敘用時總章大樂伶人避亂多至荊州或勸可作樂者弘
曰昔劉景升以禮壞樂崩命杜夔爲天子合樂樂成欲庭作之夔曰爲天子合
樂而庭作之恐非將軍本意吾常爲之歎息今主上蒙塵吾未能展效臣節雖

有家伎猶不宜聽況御樂哉乃下郡縣使安慰之須朝廷旋返送還本署論平張昌功應封次子一人縣侯弘上疏固讓許之進拜侍中鎮南大將軍開府儀同三司惠帝幸長安河間王顒挾天子詔弘爲劉喬繼援弘以張方殘暴知顒必敗遣使受東海王越節度時天下大亂弘專督江漢威行南服前廣漢太守辛冉說弘以從横之事弘大怒斬之河間王顒使張光爲順陽太守南陽太守衞展說弘曰彭城王前東奔有不善之言張光太宰腹心宜斬光以明向背弘曰宰輔得失豈張光之罪危人自安君子弗爲也展深恨之陳敏寇揚州引兵欲西上弘乃解南蠻以授前北軍中候蔣超統江夏太守陶侃武陵太守苗光以大衆屯于夏口又遣治中何松領建平宜都襄陽三郡兵屯巴東爲羅尚後繼又加南平太守應詹寧遠將軍督三郡水軍繼蔣超侃與敏同郡又同歲舉吏或有間侃者弘不疑之乃以侃爲前鋒督護委以討敏之任侃遣子及兄子爲質弘遣之曰賢叔征行君祖母年高便可歸也匹夫之交尚不負心何況大丈夫乎陳敏竟不敢闚境永興三年詔進號車騎將軍開府及餘官如故弘每

有興廢手書守相丁寧款密所以人皆感悅爭赴之咸曰得劉公一紙書賢於十部從事及東海王越奉迎大駕弘遣參軍劉盤爲督護率諸軍會之盤既旋弘自以老疾將解州及校尉適分授所部未及表上卒于襄陽士女嗟痛若喪所親矣初成都王穎南奔欲之本國弘距之及弘卒弘司馬郭勱欲推穎爲主弘子璠追遵弘志於是墨絰率府兵討勱戰於濁水斬之襄沔肅清初東海王越疑弘與劉喬貳于己雖下節度心未能安及弘距穎璠又斬勱朝廷嘉之越手書與璠贊美之表贈弘新城郡公謚曰元以高密王略代鎮寇盜不禁詔起璠爲順陽內史江漢之閒翕然歸心及略薨山簡代之簡至知璠得衆心恐百姓逼以爲主表陳之由是徵璠爲越騎校尉璠亦深慮逼迫被書便輕至洛陽然後遣迎家累僑人侯脫路難等相率衞送至都然後辭去南夏遂亂父老追思弘雖甘棠之詠召伯無以過也

陶侃 兄子臻 臻弟輿

陶侃字士行本鄱陽人也吳平徙家廬江之尋陽父丹吳揚武將軍侃早孤貧

爲縣吏鄱陽孝廉范逵嘗過侃時倉卒無以待賓其母乃截髮得雙髲以易酒肴樂飲極歡雖僕從亦過所望及逵去侃追送百餘里逵曰卿欲仕郡乎侃曰欲之困於無津耳逵過廬江太守張夔稱美之夔召爲督郵領樅陽令有能名遷主簿會州部從事之郡欲有所按侃閉門部勒諸吏謂從事曰若鄙郡有違自當明憲直繩不宜相逼若不以禮吾能禦之從事卽退夔妻有疾將迎醫於數百里時正寒雪諸綱紀皆難之侃獨曰資於事父以事君小君猶母也安有父母之疾而不盡心乎乃請行衆咸服其義長沙太守萬嗣過廬江見侃虛心敬悅曰君終當有大名命其子與之結友而去夔察侃爲孝廉至洛陽數詣張華華初以遠人不甚接遇侃每往神無忤色華後與語異之除郎中伏波將軍孫秀以亡國支庶府望不顯中華人士恥爲掾屬以侃寒宦召爲舍人時豫章國郎中令楊晫侃州里也爲鄉論所歸侃詣之晫曰易稱貞固足以幹事陶士行是也與同乘見中書郎顧榮榮甚奇之吏部郎溫雅謂晫曰奈何與小人共載晫曰此人非凡器也尚書樂廣欲會荆陽士人武庫令黃慶進侃於廣人或

非之慶曰此子終當遠到復何疑也慶後爲吏部令史舉侃補武岡令與太守
呂岳有嫌棄官歸爲郡小中正會劉弘爲荆州刺史將之官辟侃爲南蠻長史
遣先向襄陽討賊張昌破之弘旣至謂侃曰吾昔爲羊公參軍謂吾其後當居
身處今相觀察必繼老夫矣後以軍功封東鄉侯邑千戸陳敏之亂弘以侃爲
江夏太守加鷹揚將軍侃備威儀迎母官舍鄉里榮之敏遣其弟恢來寇武昌
侃出兵禦之隨郡內史扈瓌間侃於弘曰侃與敏有鄉里之舊居大郡統彊兵
脫有異志則荆州無東門矣弘曰侃之忠能吾得之已久豈有是乎侃潛聞之
遽遣子洪及兄子臻詣弘以自固弘引爲參軍資而遣之又加侃爲督護使與
諸軍并力距恢侃乃以運船爲戰艦或言不可侃曰用官物討官賊但須列上
有本末耳於是擊恢所向必破侃戎政齊肅凡有虜獲皆分士卒身無私焉後
以母憂去職嘗有二客來弔不哭而退化爲雙鶴沖天而去時人異之服闋參
東海王越軍事江州刺史華軼表侃爲揚武將軍使屯夏口又以臻爲參軍軼
與元帝素不平臻懼難作託疾而歸白侃曰華彥夏有憂天下之志而才不足

且與瑯邪不平難將作矣侃怒遣臻還軼臻遂東歸於帝帝見之大悅命臻爲參軍加侃奮威將軍假赤幢曲蓋軺車鼓吹侃乃與華軼告絕頃之遷龍驤將軍武昌太守時天下饑荒山夷多斷江劫掠侃令諸將詐作商船以誘之劫果至生獲數人是西陽王羕之左右侃即遣兵逼羕令出向賊侃整陣於釣臺爲後繼羕縛送帳下二十人侃斬之自是水陸肅清流亡者歸之盈路侃竭資振給焉又立夷市於郡東大收其利而帝使侃擊杜弢令振威將軍周訪廣武將軍趙誘受侃節度侃令二將爲前鋒兄子輿爲左甄擊賊破之時周顗爲荊州刺史先鎮潯水城賊掠其良口侃使部將朱伺救之賊退保泠口侃謂諸將曰此賊必更步向武昌吾宜還城晝夜三日行可至卿等誰能忍饑鬭邪部將吳寄曰要欲十日忍飢晝當擊賊夜分捕魚足以相濟侃曰卿健將也賊果增兵來攻侃使朱伺等逆擊大破之獲其輜重殺傷甚衆遣參軍王貢告捷於王敦敦曰若無陶侯便失荊州矣伯仁方入境便爲賊所破不知那得刺史貢對曰鄙州方有事難非陶龍驤莫可敦然之即表拜侃爲使持節寧遠將軍南蠻校

尉荊州刺史領西陽江夏武昌鎮于沌口又移入沔江遣朱伺等討江夏賊殺之賊王沖自稱荊州刺史據江陵王貢還至竟陵矯侃令以杜曾爲前鋒大督護進軍斬沖悉降其衆侃召曾不到貢又恐矯命獲罪遂與曾舉兵反擊侃督護鄭攀於沌陽破之又敗朱伺於沔口侃欲退入溳中部將張奕將貳於侃詭說曰賊至而動衆必不可侃惑之而不進無何賊至果爲所敗賊鉤侃所乘艦侃窘急走入小船朱伺力戰僅而獲免張奕竟奔于賊侃坐免官王敦表以侃白衣領職侃復率周訪等進軍入湘使都尉楊舉爲先驅擊杜弢大破之屯兵于城西侃之佐史辭詣王敦曰州將陶使君孤根特立從微至著忠允之功所在有效出佐南夏輔翼劉征南前遇張昌後屬陳敏侃以偏旅獨當大寇無征不剋羣醜破滅近者王如亂北杜弢跨南二征奔走一州星馳其餘郡縣所在土崩侃招攜以禮懷遠以德子來之衆前後累至奉承指授獨守危阨人往不動人離不散往年董督徑造湘城志陵雲霄神機獨斷徒以軍少糧懸不果獻捷然杜弢慴懼來還夏口未經信宿建平流人迎賊俱叛侃即迴軍遡流芟夷

醜類至使西門不鍵華圻無虞者侃之功也明將軍愍此荊楚救命塗炭使侃統領窮殘之餘寒者衣之饑者食之比屋相慶有若挾纊江濱孤危地非重險非可單軍獨能保固故移就高莋以避其衝賊輕易先至大衆在後侃距戰經日殺其名帥賊尋犬羊相結幷力來攻侃以忠臣之節義無退顧被堅執銳身當戎行將士奮擊莫不用命當時死者不可勝數賊衆參伍更息更戰侃以孤軍一隊力不獨禦量宜取全以俟後舉而主者責侃重加黜削侃性謙沖功成身退今奉還所受唯恐稽遲然某等區區實恐理失於內事敗於外毫釐之差將致千里使荊蠻乖離西嵎不守脣亡齒寒侵逼無限也敦於是奏復侃官弢將王貢精卒三千出武陵江誘五谿夷以舟師斷官運徑向武昌侃使鄭攀及伏波將軍陶延夜趣巴陵潛師掩其不備大破之斬千餘級降萬餘口貢遁還湘城賊中離阻杜弢遂疑張奕而殺之衆情益懼降者滋多王貢復挑戰侃遙謂之曰杜弢爲益州吏盜用庫錢父死不奔喪卿本佳人何爲隨之也天下寧有白頭賊乎貢初横脚馬上侃言訖貢斂容下脚辭色甚順侃知其可動復令

諭之截髮爲信貢遂來降而弢敗走進剋長沙獲其將毛寶高寶梁堪而還王
敦深忌侃功將還江陵欲詣敦別皇甫方回及朱伺等諫以爲不可侃不從敦
果留侃不遣左轉廣州刺史平越中郎將以王廙爲荊州侃之佐吏將士詣敦
請留侃敦怒不許侃將鄭攀蘇溫馬儁等不欲南行遂西迎杜曾以距廙敦意
攀承侃風旨被甲持矛將殺侃出而復迴者數四侃正色曰使君之雄斷當裁
天下何此不決乎因起如廁諮議參軍梅陶長史陳頒言於敦曰周訪與侃親
姻如左右手安有斷人左手而右手不應者乎敦意遂解於是設盛饌以餞之
侃便夜發敦引其子瞻爲參軍侃旣達豫章見周訪流涕曰非卿外援我殆不
免侃因進至始興先是廣州人背刺史郭訥迎長沙人王機爲刺史機復遣使
詣王敦乞爲交州敦從之而機未發會杜弘據臨賀因機乞降勸弘取廣州弘
遂與溫邵及交州秀才劉沉俱謀反或勸侃且住始興觀察形勢侃不聽直至
廣州弘遣使僞降侃知其詐先於封口起發石車俄而弘率輕兵而至知侃有
備乃退侃追擊破之執劉沉於小桂又遣部將許高討機斬之傳首京都諸將

皆請乘勝擊温邵侃笑曰吾威名已著何事遣兵但一函紙自足耳於是下書
諭之邵懼而走追獲於始興以功封柴桑侯食邑四千戸侃在州無事輒朝運
百甓於齋外暮運於齋內人問其故答曰吾方致力中原過爾優逸恐不堪事
其勵志勤力皆此類也太興初進號平南將軍尋加都督交州軍事及王敦舉
兵反詔侃以本官領江州刺史尋轉都督湘州刺史敦得志上侃復本職加散
騎常侍時交州刺史王諒爲賊梁碩所陷侃遣將高寶進擊平之以侃領交州
刺史錄前後功封次子夏爲都亭侯進號征南大將軍開府儀同三司及王敦
平遷都督荆雍益梁州諸軍事領護南蠻校尉征西大將軍荆州刺史餘如故
楚郢士女莫不相慶侃性聰敏勤於吏職恭而近禮愛好人倫終日斂膝危坐
閫外多事千緒萬端罔有遺漏遠近書疏莫不手答筆翰如流未嘗壅滯引接
疏遠門無停客常語人曰大禹聖者乃惜寸陰至於衆人當惜分陰豈可逸遊
荒醉生無益於時死無聞於後是自棄也諸參佐或以談戲廢事者乃命取其
酒器蒱博之具悉投之於江吏將則加鞭朴曰樗蒱者牧豬奴戲耳老莊浮華

非先王之法言不可行也君子當正其衣冠攝其威儀何有亂頭養望自謂宏達邪有奉饋者皆問其所由若力作所致雖微必喜慰賜參倍若非理得之則切厲訶辱還其所饋嘗出遊見人持一把未熟稻侃問用此何爲人云行道所見聊取之耳侃大怒曰汝既不佃而戲賊人稻執而鞭之是以百姓勤於農殖家給人足時造船木屑及竹頭悉令舉掌之咸不解所以後正會積雪始晴廳事前餘雪猶濕於是以屑布地及桓温伐蜀又以侃所貯竹頭作丁裝船其綜理微密皆此類也暨蘇峻作逆京都不守侃子瞻爲賊所害平南將軍温嶠要侃同赴朝廷初明帝崩侃不在顧命之列深以爲恨答嶠曰吾疆埸外將不敢越局嶠固請之因推爲盟主侃乃遣督護龔登率衆赴嶠而又追迴嶠以峻殺其子重遣書以激怒之侃妻龔氏亦固勸自行於是便戎服登舟星言兼邁瞻喪至不臨五月與温嶠庾亮等俱會石頭諸軍即欲決戰侃以賊盛不可爭鋒當以歲月智計擒之累戰無功諸將請於查浦築壘監軍部將李根建議請立白石壘侃不從曰若壘不成卿當坐之根曰查浦地下又在水南唯白石峻極

顯固可容數千人賊來攻不便滅賊之術也侃笑曰卿良將也乃從根謀夜修
曉訖賊見壘大驚賊攻大業壘侃將救之長史殷羨曰若遣救大業步戰不如
峻則大事去矣但當急攻石頭峻必救之而大業自解侃又從羨言峻果棄大
業而救石頭諸軍與峻戰陳陵東侃督護竟陵太守李陽部將彭世斬峻於陣
賊衆大潰峻弟逸復聚衆侃與諸軍斬逸於石頭初庾亮少有高名以明穆皇
后之兄受顧命之重蘇峻之禍職亮是由及石頭平懼侃致討亮用溫嶠謀詣
侃拜謝侃遽止之曰庾元規乃拜陶士行邪王導入石頭城令取故節侃笑曰
蘇武節似不如是導有慚色使人屏之侃旋江陵尋以爲侍中太尉加羽葆鼓
吹改封長沙郡公邑三千戶賜絹八千匹加都督交廣寧七州軍事以江陵偏
遠移鎮巴陵遣諮議參軍張誕討五谿夷降之屬後將軍郭默矯詔襲殺平南
將軍劉胤輒領江州侃聞之曰此必詐也遣將軍宋夏陳脩率兵據湓口侃以
大軍繼進默遣使奴婢絹百匹寫中詔呈侃參佐多諫曰默不被詔豈敢爲此
事若進軍宜待詔報侃厲色曰國家年小不出胸懷且劉胤爲朝廷所禮雖方

任非才何緣猥加極刑郭默虓勇所在暴掠以大難新除威網寬簡欲因隙會
騁其縱橫耳發使上表討默與王導書曰郭默殺方州卽用爲方州害宰相便
爲宰相乎導答曰默居上流之勢加有船艦成資故苞含隱忍使其有地一月
潛嚴足下軍到是以得風發相赴豈非遵養時晦以定大事者邪侃省書笑曰
是乃遵養時賊也侃既至默將宗侯縛默父子五人及默將張丑詣侃降侃斬
默等默在中原數與石勒等戰賊畏其勇聞侃討之兵不血刃而擒也益畏侃
蘇峻將馮鐵殺侃子奔于石勒勒以爲戍將侃告勒以故勒召而殺之詔侃都
督江州領刺史增置左右長史司馬從事中郎四人掾屬十二人侃旋于巴陵
因移鎭武昌侃命張夔子隱爲參軍范逵子珧爲湘東太守辟劉弘曾孫安爲
掾屬表論梅陶凡微時所荷一飡咸報遣子斌與南中郎將桓宣西伐樊城走
石勒將郭敬使兄子臻竟陵太守李陽等共破新野遂平襄陽拜大將軍劍履
上殿入朝不趨讚拜不名上表固讓曰臣非貪榮於曩昔而虛讓於今日事有
合於時宜臣豈敢與陛下有違理有益於聖世臣豈與朝廷作異臣常欲除諸

浮長之事遺諸虛假之用非獨臣身而已若臣杖國威靈梟雄斬勒則又何以加咸和七年六月疾篤又上表遜位曰臣少長孤寒始願有限過蒙聖朝歷世殊恩陛下睿鑒寵靈彌泰有始必終自古而然臣年垂八十位極人臣啓手啓足當復何恨但以陛下春秋尚富餘寇不誅山陵未反所以憤愾兼懷不能已已臣雖不知命年時已邁國恩殊特賜封長沙隕越之日當歸骨國土臣父母舊葬今在尋陽緣存處亡無心分違已勒國臣修遷之事刻以來秋奉迎窀穸葬事訖乃告老下藩不圖所患遂爾緜篤伏枕感結情不自勝臣間者猶爲犬馬之齒尚可小延欲爲陛下西平李雄北吞石季龍是以遣母丘奥於巴東授桓宣於襄陽良圖未敘於此長乖此方之任內外之要願陛下速選臣代使必得良才奉宣王猷遵成臣志則臣死之日猶生之年陛下雖聖姿天縱英奇日新方事之殷當賴羣儁司徒導鑒識經遠光輔三世司空鑒簡素貞正內外惟允平西將軍亮雅量詳明器用周時卽陛下之周召也獻替疇諮敷融政道地平天成四海幸賴謹遣左長史殷羨奉送所假節麾幢曲蓋侍中貂蟬大尉章

荊江州刺史印傳棨戟仰戀天恩悲酸感結以後事付右司馬王愆期加督護
統領文武侃輿車出臨津就船明日薨于樊谿時年七十六成帝下詔曰故使
持節侍中太尉都督荊江雍梁交廣益寧八州諸軍事荊江二州刺史長沙郡
公經德蘊哲謀猷弘遠作藩于外八州肅清勤王于內皇家以寧乃者桓文之
勳伯舅是憑方賴大猷俾屏予一人前進位大司馬禮秩策命未及加崇昊天
不弔奄忽薨殂朕用震悼于厥心今遣兼鴻臚追贈大司馬假密章祠以太牢
魂而有靈嘉茲寵榮又策諡曰桓祠以太牢侃遺令葬國南一十里故吏刊石
碑畫像於武昌西侃在軍四十一載雄毅有權明悟善決斷自南陵迄于白帝
數千里中路不拾遺蘇峻之役庾亮輕進失利亮司馬殷融詣侃謝曰將軍爲
此非融等所裁將軍王章至曰章自爲之將軍不知也侃曰昔殷融爲君子王
章爲小人今王章爲君子殷融爲小人侃性纖密好問頗類趙廣漢嘗課諸營
種柳都尉夏施盜官柳植之於己門侃後見駐車問曰此是武昌西門前柳何
因盜來此種施惶怖謝罪時武昌號爲多士殷浩庾翼等皆爲佐吏侃每飲酒

有定限常歡有餘而限已竭浩等勸更少進侃悽懷良久曰年少曾有酒失亡親見約故不敢踰議者以武昌北岸有邾城宜分兵鎮之侃每不答而言者不已侃迺渡水獵引將佐語之曰我所以設險而禦寇正以長江耳邾城隔在江北內無所倚外接羣夷夷中利深晉人貪利夷不堪命必引寇虜迺致禍之由非禦寇也且吳時此城乃三萬兵守今縱有兵守之亦無益於江南若羯虜有可乘之會此又非所資也後庾亮戍之果大敗季年懷止足之分不與朝權未亡一年欲遜位歸國佐吏等苦留之及疾篤將歸長沙軍資器仗牛馬舟船皆有定簿封印倉庫自加管鑰以付王愆期然後登舟朝野以爲美談將出府門顧謂愆期曰老子婆娑正坐諸君輩尚書梅陶與親人曹識書曰陶公機神明鑒似魏武忠順勤勞似孔明陸抗諸人不能及也謝安每言陶公雖用法而恆得法外意其爲世所重如此然媵妾數十家僮千餘珍奇寶貨富於天府或云侃少時漁於雷澤網得一織梭以挂于壁有頃雷雨自化爲龍而去又夢生八翼飛而上天見天門九重已登其八唯一門不得入閽者以杖擊之因墜地折

其左翼及瘖左腋猶痛又嘗如廁見一人朱衣介幘斂板曰以君長者故來相報君後當爲公位至八州都督有善相者師圭謂侃曰君左手中指有豎理當爲公若徹於上貴不可言侃以針決之見血灑壁而爲公字以紙裛手公字愈明及都督八州據上流握彊兵潛有窺窬之志每思折翼之祥自抑而止侃有子十七人唯洪瞻夏琦旗斌稱範岱見舊史餘者並不顯

洪辟丞相掾早卒

瞻字道真少有才器歷廣陵相廬江建昌二郡太守遷散騎常侍都亭侯爲蘇峻所害追贈大鴻臚諡愍悼世子以夏爲世子及送侃喪還長沙夏與斌及稱各擁兵數千以相圖既而解散斌先往長沙悉取國中器使財物夏至殺斌庾亮上疏曰斌雖醜惡罪在難忍然王憲有制骨肉至親親運刀鋸以刑同體傷父母之恩無惻隱之心應加放黜以懲暴虐亮表未至都而夏病卒詔復以瞻息弘襲侃爵仕至光祿勳卒子綽之嗣綽之卒子延壽嗣宋受禪降爲吳昌侯五百戶

琦司空掾
旗歷位散騎常侍郴縣開國伯咸和末爲散騎侍郎性甚凶暴卒子定嗣卒子
襲之嗣卒子謙之嗣宋受禪國除
斌尚書郎
稱東中郎將南平太守南蠻校尉假節性爈勇不倫與諸弟不協後加建威將
軍咸康五年庾亮以稱爲監江夏隨義陽三郡軍事南中郎將江夏相以本所
領二千人自隨到夏口輕將二百人下見亮亮大會吏佐責稱前後罪惡稱拜
謝因罷出亮使人於閤外收之棄市亮上疏曰案稱大司馬侃之孽子父亡不
居喪位荒耽于酒昧利偷榮擅攝五郡自謂監軍輒召王官聚之軍府故車騎
將軍劉弘曾孫安寓居江夏及將楊恭趙韶並以言色有忤稱放聲當殺安恭
懼自赴水而死韶於獄自盡將軍郭開從稱往長沙赴喪稱疑開附其兄弟乃
反縛懸頭於帆檣仰而彈之鼓棹渡江二十餘里觀者數千莫不震駭又多藏
匿府兵收坐應死臣猶未忍直上且免其司馬稱肆縱醜言無所顧忌要結諸

將欲阻兵構難諸將惶懼莫敢酬答由是姦謀未即發露臣以侃勳勞王室是以依違容掩故表爲南中郎將與臣相近思欲有以匡救之而稱豺狼愈甚發言激切不忠不孝莫此之甚苟利社稷義有專斷輒收稱伏法

範最知名太元初爲光祿勳

岱散騎侍郎

臻字彥遐有勇略智謀賜爵當陽亭侯咸和中爲南郡太守領南蠻校尉假節卒官追贈平南將軍謚曰肅

臻弟輿果烈善戰以功累遷武威將軍初賊張奕本中州人元康中被差西征遇天下亂遂留蜀至是率三百餘家欲就杜弢爲侃所獲諸將請殺其丁壯取其妻息輿曰此本官兵數經戰陣可赦之以爲用侃赦之以配輿及侃與杜弢戰敗賊以桔槔打沒官軍船艦軍中失色輿率輕舸出其上流以擊之所向輒剋賊又率衆將焚侃輜重輿又擊破之自是每戰輒剋賊望見輿軍相謂曰避陶武威無敢當者後與杜弢戰輿被重創卒侃哭之慟曰喪吾家寶三軍皆爲

之垂泣詔贈長沙太守

史臣曰古者明王之建國也下料疆宇列爲九州輔相玄功咨于四岳所以仰希齊政俯寄宣風備連率之儀威騰閫外總頒條之務禮縟區中委稱其才甘棠以之流詠據非其德鵜餉以是興嗟中朝叔世要荒多阻分符建節並紊天綱和季以同里之情申盧綰之契居方牧之地振吳起之風自幽徂荆亟斂豺狼之迹舉賢登善窮掇孔翠之毛由是吏民畢力華夷順命一州淸晏恬波於沸海之中百城安堵靜祲於稽天之際猶獨稱善政何其寡歟易云貞固足以幹事於征南見之矣士行望非世族俗異諸華拔萃陬落之閒比肩髦儁之列超居外相宏總上流布澤懷邊則嚴城靜柝釋位匡主則論鼎再寧元規以戚里之崇挹其膺而下拜茂弘以保衡之貴服其言而動色望隆分陝理則宜然至於時屬雷屯富逾天府潛有包藏之志顧思折翼之祥悖矣夫子曰人無求備斯言之信於是有徵

贊曰和季承恩建旟南服威靜荆塞化揚江澳戮力天朝匪忘忠肅長沙勤王

擁斾戎場任隆三事功宣一匡緊賴之重匪伊舟航

晉書卷六十六

晉書卷六十六考證

陶侃傳追贈大司馬假密章○臣宗楷按本書山濤傳策賜司徒蜜印紫綬侍中貂蟬新沓伯蜜印青朱綬此云密章疑蜜字之訛也

晉書卷六十六考證

唐 太 宗 文 皇 帝 御 撰

列傳第三十七

温嶠

温嶠字太真司徒羨弟之子也父憺河東太守嶠性聰敏有識量博學能屬文少以孝弟稱於邦族風儀秀整美於談論見者皆愛悅之年十七州郡辟召皆不就司隸命爲都官從事散騎常侍庾敳有重名而頗聚斂嶠舉奏之京都振肅後舉秀才灼然二品司徒辟東閣祭酒補上黨潞令平北大將軍劉琨妻嶠之從母也琨深禮之請爲參軍琨遷大將軍嶠爲從事中郎上黨太守加建威將軍督護前鋒軍事將兵討石勒屢有戰功琨遷司空以嶠爲右司馬于時并土荒殘寇盜羣起石勒劉聰跨帶疆埸嶠爲之謀主琨所憑恃焉屬二都傾覆社稷絕祀元帝初鎮江左琨誠繫王室謂嶠曰昔班彪識劉氏之復興馬援知漢光之可輔今晉祚雖衰天命未改吾欲立功河朔使卿延譽江南子其行乎

對曰嶠雖無管鮑之才而明公有桓公之志欲建匡合之功豈敢辭命乃以爲左長史檄告華夷奉表勸進嶠既至引見具陳琨忠誠志在效節因說社稷無主天人係望辭旨慷慨舉朝屬目帝器而嘉焉王導周顗謝琨庾亮桓彝等並與親善于時江左草創綱維未舉嶠殊以爲憂及見王導共談歡然曰江左自有管夷吾吾復何慮屢求反命不許會琨爲段匹磾所害嶠表琨忠誠雖勳業不遂然家破身亡宜在褒崇以慰海內之望帝然之除散騎侍郎初嶠欲將命其母崔氏固止之嶠絕裾而去其後母亡嶠阻亂不獲歸葬由是固讓不拜苦請北歸詔三司八坐議其事皆曰昔伍員志復私讎先假諸侯之力東奔闔閭位爲上將然後鞭荆王之尸若嶠以母未葬沒在胡虜者乃應竭其智謀仰憑皇靈使逆寇冰消反哀墓次豈可稍以乖嫌廢其遠圖哉嶠不得已乃受命後歷驃騎王導長史遷太子中庶子及在東宮深見寵遇太子與爲布衣之交數陳規諷又獻侍臣箴甚有弘益時太子起西池樓觀頗爲勞費嶠上疏以爲朝廷草創巨寇未滅宜應儉以率下務農重兵太子納焉王敦舉兵內向六軍敗

績太子將自出戰嶠執鞚諫曰臣聞善戰者不怒善勝者不武如何萬乘儲副
而以身輕天下太子乃止明帝卽位拜侍中機密大謀皆所參綜詔命文翰亦
悉豫焉俄轉中書令嶠有棟梁之任帝親而倚之甚爲王敦所忌因請爲左司
馬敦阻兵不朝多行陵縱嶠諫敦曰昔周公之相成王勞謙吐握豈好勤而惡
逸哉誠由處大任者不可不爾而公自還輦轂入輔朝政闕拜覲之禮簡人臣
之儀不達聖心者莫不於邑昔帝舜服事唐堯伯禹竭身虞庭文王雖盛臣節
不愆故有庇人之大德必有事君之小心俾芳烈奮乎百世休風流乎萬祀至
聖遺軌所不宜忽願思舜禹文王服事之勤惟公旦吐握之事則天下幸甚敦
不納嶠知其終不悟於是謬爲設敬綜其府事干說密謀以附其欲深結錢鳳
爲之聲譽每曰錢世儀精神滿腹嶠素有知人之稱鳳聞而悅之深結好於嶠
會丹陽尹缺嶠說敦曰京尹輦轂喉舌宜得文武兼能公宜自選其才若朝廷
用人或不盡理敦然之問嶠誰可作者嶠曰愚謂錢鳳可用鳳亦推嶠嶠僞辭
之敦不從表補丹陽尹嶠猶懼錢鳳爲之姦謀因敦餞別嶠起行酒至鳳前鳳

未及飲嶠因僞醉以手版擊鳳幘墜作色曰錢鳳何人温太真行酒而敢不飲
敦以爲醉兩釋之臨去言別涕泗横流出閤復入如是再三然後即路及發後
鳳入說敦曰嶠於朝廷甚密而與庾亮深交未必可信敦曰太真昨醉小加聲
色豈得以此便相讒貳由是鳳謀不行而嶠得還都乃具奏敦之逆謀請先爲
之備及敦構逆加嶠中壘將軍持節都督東安北部諸軍事敦與王導書曰太
真別來幾日作如此事表誅姦臣以嶠爲首募生得嶠者當自拔其舌及王含
錢鳳奄至都下嶠燒朱雀桁以挫其鋒帝怒之嶠曰今宿衛寡弱徵兵未至若
賊豕突危及社稷陛下何惜一橋賊果不得渡嶠自率衆與賊夾水戰擊王含
敗之復督劉遐追錢鳳於江寧事平封建寧縣開國公賜絹五千四百匹進號
前將軍時制王敦綱紀除名參佐禁固嶠上疏曰王敦剛愎不仁忍行殺戮親
任小人疏遠君子朝廷所不能抑骨肉所不能間處其朝者恆懼危亡故人士
結舌道路以目誠賢人君子道窮數盡遵養時晦之辰也且敦爲大逆之日拘
錄人士自免無路原其私心豈遑晏處如陸玩羊曼劉胤蔡謨郭璞常與臣言

備知之矣必其凶悖自可罪人斯得如其枉入姦黨宜施之以寬加以玩等之
誠聞於聖聽當受同賊之責實負其心陛下仁聖含弘思求允中臣階緣博納
干非其事誠在愛才不忘忠益帝從之是時天下凋弊國用不足詔公卿以下
詣都坐論時政之所先嶠因奏軍國要務其一曰祖約退舍壽陽有將來之難
今二方守禦爲功尙易淮泗都督宜竭力以資之選名重之士配征兵五千人
又擇一偏將將二千兵以益壽陽可以保固徐豫援助司土其二曰一夫不耕
必有受其飢者今不耕之夫動有萬計春廢勸課之制冬峻出租之令下未見
施惟賦是聞賦不可以已當思令百姓有以殷實司徒置田曹掾州一人勸課
農桑察吏能否今宜依舊置之必得清恪奉公足以宣示惠化者則所益實弘
矣其三曰諸外州郡將兵者及都督府非臨敵之軍且田且守又先朝使五校
出田今四軍五校有兵者及護軍所統外軍可分遣二軍出并屯要處緣江上
下皆有良田開荒須一年之後卽易且軍人累重者在外有樵採蔬食之人於
事爲便其四曰建官以理世不以私人也如此則官寡而材精周制六卿莅事

春秋之時入作卿輔出將三軍後代建官漸多誠由事有煩簡耳然今江南六州之土尚又荒殘方之平日數十分之一耳三省軍校無兵者九府寺署可有并相領者可有省半者粗計閑劇隨事減之荒殘之縣或同在一城可并合之如此選既可精祿俸可優令足代耕然後可責以清公耳其五曰古者親耕藉田以供粢盛舊制藉田廩犧之官今臨時市求既上黷至敬下費生靈非所以虔奉宗廟蒸嘗之旨宜如舊制立此二官其六曰使命愈遠益宜得才宣揚王化延譽四方人情不樂遂取卑品之人虧辱國命生長患害故宜重其選不可減二千石見居二品者其七曰罪不相及古之制也近者大逆誠由凶戾凶戾之甚一時權用今遂施行非聖朝之令典宜如先朝除三族之制議奏多納之帝疾篤嶠與王導郄鑒庾亮陸曄卞壼等同受顧命時歷陽太守蘇峻藏匿亡命朝廷疑之征西將軍陶侃有威名於荆楚又以西夏爲虞故使嶠爲上流形援咸和初代應詹爲江州刺史持節都督平南將軍鎮武昌甚有惠政甄異行能親祭徐孺子之墓又陳豫章十郡之要宜以刺史居之尋陽濱江都督應鎮

其地今以州帖府進退不便且古鎮將多不領州皆以文武形勢不同故也宜選單車刺史別撫豫章專理黎庶詔不許在鎮見王敦畫像曰敦大逆宜加斲棺之戮受崔杼之刑古人闔棺而定謚春秋大居正崇王父之命未有受戮於天子而圖形於羣下命削去之嶠聞蘇峻之徵也慮必有變求還朝以備不虞不聽未幾而蘇峻果反嶠屯尋陽遣督護王愆期西陽太守鄧嶽鄱陽內史紀瞻等率舟師赴難及京師傾覆嶠聞之號慟人有候之者悲哭相對俄而庾亮來奔宣太后詔進嶠驃騎將軍開府儀同三司嶠曰今日之急殄寇爲先未效勳庸而逆受榮寵非所聞也何以示天下乎固辭不受時亮雖奔敗嶠每推崇之分兵結亮遣王愆期等要陶侃同赴國難侃恨不受顧命不許嶠初從之後用其部將毛寶說復固請侃行語在寶傳初嶠與庾亮相推爲盟主嶠從弟充言於嶠曰征西位重兵彊宜共推之嶠於是遣王愆期奉侃爲盟主侃許之遣督護龔登率兵詣嶠嶠於是列上尚書陳峻罪狀有衆七千灑泣登舟移告四方征鎮曰賊臣祖約蘇峻同惡相濟用生邪心天奪其魄死期將至譴負天地

自絕人倫寇不可縱宜增軍討撲輒屯次溢口即日護軍庾亮至宣太后詔寇
逼宮城王旅撓敗出告藩臣謀寧社稷後將軍郭默冠軍將軍趙胤奮武將軍
龔保與嶠督護王愆期西陽太守鄧嶽鄱陽內史紀瞻率其所領相尋而至逆
賊肆凶陵蹈宗廟火延宮掖矢流太極二御幽逼宰相困迫殘虐朝士劫辱子
女承問悲惶精魂飛散嶠闇弱不武不能殉難哀恨自咎五情摧隕慚負先帝
託寄之重義在畢力死而後已今躬率所統爲士卒先催進諸軍一時電擊西
陽太守鄧嶽尋陽太守褚誕等連旗相繼宣城內史桓彝已勒所屬屯濱江之
要江夏相周撫乃心求征軍已向路昔包胥楚國之微臣重趼致誠義感諸侯
藺相如趙邦之陪隸恥君之辱按劍秦庭皇漢之季董卓作亂劫遷獻帝虐害
忠良關東州郡相率同盟廣陵功曹臧洪郡之小吏耳登壇喢血涕淚橫流慷
慨之節實厲羣后況今居台鼎據方州列名邦受國恩者哉不期而會不謀而
同不亦宜乎二賊合衆不盈五千且外畏胡寇城內饑乏後將軍郭默即於戰
陣俘殺賊千人賊今雖殘破都邑其宿衛兵人即時出散不爲賊用且祖約情

性褊阨忌剋不仁蘇峻小子惟利是視殘酷驕猜權相假合江表興義以抗其前彊胡外寇以躡其後運漕隔絶資食空懸內乏外孤勢何得久羣公征鎮職在禦侮征西陶公國之耆德忠肅義正勳庸弘著諸方鎮州郡咸齊斷金同稟規略以雪國恥苟利社稷死生以之嶠雖怯劣忝據一方賴忠賢之規文武之助君子竭誠小人盡力高操之士被褐而從戎負薪之徒匍匐而赴命率其私僕致其私杖人士之誠竹帛不能載也豈嶠無德而致之哉士稟義風人感皇澤且護軍庾公帝之元舅德望隆重率郭後軍趙龔三將與嶠戮力得有資憑且悲且慶若朝廷之不泯也其各明率所統無後事機賞募之信明如日月有能斬約峻者封五等侯賞布萬匹夫忠爲令德爲仁由己萬里一契義不在言也時陶侃雖許自下而未發復追其督護龔登嶠重與侃書曰僕謂軍有進而無退宜增而不可減近已移檄遠近言於盟府剋後月半大舉南康建安晉安三郡軍並在路次同赴此會惟須仁公所統至便齊進耳仁公今召軍還疑惑遠近成敗之由將在於此僕才輕任重實憑仁公篤愛遠稟成規至於首啓戎

行不敢有辭僕與仁公當如常山之蛇首尾相衞又脣齒之喻也恐惑者不達
高旨將謂仁公緩於討賊此聲難追僕與仁公並受方嶽之任安危休感理既
同之且自頃之顧綢繆往來情深義重著於人士之口一旦有急亦望仁公悉
衆見救況社稷之難惟僕偏當一州州之文武莫不翹企假令此州不守約峻
樹置官長於此荆楚西逼彊胡東接逆賊因之以饑饉將來之危乃當甚於此
州之今日也以大義言之則社稷顛覆主辱臣死公進當爲大晉之忠臣參桓
文之義開國承家銘之天府退當以慈父雪愛子之痛約峻凶逆無道因制人
士裸其五形近日來者不可忍見骨肉生離痛感天地人心齊一咸皆切齒今
之進討若以石投卵耳今出軍既緩復召兵還人心乖離是爲敗於幾成也願
深察所陳以副三軍之望峻時殺侃子瞻由是侃激勵遂率所統與嶠亮同赴
京師戎卒六萬旌旗七百餘里鉦鼓之聲震於百里直指石頭次于蔡洲侃屯
查浦嶠屯沙門浦時祖約據歷陽與峻爲首尾見嶠等軍盛謂其黨曰吾本知
嶠能爲四公子之事今果然矣峻聞嶠將至逼大駕幸石頭時峻軍多馬南軍

杖舟楫不敢輕與交鋒用將軍李根計據白石築壘以自固使庾亮守之賊步騎萬餘來攻不下而退追斬二百餘級嶠又於四望磯築壘以逼賊曰賊必爭之設伏以逸待勞是制賊之一奇也是時義軍屢戰失利嶠軍食盡陶侃怒曰使君前云不憂無將士惟得老僕爲主耳今數戰皆北良將安在荊州接胡蜀二虜倉廩當備不虞若復無食僕便欲西歸更思良算但今歲計殄賊不爲晚也嶠曰不然自古成監師克在和光武之濟昆陽曹公之拔官渡以寡敵衆杖義故也峻約小豎爲海內所患今日之舉決在一戰峻勇而無謀藉驕勝之勢自謂無前今挑之戰可一鼓而擒也奈何捨垂立之功設進退之計且天子幽逼社稷危殆四海臣子肝腦塗地嶠等與公並受國恩是致命之日事若克濟則臣主同祚如其不捷身雖灰滅不足以謝責於先帝今之事勢義無旋踵騎猛獸安可中下哉公若違衆獨反人心必沮沮衆敗事義旗將迴指於公矣侃無以對遂留不去嶠於是創建行廟廣設壇場告皇天后土祖宗之靈親讀祝文聲氣激揚流涕覆面三軍莫能仰視其日侃督水軍向石頭亮嶠等率精勇

一萬從白石以挑戰時峻勞其將士因醉突陣馬躓爲侃將所斬峻弟逸及子
碩嬰城自固嶠乃立行臺布告天下凡故吏二千石臺郎御史以下皆令赴臺
於是至者雲集司徒王導因奏嶠侃錄尚書遣間使宣旨並讓不受賊將匡術
以臺城來降爲逸所擊求救於嶠江州別駕羅洞曰今水暴長救之不便不如
攻榻杭榻杭軍若敗術圍自解嶠從之遂破賊石頭軍奮威長史滕含抱天子
奔于嶠船時陶侃雖爲盟主而處分規略一出於嶠及賊滅拜驃騎將軍開府
儀同三司加散騎常侍封始安郡公邑三千戶初峻黨路永匡術賈寧中塗悉
以衆歸順王導將褒顯之嶠曰術輩首亂罪莫大焉晩雖改悟未足以補前失
全其首領爲幸已過何可復寵授哉導無以奪朝議將留輔政嶠以導先帝所
任固辭還藩復以京邑荒殘資用不給嶠借資蓄具器用而後旋于武昌至牛
渚磯水深不可測世云其下多怪物嶠遂燬犀角而照之須臾見水族覆火奇
形異狀或乘馬車著赤衣者嶠其夜夢人謂己曰與君幽明道別何意相照也
意甚惡之嶠先有齒疾至是拔之因中風至鎭未旬而卒時年四十二江州士

庶聞之莫不相顧而泣帝下冊書曰朕以眇身纂承洪緒不能光闡大道化洽時雍至乃狂狡滔天社稷危逼惟公明鑒特達識心經遠懼皇綱之不維忿凶寇之縱暴倡率羣后五州響應首啓戎行元惡授馘王室危而復安三光幽而復明功格宇宙勳著八表方賴大猷以拯區夏天不憖遺早世薨殂朕用痛悼于厥心夫褒德銘勳先王之明典今追贈公侍中大將軍持節都督刺史公如故賜錢百萬布千匹諡曰忠武祠以太牢初葬于豫章後朝廷追嶠勳德將爲造大墓於元明二帝陵之北陶侃上表曰故大將軍嶠忠誠著於聖世勳義感于人神非臣筆墨所能稱陳臨卒之際與臣書別臣藏之篋笥時時省視每一思述未嘗不中夜撫膺臨飯酸噎人之云亡嶠實當之謹寫嶠書上呈伏惟陛下既垂御省傷其情旨死不忘忠身沒黃泉追恨國恥獎臣戮力救濟艱難使亡而有知抱恨結草豈樂今日勞費之事願陛下慈恩停其移葬使嶠棺柩無風波之危魂靈安於后土詔從之其後嶠後妻何氏卒子放之便載喪還都詔葬建平陵北幷贈嶠前妻王氏及何氏始安夫人印綬放之嗣爵少歷清官累

至給事黃門侍郎以貧求爲交州朝廷許之王述與會稽王牋曰放之温嶠之子宜見優異而投之嶺外竊用愕然願遠存周禮近參人情則望實惟允時竟不納放之既至南海甚有威惠將征林邑交阯太守杜寶別駕阮朗並不從放之以其阻衆誅之勒兵而進遂破林邑而還卒于官弟式之新建縣侯位至散騎常侍

郄鑒　子愔　愔子超　愔弟曇　鑒叔父隆

郄鑒字道徽高平金鄉人漢御史大夫慮之玄孫也少孤貧博覽經籍躬耕隴畝吟詠不倦以儒雅著名不應州命趙王倫辟爲掾知倫有不臣之迹稱疾去職及倫篡其黨皆至大官而鑒閉門自守不染逆節惠帝反正參司空軍事累遷太子中舍人中書侍郎東海王越辟爲主簿舉賢良不行征東大將軍苟晞檄爲從事中郎晞與越方以力爭鑒不應其召從兄旭晞之別駕恐禍及己勸之赴召鑒終不迴晞亦不之逼也及京師不守寇難鋒起鑒遂陷於陳午賊中邑人張寔先求交於鑒鑒不許至是寔於午營來省鑒疾既而卿鑒鑒謂寔曰

相與邦壤義不及通何可怙亂至此邪實大慚而退午以鑒有名於世將逼爲
主鑒逃而獲免午尋潰散鑒得歸鄉里于時所在饑荒州中之士素有感其恩
義者相與資贍鑒復分所得以䘏宗族及鄉曲孤老賴而全濟者甚多咸相謂
曰今天子播越中原無伯當歸依仁德可以後亡遂共推鑒爲主舉千餘家俱
避難於魯之嶧山元帝初鎮江左承制假鑒龍驤將軍兗州刺史鎮鄒山時荀
藩用李述劉琨用兄子演並爲兗州各屯一郡以力相傾闔州編戶莫知所適
又徐龕石勒左右交侵日尋干戈外無救援百姓饑饉或掘野鼠蟄燕而食之
終無叛者三年閒衆至數萬帝就加輔國將軍都督兗州諸軍事永昌初徵拜
領軍將軍既至轉尚書以疾不拜時明帝初卽位王敦專制內外危逼謀杖鑒
爲外援由是拜安西將軍兗州刺史都督揚州江西諸軍假節鎮合肥敦忌之
表爲尚書令徵還道經姑孰與敦相見敦謂曰樂彥輔短才耳後生流宕言違
名檢考之以實豈勝滿武秋邪鑒曰擬人必于其倫彥輔道韻平淡體識沖粹
處傾危之朝不可得而親疏及愍懷太子之廢可謂柔而有正武秋失節之士

何可同日而言敦曰愍懷廢徙之際交有危機之急人何能以死守之乎以此
相方其不滅明矣鑒曰丈夫既潔身北面義同在三豈可偷生屈節靦顏天壤
邪茍道數終極固當存亡以之耳敦素懷無君之心聞鑒言大忿之遂不復相
見拘留不遣敦之黨與譖毀日至鑒舉止自若初無懼心敦謂錢鳳曰郗道徽
儒雅之士名位既重何得害之乃放還臺鑒遂與帝謀滅敦既而錢鳳攻逼京
都假鑒節加衛將軍都督從駕諸軍事鑒以無益事實固辭不受軍號時議者
以王含錢鳳衆力百倍苑城小而不固宜及軍勢未成大駕自出距戰鑒曰羣
逆縱逸其勢不可當可以算屈難以力競且含等號令不一抄盜相尋百姓懲
往年之暴皆人自爲守乘逆順之勢何往不剋且賊無經略遠圖惟恃豕突一
戰曠日持久必啓義士之心令謀猷得展今以此弱力敵彼彊寇決勝負於一
朝定成敗於呼吸雖有申胥之徒義存投袂何補於既往哉帝從之鑒以尚書
令領諸屯營及鳳等平温嶠上議請宥敦佐吏鑒以爲先王崇君臣之教故貴
伏死之節昏亡之主故開待放之門王敦佐吏雖多逼迫然居迷亂之朝無出

闕之操準之前訓宜加義責又奏錢鳳母年八十宜蒙全宥乃從之封高平侯賜絹四千八百匹帝以其有器望萬幾動靜輒問之乃詔鑒特草上表疏以從簡易王導議欲贈周札官鑒以爲不合語在札傳導不從鑒於是駮之曰敦之逆謀履霜日久緣札開門令王師不振若敦前者之舉義同桓文則先帝可爲幽厲邪朝臣雖無以難而不能從俄而遷車騎將軍都督徐兗青三州軍事兗州刺史假節鎮廣陵尋而帝崩鑒與王導卞壼溫嶠庾亮陸曄等並受遺詔輔少主進位車騎大將軍開府儀同三司加散騎常侍咸和初領徐州刺史及祖約蘇峻反鑒聞難便欲率所領東赴詔以北寇不許於是遣司馬劉矩領三千人宿衞京都尋而王師敗績矩遂退還中書令庾亮宣太后口詔進鑒爲司空鑒去賊密邇城孤糧絕人情業業莫有固志奉詔流涕設壇場刑白馬大誓三軍曰賊臣祖約蘇峻不恭天命不畏王誅凶戾肆逆干國之紀陵汩五常侮弄神器遂制脅幽主拔本塞原殘害忠良禍虐黎庶使天地神祇靡所依歸是以率土怨酷兆庶泣血咸願奉辭罰罪以除元惡昔戎狄泯周齊桓糾盟董卓陵

漢羣后致討義存君親古今一也今主上幽危百姓倒懸忠臣正士志存報國凡我同盟既盟之後戮力一心以救社稷若二寇不梟義無偷安有渝此盟明神殛之鑒登壇慷慨三軍爭爲用命乃遣將軍夏侯長等閒行謂平南將軍溫嶠曰今賊謀欲挾天子東入會稽宜先立營壘屯據要害既防其越逸又斷賊糧運然後靜鎮京口清壁以待賊賊攻城不拔野無所掠東道既斷糧運自絕不過百日必自潰矣嶠深以爲然及陶侃爲盟主進鑒都督揚州八郡軍事時撫軍將軍王舒輔軍將軍虞潭皆受鑒節度率衆渡江與侃會于茄子浦鑒築白石壘而據之會舒潭戰不利鑒與後將軍郭默還丹徒立大業曲阿庱亭三壘以距賊而賊將張健來攻大業城中乏水郭默窘迫遂突圍而出三軍失色參軍曹納以爲大業京口之扞一旦不守賊方軌而前勸鑒退還廣陵以俟後舉鑒乃大會僚佐責納曰吾蒙先帝厚顧荷託付之重正復捐軀九泉不足以報今彊寇在郊衆心危迫君腹心之佐而生長異端當何以率先義衆鎮一三軍邪將斬之久而乃釋會峻死大業圍解及蘇逸等走吳興鑒遣參軍李閎追

斬之降男女萬餘口拜司空加侍中解八郡都督更封南昌縣公以先爵封其
子曇時賊帥劉徵聚衆數千浮海抄東南諸縣鑒遂城京口加都督揚州之晉
陵吳郡諸軍事率衆討平之進位太尉後以寢疾上疏遜位曰臣疾彌留遂至
沉篤自忖氣力差理難冀有生有死自然之分但忝位過才曾無以報上慚先
帝下愧日月伏枕哀歎抱恨黄泉臣今虚乏救命朝夕輒以府事付長史劉遐
乞骸骨歸丘園惟願陛下崇山海之量弘濟大猷任賢使能事從簡易使康哉
之歌復興於今則臣雖死猶生之日耳臣所統錯雜率多北人或逼遷徙或是
新附百姓懷土皆有歸本之心臣宣國恩示以好惡處與田宅漸得少安聞臣
疾篤衆情駭動若當北渡必啓寇心太常臣謨平簡貞正素望所歸謂可以爲
都督徐州刺史臣亡兄息晉陵內史邁謙愛養士甚爲流亡所宗又是臣門戶
子弟堪任兗州刺史公家之事知無不爲是以敢希祁奚之舉疏奏以蔡謨爲
鑒軍司鑒尋薨時年七十一帝朝晡哭于朝堂遣御史持節護喪事贈一依溫
嶠故事冊曰惟公道德沖邃體識弘遠忠亮雅正行爲世表歷位內外勳庸彌

著乃者約峻狂狡毒流朝廷社稷之危賴公以寧功侔古烈勳邁桓文方倚大
猷藩翼時難昊天不弔奄忽薨殂朕用震悼于厥心夫爵以顯德謚以表行所
以崇明軌迹丕揚徽劭今贈太宰謚曰文成祠以太牢魂而有靈嘉茲寵榮初
鑒値永嘉喪亂在鄉里甚窮餒鄉人以鑒名德傳共飴之時兄子邁外甥周翼
並小常攜之就食鄉人曰各自饑困以君賢欲共相濟耳恐不能兼有所存鑒
於是獨往食訖以飯著兩頰邊還吐與二兒後並得存同過江邁位至護軍翼
爲剡縣令鑒之薨也翼追撫育之恩解職而歸席苫心喪三年二子愔曇
愔字方回少不交競弱冠除散騎侍郎不拜性至孝居父母憂殆將滅性服闋
襲爵南昌公徵拜中書侍郎驃騎何充輔政征北將軍褚裒鎮京口皆以愔爲
長史再遷黃門侍郎時吳郡守闕欲以愔爲太守愔自以資望少不宜超莅大
郡朝議嘉之轉爲臨海太守會弟曇卒益無處世意在郡優游頗稱簡默與姊
夫王羲之高士許詢並有邁世之風俱棲心絕穀修黃老之術後以疾去職乃
築宅章安有終焉之志十許年間人事頓絕簡文帝輔政與尚書僕射江虨等

薦愔以爲執德存正識懷沉敏而辭職遺榮有不拔之操成務須才豈得遂其
獨善宜見徵引以參政術於是徵爲光祿大夫加散騎常侍旣到更除太常固
讓不拜深抱沖退樂補遠郡從之出爲輔國將軍會稽內史大司馬桓溫以愔
與徐兗有故義乃遷愔都督徐兗青幽揚州之晉陵諸軍事領徐兗二州刺史
假節雖居藩鎭非其好也俄屬桓溫北伐愔請督所部出河上用其子超計以
己非將帥才不堪軍旅又固辭解職勸溫幷領己所統轉冠軍將軍會稽內史
及帝踐阼就加鎭軍都督浙江東五郡軍事久之以年老乞骸骨因居會稽徵
拜司空詔書優美敦獎殷勤固辭不起大元九年卒時年七十二追贈侍中司
空諡曰文穆三子超融沖超最知名
超字景興一字嘉賓少卓犖不羈有曠世之度交游士林每存勝拔善談論義
理精微愔事天師道而超奉佛愔又好聚斂積錢數千萬嘗開庫任超所取超
性好施一日中散與親故都盡其任心獨詣皆此類也桓溫辟爲征西大將軍
掾溫遷大司馬又轉爲參軍溫英氣高邁罕有所推與超言常謂不能測遂傾

意禮待超亦深自結納時王珣爲温主簿亦爲温所重府中語曰髯參軍短主簿能令公喜能令公怒超髯珣短故也尋除散騎侍郎時愔在北府徐州人多勁悍温恆云京口酒可飲兵可用深不欲愔居之而愔暗於事機遣牋詣温欲共獎王室修復園陵超取視寸寸毀裂乃更作牋自陳老病甚不堪人閒乞閑地自養温得牋大喜卽轉愔爲會稽太守温懷不軌欲立霸王之基超爲之謀謝安與王坦之嘗詣温論事温令超帳中臥聽之風動帳開安笑曰郗生可謂入幕之賓矣太和中温將伐慕容氏於臨漳超諫以道遠汴水又淺運道不通温不從遂引軍自濟入河超又進策於温曰清水入河無通運理若寇不戰運道又難因資無所實爲深慮也今盛夏悉力徑造鄴城彼伏公威略必望陣而走退還幽朔矣若能決戰呼吸可定設欲城鄴難爲功力百姓布野盡爲官有易水以南必交臂請命但恐此計輕決公必務其持重耳若此計不從便當頓兵河濟控引糧運令資儲充備足及來夏雖如賒遲終亦濟剋若舍此二策而連軍西進進不速決退必愆乏賊因此勢日月相引僶俛秋冬船道澀滯且北

土旱寒三軍裘褐者少恐不可以涉冬此大限閡非惟無食而已温不從果有枋頭之敗温深慚之尋而有壽陽之捷問超曰此足以雪枋頭之恥乎超曰未厭有識之情也既而超就温宿中夜謂温曰明公都有慮不温曰卿欲有所言邪超曰明公既居重任天下之責將歸於公矣若不能行廢立大事爲伊霍之舉者不足鎮壓四海震服宇內豈不可深思哉温既素有此計深納其言遂定廢立超始謀也遷中書侍郎謝安嘗與王文度共詣超日旰未得前文度便欲去安曰不能爲性命忍俄頃邪其權重當時如此轉司徒左長史母喪去職常謂其父名公之子位遇應在謝安右而安入掌機權愔優游而已恆懷憤憤發言慷慨由是與謝氏不穆安亦深恨之服闋除散騎常侍不起以爲臨海太守加宣威將軍不拜年四十二先愔卒初超雖實黨桓氏以愔忠於王室不令知之將亡出一箱書付門生曰本欲焚之恐公年尊必以傷愍爲弊我亡後若大損眠食可呈此箱不爾便燒之愔後果哀悼成疾門生依旨呈之則悉與温往反密計愔於是大怒曰小子死恨晚矣更不復哭凡超所交友皆一時秀雖

寒門後進亦拔而友之及死之日貴賤操筆而爲誄者四十餘人其爲衆所宗貴如此王獻之兄弟自超未亡見愔常躡履問訊甚修舅甥之禮及超死見愔慢怠展而候之命席便遷延辭避愔每慨然曰使嘉賓不死鼠子敢爾邪性好聞人棲遁有能辭榮拂衣者超爲之起屋宇作器服畜僕豎費百金而不吝又沙門支遁以清談著名于時風流勝貴莫不崇敬以爲造微之功足參諸正始而遁常重超以爲一時之儁甚相知賞超無子從弟儉之以子僧施嗣

僧施字惠脫襲爵南昌公弱冠與王綏桓胤齊名累居清顯領宣城內史入補丹陽尹劉毅鎮江陵請爲南蠻校尉假節與毅俱誅國除

曇字重熙少賜爵東安縣開國伯司徒王導辟祕書郎朝論以曇名臣之子每逼以憲制年三十始拜通直散騎侍郎遷中書侍郎簡文帝爲撫軍引爲司馬尋除尚書吏部郎拜御史中丞時北中郎荀羨有疾朝廷以曇爲羨軍司加散騎常侍頃之羨徵還仍除北中郎將都督徐兗青幽揚州之晉陵諸軍事領徐兗二州刺史假節鎮下邳後與賊帥傅末波等戰失利降號建威將軍尋卒年

四十二追贈北中郎諡曰簡子恢嗣

恢字道胤少襲父爵散騎侍郎累遷給事黃門侍郎領太子右衞率恢身長八尺美鬚髯孝武帝深器之以爲有藩伯之望會朱序自表去職擢恢爲梁秦雍司荆揚并等州諸軍事建威將軍雍州刺史假節鎭襄陽恢甚得關隴之和降附者動有千計初姚萇將竇衝來降拜東羌校尉衝後舉兵反入漢川襲梁州時關中有巴蜀之衆皆背萇據弘農以結苻登而登署衝爲左丞相徙屯華陰河南太守楊佺期遣上黨太守荀靜戍皇天塢以距之衝數來攻恢遣將軍趙睦守金鏞城而佺期率衆次湖城討衝走之尋而慕容垂圍慕容永於潞川永窮蹙遣其子弘求救於恢并獻玉璽一紐恢獻璽於臺又陳垂若并永其勢難測今於國計謂宜救永永垂並存自爲仇讎連雞不棲無能爲患然後乘機雙斃則河北可平孝武帝以爲然詔王恭庾楷救之未及發而永沒楊佺期以疾去職恢以隨郡太守夏侯宗之爲河南太守戍洛陽姚萇遣其子略攻湖城及上洛又使其將楊佛嵩圍洛陽恢遣建武將軍辛恭靜救洛陽梁州刺史王正

胤率衆出子午谷以爲聲援略懼而退恢以功進征虜將軍又領秦州刺史加督隴上軍時魏氏彊盛山陵危逼恢遣江夏相鄧啓方等以萬人距之與魏王拓跋珪戰于滎陽大敗而還及王恭討王國寶桓玄殷仲堪皆舉兵應恭恢與朝廷掎角玄等襄陽太守夏侯宗之府司馬郭毗並以爲不可恢皆殺之旣而玄等退守尋陽以恢爲尚書將家還都至楊口仲堪陰使人於道殺之及其四子託以羣蠻所殺喪還京師贈鎮軍將軍子循嗣

隆字弘始謇亮有匪躬之節初爲尚書郎轉左丞在朝爲百寮所憚坐漏洩事免頃之爲吏部郎復免補東郡太守隆少爲趙王倫所善及倫專擅召爲散騎常侍倫之篡也以爲揚州刺史寮屬有犯輒依臺閣峻制繩之遠近咸怨尋加寧東將軍未拜而齊王冏檄至中州人在軍者皆欲赴義隆以兄子鑒爲趙王掾諸子悉在京洛故猶豫未決主簿趙誘前秀才虞潭白隆曰當今上計明使君自將精兵徑赴齊王中計明使君可留督攝速遣猛將率精兵疾赴下計示遣兵將助而稱背倫隆素敬別駕顧彥密與謀之彥曰趙誘下計乃上策也西

曹留承聞彥言請見曰不審明使君當令何施隆曰我俱受二帝恩無所偏助
惟欲守州而已承曰天下者世祖皇帝之天下也太上承代已積十年今上取
四海不平齊王應天順時成敗之事可見使君若顧二帝自可不行宜急下檄
文速遣精兵猛將若其疑惑此州豈可得保也隆無所言而停檄六日時寧遠
將軍陳留王邃領東海都尉鎮石頭隆軍人西赴邃甚衆隆遣從事於牛渚禁
之不得止將士憤怒夜扶邃爲主而攻之隆父子皆死顧彥亦被害誣隆聚合
遠近圖爲不軌隆之死也時議莫不痛惜焉
史臣曰忠臣本乎孝子奉上資乎愛親自家刑國於斯極矣太真性履純深譽
流邦族始則承顏候色老萊弗之加也既而辭親蹈義申胥何以尚焉封狐萬
里投軀而弗顧㺚㺄千羣探穴而忘死竟能宣力王室揚名本朝負荷受遺繼
之全節言念主辱義聲動於天地祇赴國屯信誓盟於日月枕戈雨泣若雪分
天之仇皇輿從軫卒復夷庚之躅微夫人之誠懇大盜幾移國乎道徽儒雅柔
而有正協德始安頗均連璧方回踵武奕世登台露冕爲飾援高人以同志抑

惟大隱者歟愛子云亡省遺文而輟泣殊有大義之風矣

贊曰太真懷貞勤宣乃誠謀敦翦峻奮節擒名道徽忠勁高芬遠映愔克負荷

超慚雅正

晉書卷六十七

晉書卷六十八

唐　太　宗　文　皇　帝　御　撰

列傳第三十八

顧榮

顧榮字彥先吳國吳人也爲南土著姓祖雍吳丞相父穆宜都太守榮機神朗悟弱冠仕吳爲黃門侍郎太子輔義都尉吳平與陸機兄弟同入洛時人號爲三俊例拜爲郎中歷尚書郎太子中舍人廷尉正恆縱酒酣暢謂友人張翰曰惟酒可以忘憂但無如作病何耳會趙王倫誅淮南王允收允寮屬付廷尉皆欲誅之榮平心處當多所全宥及倫篡位倫子虔爲大將軍以榮爲長史初榮與同寮宴飲見執炙者貌狀不凡有欲炙之色榮割炙啗之坐者問其故榮曰豈有終日執之而不知其味及倫敗榮被執將誅而執炙者爲督率遂救之得免齊王冏召爲大司馬主簿冏擅權驕恣榮懼及禍終日昏酣不綜府事以情告友人長樂馮熊熊謂冏長史葛旟曰以顧榮爲主簿所以甄拔才望委以事

機不復計南北親疏欲平海內之心也今府大事殷非酒客之政顗曰榮江南望士且居職日淺不宜輕代易之態曰可轉爲中書侍郎榮不失淸顯而府更收實才顗然之白冏以爲中書侍郎在職不復飲酒人或問之曰何前醉而後醒邪榮懼罪乃復更飲與州里楊彥明書曰吾爲齊王主簿恆慮禍及見刀與繩每欲自殺但人不知耳及冏誅榮以討葛旟功封嘉興伯轉太子中庶子長沙王乂爲驃騎復以榮爲長史乂敗轉成都王穎丞相從事中郎惠帝幸臨漳以榮兼侍中遣行園陵會張方據洛不得進避之陳留及帝西遷長安徵爲散騎常侍以世亂不應遂還吳東海王越聚兵於徐州以榮爲軍諮祭酒屬廣陵相陳敏反南渡江逐揚州刺史劉機丹陽內史王曠阻兵據州分置子弟爲列郡收禮豪傑有孫氏鼎峙之計假榮右將軍丹陽內史榮數踐危亡之際恆以恭遜自勉會敏欲誅諸士人榮說之曰中國喪亂胡夷內侮觀太傅今日不能復振華夏百姓無復遺種江南雖有石冰之寇人物尙全榮常憂無竇氏孫劉之策有以存之耳今將軍懷神武之略有孫吳之能功勳效於已著勇略冠於

當世帶甲數萬舳艫山積上方雖有數州亦可傳檄而定也若能委信君子各得盡懷散蔕芥之恨塞讒諂之口則大事可圖也敏納其言悉引諸豪族委任之敏乃遣甘卓出橫江堅甲利器盡以委之榮私於卓曰若江東之事可濟當共成之然卿觀事勢當有濟理不敏既常才本無大略政令反覆計無所定然其子弟各已驕矜其敗必矣而吾等安然受其官祿事敗之日使江西諸軍函首送洛題曰逆賊顧榮甘卓之首豈惟一身顛覆辱及萬世可不圖之卓從之明年周玘與榮及甘卓紀瞻潛謀起兵攻敏榮發橋斂舟於南岸敏率萬餘人出不獲濟榮麾以羽扇其衆潰散事平還吳永嘉初徵拜侍中行至彭城見禍難方作遂輕舟而還語在紀瞻傳元帝鎮江東以榮爲軍司加散騎常侍凡所謀畫皆以諮焉榮既南州望士躬處右職朝野甚推敬之時帝所幸鄭貴嬪有疾以祈禱頗廢萬幾榮上牋諫曰昔文王父子兄弟乃有三聖可謂窮理者也而文王日昃不暇食周公一沐三握髮何哉誠以一日萬幾不可不理一言蹉跌患必及之故也當今衰季之末屬亂離之運而天子流播豺狼塞路公宜露

營野次星言夙駕伏軾怒蛙以募勇士懸膽於庭以表辛苦貴嬪未安藥石實急禱祀之事誠復可修豈有便塞參佐白事斷賓客問訊今彊賊臨境流言滿國人心萬端去就紛紜願沖虛納下廣延儁彥思畫今日之要塞鬼道淫祀弘九合之勤雪天下之耻則羣生有賴開泰有期矣時南土之士未盡才用榮又言陸士光貞正清貴金玉其質甘季思忠款盡誠膽幹殊快殷慶元質略有明規文武可施用榮族兄公讓明亮守節困不易操會稽楊彥明謝行言皆服膺儒教足爲公望賀生沉潛青雲之士陶恭兄弟才幹雖少實事極佳凡此諸人皆南金也書奏皆納之六年卒官帝臨喪盡哀欲表贈榮依齊王功臣格吳郡內史殷祐牋曰昔賊臣陳敏憑寵藉權滔天作亂兄弟姻婭盤固州郡威逼士庶以爲臣僕于時賢愚計無所出故散騎常侍安東軍司嘉興伯顧榮經德體道謀猷弘遠忠貞之節在困彌厲崎嶇艱險之中逼迫姦逆之下每惟社稷發憤忼愾密結腹心同謀致討信著羣士名冠東夏德聲所振莫不響應荷戈駿奔其會如林榮躬當矢石爲衆率先忠義奮發忘家爲國歷年逋寇一朝土崩

兵不血刃蕩平六州勳茂上代義彰天下伏聞論功依故大司馬齊王格不在帷幕密謀參議之例下附州征野戰之比不得進爵拓土賜拜子弟遐邇同歎江表失望齊王親則近屬位爲方嶽杖節握兵都督近畿外有五國之援內有宗室之助稱兵彌時役連天下元功雖建所喪亦多榮衆無一旅任非藩翰孤絶江外王命不通臨危獨斷以身殉國官無一金之費人無終朝之勞元惡既殄高尚成功封閉倉廩以俟大軍故國安物阜以義成俗今日匡霸事舉未必不由此而隆也方之於齊彊弱不同優劣亦異至於齊府參佐扶義助彊非創謀之主皆錫珪受瑞或公或侯榮首建密謀爲方面盟主功高元帥賞卑下佐上虧經國紀功之班下孤忠義授命之士夫考績幽明王教所崇況若榮者濟難寧國應天先事歷觀古今未有立功若彼酬報如此者也由是贈榮侍中驃騎將軍開府儀同三司謚曰元及帝爲晉王追封爲公開國食邑榮素好琴及卒家人常置琴於靈座吳郡張翰哭之慟既而上牀鼓琴數曲撫琴而歎曰顧彥先復能賞此不因又慟哭不弔喪主而去子毗嗣官至散騎侍郎

紀瞻

紀瞻字思遠丹陽秣陵人也祖亮吳尚書令父陟光祿大夫瞻少以方直知名吳平徙家歷陽郡察孝廉不行後舉秀才尚書郎陸機策之曰昔三代明王啓建洪業文質殊制而令名一致然夏人尚忠忠之弊也朴救朴莫若敬殷人革而修焉敬之弊也鬼救鬼莫若文周人矯而變焉文之弊也薄救薄則又反之於忠然則王道之反覆其無一定邪亦所祖之不同而功業各異也自無聖王人散久矣三代之損益百姓之變遷其故可得而聞邪今將反古以救其弊明風以蕩其穢三代之制將何所從太古之化有何異道瞻對曰瞻聞有國有家者皆欲邁化隆政以康庶績垂歌億載永傳于後然而俗變事弊得失隨時雖經聖哲無以易也故忠弊質野敬失多儀周鑒二王之弊崇文以辯等差而流遁者歸薄而無款誠款誠之薄則又反之於忠三代相循如水濟火所謂隨時之義救弊之術也羲皇簡朴無爲而化後聖因承所務或異非賢聖之不同世變使之然耳今大晉闡元聖功日隮承天順時九有一貫荒服之君莫不來同

然而大道既往人變由久謂當今之政宜去文存朴以反其本則兆庶漸化太和可致也又問在昔哲王象事備物明堂所以崇上帝清廟所以寧祖考辟雍所以班禮教太學所以講藝文此蓋有國之盛典爲邦之大司亡秦廢學制度荒闕諸儒之論損益異物漢氏遺作居爲異事而蔡邕月令謂之一物將何所從對曰周制明堂所以宗其祖以配上帝敬恭明祀永光孝道也其大數有六古者聖帝明王南面而聽政其六則以明堂爲主又其正中皆云太廟以順天時施行法令宗祀養老訓學講肄朝諸侯而選造士備禮辨物一教化之由也故取其宗祀之類則曰清廟取其正室之貌則曰太廟取其室則曰太室取其堂則曰明堂取其四門之學則曰太學取其周水圜如璧則曰璧雍異名同事其實一也是以蔡邕謂之一物又問庶明亮采故時雍穆唐有命既集而多士隆周故書稱明良之歌易貴金蘭之美此長世所以廢興有邦所以崇替夫成功之君勤於求才立名之士急於招世理無世不對而事千載恆背古之興王何道而如彼後之衰世何闕而如此對曰興隆之政務在得賢清平之化急於

拔才故二八登庸則百揆序有亂十人而天下泰武丁擢傅巖之徒周文攝渭濱之士居之上司委之國政故能龍奮天衢垂勳百代先王身下白屋搜揚仄陋使山無扶蘇之才野無伐檀之詠是以化厚物感神祇來應翔鳳飄颻甘露豐墜醴泉吐液朱草自生萬物滋茂日月重光和氣四塞大道以成序君臣之義敦父子之親明夫婦之道別長幼之宜自九州被八荒海外移心重譯入貢頌聲穆穆南面垂拱也今貢賢之塗已闓而教學之務未廣是以進競之志恆銳而務學之心不修若闢四門以延造士宣五教以明令德考績殿最審其優劣厝之百寮置之羣司使調物度宜節宣國典必協濟康哉符契往代明良來應金蘭復存也又問昔唐虞垂五刑之教周公明四罪之制故世歎清問而時歌緝熙姦宄既殷法物滋有叔世崇三辟之文暴秦加族誅之律淫刑淪胥虐濫已甚漢魏遵承因而弗革亦由險泰不同而救世異術不得已而用之故也寬剋之中將何立而可族誅之法足爲永制與不對曰二儀分則兆庶生兆庶生則利害作利害之作有由而然也太古之時化道德之教賤勇力而貴仁義

仁義貴則彊不陵弱衆不暴寡三皇結繩而天下泰非惟象刑緝熙而已也且
太古知法所以遠獄及其末不失有罪是以獄用彌繁而人彌暴法令滋章盜
賊多有書曰惟敬五刑以成三德叔世道衰既與三辟而文網之弊又加族誅
淫刑淪胥感傷和氣化染後代不能變改故漢祖指麾而六合響應魏承漢末
因而未革將以俗變由久權時之宜也今四海一統人思反本漸尙簡樸則貪
夫不競尊賢黜否則不仁者遠爾則斟參夷之刑除挾誅之律品物各順其生
緝熙異世而偕也又問曰夫五行迭代陰陽相須二儀所以陶育四時所以化
生易稱在天成象在地成形形象之作相須之道也若陰陽不調則大數不得
不否一氣偏廢則萬物不得獨成此應同之至驗不偏之明證也今有溫泉而
無寒火其故何也思聞辯之以釋不同之理對曰蓋聞陰陽升降山澤通氣初
九純卦潛龍勿用泉源所託其溫宜也若夫水潤下火炎上剛柔燥溼自然之
性故陽動而外陰靜而內內性柔弱以含容爲質外動剛直以外接爲用是以
金水之明內鑒火日之光外輝剛施柔受陽勝陰伏水之受溫含容之性也又

問曰夫窮神知化才之盡稱備物致用功之極目以之爲政則黃義之規可踵以之革亂則玄古之風可紹然而唐虞密皇人之闊綱夏殷繁帝者之約法機心起而日進淳德往而莫返豈太樸一離理不可振將聖人之道稍有降殺邪對曰政因時以興機隨物而動故聖王究窮通之源審始終之理適時之宜期於濟世皇代質朴禍難不作結繩爲信人知所守大道既離智惠擾物夷險不同否泰異數故唐虞密皇人之綱夏殷繁帝者之法皆廢與有由輕重以節此窮神之道知化之術隨時之宜非有降殺也永康初州又舉寒素大司馬辟東閤祭酒其年除鄢陵公國相不之官明年左降松滋侯相太安中棄官歸家與顧榮等共誅陳敏語在榮傳召拜尚書郎與榮同赴洛在塗共論易太極榮曰太極者蓋謂混沌之時曚昧未分日月含其輝八卦隱其神天地混其體聖人藏其身然後廓然既變清濁乃陳二儀著象陰陽交泰萬物始萌六合闓拓老子云有物混成先天地生誠易之太極也而王氏云太極天地愚謂未當夫兩儀之謂以體爲稱則是天地以氣爲名則名陰陽今若謂太極爲天地則是天

地自生無生天地者也老子又云天地所以能長且久者以其不自生故能長久一生二二生三三生萬物以資始沖氣以爲和原元氣之本求天地之根恐疑以此爲準也瞻曰昔庖犧畫八卦陰陽之理盡矣文王仲尼係其遺業三聖相承共同一致稱易準天無復其餘也夫天清地平兩儀交泰四時推移日月輝其間自然之數雖經諸聖孰知其始吾子云矇昧未分豈其然乎聖人人也安得混沌之初能藏其身於未分之內老氏先天之言此蓋虛誕之說非易者之意也亦謂吾子神通體解所不應疑意者直謂太極極盡之稱言其理極無復外形外形既極而生兩儀王氏指向可謂近之古人舉至極以爲驗謂二儀生於此非復謂有父母若必有父母非天地其孰在榮遂止至徐州聞亂日甚將不行會刺史裴盾得東海王越書若榮等顧望以軍禮發遣乃與榮及陸玩等各解船棄車牛一日一夜行三百里得還揚州元帝爲安東將軍引爲軍諮祭酒轉鎮東長史帝親幸瞻宅與之同乘而歸以討周馥華軼功封都鄉侯石勒入寇加揚威將軍都督京口以南至蕪湖諸軍事以距勒勒退除會稽內史

時有詐作大將軍府符收諸暨令令已受拘瞻覺其詐便破檻出之訊問使者果伏詐妄尋遷丞相軍諮祭酒論討陳敏功封臨湘縣侯西臺除侍中不就及長安不守與王導俱入勸進帝不許瞻曰陛下性與天道猶復役機神於史籍觀古人之成敗今世事舉目可知不爲難見二帝失御宗廟虛廢神器去晉于今二載梓宮未殯人神失御陛下膺籙受圖特天所授使六合革面遐荒來庭宗廟既建神主復安億兆向風殊俗畢至若列宿之綰北極百川之歸巨海而猶欲守匹夫之謙非所以闡七廟隆中興也但國賊宜誅當以此屈己謝天下耳而欲逆天時違人事失地利三者一去雖復傾匡於將來豈得救祖宗之危急哉適時之宜萬端其可綱維大業者惟理與當晉祚屯否理盡於今促之則得可以隆中興之祚縱之則失所以資姦寇之權此所謂理也陛下身當厄運纂承帝緒顧望宗室誰復與讓當承大位此所謂當也四祖廓開宇宙大業如此今五都燔爇宗廟無主劉石竊弄神器於西北陛下方欲高讓於東南此所謂揖讓而救火也臣等區區尚所不許況大人與天地合德日月並明而可以

失機後時哉帝猶不許使殿中將軍韓績徹去御坐瞻叱績曰帝坐上應星宿敢有動者斬帝爲之改容及帝踐位拜侍中轉尙書上疏諫諍多所匡益帝甚嘉其忠烈會久疾不堪朝請上疏曰臣疾疢不痊曠廢轉久比陳誠款未見哀察重以尸素抱罪枕席憂責之重不知垂沒之餘當所投厝臣聞易失者時不再者年故古之志士義人負鼎趣走商歌於市誠欲及時效其忠規名傳不朽也然失之者億萬得之者一兩耳常人之情貪求榮利臣以凡庸邂逅遭遇勞無負鼎口不商歌橫逢大運頻煩饕竊雖思慕古人自效之志竟無毫氂報塞之效而犬馬齒衰衆疾廢頓偃臥救命百有餘日叩棺曳衾日頓一日如復天假之年蒙陛下行葦之惠適可薄存性命枕息陋巷亦無由復廁八坐升降臺閣也臣目冥齒墮胸腹冰冷創旣不差足復偏跛爲病受困旣以荼毒七十之年禮典所遺衰老之徵皎然露見臣雖欲勤自藏護隱伏何地臣之職掌戶口租稅國之所重方今六合波盪人未安居始被大化百度草創發卒轉運皆須人力以臣平彊兼以晨夜尙不及事今俟命漏刻而當久停機職使王事有廢

若朝廷以之廣恩則憂責日重以之序官則官廢事弊須臣差則臣日月衰退
今以天慈使官曠事滯臣受偏私之宥於大望亦有虧損今萬國革面賢俊比
跡而當虛停好爵不以縻賢以臣穢病之餘妨官固職誠非古今黜進之急惟
陛下割不已之仁賜以斂帷隕仆之日得以藉尸時銓俊乂使官修事舉臣免
罪戮死生厚幸因以疾免尋除尚書右僕射屢辭不聽遂稱病篤還第不許時
郄鑒據鄒山屢爲石勒等所侵逼瞻以鑒有將相之材恐朝廷棄而不恤上疏
請徵之曰臣聞皇代之興必有爪牙之佐干城之用帝王之利器也故虞舜舉
十六相而南面垂拱伏見前輔國將軍郄鑒少立高操體清望峻文武之略時
之良幹昔與戴若思同辟推放荒地所在孤特衆無一旅救援不至然能綏集
殘餘據險歷載遂使凶寇不敢南侵但士衆單寡無以立功既統名州又爲常
伯若使鑒從容臺閣出內王命必能盡抗直之規補衮職之闕自先朝以來諸
所授用已有成比戴若思以尚書爲六州都督征西將軍復加常侍劉隗鎮北
陳眕鎮東以鑒年時則與若思同以資則俱八坐況鑒雅望清重一代名器聖

明以至公臨天下惟平是與是以臣寢頓陋巷思盡聞見惟開聖懷垂問臣導
冀有毫氂萬分之一明帝嘗獨引瞻於廣室慨然憂天下曰社稷之臣欲無復
十人如何因屈指曰君便其一瞻辭讓帝曰方欲與君善語復云何崇謙讓邪
瞻才兼文武朝廷稱其忠亮雅正俄轉領軍將軍當時服其嚴毅雖恆疾病六
軍敬憚之瞻以久病請去官不聽復加散騎常侍及王敦之逆帝使謂瞻曰卿
雖病但爲朕臥護六軍所益多矣乃賜布千匹瞻不以歸家分賞將士賊平復
自表還家帝不許固辭不起詔曰瞻忠亮雅正識局經濟屢以年耆病久遂巡
告誠朕深明此操重違高志今聽所執其以爲驃騎將軍常侍如故服物制度
一按舊典遣使就拜止家爲府尋卒時年七十二册贈本官開府儀同三司諡
曰穆遣御史持節監護喪事論討王含功追封華容子降先爵二等封次子一
人亭侯瞻性靜默少交遊好讀書或手自抄寫凡所著述詩賦牋表數十篇兼
解音樂殆盡其妙厚自奉養立宅於烏衣巷館宇崇麗園池竹木有足賞翫焉
愼行愛士老而彌篤尚書閔鴻太常薛兼廣川太守河南褚沉給事中宣城章

遼歷陽太守沛國武嘏並與瞻素疎咸藉其高義臨終託後於瞻瞻悉營護其
家爲起居宅同於骨肉焉少與陸機兄弟親善及機被誅瞻卹其家周至及嫁
機女資送同於所生長子景早卒景子友嗣官至廷尉景弟鑒太子庶子大將
軍從事中郎先瞻卒

賀循

賀循字彥先會稽山陰人也其先慶普漢世傳禮世所謂慶氏學族高祖純博
學有重名漢安帝時爲侍中避安帝父諱改爲賀氏曾祖齊仕吳爲名將祖景
滅賊校尉父邵中書令爲孫皓所殺徙家屬邊郡循少嬰家難流放海隅吳平
乃還本郡操尚高厲童齓不羣言行進止必以禮讓國相丁乂請爲五官掾刺
史稽喜舉秀才除陽羨令以寬惠爲本不求課最後爲武康令俗多厚葬及有
拘忌迴避歲月停喪不葬者循皆禁焉政教大行鄰城宗之然無援於朝久不
進序著作郎陸機上疏薦循曰伏見武康令賀循德量邃茂才鑒清遠服膺道
素風操凝峻歷試二州刑政肅穆前蒸陽令郭訥風度簡曠器識朗拔通濟敏

悟才足幹事循守下縣編名凡悴訥歸家巷棲遲有年皆出自新邦朝無知己
居在遐外志不自營年時倏忽而邈無階緒實州黨愚智所爲恨恨臣等伏思
臺郎所以使州州有人非徒以均分顯路惠及外州而已誠以庶士殊風四方
異俗壅隔之害遠國益甚至於荊揚二州戶各數十萬今揚州無郎而荊州江
南乃無一人爲京城職者誠非聖朝待四方之本心至於才望資品循可尙書
郎訥可太子洗馬舍人此乃衆望所積非但企及清塗苟充方選也謹條資品
乞蒙簡察久之召補太子舍人趙王倫篡位轉侍御史辭疾去職後除南中郎
長史不就會逆賊李辰起兵江夏征鎭不能討皆望塵奔走辰別帥石冰略有
揚州逐會稽相張景以前寧遠護軍程超代之以其長史宰與領山陰令前南
平內史王矩吳興內史顧祕前秀才周玘等唱義傳檄州郡以討之循亦合衆
應之冰大將杭寵有衆數千屯郡講堂循移檄於寵爲陳逆順寵遂遁走超與
皆降一郡悉平循迎景還郡卽謝遣兵士杜門不出論功報賞一無豫焉及陳
敏之亂詐稱詔書以循爲丹陽內史循辭以脚疾手不制筆又服寒食散露髮

祖身示不可用敏竟不敢逼是時州內豪傑皆見維縶或有老疾就加秩命惟
循與吳郡朱誕不豫其事及敏破征東將軍周馥上循領會稽相尋除吳國內
史公車徵賢良皆不就元帝爲安東將軍復上循爲吳國內史與循言及吳時
事因問曰孫皓嘗燒鋸截一賀頭是誰邪循未及言帝悟曰是賀邵也循流涕
曰先父遭遇無道循創巨痛深無以上答帝甚愧之三日不出東海王越命爲
參軍徵拜博士並不起及帝遷鎮東大將軍以軍司顧榮卒引循代之循稱疾
篤牋疏十餘上帝遺之書曰夫百行不同故出處道殊因性而用各任其真耳
當宇宙清泰彝倫攸敘隨運所遇動默在己或有遐棲高蹈輕舉絕俗逍遙養
和恬神自足斯蓋道隆人逸勢使其然若乃時運屯弊主危國急義士救時驅
馳拯世燭之武乘縋以入秦園綺彈冠而臣漢豈非大雅君子卷舒合道乎虛
薄寡德忝備近親謬荷寵位受任方鎮餽服玄風景羨高矩常願棄結駟之軒
軌策柴篳而造門徒有其懷而無從賢之實者何良以寇逆殷擾諸夏分崩皇
居失御黎元荼毒是以日夜憂懷慷慨發憤志在竭節耳前者顧公臨朝深賴

高算元凱既登巢許獲逸至於今日所謂道之云亡邦國殄悴羣望顒顒實在君侯苟義之所在豈得讓勞居逸想達者亦一以貫之也庶稟徽猷以弘遠規今上尚書屈德爲軍司謹遣參軍沈禎銜命奉授望必屈臨以副傾遲循猶不起及帝承制復以爲軍諮祭酒循稱疾敦逼不得已乃轝疾至帝親幸其舟因諮以政道循羸疾不堪拜謁乃就加朝服賜第一區車馬牀帳衣褥等物循辭讓一無所受廷尉張闓住在小市將奪左右近宅以廣其居乃私作都門早閉晏開人多患之訟於州府皆不見省會循出至破岡連名詣循質之循曰見張廷尉當爲言及之闓聞而遽毀其門詣循致謝其爲世所敬服如此時江東草創盜賊多有帝思所以防之以問於循循答曰江道萬里通涉五州朝貢商旅之所來往也今議者欲出宣城以鎮江渚或欲使諸縣領兵愚謂令長威弱而兼才難備發憚役之人而御之不肅恐未必爲用以循所聞江中劇地惟有闔廬一處地勢險奧亡逃所聚特宜以重兵備戍隨勢討除絕其根蒂沿江諸縣各有分界分界之內官長所任自可度土分力多置亭候恆使徼行峻其綱目

嚴其刑賞使越常科勤則有殊榮之報墮則有一身之罪謂於大理不得不肅所給人以時番休役不至困代易有期按漢制十里一亭亦以防禁切密故也當今縱不能爾要宜籌量使力足相周若寇劫彊多不能獨制者可指其蹤跡言所在都督尋當致討今不明部分使所在百姓與軍家雜其徼備兩情俱墮莫適任負故所以徒有備名而不能爲益者也帝從之及愍帝卽位徵爲宗正元帝在鎮又表爲侍中道險不行以討華軼功將封鄉侯循自以臥疾私門固讓不受建武初爲中書令加散騎常侍又以老疾固辭帝下令曰孤以寡德忝當大位若涉巨川罔知所憑循言行以禮乃時之望俗之表也實賴其謀猷以康萬幾疾患有素猶望臥相規輔而固守撝謙自陳懇至此賢履信思順非以讓爲高者也今從其所執於是改拜太常常侍如故循以九卿舊不加官今又疾患不宜兼處此職惟拜太常而已時宗廟始建舊儀多闕或以惠懷二帝應各爲世則潁川世數過七宜在迭毀事下太常循議以爲禮兄弟不相爲後不得以承代爲世殷之盤庚不序陽甲漢之光武不繼成帝別立廟寢使臣下祭

之此前代之明典而承繼之著義也惠帝無後懷帝承統弟不後兄則懷帝自
上繼世祖不繼惠帝當同殷之陽甲漢之成帝議者以聖德沖遠未便改舊茲
如此禮通所未論是以惠帝尚在太廟而懷帝復入數則盈八盈八之理由惠
帝不出非上祖宜遷也下世既升上世乃遷遷毀對代不得相通未有下升一
世而上毀二世者也惠懷二帝俱繼世祖兄弟旁親同爲一世而上毀二爲一
世今以惠帝之崩已毀豫章懷帝之入復毀潁川如此則一世再遷祖位橫折
求之古義未見此例惠帝宜出尚未輕論況可輕毀一祖而無義例乎潁川既
無可毀之理則見神之數居然自八此蓋有由而然非謂數之常也既有八神
則不得不於七室之外權安一位也至尊於惠懷俱是兄弟自上後世祖不繼
二帝則二帝之神行應別出不爲廟中恆有八室也又武帝初成太廟時正神
止七而楊元后之神亦權立一室永熙元年告世祖諡於太廟八室此是苟有
八神不拘於七之舊例也又議者以景帝俱已在廟則惠懷一例景帝盛德元
功王基之本義著祖宗百世不毀故所以特在本廟且亦世代尚近數得相容

安神而已無逼上祖如王氏昭穆既滿終應別廟也以今方之既輕重義異又七廟七世之親昭穆父子位也若當兄弟旁滿輒毀上祖則祖位空懸世數不足何取於三昭三穆與太祖之廟然後成七哉今七廟之義出於王氏從禰以上至於高祖親廟四世高祖以上復有五世六世無服之祖故爲三昭三穆幷太祖而七也故世祖郊定廟禮京兆潁川曾高之親豫章五世征西六世以應此義今至尊繼統亦宜有五六世之祖豫章六世潁川五世俱不應毀今既云豫章先毀又當重毀潁川此爲廟中之親惟從高祖已下無復高祖以上三世之祖於王氏之義三昭三穆廢闕其二甚非宗廟之本所據承又違世祖祭征西豫章之意於一王定禮所闕不少時尚書僕射刁協與循異議循答義深備辭多不載竟從循議焉朝廷疑滯皆諮之於循循輒依經禮而對爲當世儒宗其後帝以循清貧下令曰循冰清玉潔行爲俗表位處上卿而居身服物蓋周形而已屋室財庇風雨孤近造其廬以爲慨然其賜六尺牀薦席褥幷錢二十萬以表至德暢孤意焉循又讓不許不得已留之初不服用及帝踐位有司奏

琅邪恭王宜稱皇考循又議曰按禮子不敢以己爵加父帝納之俄以循行太子太傅太常如故循自以枕疾廢頓臣節不修上隆降尊之義下替交敘之敬懼非垂典之教也累表固讓帝以循體德率物有不言之益敦厲備至期於不許命皇太子親往拜焉循有羸疾而恭於接對詔斷賓客其崇遇如此疾漸篤表乞骸骨上還印綬改授左光祿大夫開府儀同三司帝臨軒遣使持節加印綬循雖口不能言指麾左右推去章服車駕親幸執手流涕太子親臨者三焉往還皆拜儒者以爲榮太興二年卒時年六十帝素服舉哀哭之甚慟贈司空謚曰穆將葬帝又出臨其柩哭之盡哀遣兼侍御史持節監護皇太子追送近途望船流涕循少玩篇籍善屬文博覽衆書尤精禮傳雅有知人之鑒拔同郡楊方於卑陋卒成名於世子隰康帝時官至臨海太守

楊方

楊方字公回少好學有異才初爲郡鈴下威儀公事之暇輒讀五經鄉邑未之知內史諸葛恢見而奇之待以門人之禮由是始得周旋貴人間時虞喜兄弟

以儒學立名雅愛方爲之延譽恢嘗遺方爲文薦郡功曹主簿虞預稱美之送以示循循報書曰此子開拔有志意只言異於凡猥耳不圖偉才如此其文甚有奇分若出其胸臆乃是一國所推豈但牧豎中逸羣邪聞處舊黨之中好有謙沖之行此亦立身之一隅然世衰道喪人物凋弊每聞一介之徒有向道之志冀之願之如方者乃荒萊之特苗鹵田之善秀姿質已良但沾染未足耳移植豐壤必成嘉穀足下才爲世英位爲朝右道隆化立然後爲貴昔許子將拔樊仲昭於賈豎郭林宗成龐德公於畎畝足下志隆此業二賢之功不爲難及也循遂稱方於京師司徒王導辟爲掾轉東安太守遷司徒參軍事方在都邑搢紳之士咸厚遇之自以地寒不願久留京華求補遠郡欲閑居著述導從之上補高粱太守在郡積年著五經鉤沉更撰吳越春秋并雜文筆皆行於世以年老棄郡歸導將進之臺閣固辭還鄉里終於家

薛兼

薛兼字令長丹陽人也祖綜仕吳爲尙書僕射父瑩有名吳朝吳平爲散騎常

侍兼清素有器宇少與同郡紀瞻廣陵閔鴻吳郡顧榮會稽賀循齊名號爲五儁初入洛司空張華見而奇之曰皆南金也察河南孝廉辟公府除比陽相莅任有能名歷太子洗馬散騎常侍懷令司空東海王越引爲參軍轉祭酒賜爵安陽亭侯元帝爲安東將軍以爲軍諮祭酒稍遷丞相長史甚勤王事以上佐祿優每自約損取周而已進爵安陽鄉侯拜丹陽太守中興建轉尹加秩中二千石遷尚書領太子少傅自綜至兼三世傳東宮談者美之永昌初王敦表兼爲太常明帝卽位加散騎常侍帝以東宮時師傅猶宜盡敬乃下詔曰朕以不德夙遭閔凶猥以眇身託于王公之上哀煢在疚靡所諮仰憂懷惴惴如臨于谷孔子有云故雖天子必有尊也朕將祗奉先師之禮以諮有德太宰西陽王秩尊望重在貴思降丞相武昌公司空卽丘子體道高邈勳德兼備先帝執友朕之師傅太常安陽鄉侯訓保朕躬忠肅篤誠夫崇親尊賢先帝所重朕見四君及書疏儀體一如東宮故事是歲卒詔曰太常安陽鄉侯兼履德沖素盡忠恪己方賴德訓弘濟政道不幸殂殞痛于厥心今遣持節侍御史贈左光祿大

夫開府儀同三司魂而有靈嘉茲榮寵及葬屬王敦作逆朝廷多故不得議謚
直遣使者祭以太牢子顒先兼卒無後
史臣曰元帝樹基淮海百度權輿夢想羣材共康庶績顧紀賀薛等並南金東
箭世冑高門委質霸朝豫聞邦政典憲資其刊輯帷幄貯其謀猷望重搢紳任
惟元凱官成名立光國榮家非惟感會所鍾抑亦材能斯至而循位登保傅朝
望特隆遂使鑾蹕降臨承明下拜雖西漢之恩崇張禹東都之禮重桓榮弗是
過也
贊曰彥先通識思遠方直薛既清貞賀惟學植逢時遇主摶風矯翼

晉書卷六十八

晉書卷六十九

唐 太 宗 文 皇 帝 御 撰

列傳第三十九

劉隗 孫波

劉隗字大連彭城人楚元王交之後也父砥東光令隗少有文翰起家祕書郎稍遷冠軍將軍彭城內史避亂渡江元帝以爲從事中郎隗雅習文史善求人主意帝深器遇之遷丞相司直委以刑憲時建康尉收護軍士而爲府將篡取之隗奏免護軍將軍戴若思官世子文學王籍之居叔母喪而婚隗奏之帝下令曰詩稱殺禮多婚以會男女之無夫家正今日之謂也可一解禁止自今以後宜爲其防東閣祭酒顏含在叔父喪嫁女隗又奏之廬江太守梁龕明日當除父服今日請客奏伎丞相長史周顗等三十餘人同會隗奏曰夫嫡妻長子皆杖居廬故周景王有三年之喪既除而宴春秋猶譏況龕匹夫暮宴朝祥慢服之愆宜肅喪紀之禮請免龕官削侯爵顗等知龕有喪吉會非禮宜各奪俸

一月以肅其違從之丞相行參軍宋挺本揚州刺史劉陶門人陶亡後挺娶陶愛妾以爲小妻建興中挺又割盜官布六百餘匹正刑棄市遇赦免旣而奮武將軍阮抗請爲長史隗劾奏曰挺蔑其死主而專其室悖在三之義傷人倫之序當投之四裔以禦魑魅請除挺名禁錮終身而奮武將軍太山太守阮抗請爲長史抗緯文經武剖符東藩當庸勳忠良昵近仁賢而褒求贓汚舉頑用嚚請免抗官下獄理罪奏可而挺病死隗又奏符旨挺已喪亡不復追貶愚惷意闇未達斯義昔鄭人斲子家之棺漢明追討史遷經傳褒貶皆追書先世數百年間非徒區區欲釐當時亦將作法垂於來世當朝亡夕沒便無善惡也請曹如前追除挺名爲民錄妾還本顯證惡人班下遠近從之南中郎將王含以族彊顯貴驕傲自恣一請參佐及守長二十許人多取非其才隗劾奏文致甚苦事雖被寢王氏深忌疾之而隗之彈奏不畏彊禦皆此類也建興中丞相府斬督運令史淳于伯而血逆流隗又奏曰古之爲獄必察五聽三槐九棘以求民情雖明庶政不敢折獄死者不可復生刑者不可復續是以明王哀矜用刑曹

參去齊以市獄爲寄自頃蒸荒殺戮無度罪同斷異刑罰失宜謹按行督運令
史淳于伯刑血著柱遂逆上終極柱末二丈三尺旋復下流四尺五寸百姓諠
譁士女縱觀咸曰其寃伯息忠訴辭稱枉云伯督運訖去二月事畢代還無有
稽乏受賕使役罪不及死軍是戍軍非爲征軍以乏軍輿論於理爲枉四年之
中供給運漕凡諸徵發租調百役皆有稽停而不以軍輿論至於伯也何獨明
之捶楚之下無求不得囚人畏痛飾辭應之理曹國之典刑而使忠等稱寃明
時謹按從事中郎周筵法曹參軍劉胤屬李匡幸荷殊寵並登列曹當思敦奉
政道詳法慎殺使兆庶無枉人不稱訴而令伯枉同周青寃魂哭於幽都訴靈
恨於黃泉嗟歎甚於杞梁血妖過於崩城故有隕霜之人夜哭之鬼伯有晝見
彭生爲豕刑殺失中妖眚並見以古況今其揆一也皆由筵等不勝其任請皆
免官於是右將軍王導等上疏引咎請解職帝曰政刑失中皆吾闇塞所由尋
示愧懼思聞忠告以補其闕而引過求退豈所望也由是導等一無所問晉國
既建拜御史中丞周嵩嫁女門生斷道解廬斫傷二人建康左尉赴變又被斫

隗劾嵩兄顗曰顗幸荷殊寵列位上寮當崇明憲典協和上下刑于左右以御于家邦而乃縱肆小人羣爲凶害公於廣都之中白日刃尉遠近訩嚇百姓讙譁虧損風望漸不可長旣無大臣檢御之節不可對揚休命宜加貶黜以肅其違顗坐免官太興初長兼侍中賜爵都鄉侯尋代薛兼爲丹陽尹與尚書令刁協並爲元帝所寵欲排抑豪彊諸刻碎之政皆云隗協所建隗雖在外萬幾祕密皆豫聞之拜鎭北將軍都督青徐幽平四州軍事假節加散騎常侍率萬人鎭泗口初隗以王敦威權太盛終不可制勸帝出腹心以鎭方隅故以譙王承爲湘州續用隗及戴若思爲都督敦甚惡之與隗書曰頃承聖上顧眄足下今大賊未滅中原鼎沸欲與足下周生之徒戮力王室共靜海內若其泰也則帝祚於是乎隆若其否也則天下永無望矣隗答曰魚相忘於江湖人相忘於道術竭股肱之力效之以忠貞吾之志也敦得書甚怒及敦作亂以討隗爲名詔徵隗還京師百官迎之於道隗岸幘大言意氣自若及入見與刁協奏請誅王氏不從有懼色率衆屯金城及敦剋石頭隗攻之不拔入宮告辭帝雪涕與之

別隗至淮陰爲劉遐所襲攜妻子及親信二百餘人奔于石勒勒以爲從事中郎太子太傅卒年六十一子綏初舉秀才除駙馬都尉奉朝請隨隗奔勒卒孫波嗣

波字道則初爲石季龍冠軍將軍王洽參軍及季龍死洽與波俱降穆帝以波爲襄城太守累遷桓沖中軍諮議參軍大司馬桓溫西征袁真朝廷空虛以波爲建威將軍淮南內史領五千人鎮石頭壽陽平除尙書左丞不拜轉冠軍將軍南郡相時苻堅弟融圍雍州刺史朱序於襄陽波率衆八千救之以敵彊不敢進序竟陷沒波以畏懦免官後復以波爲冠軍將軍累遷散騎常侍苻堅敗朝廷欲鎮靖北方出波督淮北諸軍冀州刺史以疾未行上疏曰臣聞天地以弘濟爲仁君道以惠下爲德是以禹湯有身勤之績唐虞有在予之誥用能惠被蒼生勳流後葉宣帝開拓洪圖始基成命爰及文武歷數在躬而猶虛心側席卑己崇物然後知積累之功重勤王之業難先君之德弘貽厥之賜厚惠皇不懷委政內任遂使神器幽淪三光翳曜園陵懷九泉之感宮廟集胡馬之跡

所謂肉食失之於朝黎庶暴骸於外也賴元皇帝神武應期祚隆淮海振乾綱於已墜紐絕維而更張陛下承宣帝開始之宏基受元帝克終之成烈保大定功戢兵靜亂故使負鱗橫海之鯨僭位滔天之寇望雲旗而宵潰覩太陽而霧散巍巍蕩蕩人無名焉而頃年已來天文違錯妖怪屢生會稽先帝本封而地動經年昔周之文武有魚烏之瑞君臣猶懷震悚況今災變衆集曾莫之疑公旦有勿休之誡賈誼有積薪之喻臣鑒先徵竊惟今事是以敢肆狂瞽直言無諱往者先帝以玄風御世責成羣后坐運天綱隨化委順故忘日計之功收歲成之用今禮樂征伐自天子出相王賢儁協和百揆六合承風天下響振而鈞臺之詠弗聞景亳之命未布將羣臣之不稱陛下用之不盡乎凡聖王之化莫不敦崇忠信存正棄邪傷化毀俗者雖親雖貴必疎而遠之清公貞修者雖微雖賤必親而近之今則不然此風既替利競滋甚朋黨比周毀譽交興鑽求茍進人希分外見賢而居其上受祿每過其量希旨承意者以爲奉公共相讚白者以爲忠節舉世見之誰敢正言陛下不明必行之法以絕穿鑿之源者恐脫

因疲倦以誤視聽且苻堅滅亡於今五年舊京殘毀山陵無衞百姓塗炭未蒙拯接伏願遠觀漢魏衰滅之由近覽西朝傾覆之際超然易慮爲於未有則靈根永固社稷無虞臣豈誣一朝之人皆無忠節但任非其才求之不至耳今政煩役殷所在凋弊倉廩空虛國用傾竭下民侵削流亡相屬略計戶口但咸安已來十分去三百姓懷浮游之歎下泉與周京之思昔漢宣有云與我共治天下者其惟良二千石乎是以臨下有方者就加璽贈法苛政亂者恤刑不赦事觕於上人悅於下今則不然告時乞職者以家弊爲辭振窮恤滯者以公爵爲施古者爲百姓立君使之司牧今者以百姓恤君使之蠶食至乃貪污者謂之清勤愼法者謂之怯劣何反古道一至於此陛下雖躬自節儉哀矜於上而羣寮肆欲縱心於下六司垂翼三事拱默故有識者覩人事以歎息觀天眚而大懼昔宋景退熒惑之災殷宗消鼎雉之異伏願陛下仰觀大禹過門之志俯察商辛沉湎之失遠思國風恭公之刺深惟定姜小臣之喻塹迴聖恩大詢羣后延納衆賢訪以得失令百寮率職人言損益察其所由觀其所以審識羣才助

鼎和味克念作聖以答天休則四海宅心天下幸甚臣亡祖先臣隗昔荷殊寵匪躬之操猶存舊史有志無時懷恨黃泉及臣凡劣復蒙罔極之眷恩隆累世實非糜身傾宗所能上報前作此表未及得通暴嬰篤疾恐命在奄忽貪及視息望達愚情氣力惙然不能自宣疏奏而卒追贈前將軍子淡嗣元熙初爲廬江太守隗伯父訥字令言有人倫鑒識初入洛見諸名士而歎曰王夷甫太鮮明樂彥輔我所敬張茂先我所不解周弘武巧於用短杜方叔拙於用長終於司隸校尉子疇字王喬少有美譽善談名理曾避亂塢壁賈胡百數欲害之疇無懼色援笳而吹之爲出塞入塞之聲以動其游客之思於是羣胡皆垂泣而去之永嘉中位至司徒左長史尋爲閻鼎所殺司空蔡謨每歎曰若使劉王喬得南渡司徒公之美選也又王導初拜司徒謂人曰劉王喬若過江我不獨拜公也其爲名流之所推服如此疇兄子劭有才幹辟琅邪王丞相掾咸康世歷御史中丞侍中尚書豫章太守秩中二千石劭族子黃老太元中爲尚書郞有義學注愼子老子並傳於世

刁協 子彝 彝子逵

刁協字玄亮渤海饒安人也祖恭魏齊郡太守父攸武帝時御史中丞協少好經籍博聞彊記釋褐濮陽王文學累轉太常博士本郡大中正成都王穎請爲平北司馬後歷趙王倫相國參軍長沙王乂驃騎司馬及東嬴公騰鎭臨漳以協爲長史轉潁川太守永嘉初爲河南尹未拜避難渡江元帝以爲鎭東軍諮祭酒轉長史愍帝即位徵爲御史中丞例不行元帝爲丞相以協爲左長史中興建拜尚書左僕射于時朝廷草創憲章未立朝臣無習舊儀者協久在中朝諳練舊事凡所制度皆稟於協焉深爲當時所稱許太興初遷尚書令在職數年加金紫光祿大夫令如故協性剛悍與物多忤每崇上抑下故爲王氏所疾又使酒放肆侵毀公卿見者莫不側目然悉力盡心志在匡救帝甚信任之以奴爲兵取將吏客使轉運皆協所建也衆庶怨望之及王敦構逆上疏罪協帝使協出督六軍既而王師敗績協與劉隗俱侍帝於太極東除帝執協隗手流涕嗚咽勸令避禍協曰臣當守死不敢有貳帝曰今事逼矣安可不行乃令給

協隗人馬使自爲計協年老不堪騎乘素無恩紀募從者皆委之行至江乘爲
人所殺送首於敦敦聽刁氏收葬之帝痛協不免密捕送協首者而誅之敦平
後周顗戴若思等皆被顯贈惟協以出奔不在其例咸康中協子彝上疏訟之
在位者多以明帝之世褒貶已定非所得更議且協不能抗節隕身乃出奔遇
害不可復其官爵也丹陽尹殷融議曰王敦惡逆罪不容誅則協之善亦不容
賞若以忠非良圖謀事失算以此爲責者蓋在於譏議之閒耳即凶殘之誅以
爲國刑將何以沮勸乎當敦專逼之時慶賞威刑專自己出是以元帝慮深崇
本以協爲比事由國計蓋不爲私昔孔寧儀行父從君於昏楚復其位者君之
黨故也況協之比君在於義順且中興四佐位爲朝首于時事窮計屈奉命違
寇非爲逃刑謂宜顯贈以明忠義時庾冰輔政疑不能決左光祿大夫蔡謨與
冰書曰夫爵人者宜顯其功罰人者宜彰其罪此古今之所慎也凡小之人猶
尚如此刁令中興上佐有死難之名天下不聞其罪而見其貶致令刁氏稱冤
此乃爲王敦復讎也內沮忠臣之節論者惑之若實有大罪宜顯其事令天下

知之明聖朝不貶死難之臣春秋之義以功補過過輕功重者得以加封功輕過重者不免誅絕功足贖罪者無黜雖先有邪佞之罪而臨難之日黨於其君者不絕之也孔寧儀行父親與靈公淫亂於朝君殺國滅由此二臣而楚尙納之傳稱有禮不絕其位者君之黨也若刁令有罪重於孔儀絕之可也若無此罪宜見追論或謂明帝之世已見寢廢今不宜復改吾又以爲不然夫大道宰世殊塗一致萬幾之事或異或同同不相善異不相譏故堯抑元凱而舜舉之堯不爲失舜不爲非何必前世所廢便不宜改乎漢蕭何之後坐法失侯文帝不封而景帝封之後復失侯武昭二帝不封而宣帝封之近去元年車駕釋奠拜孔子之坐此亦元明二帝所不行也又刁令但是明帝所不贈耳非誅之也王平子第五猗皆元帝所誅而今日所贈豈以改前爲嫌乎凡處事者當上合古義下準今例然後談者不惑受罪者無怨耳按周僕射戴征西本非王敦唱檄所讎也事定後乃見害耳周莚郭璞等並亦非爲主禦難也自平居見殺耳皆見褒贈刁令事義豈輕於此乎自頃員外散騎尙得追贈況刁令位亞三司

若先自壽終不失員外散騎之例也就不蒙贈不失以本官殯葬也此爲一人之身壽終則蒙贈死難則見絶豈所以明事君之道厲爲臣之節乎宜顯評其事以解天下疑惑之論又聞談者亦多謂宜贈凡事不允當而得衆助者若以善柔得衆而刁令麤剛多怨若以貴也刁氏令賤若以富也刁氏今貧人士何故反助寒門而此言之足下宜察此意冰然之事奏成帝詔曰協情在忠主而失爲臣之道故令王敦得託名公義而實肆私忌遂令社稷受屈元皇銜耻致禍之原豈不有由若極明國典則曩刑非重今正當以協之勤有可書敦之逆命不可長故議其事耳今可復協本位加之冊祭以明有忠於君者纖介必顯雖於貶裁未盡然或足有勸矣於是追贈本官祭以太牢

彝字大倫少遭家難王敦誅後彝斬讎人黨以首祭父墓詣廷尉請罪朝廷特宥之由是知名歷尚書吏部郎吳國內史累遷北中郎將徐兗二州刺史假節鎮廣陵卒於官子逵字伯道逵弟暢字仲遠次子弘字叔仁並歷顯職隆安中逵爲廣州刺史領平越中郎將假節暢爲始興相弘爲冀州刺史兄弟子姪並

不拘名行以貨殖爲務有田萬頃奴婢數千人餘資稱是桓玄篡位以逵爲西中郎將豫州刺史鎭歷陽暢右衞將軍弘撫軍桓脩司馬劉裕起義斬桓脩時暢弘謀起兵襲裕裕遣劉毅討之暢伏誅弘亡不知所在逵在歷陽執劉裕參軍諸葛長民檻車送於桓玄至當利而玄敗送人共破檻出長民遂趣歷陽逵棄城而走爲下人所執斬於石頭子姪無少長皆死惟小弟騁被宥爲給事中尋謀反伏誅刁氏遂滅刁氏素殷富奴客縱橫固吝山澤爲京口之蠹裕散其資蓄令百姓稱力而取之彌日不盡時天下饑弊編戶賴之以濟焉

戴若思 弟邈

戴若思廣陵人也名犯高祖廟諱祖烈吳左將軍父昌會稽太守若思有風儀性閑爽少好遊俠不拘操行遇陸機赴洛船裝甚盛遂與其徒掠之若思登岸據胡牀指麾同旅皆得其宜機察見之知非常人在舫屋上遙謂之曰卿才器如此乃復作劫邪若思感悟因流涕投劍就之機與言深加賞異遂與定交焉若思後舉孝廉入洛機薦之於趙王倫曰蓋聞繁弱登御然後高墉之功顯孤

竹在肆然後降神之曲成是以高世之主必假遠邇之器蘊匱之才思託大音之和伏見處士廣陵戴若思年三十清沖履道德量允塞思理足以研幽才鑒足以辯物安窮樂志無風塵之慕砥節立行有井渫之潔誠東南之遺寶宰朝之奇璞也若得託迹康衢則能結軌驥騄曜質廊廟必能垂光璵璠矣惟明公垂神採察不使忠允之言以人而廢倫乃辟之除沁水令不就遂往武陵省父時同郡人潘京素有理鑒名知人其父遣若思就京與語旣而稱若思有公輔之才累轉東海王越軍諮祭酒出補豫章太守加振威將軍領義軍都督以討賊有功賜爵秣陵侯遷治書侍御史驃騎司馬拜散騎侍郎元帝召爲鎮東右司馬將征杜弢加若思前將軍未發而弢滅帝爲晉王以爲尚書中興建爲中護軍轉護軍將軍尚書僕射皆辭不拜出爲征西將軍都督兗豫幽冀雍幷六州諸軍事假節加散騎常侍發投刺王官千人爲軍吏調揚州百姓家奴萬人爲兵配之以散騎常侍王遐爲軍司鎮壽陽與劉隗同出帝親幸其營勞勉將士臨發祖餞置酒賦詩若思至合肥而王敦舉兵詔追若思還鎮京都進驃騎

將軍與右衛將軍郭逸夾道築壘於大桁之北尋而石頭失守若思與諸軍攻石頭王師敗績若思率麾下百餘人赴宮受詔與公卿百官於石頭見敦敦問若思曰前日之戰有餘力乎若思不謝而答曰豈敢有餘但力不足耳又曰吾此舉動天下以爲如何若思曰見形者謂之逆體誠者謂之忠敦笑曰卿可謂能言敦參軍呂猗昔爲臺郎有刀筆才性尤姦諂若思爲尚書惡其爲人猗亦深憾焉至是乃說敦曰周顗戴若思皆有高名足以惑衆近者之言曾無愧色公若不除恐有再舉之患爲將來之憂耳敦以爲然又素忌之俄而遣鄧嶽繆坦收若思而害之若思素有重望四海之士莫不痛惜焉賊平冊贈右光祿大夫儀同三司諡曰簡

邈字望之少好學尤精漢史才不逮若思儒博過之弱冠舉秀才尋遷太子洗馬出補西陽內史永嘉中元帝版行邵陵內史丞相軍諮祭酒出爲征南軍司于時凡百草創學校未立邈上疏曰臣聞天道之所大莫大於陰陽帝王之至務莫重於禮學是以古之建國有明堂辟雍之制鄉有庠序黌校之儀皆所以

抽導幽滯啓廣才思蓋以六四有困蒙之吝君子大養正之功也昔仲尼列國之大夫耳與禮修學於洙泗之間四方髦俊斐然向風身達者七十餘人自玆以來千載絶塵豈天下小於魯衛賢哲乏於曩時勵與不勵故也自頃國遭無妄之禍社稷有綴旒之危寇羯飲馬於長江兇狡鴟張於萬里遂使神州蕭條鞠爲茂草四海之内人跡不交霸主有旰食之憂黎元懷荼毒之苦戎首交拜於中原何遽籩豆之事哉然三年不爲禮禮必壞三年不爲樂樂必崩況曠載累紀如此之久邪今末進後生目不覩揖讓升降之儀耳不聞鐘鼓管弦之音文章散滅圖讖無遺此蓋聖達之所深悼有識之所嗟歎也夫平世尚文遭亂尚武文武遞用長久之道譬之天地昏明之迭自古以來未有不由之者也今或以天下未一非興禮樂之時此言似之而不其然夫儒道深奧不可倉卒而成古之俊乂必三年而通一經比天下平泰然後修之則功成事定誰與制禮作樂者哉又貴遊之子未必有斬將搴旗之才亦未有從軍征戍之役不及盛年講肄道義使明珠加磨瑩之功荊璞發採琢之榮不亦良可惜乎臣愚以世

喪道久人情玩於所習純風日去華競日彰猶火之消膏而莫之覺也今天地告始萬物權輿聖朝以神武之德值革命之運蕩近世之流弊繼千載之絕軌篤道崇儒創立大業明主唱之於上宰輔督之於下夫上之所好下必有過之者焉是故雙劍之節崇而飛白之俗成挾琴之容飾而赴曲之和作君子之德風小人之德草實在感之而已臣以闇淺不能遠識格言奉誦明令慷慨下風謂宜以三時之隙漸就修建疏奏納焉於是始脩禮學代劉隗爲丹陽尹王敦作逆加左將軍及敦得志而若思遇害邈坐免官敦誅後拜尚書僕射卒官贈衞將軍諡曰穆子謐嗣歷義興太守大司農

周顗

周顗字伯仁安東將軍浚之子也少有重名神彩秀徹雖時輩親狎莫能媟也司徒掾同郡賁嵩有清操見顗歎曰汝穎固多奇士自頃雅道陵遲今復見周伯仁將振起舊風清我邦族矣廣陵戴若思東南之美舉秀才入洛素聞顗名往候之終坐而出不敢顯其才辯顗從弟穆亦有美譽欲陵折顗顗陶然弗與

之校於是人士益宗附之州郡辟命皆不就弱冠襲父爵武城侯拜祕書郎累
遷尚書吏部郎東海王越子毗爲鎭軍將軍以顗爲長史元帝初鎭江左請爲
軍諮祭酒出爲寧遠將軍荆州刺史領護南蠻校尉假節始到州而建平流人
傅密等叛迎蜀賊杜弢顗狼狽失據陶侃遣將吳寄以兵救之故顗得免因奔
王敦於豫章敦留之軍司戴邈曰顗雖退敗未有莅衆之咎德望素重宜還復
之敦不從帝召爲揚威將軍兗州刺史顗還建康帝留顗不遣復以爲軍諮祭
酒尋轉右長史中興建補吏部尚書頃之以醉酒爲有司所糾白衣領職復坐
門生斫傷人免官太興初更拜太子少傅尚書如故顗上疏讓曰臣退自循省
學不通一經智不效一官止足良難未能守分遂忝顯任名位過量不悟天鑒
忘臣頑弊乃欲使臣內管銓衡外忝傅訓質輕蟬翼事重千鈞此之不可不待
識而明矣若臣受負乘之責必貽聖朝惟塵之恥俯仰愧懼不知所圖詔曰紹
幼沖便居儲副之貴當賴軌匠以祛蒙蔽望之儼然斯不言之益何學之習邪
所謂與田蘇遊忘其鄙心者便當副往意不宜沖讓轉尚書左僕射領吏部如

故庾亮嘗謂顗曰諸人咸以君方樂廣顗曰何乃刻畫無鹽唐突西施也帝讌羣公于西堂酒酣從容曰今日名臣共集何如堯舜時邪顗因醉厲聲曰今雖同人主何得復比聖世帝大怒而起手詔付廷尉將加戮累日方赦之及出諸公就省顗曰近日之罪固知不至于死尋代戴若思爲護軍將軍尚書紀瞻置酒請顗及王導等顗荒醉失儀復爲有司所奏詔曰顗參副朝右職掌銓衡當敬慎德音式是百辟屢以酒過爲有司所繩吾亮其極懽之情然亦是濡首之誡也顗必能克己復禮者今不加黜責初顗以雅望獲海內盛名後頗以酒失爲僕射略無醒日時人號爲三日僕射庾亮曰周侯末年所謂鳳德之衰也顗在中朝時能飲酒一石及過江雖日醉每稱無對偶有舊對從北來顗遇之欣然乃出酒二石共飲各大醉及顗醒使視客已腐脅而死顗性寬裕而友愛過人弟嵩嘗因酒瞋目謂顗曰君才不及弟何乃橫得重名以所燃蠟燭投之顗神色無忤徐曰阿奴火攻固出下策耳王導甚重之嘗枕顗膝而指其腹曰卿此中何所有也答曰此中空洞無物然足容卿輩數百人導亦不以爲忤又於

導坐慠然嘯詠導云卿欲希嵇阮邪顗曰何敢近捨明公遠希嵇阮及王敦搆逆溫嶠謂顗曰大將軍此舉似有所在當無濫邪顗曰君少年未更事人主自非堯舜何能無失人臣豈可得舉兵以脅主共相推戴未能數年一旦如此豈云非亂乎處仲剛愎彊忍很抗無上其意寧有限耶既而王師敗績顗奉詔詣敦敦曰伯仁卿負我顗曰公戎車犯順下官親率六軍不能其事使王旅奔敗以此負公敦憚其辭正不知所答帝召顗於廣室謂之曰近日大事二宮無恙諸人平安大將軍故副所望邪顗曰二宮自如明詔於臣等故未可知護軍長史郝嘏等勸顗避敦顗曰吾備位大臣朝廷喪敗寧可復草間求活外投胡越邪俄而與戴若思俱被收路經太廟顗大言曰天地先帝之靈賊臣王敦傾覆社稷枉殺忠臣陵虐天下神祇有靈當速殺敦無令縱毒以傾王室語未終收人以戟傷其口血流至踵顏色不變容止自若觀者皆爲流涕遂於石頭南門外石上害之時年五十四顗之死也敦坐有一參軍摴蒱馬於博頭被殺因謂敦曰周家奕世令望而位不至公及伯仁將登而墜有似下官此馬敦曰伯仁

總角於東宮相遇一面披襟便許之三事何圖不幸自貽王法敦素憚顗每見顗輒面熱雖復冬月扇面手不得休敦使繆坦籍顗家收得素簏數枚盛故絮而已酒五甕米數石在位者服其清約敦卒後追贈左光祿大夫儀同三司諡曰康祀以少牢初敦之舉兵也劉隗勸帝盡除諸王司空導率羣從詣闕請罪值顗將入導呼顗謂曰伯仁以百口累卿顗直入不顧既見帝言導忠誠申救甚至帝納其言顗喜飲酒致醉而出導猶在門又呼顗顗不與言顧左右曰今年殺諸賊奴取金印如斗大繫肘既出又上表明導言甚切至導不知救己而甚銜之敦既得志問導曰周顗戴若思南北之望當登三司無所疑也導不答又曰若不三司便應令僕邪又不答敦曰若不爾正當誅爾導又無言導後料檢中書故事見顗表救己殷勤款至導執表流涕悲不自勝告其諸子曰吾雖不殺伯仁伯仁由我而死幽冥之中負此良友顗三子閔恬頤

閔字子騫方直有父風歷衡陽建安臨川太守侍中中領軍吏部尚書尚書左僕射加中軍將軍轉護軍領祕書監卒追贈金紫光祿大夫諡曰烈無子以弟

頣長子琳爲嗣琳仕至東陽太守恬頣並歷卿守琳少子文驃騎諮議參軍
史臣曰夫太剛則折至察無徒以之爲政則害于而國用之行己則凶于乃家
誠以器乖容衆非先王之道也大連司憲陰候主情當約法之秋獻斲棺之議
玄亮剛愎與物多違雖有崇上之心專行刻下之化同薄相濟並運天機是使
賢宰見疎致物情於解體權臣發怒借其名以誓師既而謀人之國國危而苟
免見昵於主主辱而圖生自取流亡非不幸也若思閑爽照理研幽伯仁凝正
處腴能約咸以高才雅道參豫疇咨及京室淪胥抗言無撓甘赴鼎而全操蓋
事君而盡節者歟顗招時論尤其酒德禮經曰瑕不掩瑜未足韜其美也
贊曰劉刁亮直志奉興王姦回醜正終致奔亡周戴英爽忠謨允塞道屬屯蒙
禍罹兇慝

晉書卷七十

唐　太　宗　文　皇　帝　御　撰

列傳第四十

應詹

應詹字思遠汝南南頓人魏侍中璩之孫也詹幼孤爲祖母所養年十餘歲祖母又終居喪毀頓杖而後起遂以孝聞家富於財年又稚弱乃請族人共居委以資產情若至親世以此異焉弱冠知名性質素弘雅物雖犯而弗之校以學藝文章稱司徒何劭見之曰君子哉若人初辟公府爲太子舍人趙王倫以爲征東長史倫誅坐免成都王穎辟爲掾時驃騎從事中郎諸葛玫委長沙王乂奔鄴盛稱乂之非玫浮躁有才辯臨漳人士無不詣之詹與玫有舊歎曰諸葛成林何與樂毅之相詭乎卒不見之玫聞甚愧鎮南大將軍劉弘詹之祖舅也請爲長史謂之曰君器識弘深後當代老子於荆南矣仍委以軍政弘著績漢南詹之力也遷南平太守王澄爲荆州假詹督南平天門武陵三郡軍事及洛

陽傾覆詹攘袂流涕勸澄赴援澄使詹爲檄詹下筆便成辭義壯烈見者慷慨然竟不能從也天門武陵谿蠻並反詹討降之時政令不一諸蠻怨望並謀背叛詹召蠻酋破銅券與盟由是懷詹數郡無虞其後天下大亂詹境獨全百姓歌之曰亂離既普殆爲灰朽僥倖之運賴茲應后歲寒不凋孤境獨守拯我塗炭惠隆丘阜潤同江海恩猶父母鎮南將軍山簡復假詹督五郡軍事會蜀賊杜疇作亂來攻詹郡力戰摧之尋與陶侃破杜弢於長沙賊中金寶溢目詹一無所取唯收圖書莫不歎之元帝假詹建武將軍王敦又上詹監巴東五郡軍事賜爵潁陽鄉侯陳人王沖擁衆荊州素服詹名迎爲刺史詹以沖等無賴棄還南平沖亦不怨其得人情如此遷益州刺史領巴東監軍詹之出郡也士庶攀車號泣若戀所生俄拜後軍將軍詹上疏陳便宜曰先王設官使君有常尊臣有定卑上無苟且之志下無覬覦之心下至亡秦罷侯置守本替末陵綱紀廢絕漢興雖未能與復舊典猶雜建侯守故能享年享世殆參古迹今大荒之後制度改創宜因斯會釐正憲則先舉盛德元功以爲封首則聖世之化比隆

唐虞矣又曰性相近習相遠訓導之風宜愼所好魏正始之間蔚爲文林元康
以來賤經尙道以玄虛宏放爲夷達以儒術淸儉爲鄙俗永嘉之弊未必不由
此也今雖有儒官教養未備非所以長育人材納之軌物也宜修辟雍崇明教
義先令國子受訓然後皇儲親臨釋奠則普天尙德率土知方矣元帝雅重其
才深納之頃之出補吳國內史以公事免鎭北將軍劉隗出鎭以詹爲軍司加
散騎常侍累遷光祿勳詹以王敦專制自樹故優游諷詠無所標明及敦作逆
明帝問詹計將安出詹厲然慷慨曰陛下宜奮赫斯之威臣等當得負戈前驅
庶憑宗廟之靈有征無戰如其不然王室必危帝以詹爲都督前鋒軍事護軍
將軍假節都督朱雀橋南賊從竹格渡江詹與建威將軍趙胤等擊敗之斬賊
率杜發梟首數千級賊平封觀陽縣侯食邑一千六百戸賜絹五千匹上疏讓
曰臣聞開國承家光啓土宇唯令德元功乃宜封錫臣雖忝當一隊策無微略
勞不汗馬猥以疏賤倫亞親密暫廁被練列勳司勳乞迴謬恩聽其所守不許
還使持節都督江州諸軍事平南將軍江州刺史詹將行上疏曰夫欲用天下

之智力者莫若使天下信之也商鞅移木豈禮也哉有由而然自經荒弊綱紀
頹陵清直之風既澆糟粃之俗猶在誠宜濯以滄浪之流漉以吞舟之網則幽
顯明別於變時雍矣弘濟茲務在乎官人今南北雜錯屬託者無保負之累而
輕舉所知此博采所以未精職理所以多闕今凡有所用宜隨其能不而與舉
主同乎褒貶則人有慎舉之恭官無廢職之吝昔冀缺有功胥臣蒙先茅之賞
子玉敗軍子文受舉賈之責古既有之今亦宜然漢朝使刺史行部乘傳奏事
猶恐不足以辨彰幽明弘宣政道故復有繡衣直指今之艱弊過於往昔宜分
遣黃散若中書郎等循行天下觀採得失舉善彈違斷截苟且則人不敢為非
矣漢宣帝時二千石有居職修明者則入為公卿其不稱職免官者皆還為平
人懲勸必行故歷世長久中間以來遷不足競免不足懼或有進而失意退而
得分涖官雖美當以素論降替在職實劣直以舊望登敘校游談為多少不以
實事為先後以此責成臣未見其兆也今宜峻左降舊制可二千石免官三年
乃得敘用長史六年戶口折半道里倍之此法必明使天下知官難得而易失

必人愼其職朝無惰官矣都督可課佃二十頃州十頃郡五頃縣三頃皆取文武吏醫卜不得撓亂百姓三臺九府中外諸軍有可減損皆令附農市息末伎道無游人不過一熟豐穰可必然後重居職之俸使祿足以代耕頃大事之後遐邇皆想宏略而寂然未副宜早振綱領肅起羣望時王敦新平人情未安詹撫而懷之莫不得其歡心百姓賴之疾篤與陶侃書曰每憶密計自沔入湘頡頏繾綣齊好斷金子南我東忽然一紀其間事故何所不有足下建功嶠南旋鎭舊楚吾承乏幸會來忝此州圖與足下進共竭節本朝報恩幼主退以申尋平生纏綿舊好豈悟時不我與長卽幽冥永言莫從能不慨悵今神州未夷四方多難足下年德並隆功名俱盛宜務建洪範雖休勿休至公至平至謙至順卽自天祐之吉無不利人之將死其言也善足下察吾此誠以咸和六年卒時年五十三册贈鎭南大將軍儀同三司謚曰烈祠以太牢子玄嗣位至散騎侍郎玄弟誕有器幹歷六郡太守龍驤將軍追贈冀州刺史初京兆韋泓喪亂之際親屬遇飢疫並盡客遊洛陽素聞詹名遂依託之詹與分甘共苦情若弟兄

遂隨從積年爲營伉儷置居宅并薦之於元帝曰自遭喪亂人士易操至乃任運固窮耿介守節者尠矣伏見議郎韋泓年三十八字元量執心清沖才識備濟躬耕隴畝不煩人役靜默居常不豫政事昔年流移來在詹境經寇喪資一身特立裋褐不掩形菜蔬不充朝而抗志彌厲不遊非類顏回稱不改其樂泓有其分明公輔亮皇室恢維宇宙四門開闢英彥鳧藻收春花於京輦採秋實於巖藪而泓抱璞荊山未剖和璧若蒙銓召付以列曹必能協隆鼎味緝熙庶績者也帝即辟之自後位至少府卿既受詹生成之惠詹卒遂製朋友之服哭止宿草追趙氏祀程嬰杵臼之義祭詹終身

甘卓

甘卓字季思丹陽人秦丞相茂之後也曾祖寧爲吳將祖述仕吳爲尚書父昌太子太傅吳平卓退居自守郡命主簿功曹察孝廉州舉秀才爲吳王常侍討石冰以功賜爵都亭侯東海王越引爲參軍出補離狐令卓見天下大亂棄官東歸前至歷陽與陳敏相遇敏甚悅共圖縱橫之計遂爲其子景娶卓女共相

結託會周玘倡義密使錢廣攻敏弟昶敏遣卓討廣頓朱雀橋南會廣殺昶玘告丹陽太守顧榮共邀說卓卓素敬服榮且以昶死懷懼良久乃從之遂詐疾迎女斷橋收船南岸共滅敏傳首于京都元帝初渡江授卓前鋒都督揚威將軍歷陽內史其後討周馥征杜弢屢經苦戰多所擒獲以前後功進爵南鄉侯拜豫章太守尋遷湘州刺史將軍如故復進爵于湖侯中興初以邊寇未靜學校陵遲特聽不試孝廉而秀才猶依舊策試卓上疏以爲答問損益當須博古通今明達政體必求諸墳索乃堪其舉臣所忝州往遭寇亂學校久替人士流播不得比之餘州策試之由當藉學功謂宜同孝廉例申與期限疏奏朝議不許卓於是精加隱括備禮舉桂陽谷儉爲秀才儉辭不獲命州厚禮遣之諸州秀才聞當考試皆憚不行惟儉一人到臺遂不復策試儉恥其州少士乃表求試以高第除中郎儉少有志行寒苦自立博涉經史于時南土凋荒經籍道息儉不能遠求師友唯在家研精雖所得實深未有名譽又恥衒耀取達遂歸終身不仕卒於家卓遷安南將軍梁州刺史假節督沔北諸軍鎮襄陽卓外柔內

剛爲政簡惠善於綏撫估稅悉除市無二價州境所有魚池先恆責稅卓不收其利皆給貧民西土稱爲惠政王敦稱兵遣使告卓卓乃僞許而心不同之及敦升舟而卓不赴使參軍孫雙詣武昌諫止敦敦聞雙言大驚曰甘侯前與吾語云何而更有異正當慮吾危朝廷邪吾今下唯除姦凶耳卿還言之事濟當以甘侯作公雙還報卓卓不能決或說卓且僞許敦待敦至都而討之卓曰昔陳敏之亂吾亦先從後圖而論者謂懼逼而謀之雖吾情本不爾而事實有似心恆愧之今若復爾誰能明我時湘州刺史譙王承遣主簿鄧騫說卓曰劉大連雖乘權寵非有害於天下也大將軍以其私憾稱兵象魏雖託討亂之名實失天下之望此忠臣義士匡救之時也昔魯連匹夫猶懷蹈海之志況受任方伯位同體國者乎今若因天人之心倡桓文之舉杖大順以掃逆節擁義兵以勤王室斯千載之運不可失也卓笑曰桓文之事豈吾所能至於盡力國難乃其心也當共詳思之參軍李梁說卓曰昔隗囂亂隴右竇融保河西以歸光武今日之事有似於此將軍有重名於天下但當推亡固存坐而待之使大將軍

勝方當崇將軍以方面之重如其不勝朝廷必以將軍代之何憂不富貴而釋此廟勝決存亡於一戰邪騫謂梁曰光武創業中國未平故隗囂斷隴右竇融兼河西各據一方鼎足之勢故得文服天子從容顧望及海內已定君臣正位終於隴右傾覆河西入朝何則向之文服義所不容也今將軍之於本朝非竇融之喻也襄陽之於大府非河西之固也且人臣之義安忍國難而不陳力何以北面於天子邪使大將軍平劉隗還武昌增石城之守絕荊湘之粟將軍安歸乎勢在人手而曰我處廟勝未之聞也卓尙持疑未決騫又謂卓曰今既不義舉又不承大將軍檄此必至之禍愚智所見也且議者之所難以彼彊我弱是不量虛實者也今大將軍兵不過萬餘其留者不能五千而將軍見衆既倍之矣將軍威名天下所聞也此府精銳戰勝之兵也擁彊衆藉威名杖節而行豈王含所能御哉遡流之衆勢不自救將軍之舉武昌若摧枯拉朽何所顧慮乎武昌既定據其軍實鎭撫二州施惠士卒使還者如歸此呂蒙所以剋敵也如是大將軍可不戰而自潰今釋必勝之策安坐以待危亡不可言知計矣願

將軍熟慮之時敦以卓不至慮在後爲變遣參軍樂道融苦要卓俱下道融本
欲背敦因說卓襲之語在融傳卓既素不欲從敦得道融說遂決曰吾本意也
乃與巴東監軍柳純南平太守夏侯承宜都太守譚該等十餘人俱露檄遠近
陳敦肆逆率所統致討遣參軍司馬讚孫雙奉表詣臺參軍羅英至廣州與陶
侃剋期參軍鄧騫虞沖至長沙令譙王承堅守征西將軍戴若思在江西先得
卓書表上之臺內皆稱萬歲武昌大驚傳卓軍至人皆奔散詔書遷卓爲鎮南
大將軍侍中都督荊梁二州諸軍事荊州牧梁州刺史如故陶侃得卓信卽遣
參軍高寶率兵下卓雖懷義正而性不果毅且年老多疑計慮猶豫軍次豬口
累旬不前敦大懼遣卓兄子行參軍卬求和謝卓曰君此自是臣節不相責也
吾家計急不得不爾想便旋軍襄陽當更結好時王師敗績敦求臺騶虞幡駐
卓卓聞周顗戴若思遇害流涕謂卬曰吾之所憂正謂今日每得朝廷人書常
以胡寇爲先不悟忽有蕭牆之禍且使聖上元吉太子無恙吾臨敦上流亦未
敢便危社稷吾適徑據武昌敦勢逼必劫天子以絕四海之望不如還襄陽更

思後圖卽命旋軍都尉秦康說卓曰今分兵取敦不難但斷彭澤上下不得相越自然離散可一戰擒也將軍既有忠節中道而廢更爲敗軍將恐將軍之下亦各便求西還不可得守也卓不能從樂道融亦日夜勸卓速下卓性先寬和忽便彊塞徑還襄陽意氣騷擾舉動失常自照鏡不見其頭視庭樹而頭在樹上心甚惡之其家金櫃鳴聲似槌鏡清而悲巫云金櫃將離是以悲鳴主簿何無忌及家人皆勸令自警卓轉更狠愎聞諫輒怒方散兵使大佃而不爲備功曹榮建固諫不納襄陽太守周慮等密承敦意知卓無備詐言湖中多魚勸卓遣左右皆捕魚乃襲害卓于寢傳首于敦四子散騎郎蕃等皆被害太寧中追贈驃騎將軍諡曰敬

鄧騫

鄧騫字長真長沙人少有志氣爲鄉鄰所重常推誠行己能以正直全於多難之時刺史譙王承命爲主簿使說甘卓卓留爲參軍欲與同行以母老辭卓而返承爲魏乂所敗以虞悝兄弟爲承黨乂盡誅之而求騫甚急鄉人皆爲之懼

鷟笑曰欲用我耳彼新得州多殺忠良是其求賢之時豈以行人爲罪乃往詣乂乂喜曰君所謂古之解楊也以爲別駕鷟有節操忠信兼識量弘遠善與人交久而益敬太尉庾亮稱之以爲長者歷武陵始興太守遷大司農卒於官

卞壼 從父兄敦

卞壼字望之濟陰寃句人也祖統琅邪內史父粹以清辯鑒察稱兄弟六人並登宰府世稱卞氏六龍玄仁無雙玄仁粹字也弟裒嘗忤其郡將郡將怒訐其門內之私粹遂以不訓見譏議陵遲積年惠帝初爲尚書郎楊駿執政人多附會而粹正直不阿及駿誅超拜右丞封成陽子稍遷至右軍將軍張華之誅粹以華壻免官齊王冏輔政爲侍中中書令進爵爲公及長沙王乂專權粹立朝正色乂忌而害之初粹如廁見物若兩眼俄而難作壼弱冠有名譽司兗二州齊王冏辟皆不就遇家禍還鄉里永嘉中除著作郎襲父爵征東將軍周馥請爲從事中郎不就遭本州傾覆東依妻兄徐州刺史裴盾盾以壼行廣陵相元帝鎮建鄴召爲從事中郎委以選舉甚見親杖出爲明帝東中郎長史遭繼母

憂既葬起復舊職累辭不就元帝遣中使敦逼壺牋自陳曰壺天性狷狹不能和俗退以情事欲畢志家門亡父往爲中書令時壺蒙大例望門見辟信其所執得不祇就門戶遇禍迸竄易名得存視息私志有素加嬰極難流寄蘭陵爲苟晞所召恐見逼迫依下邳裴盾又見假授思暫之郡規得托身尋蒙見召爲從事中郎豈曰貪榮直欲自致規暫恭命行當乞退屬華軼之難不敢自陳軼既梟懸壺亦嬰病具自歸聞未蒙恕遣世子北征選寵顯望復以無施忝充元佐榮則榮矣實非素懷顧以命重人輕不敢辭憚聞西臺召壺爲尚書郎實欲因此以避賢路未及陳誠奄丁窮罰壺年九歲爲先母弟表所見孤背十二蒙亡母張所見覆育壺以陋賤不能榮親家產屢空養道多闕存無歡娛終不備禮拊心永恨五內抽割於公無效如彼私情艱苦如此實無情顏昧冒榮進若廢壺一人江北便有傾危之慮壺居事之日功績以隆者誠不得私其身今東中郎岐嶷自然神明日茂軍司馬諸參佐並以明德宣力王事壺之去留曾無損益賀循謝端顧景丁琛傅晞等皆荷恩命高枕家門壺委質二府漸冉五載

考效則不能已彰論心則頻累恭順奈何哀孤之日不見愍恕哉帝以其辭苦
不奪其志服闋爲世子師壺前後居師佐之任盡匡輔之節一府貴而憚焉中
興建補太子中庶子轉散騎常侍侍講東宮遷太子詹事以公事免尋復職轉
御史中丞忠於事上權貴屏迹時淮南小中正王式繼母前夫終更適式父式
父終喪服訖議還前夫家前夫家亦有繼子奉養至終遂合葬於前夫式自云
父臨終母求去父許諾於是制出母齊衰朞壺奏曰就如式父臨終許諾必也
正名依禮爲無所據若夫有命須顯七出之責當存時棄之無緣以絕義之妻
留家制服若式父臨困謬亂使去留自由者此必爲相要以非禮則存亡無所
得從式宜正之以禮魏顆父命不從其亂陳乾昔欲以二婢子殉其子以非禮
不從春秋禮記善之並以妾媵猶正以禮況其母乎式母於夫生事奉終非爲
既絕之妻夫亡制服不爲無義之婦自云守節非爲更嫁離絕之斷在夫沒之
後夫之既沒是其從子之日而式以爲出母此母以子出也致使存無所容居
沒無所託地寄命於他人之門埋尸於無名之冢若式父亡後母尋沒於式家

必不以爲出母明矣許諾之命一耳以爲母子同居之時至沒前子之門而不以爲母此爲制離絕於二居裁出否於意斷離絕之斷非式而誰假使二門之子皆此母之生母戀前子求去求絕非禮於後家還反又非禮於前門去不可去還不可還則爲無寄之人也式必內盡匡諫外極防閑不絕明矣何至守不移於至親略情禮於假繼乎繼母如母聖人之教式爲國士閨門之內犯禮違義開闢未有於父則無追亡之善於母則無孝敬之道存則去留自由亡則合葬路人可謂生事不以禮死葬不以禮者也虧損世教不可以居人倫詮正之任案侍中司徒臨潁公組敷宣五教實在任人而含容違禮曾不貶黜揚州大中正侍中平望亭侯曄淮南大中正散騎侍郎弘顯執邦論朝野取信曾不能率禮正違崇孝敬之教並爲不勝其任請以見事免組曄弘官大鴻臚削爵土廷尉結罪疏奏詔特原組等式付鄉邑清議廢棄終身壹遷吏部尚書王含之難加中軍將軍含滅以功封建興縣公尋遷領軍將軍明帝不豫領尚書令與王導等俱受顧命輔幼主復拜右將軍加給事中尚書令帝崩成帝卽位羣臣

進璽司徒王導以疾不至壹正色於朝曰王公豈社稷之臣邪大行在殯嗣皇未立寧是人臣辭疾之時導聞之乃輿疾而至皇太后臨朝壹與庾亮對直省中共參機要時召南陽樂謨爲郡中正潁川庾怡爲廷尉評謨怡各稱父命不就壹奏曰人無非父而生職無非事而立有父必有命居職必有悔有家各私其子此爲王者無人職不軌物官不立政如此則先聖之言廢五教之訓塞君臣之道散上下之化替矣樂廣以平夷稱庾珉以忠篤顯受寵聖世身非己有況及後嗣而可專哉所居之職若順夫羣心則戰戍者之父母皆當以命子不以處也若順謨父之意則人皆不爲郡中正人倫廢矣順怡父之意人皆不爲獄官則刑辟息矣凡如是者其可聽歟若不可聽何以許謨怡之得稱父命乎此爲謨以名父子可以虧法怡是親戚可以自專以此二塗服人示世臣所未悟也宜一切班下不得以私廢公絕其表疏以爲永制朝議以爲然謨怡不得已各居所職是時王導稱疾不朝而私送車騎將軍郄鑒壹奏以導虧法從私無大臣之節御史中丞鍾雅阿撓王典不加準繩並請免官雖事寢不行舉朝

震肅壼斷裁切直不畏彊禦皆此類也壼幹實當官以褒貶爲己任勤於吏事欲軌正督世不肯苟同時好然性不弘裕才不副意故爲諸名士所少而無卓爾優譽明帝深器之於諸大臣而最任職阮孚每謂之曰卿恆無閑泰常如含瓦石不亦勞乎壼曰諸君以道德恢弘風流相尚執鄙吝者非壼而誰時貴遊子弟多慕王澄謝鯤爲達壼厲色於朝曰悖禮傷教罪莫斯甚中朝傾覆實由於此欲奏推之王導庾亮不從乃止然而聞者莫不折節時王導以勳德輔政成帝每幸其宅嘗拜導婦曹氏侍中孔坦密表不宜拜導聞之曰王茂弘駑痾耳若卞望之之巖巖刁玄亮之察察戴若思之峯岠當敢爾邪壼廉潔儉素居甚貧約息當婚詔特賜錢五十萬固辭不受後患面創累乞解職拜光祿大夫加散騎常侍時庾亮將徵蘇峻言於朝曰峻狼子野心終必爲亂今日徵之縱不順命爲禍猶淺若復經年爲惡滋蔓不可復制此是晁錯勸漢景帝早削七國事也當時議者無以易之壼固爭謂亮曰峻擁彊兵多藏無賴且逼近京邑路不終朝一旦有變易爲蹉跌宜深思遠慮恐未可倉卒亮不納壼知必敗與

平南將軍温嶠書曰元規召峻意定懷此於邑温生足下奈此事何吾今所慮是國之大事且峻已出狂意而召之更速必縱其羣惡以向朝廷朝廷威力誠桓桓交須接鋒履刃尚不知便可即擒不王公亦同此情吾與之爭甚懇切不能如之何本出足下爲外藩任而今恨出足下在外若卿在內俱諫必當相從今內外戒嚴四方有備峻凶狂必無所至耳恐不能使無傷如何壼司馬任台勸壼宜畜良馬以備不虞壼笑曰以逆順論之理無不濟若萬一不然豈須馬哉峻果稱兵壼復爲尚書令右將軍領右衞將軍餘官如故峻至東陵口詔以壼都督大桁東諸軍事假節復加領軍將軍給事中壼率郭默趙胤等與峻大戰於陵西爲峻所破壼與鍾雅皆退還死傷者以千數壼雅並還節詣闕謝罪峻進攻青溪壼與諸軍距擊不能禁賊放火燒宮寺六軍敗績壼時發背創猶未合力疾而戰率厲散衆及左右吏數百人攻賊麾下苦戰遂死之時年四十八二子眕盱見父沒相隨赴賊同時見害峻平朝議贈壼左光祿大夫加散騎常侍尚書郎弘訥議以爲死事之臣古今所重卞令忠貞之節當書於竹帛今

之追贈實未副衆望謂宜加鼎司之號以旌忠烈之勳司徒王導見議進贈驃騎將軍加侍中訥重議曰夫事親莫大於孝事君莫尙於忠唯孝也故能盡敬竭誠唯忠也故能見危授命此在三之大節臣子之極行也案壺委質三朝盡規翼亮遭世險難存亡以之受顧託之重居端右之任擁衞至尊則有保傅之恩正色在朝則有匪躬之節賊峻造逆戮力致討身當矢旝再對賊鋒父子并命可謂破家爲國守死勤事昔許男疾終猶蒙二等之贈況壺伏節國難者乎夫賞疑從重況在不疑可謂上準許穆下同嵇紹則允合典謨克厭衆望於是改贈壺侍中驃騎將軍開府儀同三司謚曰忠貞祠以太牢贈世子眕散騎侍郎眕弟盱奉車都尉眕母裴氏撫二子尸哭曰父爲忠臣汝爲孝子夫何恨乎徵士翟湯聞之歎曰父死於君子死於父忠孝之道萃于一門眕子誕嗣咸康六年成帝追思壺下詔曰壺立朝忠恪喪身凶寇所封懸遠租秩薄少妻息不贍以爲慨然可給實口廩其後盜發壺墓尸僵鬢髮蒼白面如生兩手悉拳爪甲穿達手背安帝詔給錢十萬以修塋兆壺第三子瞻位至廣州刺史瞻弟耽

尚書郎
敦字仲仁父俊清貞有檢識以名理著稱其鄉人郤詵恃才陵傲俊兄弟俊等亦以門盛輕詵相視如讎詵以楊駿故吏被繫俊時爲尚書郎按其獄詵懼不免俊平心斷決正之詵卒以免而猶不悛後爲左丞復奏陷卞氏俊歷位汝南相廷尉卿敦弱冠仕州郡辟司空府稍遷太子舍人尚書郎朝士多稱之東海王越聞召以爲主簿王彌逼洛敦及胡毋輔之勸越擊王彌而王衍潘滔共執不聽敦庭爭苦至衆咸壯之出補汝南內史元帝之爲鎮東請爲軍諮祭酒不就征南將軍山簡以爲司馬尋而王如杜曾相繼爲亂簡乃使敦監沔北七郡軍事振威將軍領江夏相戍夏口敦攻討沔中皆平既而杜弢寇湘中如敦征討大都督伐弢有功賜爵安陵亭侯鎮東大將軍王敦請爲軍司中興建拜太子左衛率時石勒侵逼淮泗帝備求良將可以式遏邊境者公卿舉敦除征虜將軍徐州刺史鎮泗口及勒寇彭城敦自度力不能支與征北將軍王邃退保盱眙賊勢遂張淮北諸郡多爲所陷竟以畏懦貶秩三等爲鷹揚將軍徵拜大

司農王敦表爲征虜將軍都督石頭軍事明帝之討王敦也以爲鎮南將軍假節事平更拜尚書以功封益陽侯徙光祿勳出爲都督安南將軍湘州刺史假節尋進征南將軍固辭不拜蘇峻反温嶠庾亮移檄征鎮同赴京師敦擁兵不下又不給軍糧唯遣督護荀璲領數百人隨大軍而已時朝野莫不怪歎獨陶侃亦功齒忿之峻平侃奏敦阻軍顧望不赴國難無大臣之節請檻車收付廷尉丞相王導以喪亂之後宜加寬宥轉安南將軍廣州刺史病不之職徵爲光祿大夫領少府敦既不討蘇峻常懷愧恥名論自此虧矣尋以憂卒追贈本官加散騎常侍諡曰敬子滔嗣

劉超

劉超字世瑜琅邪臨沂人漢城陽景王章之後也章七世孫封臨沂縣慈鄉侯子孫因家焉父和爲琅邪國上軍將軍超少有志尚爲縣小吏稍遷琅邪國記室掾以忠謹清愼爲元帝所拔恆親侍左右遂從渡江轉安東府舍人專掌文檄相府建又爲舍人于時天下擾亂伐叛討貳超自以職在近密而書跡與帝

手筆相類乃絕不與人交書時出休沐閉門不通賓客由是漸得親密以左右
勤勞賜爵原鄉亭侯食邑七百戶轉行參軍中興建爲中書舍人拜騎都尉奉
朝請時臺閣初建庶績未康超職典文翰而畏慎靜密彌見親待加以處身清
苦衣不重帛家無儋石之儲每帝所賜皆固辭曰凡陋小臣橫竊賞物無德而
祿殃咎是懼帝嘉之不奪其志尋出補句容令推誠於物爲百姓所懷常年賦
稅主者常自四出詰評百姓家貲至超但作大函村別付之使各自書家產投
函中訖送還縣百姓依實投上課輸所入有踰常年入爲中書通事郎以父憂
去官既葬屬王敦稱兵詔超復職又領安東上將軍尋六軍敗散唯超案兵直
衞帝感之遣歸終喪禮及錢鳳搆禍超招合義士從明帝征鳳事平以功封零
陵伯超家貧妻子不贍帝手詔褒之賜以魚米超辭不受超後須純色牛市不
可得啓買官外廐牛詔便以賜之出爲義與太守未幾徵拜中書侍郎拜受往
還朝廷莫有知者會帝崩穆后臨朝遷射聲校尉時軍校無兵義與人多義隨
超因統其衆以宿衞號爲君子營咸和初遭母憂去官衰服不離身朝夕號泣

朔望輒步至墓所哀感路人及蘇峻謀逆超代趙胤爲左衛將軍時京邑大亂
朝士多遣家人入東避難義興故吏欲迎超家而超不聽盡以妻孥入處宮內
及王師敗績王導以超爲右衛將軍親侍成帝屬太后崩軍衛禮章損闕超躬
率將士奉營山陵峻遷車駕石頭時天大雨道路沉陷超與侍中鍾雅步侍左
右賊給馬不肯騎而悲哀慷慨峻聞之甚不平然未敢加害而以其所親信許
方等補司馬督殿中監外託宿衛內實防禦超等時饑饉米貴峻等問遺一無
所受繾綣朝夕臣節愈恭帝時年八歲雖幽厄之中超猶啓授孝經論語溫嶠
等至峻猜忌朝士而超爲帝所親遇疑之尤甚後王導出奔超與懷德令匡術
建康令管旆等密謀將欲奉帝而出未及期事泄峻使任讓將兵入收超及鍾
雅帝抱持悲泣曰還我侍中右衛任讓不奉詔因害之及峻平任讓與陶侃有
舊侃欲特不誅之乃請於帝帝曰讓是殺我侍中右衛者不可宥由是遂誅讓
及超將改葬帝痛念之不已詔遷高顯近地葬之使出入得瞻望其墓追贈衛
尉諡曰忠超天性謙慎歷事三帝恆在機密並蒙親遇而不敢因寵驕詔故士

人皆安而敬之子訥嗣謹飭有石慶之風歷中書侍郎下邳內史子享亦清慎

為散騎郎

鍾雅

鍾雅字彥胄潁川長社人也父曄公府掾早終雅少孤好學有才志舉四行除汝陽令入為佐著作郎母憂去官服闋復職東海王越請為參軍遷尚書郎避亂東渡元帝以為丞相記室參軍遷臨淮內史振威將軍頃之徵拜散騎侍郎轉尚書右丞時有事於太廟雅奏曰陛下繼承世數於京兆府君為玄孫而今祝文稱曾孫恐此因循之失宜見改正又禮祖之昆弟從祖父也景皇帝自以功德為世宗不以伯祖而登廟亦宜除伯祖之文詔曰禮事宗廟自曾孫已下皆稱曾孫此非因循之失也義取於重孫可歷世共其名無所改也稱伯祖不安如所奏轉北軍中候大將軍王敦請為從事中郎補宣城內史錢鳳作逆加廣武將軍率衆屯青弋時廣德縣人周玘為鳳起兵攻雅雅退據涇縣收合士庶討玘斬之鳳平徵拜尚書左丞明帝崩遷御史中丞時國喪未期而尚書梅

陶私奏女妓雅劾奏曰臣聞放勛之殂八音遏密雖在凡庶猶能三載自茲以來歷代所同肅祖明皇帝崩背萬國當期來月聖主縞素泣血臨朝百僚慘愴動無歡容陶無大臣忠慕之節家庭侈靡聲妓紛葩絲竹之音流聞衢路宜加放黜以整王憲請下司徒論正清議穆后臨朝特原不問雅直法繩違百僚皆憚之北中郎將劉遐卒遐部曲作亂詔郭默討之以雅監征討軍事假節事平拜驍騎將軍蘇峻之難詔雅爲前鋒監軍假節領精勇千人以距峻雅以兵少不敢擊退還拜侍中尋王師敗績雅與劉超並侍衞天子或謂雅曰見可而進知難而退古之道也君性亮直必不容於寇讐何不隨時之宜而坐待其斃雅曰國亂不能匡君危不能濟各遜遁以求免吾懼董狐執簡而至矣庾亮臨去顧謂雅曰後事深以相委雅曰棟折榱崩誰之責也亮曰今日之事不容復言卿當期剋復之效耳雅曰想足下不愧荀林父耳及峻逼遷車駕幸石頭惟超流涕步從明年並爲賊所害賊平追贈光祿勳其後以家貧詔賜布帛百匹子誕位至中軍參軍早卒

史臣曰應詹行業聿修文史足用入居列位則嘉謀屢陳出撫藩條則惠政斯洽甘卓伐暴寧亂庸績克宣作鎮扞城威略具舉及兇渠犯順志在勤王既而人撓其謀天奪其鑒疑留不斷自取誅夷卞壼束帶立朝以匡正爲己任褰裳衛主蹈忠義以成名遂使臣死於君子死於父惟忠與孝萃其一門古稱社稷之臣忠貞之謂矣劉超勤肅奉上鍾雅正直當官屬巨猾滔天幼君危逼乃崎嶇寇難契闊艱虞匪石爲心寒松比操貞軌皆沒亮迹雙升雖高赫在難彌恭荀息繼之以死方之二子曾何足云

贊曰卓臨南服詹蒞西州政刑克舉威惠兼修應嗟運促甘斃疑留望之狥義處死爲易惟子惟臣名節斯寄鍾劉入仕忠貞攸履竭其股肱繼之以死

晉書卷七十

晉書卷七十一

唐　太　宗　文　皇　帝　御　撰

列傳第四十一

孫惠

孫惠字德施吳國富陽人吳豫章太守賁曾孫也父祖並仕吳惠口訥好學有才識州辟不就寓居蕭沛之閒永寧初赴齊王冏義討趙王倫以功封晉興縣侯辟大司馬戶曹掾轉東曹屬冏驕矜僭侈天下失望惠獻言於冏諷以五難四不可勸令歸藩辭甚切至冏不納惠懼罪辭疾去頃之冏果敗成都王穎薦惠爲大將軍參軍領奮威將軍白沙督是時穎將征長沙王乂以陸機爲前鋒都督惠與機同鄉里憂其致禍勸機讓都督於王粹及機兄弟被戮惠甚傷恨之時惠又擅殺穎牙門將梁儁懼罪因改姓名以遁後東海王越舉兵下邳惠乃詭稱南嶽逸士秦祕之以書干越曰天禍晉國遘茲厄運歷觀危亡其萌有漸枝葉先零根株乃斃伏惟明公資叡哲之才應神武之略承衰亂之餘當傾

險之運側身昏讒之俗跼蹐凶詔之間執夷正立則取疾姦佞抱忠懷直則見害賊臣餔糟非聖性所堪苟免非英雄之節是以感激於世發憤忘身抗辭金門則謇諤之言顯扶翼皇家則匡主之功著事雖未集大命有在夫以漢祖之賢猶有彭城之恥魏武之能亦有濮陽之失孟明三退終於致果句踐喪衆期於擒吳今明公名著天下聲振九域公族歸美萬國宗賢加以四王齊聖仁明篤友急難之感同獎王室股肱爪牙足相維持皇穹無親惟德是輔惡盈福謙鬼神所讚以明公達存亡之符察成敗之變審所履之運思天人之功虎視東夏之藩龍躍海嵎之野西諮河間南結征鎮東命勁吳銳卒之富北有幽并率義之旅宣喻青徐啓示羣王旁收雄俊廣延秀傑糾合攜貳明其賞信仰惟天子蒙塵鄴宮外矯詔命擅誅無辜豺狼篡噬其事無遠夫心火傾移喪亂可必太白橫流兵家攸杖歲鎮所去天厭其德玄象著明讁譴彰見違天不祥奉時必剋明公思安危人神之應慮禍敗前後之徵弘勞謙日昃之德躬吐握求賢之義傾府竭庫以振貧乏將有濟世之才渭濱之士含奇謨於朱脣握神策於

玉掌逍遙川嶽之上以俟真人之求日想不世之佐耳聽非常之輔舉而任之則元勳建矣祕之不天值此衰運竊慕墨翟申包之誠跋涉荆棘重繭而至櫛風沐雨來承禍難思以管穴毗佐大猷道險時否未敢自顯伏在川泥繫情宸極謹先白箋以啓天慮若猶沉吟際會徘徊二端徼倖在險請從恕宥之例明公今旋軫臣子之邦宛轉名義之國指麾則五嶽可傾呼噏則江湖可竭況履順討逆執正伐邪是烏獲摧冰賁育拉朽猛獸吞狐泰山壓卵因風燎原未足方也今時至運集天與神助復不能鵲起於慶命之會拔劒於時哉之機恐流濫之禍不在一人自先帝公王海內名士近者死亡皆如蟲獸尸元曳於糞壤形骸捐於溝澗非其口無忠貞之辭心無義正之節皆希目下之小生而惑終焉之大死凡人知友猶有刎頸之報朝廷之內而無死命之臣非獨祕之所恥惜乎晉世之無人久矣今天下喁喁四海注目社稷危而復安宗廟替而復紹惟明公兄弟能弘濟皇猷國之存亡在斯舉矣祕之以不才之姿而值危亂之運竭其狗馬之節加之忠貞之心左屬平亂之韃右握滅逆之矢控馬鵠立計

日俟命時難獲而易失機速變而成禍介如石焉實無終日自求多福惟君裁之越省書榜道以求之惠乃出見越即以爲記室參軍專掌文疏豫參謀議除散騎郎太子中庶子復請補司空從事中郎越誅周穆等夜召參軍王廙造表廙戰懼壞數紙不成時惠不在越歎曰孫中郎在表久就矣越遷太傅以惠爲軍諮祭酒數諮訪得失每造書檄越或驛馬催之應命立成皆有文采除祕書監不拜轉彭城內史廣陵相還廣武將軍安豐內史以迎大駕之功封臨湘縣公元帝遣甘卓討周馥於壽陽惠乃率衆應卓馥敗走廬江何銳爲安豐太守惠權留郡境銳以他事收惠下人推之惠既非南朝所授常慮讒閒因此大懼遂攻殺銳奔入蠻中尋病卒時年四十七喪還鄉里朝廷明其本心追加弔贈

熊遠

熊遠字孝文豫章南昌人也祖翹嘗爲石崇蒼頭而性廉直有士風黃門郎潘岳見而稱異勸崇免之乃還鄉里遠有志尚縣召爲功曹不起強與衣幘扶之使謁十餘日薦於郡由是辟爲文學掾遠曰辭大不辭小也固請留縣太守察

遠孝廉屬太守討氐羌遠遂不行送至隴右而還後太守會稽夏靜辟爲功曹及靜去職遠送至會稽以歸州辟主簿別駕舉秀才除監軍華軼司馬領武昌太守寧遠護軍元帝作相引爲主簿時傳北陵被發帝將舉哀遠上疏曰園陵既不親行承傳言之者未可爲定且園陵非一而直言侵犯遠近弔問答之宜當有主謂應更遣使攝河南尹按行得審問然後可發哀卽宜命將至洛修復園陵討除逆類昔宋殺無畏莊王奮袂而起衣冠相追於道軍成宋城之下況此酷辱之大恥臣子奔馳之日夫修園陵至孝也討逆叛至順也救社稷至義也卹遺黎至仁也若修此四道則天下響應無思不服矣昔項羽殺義帝以爲罪漢祖哭之以爲義劉項存亡在此一舉羣賊豺狼弱於往日惡逆之甚重於丘山大晉受命未改於上兆庶謳吟思德於下今順天下之心命貔貅之士鳴檄前驅大軍後至威風赫然聲振朔野則上副西土義士之情下允海內延頸之望矣屬有杜弢之難不能從時江東草創農桑弛廢遠建議曰立春之日天子祈穀于上帝乃擇元辰載耒耜帥三公九卿諸侯大夫躬耕帝耤以勸農功

詩云弗躬弗親庶人不信自喪亂以來農桑不修遊食者多皆由去本逐末故也時議美之建興初正旦將作樂遠諫曰謹按尚書堯崩四海遏密八音禮云凶年天子徹樂減膳孝懷皇帝梓宮未反豺狼當塗人神同忿公明德茂親社稷是賴今杜弢蟻聚湘川比歲征行百姓疲弊故使義衆奉迎未舉履端元日正始之初貢士鱗萃南北雲集有識之士於是觀禮公與國同體憂容未歇昔齊桓貫澤之會有憂中國之心不召而至者數國及葵丘自矜叛者九國人心所歸惟道與義將紹皇綱於既往恢霸業於來今表道德之軌闡忠孝之儀明仁義之統弘禮樂之本使四方之士退懷嘉則今榮耳目之觀崇戲弄之好懼違雲韶雅頌之美非納軌物有塵大教謂宜設饌以賜羣下而已元帝納之轉丞相參軍是時瑯琊國侍郎王鑒勸帝親征杜弢遠又上疏曰皇綱失統中夏多故聖主肇祚遠奉西都梓宮外次未反園陵逆寇遊魂國賊未夷明公憂勞乃心王室伏讀聖教人懷慷慨杜弢小豎寇抄湘川比年征討經載不夷昔高宗伐鬼方三年乃剋用兵之難非獨在今伏以古今之霸王遭時艱難亦有親

征以隆大勳亦有遣將以平小寇今公親征文武將吏度支籌量舟輿器械所出若足用者然後可征愚謂宜如前遣五千人徑與水軍進征既可得速必不後時昔齊用穰苴燕晉退軍秦用王翦剋平南荆必使督護得才卽賊不足慮也會弢已平轉從事中郎累遷太子中庶子尚書左丞散騎常侍帝每歎其忠公謂曰卿在朝正色不茹柔吐剛忠亮至到可謂王臣也吾所欣賴卿其勉之及中興建帝欲賜諸吏投刺勸進者加位一等百姓投刺者賜司徒吏凡二十餘萬遠以爲秦漢因赦賜爵非長制也今按投刺者不獨近者情重遠者情輕可依漢法例賜天下爵於恩爲普無偏頗之失可以息檢覈之煩塞巧僞之端帝不從轉御史中丞時尚書刁協用事衆皆憚之尚書郎盧綝將入直遇協於大司馬門外協醉使綝避之綝不迴協令威儀牽捽綝墮馬至協車前而後釋遠奏免協官時冬雷電且大雨帝下書責躬引過遠復上疏曰被庚午詔書以雷電震暴雨非時深自剋責雖禹湯罪己未足以喻臣闇於天道竊以人事論之陛下節儉敦朴愷悌流惠而王化未興者皆羣公卿士不能夙夜在公以益

大化素飡負乘秕穢明時之責也今逆賊猾夏暴虐滋甚二帝幽殯梓宮未反
四海延頸莫不東望而未能遣軍北討讎賊未報此一失也昔齊侯既敗七年
不飲酒食肉況此恥尤大臣子之責宜在枕戈爲王前驅若此志未果者當上
下克儉恤人養士徹樂減膳惟修戎事陛下憂勞於上而羣官未同戚容於下
每有會同務在調戲酒食而已此二失也選官用人不料實德惟在白望不求
才幹鄉舉道廢請託交行有德而無力者退修望而有助者進稱職以違俗見
譏虛資以從容見貴是故公正道虧私塗日開彊弱相陵寃枉不理今當官者
以理事爲俗吏奉法爲苛刻盡禮爲諂諛從容爲高妙放蕩爲達士驕蹇爲簡
雅此三失也世所謂三失者公法加其身私議貶其非轉見排退陸沉泥滓時
所謂三善者王法所不加清論美其賢漸相登進仕不輟官攀龍附鳳翺翔雲
霄遂使世人削方爲圓撓直爲曲豈待顧道德之清塗踐仁義之區域乎是以
萬幾未整風俗僞薄皆此之由不明其黜陟以審能否此則俗未可得而變也
今朝廷羣司以從順爲善相違見貶不復論才之曲直言之得失也時有言者

或不見用是以朝少辯爭之臣士有祿仕之志焉郭翼上書武帝擢爲屯留令又置諫官所以容受直言誘進將來故人得自盡言無隱諱任官然後爵之位定然後祿之敷奏以言明試以功車服以庸舜猶歷試諸難而今先祿不試甚違古義亂之所由也求才急於疏賤用刑先於親貴然後令行禁止野無遺滯堯取舜於仄陋舜拔賢於巖穴姬公不曲繩於天倫叔向不虧法於孔懷今朝廷法吏多出於寒賤是以章書日奏而不足以懲物官人選才而不足以濟事宜招賢良於屠釣聘耿介於丘園若此道不改雖并官省職無救弊亂也能哲而惠何憂乎驩兜何遷乎有苗何畏乎巧言令色孔壬此官得其人之益也累遷侍中出補會稽內史時王敦作逆沈充舉兵應之加遠將軍距而不受不輸軍資於充保境安衆爲務敦至石頭諷朝廷徵遠還乃拜太常卿加散騎常侍敦深憚其正而有謀引爲長史數月病卒遠弟縉名亞於遠爲王敦主簿終於鄱陽太守縉子鳴鵠位至武昌太守

王鑒

王鑒字茂高堂邑人也父濬御史中丞鑒少以文筆著稱初爲元帝瑯琊國侍郎時杜弢作逆江湘流弊王敦不能制朝廷深以爲憂鑒上疏勸帝征之曰天禍晉室四海顛覆喪亂之極開闢未有明公遭歷運之厄當陽九之會聖躬負伊周之重朝廷延匡合之望方將振長轡而御八荒掃河漢而清天塗所籍之資江南之地蓋九州之隅角垂盡之餘人耳而百越鴟視於五嶺蠻蜀狼顧於湘漢江州蕭條白骨塗地豫章一郡十殘其八繼以荒年公私虛匱倉庫無旬月之儲三軍有絕乏之色賦斂搜奪周而復始卒散人流相望於道殘弱之源日深全勝之勢未舉鑒懼雲旗反旆元戎凱入未在旦夕也昔齊旅未朞而申侯懼其老況暴甲三年介冑生蟣蝨而可不深慮者哉江揚本六郡之地一州封域耳若兵不時戢人不堪命三江受敵彭蠡振搖是賊踰我垣牆之內闚我室家之好黷武之衆易動驚弓之鳥難安鑒之所甚懼也去年已來累喪偏將軍師屢失送死之寇兵猒奔命賊量我力矣雖繼遣偏裨懼未足成功也愚謂尊駕宜親幸江州然後方召之臣其力可得而宣熊羆之士其銳可得而奮進

左軍於武昌爲陶侃之重建名將於安成連甘卓之壘南望交廣西撫蠻夷要害之地勒勁卒以保之深溝堅壁按精甲而守之六軍既贍戰士思奮爾乃乘隙騁奇擾其窟穴顯示大信開以生塗杜跋之頸固以鎖於麾下矣議者將以大舉役重人不可擾鑒謂暫擾以制敵愈於放敵而常擾也夫四體者人之所甚愛苟宜伐病則削肌刮骨矣然守不可虛鑒謂王導可委以蕭何之任或以小賊方斃不足動千乘之重鑒見王彌之初亦小寇也官軍不重其威狡逆得肆其變卒令溫懷不守三河傾覆致有今日之弊此已然之明驗也蔓草猶不可長況虎兕之寇乎當五霸之世將非不良士非不勇征伐之役君必親之故齊桓免胄於邵陵晉文擐甲於城濮昔漢高光武二帝征無遠近敵無大小必手振金鼓身當矢石櫛風沐雨壺飧不贍馳騖四方匪皇寧處然後皇基克構元勳以融今大弊之極劇於曩代崇替之命繫我而已欲使鑾旂無野次之役聖躬遠風塵之勞而大功坐就鑒未見其易也魏武既定中國親征柳城揚旍盧龍之嶺頓轡重塞之表非有當時烽燧之虞蓋一日縱敵終己之患雖戎輅

蒙嶮不以爲勞況急於此者乎劉玄德躬登漢山而夏侯之鋒摧吳僞祖親泝
長江而關羽之首懸袁紹猶豫後機挫衂三分之勢劉表臥守其衆卒亡全楚
之地歷觀古今撥亂之主雖聖賢未有高拱閑居不勞而濟者也前鑒不遠可
謂蓍龜議者或以當今暑夏非出軍之時鑒謂今宜嚴戒須秋而動高風啓塗
龍舟電舉曾不十日可到豫章豫章去賊尚有千里之限但臨之以威靈則百
勝之理濟矣既掃清湘野滌蕩楚郢然後班爵序功酬將士之勞卷甲韜旗廣
農桑之務播愷悌之惠除煩苛之賦比及數年國富兵彊龍驤虎步以威天下
何思而不服何往而不濟桓文之功不難懋也今惜一舉之勞而緩垂死之寇
誠國家之大恥臣子之深憂也鑒以凡瑣謬蒙獎育思竭愚忠以補萬一芻蕘
之言聖主不棄戍卒之謀先后採之乞留神鑒思其所陳疏奏帝深納之即命
中外戒嚴將自征弢會弢已平故止中興建拜駙馬都尉奉朝請出補永興令
大將軍王敦請爲記室參軍未就而卒時年四十一文集傳於世鑒弟濤及弟
子戩並有才筆濤字茂略歷著作郎無錫令戩字庭堅亦爲著作並早卒

陳頵

陳頵字延思陳國苦人也少好學有文義父訢立宅起門頵曰當使容馬車訢笑而從之仕爲郡督郵檢獲隱匿者三千人爲一州尤最太守劉享拔爲主簿州辟部從事乘馬車還家宗黨榮之劾按沛王韜獄未竟會解結代楊準爲刺史韜因河閒王顒屬結結至大會問主簿史鳳曰沛王貴藩州據何法而擅拘邪時頵在坐對曰甲午詔書刺史銜命國之外臺其非所部而在境者刺史并糾事徵文墨前後列上七被詔書如州所劾無有違謬結曰衆人之言不可妄聽宜依法窮竟又問僚佐曰河北白壤膏粱何故少人士每以三品爲中正答曰詩稱維嶽降神生甫及申夫英偉大賢多出於山澤河北土平氣均蓬蒿裁高三尺不足成林故也結曰張彥真以爲汝潁巧辯恐不及青徐儒雅也頵曰彥真與元禮不協故設過言老子莊周生陳梁伏羲傅說師曠大項出陽夏漢魏二祖起於沛譙準之衆州莫之與比結甚異之曰豫州人士常半天下此言非虛會結遷尚書結恨不得盡其才用元康中舉孝廉而州將留之頵薦同縣

焦保曰保出自寒素稟質清沖若得參嘉命必能光贊大猷允清朝望使黃憲之徒不乏於豫土令顗庶免臧文之責州乃辟保齊王冏起義州遣顗將兵赴之拜駙馬都尉遭賊避難于江西歷陽內史朱彥引爲參軍鎮東從事中郎袁琇薦顗於元帝遷鎮東行參軍事典法兵二曹顗與王導書曰中華所以傾弊四海所以土崩者正以取才失所先白望而後實事浮競驅馳互相貢薦言重者先顯言輕者後敘遂相波扇乃至凌遲加有莊老之俗傾惑朝廷養望者爲弘雅政事者爲俗人王職不恤法物墜喪夫欲制遠先由近始故出其言善千里應之今宜改張明賞信罰拔卓茂於密縣顯朱邑於桐鄉然後大業可舉中興可冀耳建興初制版補錄事參軍參佐掾屬多設解故以避事任顗議諸僚屬乘昔西臺養望餘弊小心恭肅更以爲俗偃蹇倨慢以爲優雅至今朝士縱誕臨事遊行漸弊不革以至傾國故百尋之屋突直而焚燎千里之隄蟻垤而穿敗古人防小以全大慎微以杜萌自今臨使稱疾須催乃行者皆免官初趙王倫篡位三王起義制己亥格其後論功雖小亦皆依用顗意謂不宜以爲常

式駮之曰聖王懸爵賞功制罰糾違斯道苟明人赴水火且名器之實不可妄假非才謂之致寇寵厚戒在斯亡昔孫秀口唱篡逆手弄天機惠皇失御九服無戴三王建議席卷四海合起義之衆結天下之心故設己亥義格以權濟難此自一切之法非常倫之格也其起義以來依格雜猥遭人爲侯或加兵伍或出阜僕金紫佩士卒之身符策委庸隸之門使天官降辱王爵黷賤非所以正皇綱重名器之謂也請自今以後宜停之顗以孤寒數有奏議朝士多惡之出除譙郡太守太興初以疾徵久之白衣兼尚書因陳時務以爲昔江外初平中州荒亂故貢舉不試宜漸循舊搜揚隱逸試以經策又馬隆孟觀雖出貧賤勳濟甚大以所不習而統戎事鮮能以濟宜開舉武略任將率者言問核試盡其所能然後隨才授任舉十得一猶勝不舉況或十得二三日磾降虜七世內侍由余戎狄入爲秦相豈藉華宗之族見齒於奔競之流乎宜引幽滯之儁抑華校實則天清地平人神感應後拜天門太守殊俗安之選腹心之吏爲荆州參軍若有調發動靜馳白故恆得宿辦陶侃征還顗先至巴陵上禮侃以爲能表

爲梁州刺史綏懷荒弊甚有威惠梁州大姓互相嫉妬說顗年老耳聾侃召顗還以西陽太守蔣巽代之年六十九卒

高崧

高崧字茂琰廣陵人也父悝少孤事母以孝聞年十三值歲饑悝菜蔬不饜每致甘肥於母撫幼弟以友愛稱寓居江州刺史華軼辟爲西曹書佐及軼敗悝藏匿軼子經年會赦乃出元帝嘉而宥之以爲參軍遂歷顯位至丹陽尹光祿大夫封建昌伯崧少好學善史書總角時司空何充稱其明惠充爲揚州引崧爲主簿益相欽重轉驃騎主簿舉州秀才除太學博士父艱去職初悝以納妾致訟被黜及終崧乃自繫廷尉訟寃遂停喪五年不葬表疏數十上帝哀之乃下詔曰悝備位大臣違憲被黜事已久判其子崧求直無已今特聽傳侯爵由是見稱拜中書郎再遷黃門侍郎簡文帝輔政引爲撫軍司馬時桓温擅威率衆北伐軍次武昌簡文患之崧曰宜致書喻以禍福自當反旆如其不爾便六軍整駕逆順於茲判矣若有異計請先釁鼓便於坐爲簡文書草曰寇難宜平

時會宜接此實爲國遠圖經略大算能弘斯會非足下而誰但以此與師動衆要當以資實爲本運轉之艱古人之所難不可易之於始而不熟慮須所以深用惟疑在乎此耳然異常之舉衆之所駭遊聲噂嗒想足下亦少聞之苟患失之無所不至或能望風振擾一時崩散如其不然者則望實並喪社稷之事去矣皆由吾闇弱德信不著不能鎮靜羣庶保固維城所以內愧于心外慙良友吾與足下雖職有內外安社稷保家國其致一也天下安危繫之明德先存寧國而後圖其外使王基克隆大義弘著所望於足下區區誠懷豈可復顧嫌而不盡哉溫得書還鎮崧累遷侍中是時謝萬爲豫州都督疲於親賓相送方臥在室崧徑造之謂曰卿今疆理西藩何以爲政萬粗陳其意崧便爲敘刑政之要數百言萬遂起坐呼崧小字曰阿酃故有才具邪哀帝雅好服食崧諫以爲非萬乘所宜陛下此事實日月之一食也後以公事免卒於家子耆官至散騎常侍

史臣曰昔張良拙說項氏巧謀於沛公孫惠沮計齊王耀奇於東海終而誓甘

之旅炎運載昌稱狩之師金行不競豈遭時之會斯蹇將謀國之道未通迷於委質之貞闇於所修之慮本既顛矣何以能終態遠王鑒有眦濟之道比之大廈其榱桷之佐乎崧之詆温顗之距結挫其勞役之策申其汝頻之論採郭嘉之風旨挹朱育之餘波故桓温輟許攸之謀解結欽王朗之跡緝之時典用此道歟

贊曰臨湘遊藝才識英發詭名違頻陳書干越孝文忠謇嘉言斯踐茂高器鑒彫章尤善侯爵崧傳高明顗顯

晉書卷七十一

晉書卷七十二

唐 太 宗 文 皇 帝 御 撰

列傳第四十二

郭璞

郭璞字景純河東聞喜人也父瑗尚書都令史時尚書杜預有所增損瑗多駮正之以公方著稱終於建平太守璞好經術博學有高才而訥於言論詞賦爲中興之冠好古文奇字妙於陰陽算曆有郭公者客居河東精於卜筮璞從之受業公以青囊中書九卷與之由是遂洞五行天文卜筮之術攘災轉禍通致無方雖京房管輅不能過也璞門人趙載嘗竊青囊書未及讀而爲火所焚惠懷之際河東先擾璞筮之投策而歎曰嗟乎黔黎將湮於異類桑梓其翦爲龍荒乎於是潛結姻昵及交遊數十家欲避地東南抵將軍趙固會固所乘良馬死固惜之不接賓客璞至門吏不爲通璞曰吾能活馬吏驚入白固固趨出曰君能活吾馬乎璞曰得健夫二三十人皆持長竿東行三十里有丘林社廟者

便以竿打拍當得一物宜急持歸得此馬活矣固如其言果得一物似猴持歸
此物見馬死便噓吸其鼻頃之馬起奮迅嘶鳴食如常不復見向物固奇之厚
加資給行至廬江太守胡孟康被丞相召爲軍諮祭酒時江淮清晏孟康安之
無心南渡璞爲占曰敗康不之信璞將促裝去之愛主人婢無由而得乃取小
豆三斗繞主人宅散之主人晨見赤衣人數千圍其家就視則滅甚惡之請璞
爲卦璞曰君家不宜畜此婢可於東南二十里賣之愼勿爭價則此妖可除也
主人從之璞陰令人賤買此婢復爲符投于井中數千赤衣人皆反縛一一自
投于井主人大悅璞攜婢去後數旬而廬江陷璞既過江宣城太守殷祐引爲
參軍時有物大如水牛灰色卑腳腳類象胸前尾上皆白大力而遲鈍來到城
下衆咸異焉祐使人伏而取之令璞作卦遇遯之蠱其卦曰艮體連乾其物壯
巨山潛之畜匪兕匪虎身與鬼幷精見二午法當爲禽兩翼不許遂被一創還
其本墅按卦名之是爲驢鼠卜適了伏者以戟刺之深尺餘遂去不復見郡綱
紀上祠請殺之巫云廟神不悅曰此是䢵亭驢山君鼠使詣荆山暫來過我不

須觸之其精妙如此祐遷石頭督護璞復隨之時有鼮鼠出延陵璞占之曰此郡東當有妖人欲稱制者尋亦自死矣後當有妖樹生然若瑞而非瑞辛螫之木也儻有此者東南數百里必有作逆者期明年矣無錫縣欻有茱萸四株交枝而生若連理者其年盜殺吳興太守袁琇或以問璞璞曰卯爻發而沴金此木不曲直而成災也王導深重之引參己軍事嘗令作卦璞言公有震厄可命駕西出數十里得一柏樹截斷如身長置常寢處災當可消矣導從其言數日果震柏樹粉碎時元帝初鎮建鄴導令璞筮之遇咸之井璞曰東北郡縣有武名者當出鐸以著受命之符西南郡縣有陽名者井當沸其後晉陵武進縣人於田中得銅鐸五枚歷陽縣中井沸經日乃止及帝爲晉王又使璞筮遇豫之睽璞曰會稽當出鍾以告成功上有勒銘應在人家井泥中得之繇辭所謂先王以作樂崇德殷薦之上帝者也及帝即位太興初會稽剡縣人果於井中得一鍾長七寸二分口徑四寸半上有古文奇書十八字云會稽嶽命餘字時人莫識之璞曰蓋王者之作必有靈符塞天人之心與神物合契然後可以言受

命矣觀五鐸啓號於晉陵棧鍾告成於會稽瑞不失類出皆以方豈不偉哉若
夫鐸發其響鍾徵其象器以數臻事以實應天人之際不可不察帝甚重之璞
著江賦其辭甚偉爲世所稱後復作南郊賦帝見而嘉之以爲著作佐郎于時
陰陽錯繆而刑獄繁興璞上疏曰臣聞春秋之義貴元愼始故分至啓閉以觀
雲物所以顯天人之統存休咎之徵臣不揆淺見輒依歲首粗有所占卦得解
之既濟按爻論思方涉春木王龍德之時而爲廢水之氣來見乘加升陽未布
隆陰仍積坎爲法象刑獄所麗變坎加離厥象不燭以義推之皆爲刑獄殷繁
理者有壅濫又去年十二月廿九日太白蝕月月者屬坎羣陰之府所以照察
幽情以佐太陽精者也太白金行之星而來犯之天意若曰刑理失中自壞其
所以爲法者也臣術學庸近不練內事卦理所及敢不盡言又去秋以來沉雨
跨年雖爲金家涉火之祥然亦是刑獄充溢怨歎之氣所致往建興四年十二
月中行丞相令史淳于伯刑於市而血逆流長標伯者小人雖罪在未允何足
感動靈變致若斯之怪邪明皇天所以保祐金家子愛陛下屢見災異殷勤無

已陛下宜側身思懼以應靈譴皇極之謫事不虛降不然恐將來必有愆陽苦雨之災崩震薄蝕之變狂狡蠢戾之妖以益陛下旰食之勞也臣謹尋按舊經尚書有五事供御之術京房易傳有消復之救所以緣咎而致慶因異而邁政故木不生庭太戊無以隆雉不鳴鼎武丁不爲宗夫寅畏者所以饗福怠慠者所以招患此自然之符應不可不察也按解卦繇云君子以赦過宥罪既濟云思患而豫防之臣愚以爲宜發哀矜之詔引在予之責蕩除瑕釁贊陽布惠使幽鬱之人應蒼生以悅育否滯之氣隨谷風而紓散此亦寄時事以制用藉開塞而曲成者也臣竊觀陛下貞明仁恕體之自然天假其祚奄有區夏啓重光於已昧廓四祖之遐武祥靈表瑞人鬼獻謀應天順時殆不尚此然陛下即位以來中興之化未闡雖躬綜萬幾勞逾日昃玄澤未加於羣生聲教未被乎宇宙臣主未寧於上黔細未輯於下鴻鴈之詠不興康衢之歌不作者何也杖道之情未著而任刑之風先彰經國之略未震而軌物之迹屢遷夫法令不一則人情惑職次數改則覬覦生官方不審則秕政作懲勸不明則善惡渾此有國

者之所慎也臣竊爲陛下惜之夫以區區之曹參猶能遵蓋公之一言倚清靖以鎮俗寄市獄以容非德音不忘流詠于今漢之中宗聰悟獨斷可謂令主然厲意刑名用虧純德老子以禮爲忠信之薄況刑又是禮之糟粕者乎夫無爲而爲之不宰以宰之固陛下之所體者也恥其君不爲堯舜者亦豈惟古人是以敢肆狂瞽不隱其懷若臣言可採或所以爲塵露之益若不足採所以廣聽納之門願陛下少留神鑒賜察臣言疏奏優詔報之其後日有黑氣璞復上疏曰臣以頑昧近者冒陳所見陛下不遺狂言事蒙御省伏讀聖詔歡懼交戰臣前云升陽未布隆陰仍積坎爲法象刑獄所麗變坎加離厥象不燭疑將來必有薄蝕之變也此月四日日出山六七丈精光暫昧而色都赤中有異物大如雞子又有青黑之氣共相搏擊良久方解按時在歲首純陽之月日在癸亥全陰之位而有此異殆元首供禦之義不顯消復之理不著之所致也計去微臣所陳未及一月而便有此變益明皇天留情陛下懇懇之至也往年歲末太白蝕月今在歲始日有咎讁曾未數旬大眚再見日月告釁見懼詩人無曰天高

其鑒不遠故宋景言善熒惑退次光武寧亂呼沲結冰此明天人之懸符有若形影之相應應之以德則休祥臻酬之以怠則咎徵作陛下宜恭承靈譴敬天之怒施沛然之恩諧玄同之化上所以允塞天意下所以弭息羣謗臣聞人之多幸國之不幸赦不宜數實如聖旨臣愚以爲子產知鑄刑書非政事之善然不得不作者須以救弊故也今之宜赦理亦如之隨時之宜亦聖人所善者此家國大信之要誠非微臣所得干豫今聖朝明哲思弘謀猷方闢四門以亮采訪輿誦於羣小況臣蒙珥筆朝末而可不竭誠盡規哉頃之遷尚書郎數言便宜多所匡益明帝之在東宮與溫嶠庾亮並有布衣之好璞亦以才學見重埒於嶠亮論者美之然性輕易不修威儀嗜酒好色時或過度著作郎干寶常誡之曰此非適性之道也璞曰吾所受有本限用之恆恐不得盡卿乃憂酒色之爲患乎璞既好卜筮縉紳多笑之又自以才高位卑乃著客傲其辭曰客傲郭生曰玉以兼城爲寶士以知名爲賢明月不妄映蘭葩豈虛鮮今足下既以拔文秀於叢薈蔭弱根於慶雲陵扶搖而竦翮揮清瀾以濯鱗而響不徹於一皐

價不登乎千金傲岸榮悴之際頡頏龍魚之間進不爲諧隱退不爲放言無沉冥之韻而希風乎嚴先徒費思於鑽味搴洞林乎連山尙何名乎夫攀驪龍之髯撫翠禽之毛而不得絕霞肆跨天津者未之前聞也郭生粲然而笑曰鷦鷯不可與論雲翼井蛙難與量海鼇雖然將袪子之惑訊以未悟其可乎乃者地維中絕乾光墜采皇運暫迴廓祚海淮龍德時乘羣才雲駭藹若鄧林之會逸翰爛若溟海之納奔濤不煩咨嗟之訪不假蒲帛之招羈九有之奇駿咸總之於一朝豈惟豐沛之英南陽之豪昆吾挺鋒驌驦軒髦杞梓競敷蘭蕙爭翹嚶聲冠於伐木援類繁乎拔茅是以水無浪士巖無幽人刈蘭不暇爨桂不給安事錯薪乎且夫窟泉之潛不思雲翬熙冰之采不羨旭晞混光耀於埃藹者亦曷願滄浪之深秋陽之映乎登降紛於九五淪湧懸乎龍津蚓蛾以不才陸槁蟒蚰以騰驁暴鱗連城之寶藏於褐裹三秀雖豔糜于麗采香惡乎芬賈惡乎在是以不塵不冥不驪不騂支離其神蕭悴其形形廢則神王跡麤而名生體全者爲犧至獨者不孤傲俗者不得以自得默覺者不足以涉無故不恢心而

形遺不外累而智喪無巖穴而冥寂無江湖而放浪玄悟不以應機洞鑒不以
昭曠不物物我我不是是非非忘意非我意意得非我懷寄羣籟乎無象域萬
殊於一歸不壽殤子不夭彭涓不壯秋豪不小太山蚑淚與天地齊流蜉蝣與
大椿齒年然一闔一開兩儀之跡一沖一溢懸象之節渙沍期於寒暑凋蔚要
乎春秋青陽之翠秀龍豹之委頹駿狼之長暉玄陸之短景故皐壤爲悲欣之
府胡蝶爲化物之器矣夫欣黎黃之音者不顰蟪蛄之吟豁雲臺之觀者必閟
帶索之歡縱踣而詠採薺擁璧而歎抱關戰機心以外物不能得意於一弦悟
往復於嗟歎安可與言樂天者乎若乃莊周偃蹇於漆園老萊婆娑於林窟嚴
平澄漠於塵肆梅眞隱淪乎市卒梁生吟嘯而矯跡焦光混沌而槁杌阮公昏
酣而賣傲翟叟遯形以倏忽吾不能幾韻於數賢故寂然玩此員策與智骨永
昌元年皇孫生璞上疏曰有道之君未嘗不以危自持亂世之主未嘗不以安
自居故存而不忘亡者三代之所以興也亡而自以爲存者三季之所以廢也
是以古之令主開納忠讜以弼其違標顯切直用攻其失至乃聞一善則拜見

規誡則懼何者蓋不私其身處天下以至公也臣竊惟陛下符運至著勳業至大而中興之祚不隆聖敬之風未躋者殆由法令太明刑教太峻故水至清則無魚政至察則衆乖此自然之勢也臣去春啓事以囹圄充斥陰陽不和推之卦理宜因郊祀作赦以蕩滌瑕穢不然將來必有愆陽苦雨之災崩震薄蝕之變狂狡蠢戾之妖其後月餘日果薄鬭去秋以來諸郡並有暴雨水皆洪潦歲用無年適聞吳興復欲有構妄者咎徵漸成臣甚惡之頃者以來役賦轉重獄犴日結百姓困擾甘亂者多小人愚嶮共相扇惑雖勢無所至然不可不虞按洪範傳君道虧則日蝕人憤怨則水涌溢陰氣積則下代上此微理潛應已著實於事者也假令臣遂不幸謬中必貽陛下側席之憂今皇孫載育天固靈基黔首顒顒實望惠潤又歲涉午位金家所忌宜於此時崇恩布澤則火氣潛消災譴不生矣陛下上承天意下順物情可因皇孫之慶大赦天下然後明罰勑法以肅理官克厭天心慰塞人事兆庶幸甚禎祥必臻矣臣今所陳蹔而省之或未允聖旨久而尋之終亮臣誠若所啓上合顧陛下勿以臣身廢臣之言臣

言無隱而陛下納之適所以顯君明臣直之義耳疏奏納焉即大赦改年時暨陽人任谷因耕息於樹下忽有一人著羽衣就淫之既而不知所在谷遂有娠積月將產羽衣人復來以刀穿其陰下出一蛇子便去谷遂成宦者後詣闕上書自云有道術帝留谷于宮中璞復上疏曰任谷所爲妖異無有因由陛下玄鑒廣覽欲知其情狀引之禁內供給安處臣聞爲國以禮正不聞以奇邪所聽惟人故神降之吉陛下簡默居正動遵典刑按周禮奇服怪人不入宮況谷妖詭怪人之甚者而登講肆之堂密邇殿省之側塵點日月穢亂天聽臣之私情竊所以不取也陛下若以谷信爲神靈所憑者則應敬而遠之夫神聰明正直接以人事若以谷爲妖蠱詐妄者則當投畀裔土不宜令褻近紫闈若以谷或是神祇告譴爲國作眚者則當克己修禮以弭其妖不宜令谷安然自容肆其邪變也臣愚以爲陰陽陶蒸變化萬端亦是狐狸魍魎憑假作慝願陛下採臣愚懷特遣谷出臣以人乏忝荷史任敢忘直筆惟義是規其後元帝崩谷因亡走璞以母憂去職卜葬地於暨陽去水百步許人以近水爲言璞曰當即爲陸

矣其後沙漲去墓數十里皆爲桑田未朞王敦起璞爲記室參軍是時潁川陳述爲大將軍掾有美名爲敦所重未幾而沒璞哭之哀甚呼曰嗣祖嗣祖焉知非福未幾而敦作難時明帝即位踰年未改號而熒惑守房璞時休歸帝乃遣使齎手詔問璞會曁陽縣復上言曰赤烏見璞乃上疏請改年肆赦文多不載璞嘗爲人葬帝微服往觀之因問主人何以葬龍角此法當滅族主人曰郭璞云此葬龍耳不出三年當致天子也帝曰出天子邪答曰能致天子問耳帝甚異之璞素與桓彝友善彝每造之或值璞在婦閒便入璞曰卿來他處自可徑前但不可廁上相尋耳必客主有殃彝後因醉詣璞正逢在廁掩而觀之見璞裸身被髮銜刀設醊璞見彝撫心大驚曰吾每屬卿勿來反更如是非但禍吾卿亦不免矣天實爲之將以誰咎璞終嬰王敦之禍彝亦死蘇峻之難王敦之謀逆也温嶠庾亮使璞筮之璞對不決嶠亮復令占己之吉凶璞曰大吉嶠等退相謂曰璞對不了是不敢有言或天奪敦魄今吾等與國家共舉大事而璞云大吉是爲舉事必有成也於是勸帝討敦初璞每言殺我者山宗至是果有

姓崇者構璞於敦敦將舉兵又使璞筮璞曰無成敦固疑璞之勸嶠亮又聞卦凶乃問璞曰卿更筮吾壽幾何答曰思向卦明公起事必禍不久若往武昌壽不可測敦大怒曰卿壽幾何曰命盡今日日中敦怒收璞詣南岡斬之璞臨出謂行刑者欲何之曰南岡頭璞曰必在雙柏樹下既至果然復云此樹應有大鵲巢衆索之不得璞更令尋覓果於枝閒得一大鵲巢密葉蔽之初璞中興初行經越城閒遇一人呼其姓名因以袴褶遺之其人辭不受璞曰但取後自當知其人遂受而去至是果此人行刑時年四十九及王敦平追贈弘農太守初庾翼幼時嘗令璞筮公家及身卦成曰建元之末丘山傾長順之初子凋零及康帝卽位將改元爲建元或謂庾冰曰子忘郭生之言邪丘山上名此號不宜用冰撫心歎恨及帝崩何充改元爲永和庾翼歎曰天道精微乃當如是長順者永和也吾庸得免乎其年翼卒冰又令筮其後嗣卦成曰卿諸子並當貴盛然有白龍者凶徵至矣若墓碑生金庾氏之大忌也後冰子蘊爲廣州刺史妾房內忽有一新生白狗子莫知所由來其妾秘愛之不令蘊知狗轉長大蘊入

見狗眉眼分明又身至長而弱異於常狗蘊甚怪之將出共視在衆人前忽失所在蘊慨然曰殆白龍乎庾氏禍至矣又墓碑生金俄而爲桓温所滅終如其言璞之占驗皆如此類也璞撰前後筮驗六十餘事名爲洞林又抄京費諸家要最更撰新林十篇卜韻一篇注釋爾雅别爲音義圖譜又注三倉方言穆天子傳山海經及楚辭子虛上林賦數十萬言皆傳於世所作詩賦誄頌亦數萬言子驁官至臨賀太守

葛洪

葛洪字稚川丹陽句容人也祖系吳大鴻臚父悌吳平後入晉爲邵陵太守洪少好學家貧躬自伐薪以貿紙筆夜輒寫書誦習以儒學知名性寡欲無所愛翫不知棋局幾道摴蒱齒名爲人木訥不好榮利閉門却掃未嘗交游於餘杭山見何幼道郭文舉目擊而已各無所言時或尋書問義不遠數千里崎嶇涉期於必得遂究覽典籍尤好神仙導養之法從祖玄吳時學道得仙號曰葛仙公以其煉丹祕術授弟子鄭隱洪就隱學悉得其法焉後師事南海太守上

黨鮑玄玄亦內學逆占將來見洪深重之以女妻洪洪傳玄業兼綜練醫術凡所著撰皆精覈是非而才章富贍太安中石冰作亂吳興太守顧祕爲義軍都督與周玘等起兵討之祕檄洪爲將兵都尉攻冰別率破之遷伏波將軍冰平洪不論功賞徑至洛陽欲搜求異書以廣其學洪見天下已亂欲避地南土乃參廣州刺史稽含軍事及含遇害遂停南土多年征鎭檄命一無所就後還鄉里禮辟皆不赴元帝爲丞相辟爲掾以平賊功賜爵關內侯咸和初司徒導召補州主簿轉司徒掾遷諮議參軍干寶深相親友薦洪才堪國史選爲散騎常侍領大著作洪固辭不就以年老欲煉丹以祈遐壽聞交阯出丹求爲句漏令帝以洪資高不許洪曰非欲爲榮以有丹耳帝從之洪遂將子姪俱行至廣州刺史鄧嶽留不聽去洪乃止羅浮山煉丹嶽表補東官太守又辭不就嶽乃以洪兄子望爲記室參軍在山積年優游閑養著述不輟其自序曰洪體乏進趣之才偶好無爲之業假令奮翅則能陵厲玄霄騁足則能追風躡景猶欲戢勁翮於鷦鷯之羣藏逸迹於跛驢之伍豈況大塊稟我以尋常之短羽造化假我

以至駑之蹇足自卜者審不能者止又豈敢力蒼蠅而慕冲天之舉策跛鼈而追飛兔之軌飾嫫母之篤陋求媒陽之美談推沙礫之賤質索千金於和肆哉夫僬僥之步而企及夸父之蹤近才所以躓礙也要離之羸而強赴扛鼎之勢秦人所以斷筋也是以望絶於榮華之塗而志安乎窮圮之域藜藿有八珍之甘蓬蓽有藻棁之樂也故權貴之家雖咫尺弗從也知道之士雖艱遠必造也考覽奇書既不少矣率多隱語難可卒解自非至精不能究自非篤勤不能悉見也道士弘博洽聞者寡而意斷妄說者衆至於時有好事者欲有所修爲倉卒不知所從而意之所疑又無足諮今爲此書粗舉長生之理其至妙者不得宣之於翰墨蓋粗言較略以示一隅冀悱憤之徒省之可以思過半矣豈謂闇塞必能窮微暢遠乎聊論其所先覺者耳世儒徒知服膺周孔莫信神仙之書不但大而笑之又將謗毁眞正故予所著子言黃白之事名曰內篇其餘駁難通釋名曰外篇大凡內外一百一十六篇雖不足藏諸名山且欲緘之金匱以示識者自號抱朴子因以名書其餘所著碑誄詩賦百卷移檄章表三十卷神

仙䍐吏隱逸集異等傳各十卷又抄五經史漢百家之言方技雜事三百一十卷金匱藥方一百卷肘後要急方四卷洪博聞深洽江左絕倫著述篇章富於班馬又精辯玄賾析理入微後忽與嶽疏云當遠行尋師剋期便發嶽得疏狼狽往別而洪坐至日中兀然若睡而卒嶽至遂不及見時年八十一視其顏色如生體亦柔軟舉尸入棺甚輕如空衣世以爲尸解得仙云

史臣曰景純篤志綈緗洽聞彊記在異書而畢綜瞻往滯而咸釋情源秀逸思業高奇襲文雅於西朝振辭鋒於南夏爲中興才學之宗矣夫語怪徵神伎成則賤前修貽訓鄙乎兹道景純之探策定數考往知來邁京管於前圖軼梓竈於遐篆而官微於世禮薄於時區區然寄客傲以申懷斯亦伎成之累也若乃大塊流形玄天賦命吉凶修短定乎自然雖稽象或通而厭勝難恃稟之有在必也無差自可居常待終頽心委運何至銜刀被髮遑遑於幽穢之間哉晚抗忠言無救王敦之逆初慚智免竟斃山宗之謀仲尼所謂攻乎異端斯害也已悲夫稚川束髮從師老而忘倦紬奇冊府總百代之遺編紀化仙都窮九丹之

祕術謝浮榮而捐雜藝賤尺寶而貴分陰游德棲真超然事外全生之道其最優乎

贊曰景純通秀夙振宏材沉研鳥冊洞曉龜枚匪寧國釁坐致身災稚川優洽貧而樂道載範斯文永傳洪藻

晉書卷七十二

晉書卷七十二考證

郭璞傳是爲舉事必有成也於是勸帝討敦初璞每言殺我者山宗至是果有姓崇者○監本是爲舉事之下有姓崇者之上共脫去二十二字今照宋本增入

晉書卷七十二考證

晉書卷七十三

唐　太　宗　文　皇　帝　御　撰

列傳第四十三

庾亮　子彬　羲　龢　弟懌　冰　條　翼

庾亮字元規明穆皇后之兄也父琛在外戚傳亮美姿容善談論性好莊老風格峻整動由禮節閨門之內不肅而成時人或以爲夏侯太初陳長文之倫也年十六東海王越辟爲掾不就隨父在會稽嶷然自守時人皆憚其方嚴莫敢造之元帝爲鎭東時聞其名辟西曹掾及引見風情都雅過於所望甚器重之由是聘亮妹爲皇太子妃亮固讓不許轉丞相參軍預討華軼功封都亭侯轉參丞相軍事掌書記中興初拜中書郎領著作侍講東宮其所論釋多見稱述與温嶠俱爲太子布衣之好時帝方任刑法以韓子賜皇太子亮諫以申韓刻薄傷化不足留聖心太子甚納焉累遷給事中黃門侍郎散騎常侍時王敦在蕪湖帝使亮詣敦籌事敦與亮談論不覺改席而前退而歎曰庾元規賢於裴

顧遠矣因表爲中領軍明帝卽位以爲中書監亮上書讓曰臣凡庸固陋少無殊操昔以中州多故舊邦喪亂隨侍先臣遠庇有道爰容逃難求食而已不悟徼時之福遭遇嘉運先帝龍興垂異常之顧既眷同國士又申以婚姻遂階親寵累忝非服弱冠濯纓沐浴芳風頻煩省闥出總六軍十餘年間位超先達無勞受遇無與臣比小人祿薄福過災生止足之分臣所宜守而偷榮昧進日爾一日謗讟既集上塵聖朝始欲自聞而先帝登遐區區微誠竟未上達陛下踐阼聖政惟新宰輔賢明庶僚咸允康哉之歌實存于至公而國恩不已復以臣領中書臣領中書則示天下以私矣何者臣於陛下后之兄也姻婭之嫌與骨肉中表不同雖太上至公聖德無私然世之喪道有自來矣悠悠六合皆私其姻人皆有私則天下無公矣是以前後二漢咸以抑后黨安進婚族危向使西京七族東京六姓皆非姻族各以平進縱不悉全決不盡敗今之盡敗更由姻昵臣歷觀庶姓在世無黨於朝無援於時植根之本輕也苟無大瑕猶或見容至於外戚憑託天地連勢四時根援扶疏重矣大矣而或居權寵四海側目事

有不允罪不容誅身既招殃國爲之弊其故何邪由姻媾之私羣情之所不能免是以疏附則信姻進則疑疑積於百姓之心則禍成於重闈之內矣此皆往代成鑒可爲寒心者也夫萬物之所不通聖賢因而不奪冒親以求一寸之用未若防嫌以明至公今以臣之才兼如此之嫌而使內處心膂外總兵權以此求治未之聞也以此招禍可立待也雖陛下二相明其愚款朝士百僚頗識其情天下之人安可門到戶說使皆坦然邪夫富貴榮寵臣所不能忘也刑罰貧賤臣所不能甘也今恭命則愈違命則苦臣雖不達何事背時違上自貽患責邪實仰覽殷鑒量己知弊身不足惜爲國取悔是以悾悾屢陳丹款而微誠淺薄未垂察諒憂惶屏營不知所措願陛下垂天地之鑒察臣之愚則臣雖死之日猶生之年矣疏奏帝納其言而止王敦既有異志內深忌亮而外崇重之亮憂懼以疾去官後代王導爲中書監及敦舉兵加亮左衛將軍與諸將距錢鳳及沈充之走吳興也又假亮節都督東征諸軍事追充事平以功封永昌縣開國公賜絹五千四百匹固讓不受轉護軍將軍及帝疾篤不欲見人羣臣無得

進者撫軍將軍南頓王宗右衛將軍虞胤等素被親愛與西陽王羕將有異謀亮直入臥內見帝流涕不自勝既而正色陳羕與宗等謀廢大臣規共輔政社稷安否將在今日辭旨切至帝深感悟引亮升御座遂與司徒王導受遺詔輔幼主加亮給事中徙中書令太后臨朝政事一決於亮先是王導輔政以寬和得衆亮任法裁物頗以此失人心又先帝遺詔褒進大臣而陶侃祖約不在其例侃約疑亮删除遺詔並流怨言亮懼亂於是出溫嶠爲江州以廣聲援修石頭以備之會南頓王宗復謀廢執政亮殺宗而廢宗兄羕宗帝室近屬羕國族元老又先帝保傅天下咸以亮翦削宗室琅邪人卞咸宗之黨也與宗俱誅咸兄闡亡奔蘇峻亮符峻送闡而峻保匿之峻又多納亡命專用威刑亮知峻必爲禍亂徵爲大司農舉朝謂之不可平南將軍溫嶠亦累書止之皆不納峻遂與祖約俱舉兵反溫嶠聞峻不受詔便欲下衛京都三吳又欲起義兵亮並不聽而報嶠書曰吾憂西陲過於歷陽足下無過雷池一步也既而峻將韓晃寇宣城亮遣距之不能制峻乘勝至于京都詔假亮節都督征討諸軍事戰于建

陽門外軍未及陣士衆棄甲而走亮乘小船西奔亂兵相剝掠亮左右射賊誤中柂工應弦而倒船上咸失色欲散亮不動容徐曰此手何可使著賊衆心乃安亮攜其三弟懌條翼南奔溫嶠嶠素欽重亮雖在奔敗猶欲推爲都統亮固辭乃與嶠推陶侃爲盟主侃至尋陽旣有憾於亮議者咸謂侃欲誅執政以謝天下亮甚懼及見侃引咎自責風止可觀侃不覺釋然乃謂亮曰君侯修石頭以擬老子今日反見求耶便談宴終日亮噉薤因留白侃問曰安用此爲亮云故可以種侃於是尤相稱歎云非唯風流兼有爲政之實旣至石頭亮遣督護王彰討峻黨張曜反爲所敗亮送節傳以謝侃侃答曰古人三敗君侯始二當今事急不宜數爾又曰朝政多門用生國禍喪亂之來豈獨由峻也亮時以二千人守白石壘峻步兵萬餘四面來攻衆皆震懼亮激厲將士並殊死以戰峻軍乃走追斬數百級峻平帝幸溫嶠舟亮得進見稽顙鯁噎詔羣臣與亮俱升御坐亮明日又泥首謝罪乞骸骨欲闔門投竄山海帝遣尚書侍中手詔慰喻此社稷之難非舅之責也亮上疏曰臣凡鄙小人才不經世階緣戚屬累忝非

服叨竊彌重謗議彌興皇家多難未敢告退遂隨牒展轉便煩顯任先帝不豫臣參侍醫藥登遐顧命又豫聞後事豈云德授蓋以親也臣知其不可而不敢逃命實以田夫之交猶有寄託況君臣之義道貫自然哀悲眷戀不敢違距且先帝謬顧情同布衣既今恩重命輕遂感遇忘身加以陛下初在諒闇先后親覽萬幾宣通外內臣當其地是以激節驅馳不敢依違雖知無補志以死報而才下位高知進忘退乘寵驕盈漸不自覺進不能撫寧外內退不能推賢宗長遂使四海側心謗議沸騰祖約蘇峻不堪其憤縱肆兇逆事由臣發社稷傾覆宗廟虛廢先后以憂逼登遐陛下旰食踰年四海哀惶肝腦塗地臣之招也臣之罪也朝廷寸斬之屠戮之不足以謝祖宗七廟之靈臣灰身滅族不足以塞四海之責臣負國家其罪莫大實天所不覆地所不載陛下矜而不誅有司縱而不戮自古及今豈有不忠不孝如臣之甚不能伏劍北闕偷存視息雖生之日亦猶死之年朝廷復何理齒臣於人次臣亦何顏自次於人理臣欲自投草澤思譽之心也而明詔謂之獨善其身聖旨不垂矜察所以重其罪也願陛下

覽先朝謬授之失雖垂寬宥全其首領猶宜棄之任其自存自沒則天下粗知勸戒之綱矣疏奏詔曰省告懇惻執以感歎誠是仁舅處物宗之責理亦盡矣若大義既不開塞舅所執理勝何必區區其相易奪賊峻姦逆書契所未有也是天地所不容人神所不宥今年不反明年當反愚智所見也舅與諸公勃然而召正是不忍見無禮於君者也論情與義何得謂之不忠乎若以己總率征討事至敗喪有司宜明直繩以肅國體誠則然矣且舅遂上告方伯席卷來下舅躬貫甲冑賊峻梟懸大事既平天下開泰衍得反正社稷乂安宗廟有奉豈非舅二三方伯忘身陳力之勳邪方當策勳行賞豈復議既往之咎乎且天下大弊死者萬計而與桀寇對岸舅且當上奉先帝顧託之旨弘濟艱難使衍沖人永有憑賴則天下幸甚亮欲遁逃山海自暨陽東出詔有司錄奪舟船亮乃求外鎮自效出爲持節都督豫州揚州之江西宣城諸軍事平西將軍假節豫州刺史領宣城內史亮遂受命鎮蕪湖頃之後將軍郭默據湓口以叛亮表求親征於是以本官加征討都督率將軍路永毛寶趙胤匡術劉仕等步騎二萬

會太尉陶侃俱討破之亮還蕪湖不受爵賞侃移書曰夫賞罰黜陟國之大信竊怪矯然獨爲君子亮曰元帥指撝武臣效命亮何功之有遂苦辭不受進號鎮西將軍又固讓初以誅王敦功封永昌縣公亮比陳讓疏數十上至是許之陶侃薨遷亮都督江荆豫益梁雍六州諸軍事領江荆豫三州刺史進號征西將軍開府儀同三司假節亮固讓開府乃還鎮武昌時王導輔政主幼時艱務存大綱不拘細目委任趙胤賈寧等諸將並不奉法大臣患之陶侃嘗欲起兵廢導而郄鑒不從乃止至是亮又欲率衆黜導又以諮鑒而鑒又不許亮與鑒牋曰昔於蕪湖反覆謂彼罪雖重而時弊國危且令方嶽道勝亦足有所鎮壓故共隱忍解釋陶公自茲迄今曾無悛改主上自八九歲以及成人入則在宮人之手出則唯武官小人讀書無從受音句顧問未嘗遇君子侍臣雖非俊士皆時之良也知古今顧問豈與殿中將軍司馬督同年而語哉不云當高選侍臣而云高選將軍司馬督豈合賈生願人主之美翼以成德之意乎秦政欲愚其黔首天下猶知不可況乃欲愚其主哉主之少也不登進賢哲以輔導聖躬

春秋既盛宜復子明辟不稽首歸政甫居師傅之尊成人之主方受師臣之悖主上知君臣之道不可以然而不得不行殊禮之事萬乘之君寄坐上九亢龍之爻有位無人挾震主之威以臨制百官百官莫之敢忤是先帝無顧命之臣勢屈於驕姦而遵養之也趙賈之徒有無君之心是而可忍孰不可忍且往日之事含容隱忍謂其罪可宥艮以時弊國危兵甲不可屢動又冀其當謝往釁懼而修己如頃日之縱是上無所忌下無所憚謂多養無賴足以維持天下公與下官並蒙先朝厚顧荷託付之重大姦不掃何以見先帝於地下願公深惟安國家固社稷之遠算次計公之與下官負荷輕重量其所宜鑒又不許故其事得息時石勒新死亮有開復中原之謀乃解豫州授輔國將軍毛寶使與西陽太守樊峻精兵一萬俱戍邾城又以陶稱爲南中郎將江夏相率部曲五千人入沔中亮弟翼爲南蠻校尉南郡太守鎮江陵以武昌太守陳囂爲輔國將軍梁州刺史趣子午又遣偏軍伐蜀至江陽執僞荊州刺史李閎巴郡太守黃植送于京都亮當率大衆十萬據石頭城爲諸軍聲援乃上疏曰蜀胡二寇凶

虐滋甚內相誅鋤衆叛親離蜀甚弱而胡尚彊並佃並守修進取之備襄陽北接宛許南阻漢水其險足固其土足食臣宜移鎮襄陽之石城下并遣諸軍羅布江沔比及數年戎士習練乘釁齊進以臨河洛大勢一舉衆知存亡開反善之路宥逼脅之罪因天時順人情誅逋逆雪大恥實聖朝之所先務也願陛下許其所陳濟其此舉淮泗壽陽所宜進據臣輒簡練部分乞槐棘參議以定經略帝下其議時王導與亮意同郗鑒議以資用未備不可大舉亮又上疏便欲遷鎮會寇陷邾城毛寶赴水而死亮陳謝自貶三等行安西將軍有詔復位尋拜司空餘官如故固讓不拜亮自邾城陷沒憂慨發疾會王導薨徵亮爲司徒揚州刺史錄尚書事又固辭帝許之咸康六年薨時年五十二追贈太尉諡曰文康喪至車駕親臨及葬又贈永昌公印綬亮弟冰上疏曰臣謹詳先事亦曾聞臣亮對臣等之言懇懇於斯事是以屢自陳請將迄十年豈恃臣好讓而不肅恭顧曩時之釁近出宇下加先帝神武算略兼該是以役不踰時而凶彊馘滅計之以事則功歸聖主推之於運則勝非人力至如亮等因聖略之弘得效

所職事將何論功將何賞及後傷蹶責踰先功是以陛下優詔聽許亮實思自
効以報天德何悟身潛聖世微志長絕存亡哀恨痛貫心膂願陛下發明詔遂
先恩則臣亮死且不朽帝從之亮將葬何充會之歎曰埋玉樹於土中使人情
何能已初亮所乘馬有的顱殷浩以爲不利於主勸亮賣之亮曰曷有己之不
安而移之於人浩慚而退亮在武昌諸佐吏殷浩之徒乘秋夜往共登南樓俄
而不覺亮至諸人將起避之亮徐曰諸君少住老子於此處興復不淺便據胡
床與浩等談詠竟坐其坦率行己多此類也三子彬羲龢
彬年數歲雅量過人溫嶠嘗隱暗怛之彬神色恬如也乃徐跪謂嶠曰君侯何
至於此論者謂不減於亮蘇峻之亂遇害
羲少有時譽初爲吳興內史時穆帝頗愛文義羲至郡獻詩頗存諷諫因上表
曰陛下以聖明之德方隆唐虞之化而事役殷曠百姓凋殘以數州之資經贍
四海之務其爲勞弊豈可具言昔漢文居隆盛之世躬自儉約斷獄四百殆致
刑厝賈誼歎息猶有積薪之言以古況今所以益其憂懼陛下明鑒天挺無幽

不獨弘濟之道豈待瞽言臣受恩奕世思盡絲髮受任到東親臨所見敢緣弘
政獻其丹愚伏願聽斷之暇少垂察覽其詩文多不載羲方見授用而卒子準
太元中自侍中代桓石虔爲豫州刺史西中郎將鎮歷陽卒官準子悅義熙中
江州刺史準弟楷自有傳
龢字道季好學有文章叔父翼將還襄陽龢年十五以書諫曰承進據襄陽耀
威荊楚且田且戍漸臨河洛使向化之萌懷德而附凶愚之徒畏威反善太平
之基便在於旦夕昔殷伐鬼方三年而剋樂生守齊遂至歷載今皇朝雖隆無
有殷之盛凶羯雖衰猶醜類有徒而沔漢之水無萬仞之固方城雖峻無千尋
之險加以運漕供繼有泝流之艱征夫勤役有勞來之歎若窮寇慮逼送死一
決東西互出首尾俱進則廩糧有抄截之患遠略乏率然之勢進退惟思不見
其可此明闇所共見賢愚所共聞況於臨事者乎願迴師反旆詳擇全勝修城
池立壘壁勤耕農練兵甲若凶運有極天亡此虜則可泛舟北濟方軌齊進水
陸騁邁亦不踰旬朔矣願詳思遠猷算其可者翼甚奇之升平中代孔嚴爲丹

陽尹表除重役六十餘事太和初代王愔爲中領軍卒於官子恆尚書僕射贈光祿大夫

懌字叔豫少以通簡爲兄亮所稱弱冠西陽王羕辟不就東海王沖爲長水校尉清選綱紀以懌爲功曹除暨陽令又爲沖中軍司馬轉散騎侍郎還左衞將軍以討蘇峻功封廣饒男出補臨川太守歷監梁雍二州軍事轉輔國將軍梁州刺史假節鎭魏興時兄亮總統六州以懌寬厚容衆故授以遠任爲東西勢援尋進監秦州氐羌諸軍事懌遣牙門霍佐迎將士妻子佐驅三百餘口亡入石季龍亮表上貶懌爲建威將軍朝議欲召還亮上疏曰懌御衆簡而有惠州戶雖小賴其寬政佐等同惡大數不多且懌名號大不可以小故輕議進退其文武之心轉已安定賊帥艾秀遣使歸誠上洛附賊降者五百餘口冀一安穩無復怵惕從之後以所鎭險遠糧運不繼詔懌以將軍率所領還屯半洲尋還輔國將軍豫州刺史進號西中郎將監宣城廬江歷陽安豐四郡軍事假節鎭蕪湖懌嘗以白羽扇獻成帝帝嫌其非新反之侍中劉劭曰柏梁雲構大匠先

居其下管弦繁奏夔牙先聆其音懌之上扇以好不以新後懌聞之曰此人宜
在帝之左右又嘗以毒酒餉江州刺史王允之王允之覺其有毒飲犬犬斃乃
密奏之帝曰大舅已亂天下小舅復欲爾邪懌聞遂飲鴆而卒時年五十贈侍
中衞將軍諡曰簡子統嗣統字長仁少有令名司空太尉辟皆不就調補撫軍
會稽王司馬出爲建威將軍寧夷護軍尋陽太守年二十九卒時人稱其才器
甚痛惜之子玄之官至宣城內史
冰字季堅兄亮以名德流訓冰以雅素垂風諸弟相率莫不好禮爲世論所重
亮常以爲庾氏之寶司徒辟不就徵祕書郎預討華軼功封都鄉侯王導請爲
司徒右長史出補吳興內史會蘇峻作逆遣兵攻冰冰不能禦便棄郡奔會稽
會稽內史王舒以冰行奮武將軍距峻別率張健於吳中時健黨甚衆諸將莫
敢先進冰率衆擊健走之於是乘勝西進赴于京都又遣司馬滕含攻賊石頭
城拔之冰勳爲多封新吳縣侯固辭不受還給事黃門侍郎又讓不拜司空郄
鑒請爲長史不就出補振武將軍會稽內史徵爲領軍將軍又辭尋入爲中書

監揚州刺史都督揚豫兗三州軍事征虜將軍假節是時王導新喪人情恇然冰兄亮既固辭不入衆望歸冰既當重任經綸時務不捨晝夜賓禮朝賢升擢後進由是朝野注心咸曰賢相初導輔政每從寬惠冰頗任威刑殷融諫之冰曰前相之賢猶不堪其弘況吾者哉范汪謂冰曰頃天文錯度足下宜盡消禦之道冰曰玄象豈吾所測正當勤盡人事耳又隱實戶口料出無名萬餘人以充軍實詔復論前功冰上疏曰臣門戶不幸以短才贊務釁及天庭殃流邦族若晉典休明夷戮久矣而于時顛沛刑憲暫墜遂令臣等復得爲時陳力狥國之臣因之而奮立功於大罪之後建義於顛覆之餘此是臣等所以復得視息於天壤王憲不復必明於往釁也此之厚幸可謂弘矣豈復得計勞納封受賞司勳哉願陛下曲降靈澤哀恕由中申命有司惠臣所乞則愚臣之願於此畢矣許之成帝疾篤時有妄爲中書符勅宮門宰相不得前左右皆失色冰神氣自若曰是必虛妄推問果詐衆心乃定進號左將軍康帝卽位又進車騎將軍冰懼權盛乃求外出會弟翼當伐石季龍於是以本號除都督江荊寧益梁交

廣七州豫州之四郡軍事領江州刺史假節鎮武昌以爲翼援沈臨發上疏曰臣因循家寵冠冕當世而志無殊操量不及遠頃皇家多難釁故頻仍朝望國器與時殲落遂令天眷下墜降及臣身俯仰伏事於今五年上不能光贊聖猷下不能緝熙政道而陛下遇之過分求之不已復策敗駕之駟以冀萬里之功非天眷之隆將何以至此是以敢竭狂瞽以獻血誠願陛下暫屏旒纊以弘聽納今彊寇未殄戎車未戢兵弱於郊人疲於內寇之侵逸未可量也黎庶之困未之安也羣才之用未之盡也而陛下崇高事與下隔視聽察覽必寄之羣下羣下宜忠不引不進百司宜勤不督不勸是以古之帝王勤於降納雖日總萬幾猶兼將相或借訟輿人或求謗芻蕘良有以也況今日之弊開闢之極而陛下歷數屬當其運否剝之難嬰之聖躬普天所以痛心於既往而傾首於將來者也實冀否終而泰屬運在今誠願陛下弘天覆之量深地載之厚宅沖虛以爲本勤訓督以爲務廣引時彥詢于政道朝之得失必關聖聽人之情僞必達天聽然後覽其大當以總國綱躬儉節用堯舜豈遠大布之衣衞文何人是以

古人有云非知之難行之難非行之難安之難也願陛下既思日側於勞謙納其起予之情則天下幸甚矣臣朝夕伏膺猶不能暢臨疏徘徊不覺辭盡頃之獻皇后臨朝徵冰輔政冰辭以疾篤尋而卒時年四十九冊贈侍中司空諡曰忠成祠以太牢冰天性清慎常以儉約自居中子襲嘗貸官絹十匹冰怒捶之市絹還官臨卒謂長史江虨曰吾將逝矣恨報國之志不展命也如何死之日斂以時服無以官物也及卒無絹爲衾又室無妾媵家無私積世以此稱之冰七子希襲友蘊倩邈柔

希字始彥初拜祕書郎累遷司徒右長史黃門侍郎建安太守未拜復爲長史兼右衞將軍遷侍中出爲輔國將軍吳國內史希既后之戚屬冰女又爲海西公妃故希兄弟並顯貴太和中希爲北中郎將徐兗二州刺史蘊爲廣州刺史並假節友東陽太守倩太宰長史邈會稽王參軍柔散騎常侍倩最有才器桓溫深忌之初慕容厲圍梁父斷澗水太山太守諸葛攸奔鄒山魯高平等數郡皆沒希坐免官頃之徵爲護軍將軍希怒固辭希初免時多盜北府軍資溫諷

有司劾之復以罪免遂客于晉陵之暨陽初郭璞筮冰云子孫必有大禍唯用
三陽可以有後故希求鎮山陽友爲東陽家于暨陽及海西公廢桓温陷倩及
柔以武陵王黨殺之希聞難便與弟邈及子攸之逃于海陵陂澤中藴於廣州
飲鴆而死及友當伏誅友子婦桓祕女也請温故得免故青州刺史武沉希之
從母兄也潛餉給希經年温後知之遣兵捕希武沉之子遵與希聚衆於海濱
略漁人船夜入京口城平北司馬卞眈踰城奔曲阿吏士皆散走希放城内囚
徒數百人配以器仗遵於外聚衆宣令云逆賊桓温廢帝殺王稱海西公密旨
除凶逆京都震擾内外戒嚴屯備六門平北參軍劉奭與高平太守郄逸之遊
軍督護郭龍等集衆距之卞眈又與曲阿人弘戎發諸縣兵二千幷力屯新城
以擊希希戰敗閉城自守温遣東海太守周少孫討之城陷被擒希邈及子姪
五人斬于建康市遵及黨與並伏誅唯友及藴諸子獲全友子叔宣右衛將軍
藴子廓之東陽太守
脩字幼序初辟太宰府累遷黄門郎豫章太守徵拜祕書監賜爵鄉亭侯出爲

冠軍將軍臨川太守豫章黃韜自稱孝神皇帝臨川人李高爲相聚黨數百人
乘犢車衣皁袍攻郡縣條討平之條於兄弟最凡劣故祿位不至卒官贈左將
軍
翼字稚恭風儀秀偉少有經綸大略京兆杜乂陳郡殷浩並才名冠世而翼弗
之重也每語人曰此輩宜束之高閣俟天下太平然後議其任耳見桓溫總角
之中便期之以遠略因言於成帝曰桓溫有英雄之才願陛下勿以常人遇之
常壻畜之宜委以方邵之任必有弘濟艱難之勳蘇峻作逆翼時年二十二兄
亮使白衣領數百人備石頭亮敗與翼俱奔事平始辟太尉陶侃府轉參軍累
遷從事中郎在公府雍容諷議頃之除振威將軍鄱陽太守轉建威將軍西陽
太守撫和百姓甚得歡心遷南蠻校尉領南郡太守加輔國將軍假節及邾城
失守石城被圍翼屢設奇兵潛致糧杖石城得全翼之勳也賜爵都亭侯及亮
卒授都督江荊司雍梁益六州諸軍事安西將軍荊州刺史假節代亮鎮武昌
翼以帝舅年少超居大任遐邇屬目慮其不稱翼每竭志能勞謙匪懈戎政嚴

明經略深遠數年之中公私充實人情翕然稱其才幹由是自河以南皆懷歸
附石季龍汝南太守戴開率數千人詣翼降又遣使東至遼東西到涼州要結
二方欲同大舉慕容皝張駿並報使請期翼雅有大志欲以滅胡平蜀爲己任
言論慷慨形于辭色將兵都尉錢頎陳事合旨翼拔爲五品將軍賜穀二百斛
時東土多賦役百姓乃從海道入廣州刺史鄧嶽大開鼓鑄諸夷因此知造兵
器翼表陳東境國家所資侵擾不已逃逸漸多夷人常伺隙若知造鑄之利將
不可禁時殷浩徵命無所就而翼請爲司馬及軍司並不肯赴翼遺浩書因致
其意先是浩父羨爲長沙在郡貪殘兄冰與翼書屬之翼報曰殷君始往雖多
驕豪實有風力之益亦似由有佳兒弟故小令物情難之自頃以來奉公更退
私累日滋亦不稍以此寥蕭之也既雅敬洪遠又與浩親善其父兄得失豈以
小小計之大較江東政以傴僂豪彊以爲民蠹時有行法輒施之寒劣如往年
偷石頭倉米一百萬斛皆是豪將輩而直打殺倉督監以塞責山遐作餘姚半
年而爲官出二千戶政雖不倫公彊官長也而羣共驅之不得安席紀睦徐寧

奉王使糾罪人船頭到渚桓逸還復而二使免官雖皆前宰之惛謬江東事去實此之由也兄弟不幸橫陷此中自不能拔脚於風塵之外當共明目而治之荊州所統一二十郡唯長沙最惡惡而不黜與殺督監者復何異耶翼有風力格裁發言立論皆如此康帝即位翼欲率衆北伐上疏曰賊季龍年已六十奢淫理盡醜類怨叛又欲決死遼東勢雖驍果未必能固若北無掣手之虞則江南將不異遼左矣臣所以輒發良人不顧忿咎然東西形援未必齊舉且欲北進移鎮安陸入沔五百湏水通流輒率南郡太守王愆期江夏相謝尚尋陽太守袁真西陽太守曹據等精銳三萬風馳上道幷勒平北將軍桓宣撲取黃季欲幷丹水搖蕩秦雍御以長轡用逸待勞比及數年興復可冀臣既臨許洛竊謂桓溫可渡戍廣陵何充可移據淮泗赭圻路永進屯合肥伏願表御之日便決聖聽不可廣詢同異以乖事會兵聞拙速不聞工之久也於是並發所統六州奴及車牛驢馬百姓嗟怨時欲向襄陽慮朝廷不許故以安陸爲辭帝及朝士皆遣使譬止車騎參軍孫綽亦致書諫翼不從遂違詔輒行至夏口復上表

曰臣近以胡寇有弊士之勢蹔率所統致討山北並分見衆略復江夏數城臣等以九月十九日發武昌以二十四日達夏口輒簡卒搜乘停當上道而所調借牛馬來處皆遠百姓所藉轂草不充並多羸瘠難以涉路加以向冬野草漸枯往反二千或容躓頓輒便隨事籌量權停此舉又山南諸城每至秋冬水多燥涸運漕用功實爲艱阻計襄陽荆楚之舊西接益梁與關隴咫尺北去洛河不盈千里土沃田良方城險峻水路流通轉運無滯進可以掃盪秦趙退可以保據上流臣雖不武意略淺短荷國重恩志存立效是以受任四年唯以習戎爲務實欲上憑聖朝威靈高略下藉士民義慨之誠因寇衰弊漸臨逼之而八年春上表請據樂鄉廣農稸穀以伺二寇之釁而值天高聽邈未垂察照朝議紛紜遂令微誠不暢自爾以來上參天人之徵下採降俘之言胡寇衰滅其日不遠臣雖未獲長驅中原馘截凶醜亦不可以不進據要害思攻取之宜是以輒量宜入沔徙鎮襄陽其謝尚王愆期等悉令還據本戍須到所在馳遣啓聞

翼時有衆四萬詔加都督征討軍事師次襄陽大會僚佐陳旌甲親授弧矢曰

我之行也若此射矣遂三起三疊徒衆屬目其氣十倍初翼還襄陽舉朝謂之不可議者或謂避衰唯兄冰意同桓溫及譙王無忌贊成其計至是冰求鎮武昌爲翼繼援朝議謂冰不宜出冰乃止又進翼征西將軍領南蠻校尉胡賊五六百騎出樊城翼遣冠軍將軍曹據追擊於撓溝北破之死者近半獲馬百匹翼綏來荒遠務盡招納之宜立客館置典賓參軍桓宣卒翼以長子方之爲義成太守代領宣衆司馬應誕爲龍驤將軍襄陽太守參軍司馬勳爲建威將軍梁州刺史戍西城康帝崩兄冰卒以家國情事留方之戍襄陽還鎮夏口悉取冰所領兵自配以兄子統爲尋陽太守詔使翼還督江州又領豫州刺史辭豫州後欲移鎮樂鄉詔不許繕修軍器大佃積穀欲圖後舉遣益州刺史周撫西陽太守曹據伐蜀破蜀將李桓於江陽翼如廁見一物如方相俄而疽發背疾篤表第二子爰之行輔國將軍荊州刺史司馬朱燾爲南蠻校尉以千人守巴陵永和元年卒時年四十一追贈車騎將軍諡曰肅翼卒未幾部將干瓚戴義等作亂殺將軍曹據翼長史江虨司馬朱燾將軍袁真等共誅之爰之有翼風

尋爲桓溫所廢溫既廢爰之又以征虜將軍劉惔監沔中軍事領義城太守代
方之而方之爰之並遷徙于豫章
史臣曰外戚之家連耀椒掖舅氏之族同氣蘭闈靡不憑藉寵私階緣險謁門
藏金穴地使其驕馬控龍媒勢成其逼古者右賢左戚用杜溺私之路愛而知
惡深慎滿覆之災是以厚贈瓊瑰罕升津要塗山在夏靡與禹稷同驅姒氏居
周不預燕齊等列聖人慮遠殊有旨哉晉昵元規參聞顧命然其筆敷華藻吻
縱濤波方駕搢紳足爲翹楚而智小謀大昧經邦之遠圖才高識寡闕安國之
長算璿蕚見誅物議稱其拔本牙尺垂訓帝念深於負芒是使蘇祖尋戈宗祧
殆覆已而猜嫌上宰謀黜負圖向使郄鑒協從必且戎車犯順則與夫呂產安
傑亦何以異哉幸漏吞舟免淪昭憲是庾宗之大福非晉政之不綱明矣懌敢
恣凶懷鴆加連率再世之後三陽僅存餘殃所及蓋其宜也
贊曰元規矯迹寵階椒掖識闇釐道亂由乘隙下拜長沙有慚忠益季堅清貞
毓德馳名處泰逾約居權戒盈稚恭慷慨亦擅雄聲

晉書卷七十三

晉書卷七十三考證

史臣論則與夫呂產安傑亦何以異哉○呂本書音義作台幷注云史記台作胎

晉書卷七十三考證

晉書卷七十四

唐　太　宗　文　皇　帝　御　撰

列傳第四十四

桓彝　子雲　雲弟豁　豁子石虔　虔子振　虔弟石秀　石民　石生　石綏　石康　豁弟祕　祕弟沖　沖子嗣　嗣子胤　嗣弟謙　謙弟脩　徐寧

桓彝字茂倫，譙國龍亢人，漢五更榮之九世孫也。父顥，官至郎中。彝少孤貧，雖簞瓢，處之晏如。性通朗，早獲盛名。有人倫識鑒，拔才取士，或出於無聞，或得之孩抱，時人方之許郭。少與庾亮深交，雅爲周顗所重。顗嘗歎曰：「茂倫嶔崎歷落，固可笑人也。」起家州主簿。赴齊王冏義，拜騎都尉。元帝爲安東將軍，版行逡遒令，尋辟丞相中兵屬，累遷中書郎、尚書吏部郎，名顯朝廷。于時王敦擅權，嫌忌士望，彝以疾去職。嘗過輿縣，縣宰東海徐寧字安期，通朗博涉，彝遇之，欣然停留累日，結交而別。先是，庾亮每屬彝覓一佳吏部，及至都，謂亮曰：「爲卿得一吏部矣。」亮問所在，彝曰：「人所應有而不必有，人所應無而不必無。徐寧真海岱清

士因爲敍之即還吏部郎竟歷顯職明帝將伐王敦拜彝散騎常侍引參密謀
及敦平以功封萬寧縣男丹陽尹温嶠上言宣城阻帶山川頻經變亂宜得望
實居之竊謂桓彝可充其選帝手詔曰適得太真表如此今大事新定朝廷須
才不有君子其能國乎方今外務差輕欲停此事彝上疏深自撝挹內外之任
並非所堪但以墳柏在此郡欲暫結名義遂補彝宣城內史在郡有惠政爲百
姓所懷蘇峻之亂也彝糾合義衆欲赴朝廷其長史裨惠以郡兵寡弱山人易
擾可案甲以須後舉彝厲色曰夫見無禮於其君者若鷹鸇之逐鳥雀今社稷
危逼義無晏安乃遣將軍朱綽討賊別帥於蕪湖破之彝尋出石頭會朝廷遣
將軍司馬流先據慈湖爲賊所破遂長驅徑進彝以郡無堅城遂退據廣德尋
王師敗績彝聞而慷慨流涕進屯涇縣時州郡多遣使降峻裨惠又勸彝僞與
通和以紓交至之禍彝曰吾受國厚恩義在致死焉能忍垢蒙辱與醜逆通問
如其不濟此則命也遣將軍俞縱守蘭石峻遣將韓晃攻之縱將敗左右勸縱
退軍縱曰吾受桓侯厚恩本以死報吾之不可負桓侯猶桓侯之不負國也遂

力戰而死晃因進軍攻彝彝固守經年勢孤力屈賊曰彝若降者當待以優禮將士多勸彝僞降更思後舉彝不從辭氣壯烈志節不撓城陷爲晃所害年五十三時賊尚未平諸子並流迸宣城人紀世和率義故葬之賊平追贈廷尉諡曰簡咸安中改贈太常俞縱亦以死節追贈與古太守初彝與郭璞善嘗令璞筮卦成璞以手壞之彝問其故曰卦與吾同丈夫當此非命如何竟如其言有五子温雲豁祕沖温別有傳

雲字雲子初爲驃騎何充參軍尚書郎不拜襲爵萬寧男歷位建武將軍義城太守遭母憂去職葬畢起爲江州刺史稱疾廬于墓次詔書敦逼固辭不行服闋然後莅職加都督司豫二州軍事領鎮蠻護軍西陽太守假節雲招集衆力志在足兵多所枉濫衆皆嗟怨時温執權有司不敢彈劾升平四年卒贈平南將軍諡曰貞子序嗣官至宣城內史

豁字朗子初辟司徒府祕書郎皆不就簡文帝召爲撫軍從事中郎除吏部郎以疾辭還黃門郎未拜時謝萬敗於梁濮許昌潁川諸城相次陷沒西藩騷動

温命豁督沔中七郡軍事建威將軍新野義城二郡太守擊慕容屈塵破之進
號右將軍温旣內鎮以豁監荆揚雍州軍事領護南蠻校尉荆州刺史假節將
軍如故時梁州刺史司馬勳以梁益叛豁使其參軍桓羆討之而南陽督護趙
弘趙憶等逐太守桓淡據苑城以叛豁與竟陵太守羅崇討破之又攻僞南中
郎將趙盤於宛盤退走豁追至魯陽獲之送于京師置戍而旋又監寧益軍事
温薨遷征西將軍進督交廣幷前五州軍事苻堅寇蜀豁遣江夏相竺瑤距之
廣漢太守趙長等戰死瑤引軍退頃之堅又寇涼州弟沖遣輔國將軍朱序與
豁子江州刺史石秀泝流就路稟節度豁遣督護桓羆與序等游軍沔漢爲涼
州聲援俄而張天錫陷沒詔遣中書郎王尋之詣豁諮謀邊事豁表以梁州刺
史毛憲祖監沔北軍事兗州刺史朱序爲南中郎將監沔中軍事鎮襄陽以固
北鄙太元初遷征西大將軍開府豁上疏固讓曰臣聞三台麗天辰極以之增
耀論道作弼王猷以之時邕必將仰參神契對揚成務弘易簡以翼化暢玄風
於宗極故宜明揚仄陋登庸賢雋使版築有沖天之舉渭濱無垂竿之逸用乃

功濟蒼生道光千載是以德非時望成典所不虛授功微賞厚賢達不以擬心臣實凡人量無遠致階藉門寵遂叨非據進不能闡揚皇風贊明其政道退不能宣力所莅混一華戎尸素積載庸績莫紀是以敢冒成命歸陳丹款伏願陛下迴神玄覽追收謬眷則具瞻革望臣知所免竟不許及苻堅陷仇池豁以新野太守吉挹行魏興太守督護梁州五郡軍事戍梁州堅陷涪城梁州刺史楊亮益州刺史周仲孫並委戍奔潰豁以威略不振所在覆敗又上疏陳謝固辭不拜開府尋卒時年五十八贈司空本官如故諡曰敬贈錢五十萬布五百匹使者持節監護喪事豁時譽雖不及沖而甚有器度但遇彊寇故功業不建初豁聞苻堅國中有謠云誰謂爾堅石打碎有子二十人皆以石爲名以應之唯石虔石秀石民石生石綏石康知名

石虔小字鎮惡有才幹趫捷絕倫從父在荊州於獵圍中見猛獸被數箭而伏諸督將素知其勇戲令拔箭石虔因急往拔得一箭猛獸跳石虔亦跳高於獸身猛獸伏復拔一箭以歸從溫入關沖爲苻健所圍垂沒石虔躍馬赴之拔沖

於數萬衆之中而還莫敢抗者三軍歎息威震敵人時有患瘧疾者謂曰桓石
虔來以怖之病者多愈其見畏如此初袁真以壽陽叛石虔以寧遠將軍南頓
太守帥諸將攻之剋其南城又擊苻堅將王鑒于石橋獲馬五百匹除竟陵太
守以父憂去職尋而苻堅又寇淮南詔曰石虔文武器幹御戎有方古人絶哭
金革弗避況在餘哀豈得辭事可授奮威將軍南平太守尋進冠軍將軍苻堅
荆州刺史梁成襄陽太守閻震率衆入寇竟陵石虔與弟石民距之賊阻激水
屯管城石虔設計夜渡水既濟賊始覺力戰破之進剋管城擒震斬首七千級
俘獲萬人馬數百匹牛羊千頭具裝鎧三百領成以輕騎走保襄陽石虔復領
河東太守進據樊城逐堅兗州刺史張崇納降二千家而還沖卒石虔以冠軍
將軍監豫州揚州五郡軍事豫州刺史尋以母憂去職服闋復本位久之命移
鎭馬頭石虔求停歷陽許之太元十三年卒追贈右將軍追論平閻震功進爵
作塘侯第五子誕嗣誕長兄洪襄城太守洪弟振
振字道全少果銳而無行玄爲荆州以振爲揚武將軍淮南太守轉江夏相以

兇横見黜及玄之敗也桓謙匿於沮中振逃于華容之涌中玄先令將軍王稚徽戍巴陵稚徽遣人報振云桓歆已剋京邑馮稚等復平尋陽劉毅諸軍並敗於中路振大喜時安帝在江陵振乃聚黨數十人襲江陵比至城有衆二百謙亦聚衆而出遂陷江陵迎帝於行宮振聞桓昇死大怒將肆逆於帝謙苦禁之乃止遂命羣臣辭以楚祚不終百姓之心復歸于晉更奉進璽綬以琅邪王領徐州刺史振爲都督八州鎮西將軍荊州刺史帝侍御左右皆振之腹心旣而歎曰公昔早不用我遂致此敗若使公在我爲前鋒天下不足定今獨作此安歸乎遂肆意酒色暴虐無道多所殘害振營於江津南陽太守魯宗之自襄陽破振將溫楷于柞溪進屯紀南振聞楷敗留其將馮該守營自率衆與宗之大戰振勇冠三軍衆莫能禦宗之敗績振追奔遇宗之單騎於道弗之識也乃問宗之所在紿曰已前走矣於是自後而退尋而劉毅等破馮該平江陵振聞該敗衆潰而走後與該子宏出自涢城復襲江陵荊州刺史司馬休之奔襄陽振自號荊州刺史建威將軍劉懷肅率寧遠將軍索邈與振戰於沙橋振兵雖少

左右皆力戰每一合振輒瞋目奮擊衆莫敢當振時醉且中流矢廣武將軍唐興臨陣斬之

石秀幼有令名風韻秀徹博涉羣書尤善老莊常獨處一室簡於應接時人方之庾純甚爲簡文帝所重豁爲荊州請爲鷹揚將軍竟陵太守非其好也尋代叔父沖爲寧遠將軍江州刺史領鎮蠻護軍西陽太守居尋陽性放曠常弋釣林澤不以榮爵嬰心善騎射發則命中常從沖獵登九井山徒旅甚盛觀者傾坐石秀未嘗屬目止嘯咏而已謝安嘗訪以世務默然不答安甚怪之他日安以語其從弟嗣嗣以問之石秀曰世事此公所諳吾又何言哉在州五年以疾去職年四十三卒於家朝野悼惜之追贈後將軍後改贈太常子稚玉嗣玄之篡也以石秀一門之令封稚玉爲臨沅王

石民弱冠知名衞將軍謝安引爲參軍叔父沖上疏版督荊江豫三州之十郡軍事振武將軍領襄城太守戍夏口與石虔攻苻堅荊州刺史梁成等於竟陵明年又與隨郡太守夏侯澄之破苻堅將慕容垂姜成等於漳口復領譙國內

史梁郡太守沖薨詔以石民監荊州軍事西中郎將荊州刺史桓氏世莅荊土石民兼以才望甚爲人情所仰初沖遣竟陵太守趙統伐襄陽至是石民復遣兵助之尋而苻堅敗於淮肥石民遣南陽太守高茂衞山陵時堅雖破敗而慕容垂等復盛石民遣將軍晏謙伐弘農賊東中郎將慕容夔降之始置湖陝二戍獲關中擔幢伎以充太樂時苻堅子丕僭號於河北謀襲洛陽石民遣將軍馮該討之臨陣斬丕及其左僕射王孚吏部尚書苟操等傳首京都而丁零翟遼復侵逼山陵石民使河南太守馮遵討之時乞活黃淮自稱并州刺史與遼共攻長社衆數千人石民復遣南平太守郭銓松滋太守王遐之擊淮斬之遼走河北以前後功進左將軍卒無子

石生隆安中以司徒左長史遷侍中歷驃騎太傅長史會稽世子元顯將伐桓玄石生馳書報玄玄甚德之及玄用事以爲前將軍江州刺史尋卒於官

石綏元顯時爲司徒左長史玄用事拜黃門郎左衞將軍玄敗石綏走江西塗中聚衆攻歷陽後爲梁州刺史傅歆之所殺

石康偏爲玄所親愛玄爲荆州以爲振威將軍累遷荆州刺史討庾仄功封武
陵王事具玄傳
祕字穆子少有才器不倫於俗初拜祕書郎兄溫抑而不用久之爲輔國將軍
宣城內史時梁州刺史司馬勳叛入蜀祕以本官監梁益二州征討軍事假節
勳平還郡後爲散騎常侍徙中領軍孝武帝初卽位妖賊盧竦入宮祕與左衞
將軍殷康俱入擊之溫入朝窮考竦事收尚書陸始等罹罪者甚衆祕亦免官
居于宛陵每憤憤有不平之色溫疾篤祕與溫子熙濟等謀共廢冲冲密知之
不敢入頃溫氣絶先遣力士拘錄熙濟而後臨喪祕於是廢棄遂居于墓所放
志田園好遊山水後起爲散騎常侍凡三表自陳詔曰祕受遇先朝是以延之
而頻有讓表以栖尚告誠兼有疾疢省用增難可順其所執祕素輕冲冲時貴
盛祕恥常侍位卑故不應朝命與謝安書及詩十首辭理可觀其文多引簡文
帝之眄遇先冲卒長子蔚官至散騎常侍游擊將軍玄簒以爲醴陵王
冲字幼子溫諸弟中最淹識有武幹溫甚器之弱冠太宰武陵王晞辟不就除

鷹揚將軍鎮蠻護軍西陽太守從溫征伐有功遷督荊州之南陽襄陽新野義陽順陽雍州之京兆揚州之義城七郡軍事寧朔將軍義城新野二郡太守鎮襄陽又從溫破姚襄及虜周城進號征虜將軍賜爵豐城公尋遷振威將軍江州刺史領鎮蠻護軍西陽譙二郡太守溫之破姚襄也獲襄將張駿楊凝等徙于尋陽沖在江陵未及之職而駿率其徒五百人殺江州督護趙毗掠武昌府庫將妻子北叛沖遣將討獲之遽還所鎮初彝亡後沖兄弟並少家貧母患須羊以解無由得之溫乃以沖爲質羊主甚富言不欲爲質幸爲養買德郎買德郎沖小字也及沖爲江州出射羊主於堂邊看沖識之謂曰我買德也遂厚報之頃之進監江荊豫三州之六郡軍事南中郎將假節州郡如故在江州凡十三年而溫薨孝武帝詔沖爲中軍將軍都督揚江豫三州軍事揚豫二州刺史假節時詔賻溫錢布漆蠟等物而不及大斂沖上疏陳溫素懷每存清儉且私物足舉凶事求還官庫詔不許沖猶固執不受初溫執權大辟之罪皆自己決沖既莅事上疏以爲生殺之重古今所慎凡諸死罪先上須報沖既代溫居任

則盡忠王室或勸冲誅除時望專執權衡冲不從謝安以時望輔政爲羣情所歸冲懼逼寧康三年乃解揚州自求外出桓氏黨與以爲非計莫不扼腕苦諫郗超亦深止之冲皆不納處之澹然不以爲恨忠言嘉謀每盡心力於是改授都督徐兗豫青揚五州之六郡軍事車騎將軍徐州刺史以北中郎府并中軍鎮京口假節又詔冲及謝安並加侍中以甲杖五十人入殿時丹陽尹王藴以后父之重昵于安安意欲出藴爲方伯乃復解冲徐州直以車騎將軍都督豫江二州之六郡軍事自京口遷鎮姑熟既而苻堅寇涼州冲遣宣城内史朱序豫州刺史桓伊率衆向壽陽淮南太守劉波汎舟淮泗乘虛致討以救涼州乃表曰氐賊自并東胡醜類實繁而蜀漢寡弱西涼無備斯誠暴與疾顛祇速其亡然而天未勦絶屢爲國患臣聞勝於無形功立事表伐謀之道兵之上略況此賊陸梁終必越逸北狄陵縱常在秋冬今日月迅邁高風行起臣輒較量畿甸守衛重複又淮泗通流長江如海荆楚偏遠密邇寇讐方城漢水無天險之實而過備之重勢在西門臣雖凡庸識乏武略然猥荷重任思在投袂請率所

統徑進南郡與征西將軍臣豁參同謀猷賊若果驅犬羊送死沔漢庶仰憑正
順因致人利一舉乘風掃清氛穢不復重勞王師有事三秦則先帝盛業永隆
於聖世宣武遺志無恨於在昔如其懾憚皇威闚𨵦計屈則觀兵伺釁更議進
取振旅旋旆遲速唯宜伏願陛下覽臣所陳特垂聽許詔答曰醜類違天比年
縱肆梁益不守河西傾喪每惟宇內未一憤歎盈懷將軍經略深長思算重復
忠國之誠形于義旨覽省未周以感以慨寇雖乘間竊利而以無道臨之黷武
窮兇虐用其衆滅亡之期勢何得久然備豫不虞軍之善政輒諮于羣后敬從
高算想與征西協參令圖嘉謀遠猷動靜以聞會張天錫陷沒於是罷兵俄而
豁卒遷都督江荊梁益寧交廣七州揚州之義成雍州之京兆司州之河東軍
事領護南蠻校尉荊州刺史持節將軍侍中如故又以其子嗣爲江州刺史沖
將之鎮帝餞於西堂賜錢五十萬又以酒三百四十石牛五十頭犒賜文武謝
安送至漂洲沖既到江陵時苻堅彊盛沖欲移阻江南乃上疏曰自中興以來
荊州所鎮隨宜迴轉臣亡兄温以石季龍死經略中原因江陵路便即而鎮之

事與時遷勢無常定且兵者詭道示之以弱今宜全重江南輕戍江北南平孱陵縣界地名上明田土膏良可以資業軍人在吳時樂鄉城以上四十餘里北枕大江西接三峽若狂狡送死則舊郢以北堅壁不戰接會濟江路不云遠乘其疲墮撲翦爲易臣司存閫外輒隨宜處分於是移鎭上明使冠軍將軍劉波守江陵諮議參軍楊亮守江夏詔以荆州水旱饑荒又沖新移草創歲運米三十萬斛以供軍資須年豐乃止堅遣其將苻融寇樊鄧石越寇魯陽姚萇寇南鄉韋鍾寇魏興所在陷沒沖遣江夏相劉奭南中郎將朱序擊之而奭畏懦不進序又爲賊所擒沖深自咎責上疏送章節請解職不許遣左衞將軍張玄之詣沖諮謀軍事沖率前將軍劉波及兄子振威將軍石民冠軍將軍石虔等伐苻堅拔堅筑陽攻武當走堅兗州刺史張崇堅遣慕容垂毛當寇鄧城苻熙石越寇新野沖既憚堅衆又以疾疫還鎭上明表以夏口江沔衝要密邇彊寇兄子石民堪居此任輒版督荆江十郡軍事振武將軍襄城太守尋陽北接彊蠻西連荆郢亦一任之要今府州既分請以王薈補江州刺史詔從之時薈始遭

兄卲喪將葬辭不欲出於是衞將軍謝安更以中領軍謝輶代之沖聞之而怒上疏以爲輶文武無堪求自領江州帝許之沖使石虔伐堅襄陽太守閭震擒之及大小帥二十九人送于京都詔歸沖府以平震功封次子謙宜陽侯堅使其將郝貴守襄陽沖使揚威將軍朱綽討之遂焚燒沔北田稻拔六百餘戶而還又遣上庸太守郭寶伐堅魏興太守褚垣上庸太守段方並降之新城太守麴常遁走三郡皆平詔賜錢百萬袍表千端初沖之西鎮以賊寇方彊故移鎮上明謂江東力弱正可保固封疆自守而已又以將相異宜自以德望不逮謝安故委之內相而四方鎮扞以爲己任又與朱序款密俄而序沒於賊沖深用愧惋既而苻堅盡國內侵沖深以根本爲慮乃遣精銳三千來赴京都謝安謂三千人不足以爲損益而欲外示閑暇聞軍在近固不聽報云朝廷處分已定兵革無闕西藩宜以爲防時安已遣兄子玄及桓伊等諸軍沖謂不足以爲廢與召佐吏對之歎曰謝安乃有廟堂之量不閑將略今大敵垂至方遊談不暇雖遣諸不經事少年衆又寡弱天下事可知吾其左衽矣俄而聞堅破大勳克

舉又知朱序因以得還沖本疾病加以慚恥發病而卒時年五十七歲贈太尉
本官如故諡曰宣穆賻錢五十萬布五百匹沖性儉素而謙虛愛士嘗浴後其
妻送以新衣沖大怒促令持去其妻復送之而謂曰衣不經新何緣得故沖笑
而服之命處士南陽劉驎之爲長史驎之不屈親往迎之禮之甚厚又辟處士
長沙鄧粲爲别駕備禮盡恭粲感其好賢乃起應命初郄鑒庾亮庾翼臨終皆
有表樹置親戚唯沖獨與謝安書云妙靈靈寶尚小亡兄寄託不終以此爲恨
言不及私論者益嘉之及喪下江陵士女老幼皆臨江瞻送號哭盡哀後玄篡
位追贈太傅宣城王有七子嗣謙脩崇弘羨怡
嗣字恭祖少有清譽與豁子石秀並爲桓氏子姪之冠沖既代豁西鎮詔以嗣
督荆州之三郡豫州之四郡軍事建威將軍江州刺史莅事簡約脩所住齋應
作板檐嗣命以茅代之版付船官轉西陽襄城二郡太守鎮夏口後領江夏相
卒官追贈南中郎將諡曰靖子胤嗣
胤字茂遠少有清操雖奕世華貴甚以恬退見稱初拜祕書丞累遷中書郎祕

書監玄甚欽愛之遷中書令玄篡位爲吏部尙書隨玄西奔玄死歸降詔曰夫善著則祚遠勳彰故事殊以宣孟之忠蒙後晉國子文之德世嗣獲存故太尉冲昔藩陝西忠誠王室諸子染凶自貽罪戮念冲遺勳用悽于懷其孫胤宜見矜宥以獎爲善可特全生命徙于新安及東陽太守殷仲文永嘉太守駱騾等謀反陰欲立胤爲玄嗣事覺伏誅

謙字敬祖詳正有器望初以父功封宜陽縣開國侯累遷輔國將軍吳國內史孫恩之亂謙出奔無錫徵拜尙書驃騎大將軍元顯引爲諮議參軍轉司馬元興初朝廷將伐玄以桓氏世在陝西謙父冲有遺惠於荆楚懼人情向背乃用謙爲持節都督荆益寧梁四州諸軍事西中郎將荆州刺史假節以安荆楚玄旣用事以謙爲尙書左僕射領吏部加中軍將軍謙兄弟顯列玄甚倚杖之而內不能善也改封謙爲寧都侯拜尙書令加散騎常侍遷侍中衞將軍開府錄尙書事玄篡位復領揚州刺史本官如故封新安王及桓振作亂謙保護乘輿頗有功焉然而暗愞尤不可以造事初勸振率軍下戰以守江陵振旣輕謙用

事故不從及振敗謙奔于姚興先是譙縱稱藩於姚興縱與盧循通使潛相影響乃表與請謙共順流東下與請謙謙曰臣門著恩荊楚從弟玄雖謂篡位皆是逼迫人神所明今臣與縱東下百姓自應駭動興曰小水不容大舟若縱才力足以濟事亦不假君爲鱗翼宜自求多福遂遣之謙至蜀欲虛懷引士縱疑之乃置謙於龍格使人守之謙向諸弟泣曰姚主言神矣後與縱引譙道福俱下謙於道占募百姓感冲遺惠投者二萬人劉道規破謙斬之

脩字承祖尙簡文帝女武昌公主歷吏部郎稍遷左衞將軍王恭將伐譙王尙之先遣何澹之孫無終向句容脩以左衞領振武將軍與輔國將軍陶無忌距之脩次句容俄而恭敗無終遣書求降脩旣旋軍而楊佺期已至石頭時朝廷無備內外崩駭脩進說曰殷桓之下專恃王恭恭旣破滅莫不失色今若優詔用玄玄必內喜則能制仲堪佺期使並順命朝廷納之以脩爲龍驤將軍荊州刺史假節權領左衞文武之鎭又令劉牢之以千人送之轉仲堪爲廣州脩未及發而玄等盟於尋陽求誅牢之尙之并訴仲堪無罪獨被降黜於是詔復仲

堪荊州刺史中丞江績奏脩承受楊佺期之言交通信命宣傳不盡以爲身計疑誤朝算請收付廷尉特詔免官尋代王凝之爲中護軍頃之玄破仲堪佺期詔以脩爲征虜將軍江州刺史尋復爲中護軍玄執政以脩都督六州右將軍徐兗二州刺史假節尋進撫軍將軍加散騎常侍玄簒以爲撫軍大將軍封安成王劉裕義旗起斬之

徐寧

徐寧東海郯人也少知名爲輿縣令時廷尉桓彝稱有人倫鑒識彝嘗去職至廣陵尋親舊還遇風停浦中累日憂悒因上岸見一室宇有似廨署訪之云是輿縣彝乃造之寧清惠博涉相遇欣然因留數夕彝大賞之結交而別至都謂庾亮曰吾爲卿得一佳吏部郎語在彝傳卽遷吏部郎左將軍江州刺史卒官

史臣曰醨風潛煽醇源浸竭遺道德於情性顯忠信於名教首陽高節求仁而得仁泗上微言朝聞而夕死原軫免胄懍然於往策季路絕纓邈矣於前志況交霜雪於杪歲晦風雨於將晨喈響或以變其音貞柯罕能全其性桓茂倫抱

中和之氣懷不撓之節邁周庾之清塵遵許郭之遐軌懼臨危於取免知處死之爲易揚芬千載之上淪骨九泉之下仁者之勇不其然乎至夫基構迭汙隆龍蛇俱山澤沖逡巡於內輔谿陵厲於上游虔振北門之威秀坦西陽之務外有扞城之用裏無末大之嫌求之名臣抑亦可算而溫爲亢極之資玄遂履霜之業是知敬仲之美不息檀臺之亂甯俞之忠無救奕棋之禍子文之不血食悲夫

贊曰矯矯宣城貞心莫陵身隨露夭名與雲興虔谿重世沖秀雙美國賴英臣家推才子振武謙文尋邑爲羣歸之篡亂曷足以示

晉書卷七十四

晉書卷七十四考證

桓嗣傳故太尉冲昔藩陝西○臣宗萬按本傳冲爲荆州刺史而謂爲陝西者東晉時以荆州爲陝西故也

晉書卷七十四考證

晉書卷七十五

唐　太　宗　文　皇　帝　御　撰

列傳第四十五

王湛　子承　承子述　述子坦之　禕之　坦之子愷　愉　國寶　忱　愉子綏　承族子嶠　袁悅之　祖台之

王湛字處沖司徒渾之弟也少有識度身長七尺八寸龍顙大鼻少言語初有隱德人莫能知兄弟宗族皆以爲癡其父昶獨異焉遭父喪居于墓次服闋門守靜不交當世沖素簡淡器量隤然有公輔之望兄子濟輕之所食方丈盈前不以及湛湛命取菜蔬對而食之濟嘗詣湛見牀頭有周易問曰叔父何用此爲湛曰體中不佳時脫復看耳濟請言之湛因剖析玄理微妙有奇趣皆濟所未聞也濟才氣抗邁於湛略無子姪之敬既聞其言不覺慄然心形俱肅遂留連彌日累夜自視缺然乃歎曰家有名士三十年而不知濟之罪也既而辭去湛送至門濟有從馬絕難乘濟問湛曰叔頗好騎不湛曰亦好之因騎此馬姿容既妙迴策如縈善騎者無以過之又濟所乘馬甚愛之湛曰此馬雖快然

力薄不堪苦行近見督郵馬當勝但芻秣不至耳濟試養之當與己馬等湛又曰此馬任重方知之平路無以別也於是當蟻封內試之濟馬果躓而督郵馬如常濟益歎異還白其父曰濟始得一叔乃濟以上人也武帝亦以湛爲癡每見濟輒調之曰卿家癡叔死未濟常無以答及是帝又問如初濟曰臣叔殊不癡因稱其美帝曰誰比濟曰山濤以下魏舒以上時人謂湛上方山濤不足下比魏舒有餘湛聞曰欲處我於季孟之間乎湛少仕歷秦王文學太子洗馬尚書郎太子中庶子出爲汝南內史元康五年卒年四十七子承嗣

承字安期清虛寡欲無所修尚言理辯物但明其指要而不飾文辭有識者服其約而能通弱冠知名太尉王衍雅貴異之比南陽樂廣焉永寧初爲驃騎參軍值天下將亂乃避難南下遷司空從事中郎豫迎大駕賜爵藍田縣侯遷尚書郎不就東海王越鎮許以爲記室參軍雅相知重勑其子毗曰夫學之所益者淺體之所安者深閑習禮度不如式瞻儀形諷味遺言不若親承音旨王參軍人倫之表汝其師之在府數年見朝政漸替辭以母老求出越不許久之遷

東海太守政尚清靜不爲細察小吏有盜池中魚者綱紀推之承曰文王之囿與衆共之池魚復何足惜邪有犯夜者爲吏所拘承問其故答曰從師受書不覺日暮承曰鞭撻寧越以立威名非政化之本使吏送令歸家其從容寬恕若此尋去官東渡江是時道路梗澁人懷危懼承每遇艱險處之夷然雖家人近習不見其憂喜之色既至下邳登山北望歎曰人言愁我始欲愁矣及至建鄴爲元帝鎮東府從事中郎甚見優禮承少有重譽而推誠接物盡弘恕之理故衆咸親愛焉渡江名臣王導衞玠周顗庾亮之徒皆出其下爲中興第一年四十六卒朝野痛惜之自昶至承世有高名論者以爲祖不及孫孫不及父子述嗣

述字懷祖少孤事母以孝聞安貧守約不求聞達性沉靜每坐客馳辨異端競起而述處之恬如也少襲父爵年三十尚未知名人或謂之癡司徒王導以門地辟爲中兵屬既見無他言惟問以在東米價述但張目不答導曰王掾不癡人何言癡也嘗見導每發言一坐莫不贊美述正色曰人非堯舜何得每事盡

善導改容謝之謂庾亮曰懷祖清貞簡貴不減祖父但曠淡微不及耳康帝爲
驃騎將軍召補功曹出爲宛陵令太尉司空頻辟又除尚書吏部郎並不行歷
庾冰征虜長史時庾翼鎮武昌以累有妖怪又猛獸入府欲移鎮避之述與冰
牋曰竊聞安西欲移鎮樂鄉不審此爲算邪將爲情邪若謂爲算則彼去武昌
千有餘里數萬之衆創造移徙方當與立城壁公私勞擾若信要害之地所宜
進據猶當計移徙之煩權二者輕重況此非今日之要邪方今彊胡陸梁當畜
力養銳而無故遷動自取非算又江州當泝流數千供繼軍府力役增倍疲曳
道路且武昌實是江東鎮戍之中非但扞禦上流而已急緩赴告駿奔不難若
移樂鄉遠在西陲一朝江渚有虞不相接救方嶽取重將故當居要害之地爲
內外形勢使闚覦之心不知所向若是情邪則天道玄遠鬼情難言妖祥吉凶
誰知其故是以達人君子直道而行不以情失昔秦忌亡胡之讖卒爲劉項之
資周惡檿弧之謠而成褒姒之亂此既然矣歷觀古今鑒其遺事妖異速禍敗
者蓋不少矣禳避之道苟非所審且當擇人事之勝理思社稷之長計斯則天

下幸甚令名可保矣若安西感意已爾不能安於武昌但得近移夏口則其次也樂鄉之舉咸謂不可顧將軍體國爲家固審此舉時朝議亦不允翼遂不移鎮述出補臨海太守遷建威將軍會稽內史莅政清肅終日無事母憂去職服闋代殷浩爲揚州刺史加征虜將軍初至主簿請諱報曰亡祖先君名播海內遠近所知內諱不出門餘無所諱尋加中書監固讓經年不拜復加征虜將軍進都督揚州徐州之琅邪諸軍事衞將軍并冀幽平四州大中正刺史如故尋遷散騎常侍尚書令將軍如故述每受職不爲虛讓其有所辭必於不受至是子坦之諫以爲故事應讓述曰汝謂我不堪邪坦之曰非也但克讓自美事耳述曰既云堪何爲復讓人言汝勝我定不及也坦之爲桓溫長史溫欲爲子求婚於坦之及還家省父而述愛坦之雖長大猶抱置膝上坦之因言溫意述大怒遽排下曰汝竟癡邪詎可畏溫面而以女妻兵也坦之乃辭以他故溫曰此尊君不肯耳遂止簡文帝每言述才既不長直以真率便敵人耳謝安亦歎美之初述家貧求試宛陵令頗受贈遺而修家具爲州司所檢有一千三百條王

導使謂之曰名父之子不患無祿屈臨小縣甚不宜爾述答曰足自當止時人未之達也比後屢居州郡清潔絶倫祿賜皆散之親故宅宇舊物不革於昔始爲當時所嘆但性急爲累嘗食雞子以筯刺之不得便大怒擲地雞子圓轉不止便下牀以屐齒蹹之又不得瞋甚掇內口中齧破而吐之既躋重位每以柔克爲用謝奕性麤嘗忿述極言罵之述無所應面壁而已居半日奕去始復坐人以此稱之太和二年以年迫懸車上疏乞骸骨曰臣曾祖父魏司空昶白牋於文皇帝曰昔與南陽宗世林共爲東宮官屬世林少得好名州里瞻敬及其年老汲汲自勵恐見廢棄時人咸共笑之若天假其壽致仕之年不爲此公婆娑之事情旨慷慨深所鄙薄雖是牋書乃實訓誡臣忝端右而以疾患禮敬廢替猶謂可有差理日復一日而年衰疾痼永無復瞻華幄之期乞奉先誡歸老丘園不許述竟不起三年卒時年六十六初桓温平洛陽議欲還都朝廷憂懼將遣侍中止之述曰温欲以虛聲威朝廷非事實也但從之自無所至事果不行又議欲移洛陽鍾虡述曰永嘉不競暫都江左方當蕩平區宇旋軫舊京若

其不爾宜改遷園陵不應先事鍾虞溫竟無以奪之追贈侍中驃騎將軍開府
謚曰穆以避穆帝改曰簡子坦之嗣
坦之字文度弱冠與郗超俱有重名時人爲之語曰盛德絕倫郗嘉賓江東獨
步王文度嘉賓超小字也僕射江虨領選將擬爲尙書郎坦之聞曰自過江來
尙書郎正用第二人何得以此見擬虨遂止簡文帝爲撫軍將軍辟爲掾累遷
參軍從事中郎仍爲司馬加散騎常侍出爲大司馬桓溫長史尋以父憂去職
服闋徵拜侍中襲父爵時卒士韓悵逃亡歸首云失牛故叛有司劾悵偷牛考
掠服罪坦之以爲悵束身自歸而法外加罪懈怠失牛事或可恕加之木石理
有自誣宜附罪疑從輕之例遂以見原海西公廢領左衞將軍坦之有風格尤
非時俗放蕩不敦儒教頗尙刑名學著廢莊論曰荀卿稱莊子蔽於天而不知
人楊雄亦曰莊周放蕩而不法何晏云鬻莊軀放玄虛而不周乎時變三賢之
言遠有當乎夫獨構之唱唱虛而莫和無感之作義偏而用寡動人由於兼忘
應物在乎無心孔父非不體遠以體遠故用近顏子豈不具德以德備故膺教

胡爲其然哉不獲已而然也夫自足者寡故理懸於羲農狥教者衆故義申於三代道心惟微人心惟危吹萬不同孰知正是雖首陽之情三黜之智磨頂之甘落毛之愛枯槁之生負石之死格諸中庸未入乎道而況下斯者乎先王知人情之難肆懼違行以致訟悼司徹之貽悔審褫帶之所緣故陶鑄羣生謀之未兆每攝其契而爲節焉使夫敦禮以崇化日用以成俗誠存而邪忘利損而競息成功遂事百姓皆曰我自然蓋善闇者無怪故所遇而無滯執道以離俗孰踰於不達語道而失其爲者非其道也辯德而有其位者非其德也言默所未究況揚之以爲風乎且卽濠以尋魚想彼之我同推顯以求隱理得而情昧若夫莊生者望大庭而撫契仰彌高於不足寄積想於三篇恨我之懷未盡其言詭譎其義恢誕君子內應從我游方之外衆人因藉之以爲弊薄之資然則天下之善人少不善人多莊生之利天下也少害天下也多故曰魯酒薄而邯鄲圍莊生作而風俗頹禮與浮雲俱征僞與利蕩並肆人以克己爲恥士以無措爲通時無履德之譽俗有蹈義之愆驟語賞罰不可以造次屢稱無爲不可

與適變雖可用於天下不足以用天下人昔漢陰丈人修渾沌之術孔子以爲識其一不識其二莊生之道無乃類乎與夫如愚之契何殊間哉若夫利而不害天之道也爲而不爭聖之德也羣方所資而莫知誰氏在儒而非儒非道而有道彌貫九流玄同彼我萬物用之而不旣亹亹日新而不朽昔吾孔老固已言之矣又領本州大中正簡文帝臨崩詔大司馬溫依周公居攝故事坦之自持詔入於帝前毀之帝曰天下儻來之運卿何所嫌坦之曰天下宣元之天下陛下何得專之帝乃使坦之改詔焉溫薨坦之與謝安共輔幼主遷中書令領丹陽尹俄授都督徐兗青三州諸軍事北中郎將徐兗二州刺史鎭廣陵將之鎭上表曰臣聞人君之道以孝敬爲本臨御四海以委任爲貴恭順無爲則盛德日新親杖賢能則政道邕睦昔周成漢昭並以幼年纂承大統當時天下未爲無難終能顯揚祖考保安社稷蓋尊尊親親信納大臣之所致也伏惟陛下誕奇秀之姿稟生知之量春秋尚富涉道未曠方須訓導以成天德皇太后仁淑之體過於三母先帝奉事積年每稱聖明臣願奉事之心便當自同孝宗太

后慈愛之隆亦不必異所生瑯邪王餘姚王及諸皇女宜朝夕定省承受教誨
導習儀刑以成景仰恭敬之美不可以屬非至親自爲疎疑昔肅祖崩殂成康
幼沖事無大小必諮丞相導所以克就聖德實此之由今僕射臣安中軍臣沖
人望具瞻社稷之臣且受遇先帝綢繆繾綣並志竭忠貞盡心盡力歸誠陛下
以報先帝愚謂周旋舉動皆應諮此二臣二臣之於陛下則周之旦奭漢之霍
光顯宗之於王導沖雖在外路不云遠事容信宿必宜參詳然後情聽獲盡庶
事可畢又天聽雖聰不啓不廣羣情雖忠不引不盡宜數引侍臣詢求讜言平
易之世有道之主猶尚誡懼日昃不倦況今艱難理盡慮經安危祖宗之基繫
之陛下不可不精心務道以申先帝堯舜之風可不敬修至德以保宣元天地
之祚表奏帝納之初謝安愛好聲律朞功之慘不廢妓樂頗以成俗坦之非而
苦諫之安遺坦之書曰知君思相愛惜之至僕所求者聲謂稱情義無所不可
爲聊復以自娛耳若絜軌跡崇世教非所擬議亦非所屑常謂君粗得鄙趣者
猶未悟之濠上邪故知莫逆未易爲人坦之答曰具君雅旨此是誠心而行獨

往之美然恐非大雅中庸之謂意者以爲人之體韻猶器之方圓方圓不可錯用體韻豈可易處各順其方以弘其業則歲寒之功必有成矣吾子少立德行體議淹允加以令地優游自居僉曰之談咸以淸遠相許至於此事實有疑焉公私二三莫見其可以此爲濠上悟之者得無鮮乎且天下之寶故爲天下所惜天下之所非何爲不可以天下爲心乎想君幸復三思書往反數四安竟不從坦之又嘗與殷康子書論公謙之義曰夫天道以無私成名二儀以至公立德立德存乎至公故無親而非理成名在乎無私故在當而忘我此天地所以成功聖人所以濟化由斯論之公道體於自然故理泰而愈降謙義生於不足故時弊而義著故大禹咎繇稱功言惠而成功於彼孟反范燮殷軍後入而全身於此從此觀之則謙公之義固以殊矣夫物之所美已不可收人之所貴我不可取誠患人惡其上衆不可蓋故君子居之而每加損焉隆名在於矯伐而不在於期當匿迹在於違顯而不在於求是於是謙光之義與矜競而俱生卑挹之義與夸伐而並進由親譽生於不足未若不知之有餘良藥效於瘳疾未

若無病之爲貴也夫乾道確然示人易矣坤道隤然示人簡矣二象顯於萬物
兩德彰於羣生豈矯枉過直而失其所哉由此觀之則大通之道公坦於天地
謙伐之義險巇於人事今存公而廢謙則自伐者託至公以生嫌自美者因存
黨以致惑此王生所謂同貌而實異不可不察者也然理必有源教亦有主苟
探其根則玄指自顯若尋其末弊無不至豈可以嫌似而疑至公弊貪而忘於
諒哉康子及袁宏並有疑難坦之摽章摘句一一申而釋之莫不厭服又孔嚴
著通葛論坦之與書贊美之其忠公慷慨摽明賢勝皆此類也初坦之與沙門
竺法師甚厚每共論幽明報應便要先死者當報其事後經年師忽來云貧道
已死罪福皆不虛惟當勤修道德以升濟神明耳言訖不見坦之尋亦卒時年
四十六臨終與謝安桓沖書言不及私惟憂國家之事朝野甚痛惜之追贈安
北將軍諡曰獻
禕之字文邵少知名尙尋陽公主歷中書侍郎年未三十而卒贈散騎常侍坦
之四子愷愉國寶忱

愷字茂仁愉字茂和並少踐清階愷襲父爵愉稍遷驃騎司馬加輔國將軍愷
太元末爲侍中領右衞將軍多所獻替兄弟貴盛當時莫比及王恭等討國寶
愷愉並請解職以與國寶異生又素不協故得免禍國寶既死出愷爲吳郡內
史愉爲江州刺史都督豫州四郡輔國將軍假節未幾徵愷爲丹陽尹及桓玄
等至江寧愷領兵守石城俄而玄等走復爲吳郡病卒追贈太常愉至鎮未幾
殷仲堪桓玄楊佺期舉兵應王恭乘流奄至愉既無備惶遽奔臨川爲玄所得
玄盟于尋陽以愉置壇所愉甚恥之及事解除會稽內史玄篡位以爲尚書僕
射劉裕義旗建加前將軍愉既桓氏壻父子寵貴又嘗輕侮劉裕心不自安潛
結司州刺史溫詳謀作亂事泄被誅子孫十餘人皆伏法
國寶少無士操不修廉隅婦父謝安惡其傾側每抑而不用除尚書郎國寶以
中興膏腴之族惟作吏部不爲餘曹郎甚怨望固辭不拜從妹爲會稽王道子
妃由是與道子遊處遂間毀安焉及道子輔政以爲祕書丞俄遷琅邪內史領
堂邑太守加輔國將軍入補侍郎遷中書令中領軍與道子持威權扇動內外

中書郎范寧國寶舅也儒雅方直疾其阿諛勸孝武帝黜之國寶乃使陳郡袁悅之因尼支妙音致書與太子母陳淑媛說國寶忠謹宜見親信帝知之託以他罪殺悅之國寶大懼遂因道子譖毀寧寧由是出爲豫章太守及弟忱卒國寶自表求解職迎母弃奔忱喪詔特賜假而盤桓不時進發爲御史中丞褚粲所奏國寶懼罪衣女子衣託爲王家婢詣道子告其事道子言之於帝故得原後驃騎參軍王徵請國寶同讌國寶素驕貴使酒怒尚書左丞祖台之攘袂大呼以盤醆樂器擲台之台之不敢言復爲粲所彈詔以國寶縱肆情性甚不可長台之懦弱非監司體並坐免官頃之復職愈驕蹇不遵法度起齋侔清暑殿帝惡其僭侈國寶懼遂諂媚於帝而頗疎道子道子大怒嘗於內省面責國寶以劍擲之舊好盡矣是時王雅亦有寵薦王珣於帝帝夜與國寶及雅宴帝微有酒令召珣將至國寶自知才出珣下恐至傾其寵因曰王珣當今名流不可以酒色見帝遂止而以國寶爲忠將納國寶女爲琅邪王妃未婚而帝崩安帝卽位國寶復事道子進從祖弟緒爲琅邪內史亦以佞邪見知道子復惑之倚

爲心腹並爲時之所疾國寶遂參管朝權威震內外遷尚書左僕射領選加後將軍丹陽尹道子悉以東宮兵配之時王恭與殷仲堪並以才器各居名藩恭惡道子國寶亂政屢有憂國之言道子等亦深忌憚之將謀去其兵未及行而恭檄至以討國寶爲名國寶惶遽不知所爲緒說國寶令矯道子命召王珣車胤殺之以除羣望因挾主相以討諸侯國寶許之珣胤既至而不敢害反問計於珣珣勸國寶放兵權以迎恭國寶信之語在珣傳又問計於胤胤曰南北同舉而荊州未至若朝廷遣軍恭必城守昔桓公圍壽陽彌時乃剋若京城未拔而上流奄至君將何以待之國寶尤懼遂上疏解職詣闕待罪既而悔之詐稱詔復其本官欲收其兵距王恭道子既不能距諸侯欲委罪國寶乃遣譙王尚之收國寶付廷尉賜死幷斬緒於市以謝王恭國寶貪縱聚斂不知紀極後房伎妾以百數天下珍玩充滿其室及王恭伏法詔追復國寶本官元興初桓玄得志表徙其家屬於交州

忱字元達弱冠知名與王恭王珣俱流譽一時歷位驃騎長史嘗造其舅范寧

與張玄相遇寧使與玄語玄正坐斂衽待其所發忱竟不與言玄失望便去寧讓忱曰張玄吳中之秀何不與語忱笑曰張祖希欲相識自可見詣寧謂曰卿風流儁望真後來之秀忱曰不有此舅焉有此甥既而寧使報玄玄束帶造之始爲賓主太元中出爲荆州刺史都督荆益寧三州軍事建武將軍假節忱自恃才氣放酒誕節慕王澄之爲人又年少居方伯之任談者憂之及鎮荆州威風肅然殊得物和桓玄時在江陵既其本國且奕葉故義常以才雄駕物忱每裁抑之玄嘗詣忱通人未出乘輿直進忱對玄鞭門幹玄怒去之忱亦不留嘗朔日見客仗衞甚盛玄言欲獵借數百人忱悉給之玄憚而服焉性任達不拘末年尤嗜酒一飲連月不醒或裸體而游每歎三日不飲便覺形神不相親婦父常有慘忱乘醉吊之婦父慟哭忱與賓客十許人連臂被髮裸身而入繞之三匝而出其所行多此類數年卒官追贈右將軍謚曰穆

綏字彥猷少有美稱厚自矜邁實鄙而無行愉爲殷桓所捕綏未測存亡在都有憂色居處飲食每事貶降時人每謂爲試守孝子桓玄之爲太尉綏以桓氏

甥甚見寵待爲太尉右長史及玄簒遷中書令劉裕建義以爲冠軍將軍其家夜中梁上無故有人頭墮於牀而流血滂沲俄拜荊州刺史假節坐父愉之謀與弟納並被誅初綏與王謐桓胤齊名爲後進之秀謐位宦既極保身而終胤以從坐誅聲稱猶全綏身死名論殆盡亦以薄行矜峭而尚人故也自昶父漢鴈門太守澤已有名稱忱又秀出綏亦著稱八葉繼軌軒冕莫與爲比焉

嶠字開山祖默魏尚書父佑以才智稱爲楊駿腹心駿之排汝南王亮退衞瓘皆佑之謀也位至北軍中候嶠少有風尚弁司二州交辟不就永嘉末攜其二弟避亂渡江時元帝鎭建鄴教曰王佑三息始至名德之胄並有操行宜蒙飾敍且可給錢三十萬帛三百匹米五十斛親兵二十人尋以嶠參世子東中郎軍事不就愍帝徵拜著作郎右丞相南陽王保辟皆以道險不行元帝作相以爲水曹屬除長山令遷太子中舍人以疾不拜王敦請爲參軍爵九原縣公敦在石頭欲禁私伐蔡州荻以問羣下時王師新敗士庶震懼莫敢異議嶠獨曰中原有菽庶人採之百姓不足君孰與足若禁人樵伐未知其可敦不悅敦將

殺周顗戴若思嶠於坐諫曰濟濟多士文王以寧安可戮諸名士以自全生敦
大怒欲斬嶠賴謝鯤以免敦猶銜之出爲領軍長史敦平後除中書侍郎兼大
著作固辭轉越騎校尉頻遷吏部郎御史中丞祕書監領本州大中正咸和初
朝議欲以嶠爲丹陽尹嶠以京尹望重不宜以疾居之求補廬陵郡乃拜嶠廬
陵太守以嶠家貧無以上道賜布百匹錢十萬尋卒官諡曰穆子淡嗣歷位右
衞將軍侍中中護軍尚書廣州刺史淡子度世驍騎將軍

袁悅之

袁悅之字元禮陳郡陽夏人也父朗給事中悅之能長短說甚有精理始爲謝
玄參軍爲玄所遇丁憂去職服闋還都止齎戰國策言天下要惟此書後甚爲
會稽王道子所親愛每勸道子專覽朝權道子頗納其說俄而見誅

祖台之

祖台之字元辰范陽人也官至侍中光祿大夫撰志怪書行於世

荀崧 子羨 撰

荀崧字景猷潁川臨潁人魏太尉彧之玄孫也父頵羽林右監安陵鄉侯與王濟何劭爲拜親之友崧志操清純雅好文學齠齔時族曾祖顗見而奇之以爲必興頵門弱冠太原王濟甚相器重以方其外祖陳郡袁侃謂侃弟奧曰近見荀監子清虛明理當不及父德性純粹是賢兄輩人也其爲名流所賞如此泰始中詔以崧代兄襲父爵補濮陽王允文學與王敦顧榮陸機等友善趙王倫引爲相國參軍倫篡轉護軍司馬給事中稍遷尚書吏部郎太弟中庶子累遷侍中中護軍王彌入洛崧與百官奔于密未至而母亡賊追將及同旅散走崧被髮從車守喪號泣賊至棄其母尸于地奪車而去崧被四創氣絕至夜方蘇葬母于密山服闋族父藩承制以崧監江北軍事南中郎將後將軍假節襄陽太守時山陵發掘崧遣主簿石覽將兵入洛修復山陵以勳進爵舞陽縣公遷都督荊州江北諸軍事平南將軍鎮宛改封曲陵公爲賊杜曾所圍石覽時爲襄城太守崧力弱食盡使其小女灌求救於覽及南中郎將周訪訪卽遣子撫率兵三千人會石覽俱救崧賊聞兵至散走崧既得免乃遣南陽中部尉王國

劉隗等潛軍襲稷縣獲曾從兄儁新野太守保斬之元帝踐阼徵拜尚書僕射使崧與刁協共定中興禮儀從弟馗早亡二息序厥年各數歲崧迎與共居恩同其子太尉臨淮公荀顗國胤廢絕朝廷以崧屬近欲以崧子襲封崧哀序孤微乃讓封與序論者稱焉轉太常時方修學校簡省博士置周易王氏尚書鄭氏古文尚書孔氏毛詩鄭氏周官禮記鄭氏春秋左傳杜氏服氏論語孝經鄭氏博士各一人凡九人其儀禮公羊穀梁及鄭易皆省不置崧以爲不可乃上疏曰自喪亂以來儒學尤寡今處學則闕朝廷之秀仕朝則廢儒學之俊昔咸寧太康永嘉之中侍中常侍黃門通洽古今行爲世表者領國子博士一則應對殿堂奉酬顧問二則參訓國子以弘儒訓三則祠儀二曹及太常之職以得質疑今皇朝中興美隆往初宜憲章令軌祖述前典世祖武皇帝應運登禪崇儒興學經始明堂營建辟雍告朔班政鄉飲大射西閣東序河圖祕書禁籍臺省有宗廟太府金墉故事太學有石經古文先儒典訓賈馬鄭杜服孔王何顏尹之徒章句傳注衆家之學置博士十九人九州之中師徒相傳學士如林猶

選張華劉寔居太常之官以重儒教傳稱孔子沒而微言絕七十二子終而大義乖自頃中夏殄瘁講誦遏密斯文之道將墮于地陛下聖哲龍飛恢崇道教樂正雅頌於是乎在江揚二州先漸聲教學士遺文於今爲盛然方疇昔猶千之一臣學不章句才不弘通方之華實儒風殊邈思竭駑駘庶增萬分願斯道隆於百世之上搢紳詠於千載之下伏聞節省之制皆三分置二博士舊置十九人今五經合九人準古計今猶未能半宜及節省之制以時施行今九人以外猶宜增四願陛下萬幾餘暇時垂省覽宜爲鄭易置博士一人鄭儀禮博士一人春秋公羊博士一人穀梁博士一人昔周之衰下陵上替上無天子下無方伯善者誰賞惡者誰罰孔子懼而作春秋諸侯諱妬懼犯時禁是以微辭妙旨義不顯明故曰知我者其惟春秋罪我者其惟春秋時左丘明子夏造膝親受無不精究孔子既沒微言將絕於是丘明退撰所聞而爲之傳其書善禮多膏腴美辭張本繼末以發明經意信多奇偉學者好之稱公羊高親受子夏立於漢朝辭義清儁斷決明審董仲舒之所善也穀梁赤師徒相傳暫立於漢世

向歆漢之碩儒猶父子各執一家莫肯相從其書文淸義約諸所發明或是左
氏公羊所不載亦足有所訂正是以三傳並行於先代通才未能孤廢今去聖
久遠其文將墮與其過廢寧與過立臣以爲三傳雖同曰春秋而發端異趣按
知三家異同之說此乃義則戰爭之場辭亦劒戟之鋒於理不可得共博士宜
各置一人以博其學元帝詔曰崧表如此皆經國之務爲政所由息馬投戈猶
可講藝今雖日不暇給豈忘本而遺存邪可共博議者詳之議者多請從崧所
奏詔曰穀梁膚淺不足置博士餘如奏會王敦之難不行敦表以崧爲尚書左
僕射及帝崩羣臣議廟號王敦遣使謂曰豺狼當路梓宮未反祖宗之號宜別
思詳崧議以爲禮祖有功宗有德元皇帝天縱聖哲光啓中興德澤侔於太戊
功惠邁于漢宣臣敢依前典上號曰中宗既而與敦書曰承以長蛇未翦別詳
祖宗先帝應天受命以隆中興中興之主寧可隨世數而遷毀敢率丹直詢之
朝野上號中宗卜日有期不及重請專輒之愆所不敢辭初敦待崧甚厚欲以
爲司空於此銜之而止大寧初加散騎常侍後領太子太傅以平王敦功更封

平樂伯坐使威儀爲猛獸所食免職後拜金紫光祿大夫錄尚書事散騎常侍如故遷右光祿大夫開府儀同三司錄尚書如故又領祕書監給親兵百二十人年雖衰老而孜孜典籍世以此嘉之蘇峻之役崧與王導陸曄共登御牀擁衞帝及帝被逼幸石頭崧亦侍從不離帝側賊平帝幸溫嶠舟崧時年老病篤猶力步而從咸和三年薨時年六十七贈侍中諡曰敬其後著作郎虞預與丞相王導牋曰伏見前祕書光祿大夫荀公生於積德之族少有儒雅之稱歷位內外在貴能降蘇峻肆虐乘輿失幸公處嫌忌之地有累卵之危朝士爲之寒心論者謂之不免而公將之以智險而不懾扶侍至尊繾綣不離雖無扶迎之勳宜蒙守節之報且其宣慈之美早彰遠近朝野之望許以台司雖未正位已加儀同至守終純固名定闔棺而薨卒之日直加侍中生有三槐之望沒無鼎足之名寵不增於前秩榮不副於本望此一時愚智所慷慨也今承大弊之後淳風頹散苟有一介之善宜在旌表之例而況國之元老志節若斯者乎不從升平四年崧改葬詔賜錢百萬布五千匹有二子蕤羨蕤嗣

䢘字令遠起家祕書郎稍遷尙書左丞䢘有儀操風望雅爲簡文帝所重時桓
溫平蜀朝廷欲以豫章郡封溫䢘言於帝曰若溫復假王威北平河洛修復園
陵將何以加此於是乃止轉散騎常侍少府不拜出補東陽太守除建威將軍
吳國內史卒官子籍嗣位至散騎常侍大長秋
羨字令則清和有準纔年七歲遇蘇峻難隨父在石頭峻甚愛之恆置膝上羨
陰白其母曰得一利刀子足以殺賊母掩其口曰無妄言年十五將尙尋陽公
主羨不欲連婚帝室仍遠遁去監司追不獲已乃出尙公主拜駙馬都尉弱冠
與琅邪王洽齊名沛國劉惔太原王濛陳郡殷浩並與交好驃騎將軍何充出
鎭京口請爲參軍穆帝又以爲撫軍參軍徵補太常博士皆不就後拜祕書丞
義興太守征北將軍褚裒以爲長史旣到裒謂佐吏曰荀生資逸羣之氣將有
沖天之舉諸君宜善事之尋遷建威將軍吳國內史除北中郎將徐州刺史監
徐兗二州揚州之晉陵諸軍事假節殷浩以羨在事有能名故居以重任時年
二十八中興方伯未有如羨之少者羨至鎭發二州兵使參軍鄭襲戍淮陰羨

尋北鎮淮陽屯田于東陽之石鼈尋加監青州諸軍事又領兗州刺史鎮下邳羨自鎮來朝時蔡謨固讓司徒不起中軍將軍殷浩欲加大辟以問於羨羨曰蔡公今日事危明日必有桓文之舉浩乃止及慕容儁攻段蘭於青州詔使羨救之儁將王騰趙盤寇琅邪鄄城北境騷動羨討之擒騰盤迸走軍次琅邪而蘭已沒羨退還下邳留將軍諸葛攸高平太守劉莊等三千人守琅邪參軍戴遂蕭鍇二千人守泰山是時慕容蘭以數萬衆屯汴城甚爲邊害羨自光水引汶通渠至于東阿以征之臨陣斬蘭帝將封之羨固辭不受先是石季龍死胡中大亂羨撫納降附甚得衆心以疾篤解職後除右軍將軍加散騎常侍讓不拜升平二年卒時年三十八帝聞之歎曰荀令則王敬和相繼凋落股肱腹心將復誰寄乎追贈驃騎將軍

范汪　子寧　汪叔堅

范汪字玄平雍州刺史晷之孫也父稚早卒汪少孤貧六歲過江依外家新野庾氏荊州刺史王澄見而奇之曰興范族者必是子也年十三喪母居喪盡禮

親鄰哀之及長好學外氏家貧無以資給汪乃廬于園中布衣蔬食然薪寫書
寫畢誦讀亦遍遂博學多通善談名理弱冠至京師屬蘇峻作難王師敗績汪
乃遁逃西歸庾亮溫嶠屯兵尋陽時行李斷絕莫知峻之虛實咸恐賊彊未敢
輕進及汪至嶠等訪之汪曰賊政令不一貪暴縱橫滅亡已兆雖彊易弱朝廷
有倒懸之急宜時進討嶠深納之是日護軍平南二府禮命交至始解褐參護
軍事賊平賜爵都鄉侯復爲庾亮平西參軍從討郭默進爵亭侯辟司空郗鑒
掾除宛陵令復參亮征西軍事轉州別駕汪爲亮佐吏十有餘年甚相欽待轉
鷹揚將軍安遠護軍武陵內史徵拜中書侍郎時庾翼將悉郢漢之衆以事中
原軍次安陸尋轉屯襄陽汪上疏曰臣伏思安西將軍翼今至襄陽倉卒攻討
凡百草創安陸之調不復爲襄陽之用而玄冬之月沔漢乾涸皆當魚貫而行
排推而進設一處有急勢不相救臣所至慮一也又既至之後桓宣當出宣往
實翦豺狼之林招攜貳之衆待之以至寬御之以無法田疇墾闢生產始立而
當移之必有嗷然悔吝難測臣所至慮二也襄陽頓益數萬口奉師之費皆當

出於江南運漕之難船人之力不可不熟計臣之所至慮三也且申伯之尊而
與邊將並驅又東軍不進殊爲孤懸兵書云知彼知此百戰不殆知彼不知此
一勝一負賊誠衰弊然得臣猶在我雖方隆今實未暇而連兵不解患難將起
臣所至慮四也翼豈不知兵家所患常在於此顧以門戶事任憂責莫大晏然
終年非心情所安是以抗表輒行畢命原野以翼宏規經略文武用命忽遇釁
會大事便濟然國家之慮常以萬全非至安至審王者不舉臣謂宜嚴詔諭翼
還鎮養銳以爲後圖若少合聖聽乞密出臣表與車騎臣冰等詳共集議尋而
驃騎將軍何充輔政請爲長史桓溫代翼爲荆州復以汪爲安西長史溫西征
蜀委以留府蜀平進爵武興縣侯而溫頻請爲長史江州刺史皆不就自請還
京求爲東陽太守溫甚恨焉在郡大興學校甚有惠政頃之召入頻遷中領軍
本州大中正時簡文帝作相甚相親昵除都督徐兗青冀四州揚州之晉陵諸
軍事安北將軍徐兗二州刺史假節既而桓溫北伐令汪率文武出梁國以失
期免爲庶人朝廷憚溫不敢執談者爲之歎恨汪屏居吳郡從容講肆不言杠

直後至姑孰見温温時方起屈滯以傾朝廷謂汪遠來詣己傾身引望謂袁宏曰范公來可作太常邪汪既至纔坐温謝其遠來意汪實來造温恐以趨時致損乃曰亡兒瘞此故來視之温殊失望而止時年六十五卒于家贈散騎常侍謚曰穆長子康嗣早卒康弟甯最知名

甯字武子少篤學多所通覽簡文帝爲相將辟之爲桓温所諷遂寢不行故終温之世兄弟無在列位者時以浮虛相扇儒雅日替甯以爲其源始於王弼何晏二人之罪深於桀紂乃著論曰或曰黃唐緬邈至道淪翳濠濮輟詠風流靡託爭奪兆於仁義是非成於儒墨平叔神懷超絕輔嗣妙思通微振千載之頹綱落周孔之塵網斯蓋軒冕之龍門豪梁之宗匠嘗聞夫子之論以爲罪過桀紂何哉答曰子信有聖人之言乎夫聖人者德侔二儀道冠三才雖帝皇殊號質文異制而統天成務曠代齊趣王何蔑棄典文不遵禮度游辭浮說波蕩後生飾華言以翳實騁繁文以惑世搢紳之徒翻然改轍洙泗之風緬焉將墜遂令仁義幽淪儒雅蒙塵禮壞樂崩中原傾覆古之所謂言僞而辯行僻而堅者

其斯人之徒歟昔夫子斬少正於魯太公戮華士於齊豈非曠世而同誅乎桀紂暴虐正足以滅身覆國爲後世鑒戒耳豈能迴百姓之視聽哉王何叨海內之浮譽資膏粱之傲誕畫螭魅以爲巧扇無檢以爲俗鄭聲之亂樂利口之覆邦信矣哉吾固以爲一世之禍輕歷代之罪重自喪之釁小迷衆之愆大也甯崇儒抑俗率皆如此温蘙之後始解褐爲餘杭令在縣興學校養生徒絜己脩禮志行之士莫不宗之𢦤年之後風化大行自中興已來崇學敦教未有如甯者也在職六年遷臨淮太守封陽遂鄉侯頃之徵拜中書侍郎在職多所獻替有益政道時更營新廟博求辟雍明堂之制甯據經傳奏上皆有典證孝武帝雅好文學甚被親愛朝廷疑議輒諮訪之甯指斥朝士直言無諱王國寶甯之甥也以諂媚事會稽王道子懼爲甯所不容乃相驅扇因被疎隔求補豫章太守帝曰豫章不宜太守何急以身試死邪甯不信卜占固請行臨發上疏曰臣聞道尚虛簡政貴平靜坦公亮於幽顯流子愛於百姓然後可以輕夷嶮而不憂乘休否而常夷先王所以致太平如此而已今四境晏如烽燧不舉而倉庾

虛耗帑藏空匱古者使人歲不過三日今之勞擾殆無三日休停至有殘形翦髮要求復除生兒不復舉養鰥寡不敢妻娶豈不怨結人鬼感傷和氣臣恐社稷之憂積薪不足以爲喻臣久欲粗啓所懷日復一日今當永離左右不欲令心有餘恨請出臣啓事付外詳擇帝詔公卿牧守普議得失甯又陳時政曰古者分土割境以益百姓之心聖王作制籍無黃白之别昔中原喪亂流寓江左庶有旋反之期故許其挾注本郡自爾漸久人安其業丘壟墳柏皆已成行雖無本邦之名而有安土之實今宜正其封疆以土斷人戶明考課之科修閭伍之法難者必曰人各有桑梓俗自有南北一朝屬戶長爲人隸君子則有土風之慨小人則懷下役之慮斯誠幷兼者之所執而非通理者之篤論也古者失地之君猶臣所寓之主列國之臣亦有違適之禮隨會仕秦致稱春秋樂毅宦燕見褒良史且今普天之人原其氏出皆隨世遷移何至於今而獨不可凡荒郡之人星居東西遠者千餘近者數百而舉召役調皆相資須期會差違輒致嚴坐人不堪命叛爲盜賊是以山湖日積刑獄愈滋今荒小郡縣皆宜幷合不

滿五千戶不得爲郡不滿千戶不得爲縣守宰之任宜得清平之人頃者選舉
惟以卹貧爲先雖制有六年而富足便退又郡守長吏牽置無常或兼臺職或
帶府官夫府以統州州以監郡郡以莅縣如令互相領帖則是下官反爲上司
賦調役使無復節限且牽曳百姓營起廨舍東西流遷人人易處文書簿籍少
有存者先之室宇皆爲私家後來新官復應修立其爲弊也胡可勝言又方鎮
去官皆割精兵器仗以爲送故米布之屬不可稱計監司相容初無彈糾其中
或有清白亦復不見甄異送兵多者至於千餘家少者數十戶既力入私門復
資官廩布兵役既竭枉服良人牽引無端以相充補若是功勳之臣則已享裂
土之祚豈應封外復置吏兵乎謂送故之格宜爲節制以三年爲斷夫人性無
涯奢儉由勢今并兼之士亦多不贍非力不足以厚身非祿不足以富家是得
之有由而用之無節蒱酒永日馳騖卒年一宴之饌費過十金麗服之美不可
貲算盛狗馬之飾營鄭衞之音南畝廢而不墾講誦闕而無聞凡庸競馳傲誕
成俗謂宜驗其鄉黨考其業尚試其能否然後升進如此匪惟家給人足賢人

豈不繼踵而至哉宮制謫兵不相襲代頃者小事便以補役一愆之違辱及累
世親戚傍支罹其禍毒戸口減耗亦由於此皆宜料遣以全國信禮十九爲長
殤以其未成人也十五爲中殤以爲尙童幼也今以十六爲全丁則備成人之
役矣以十三爲半丁所任非復童幼之事矣豈可傷天理違經典困苦萬姓乃
至此乎今宜修禮文以二十爲全丁十六至十九爲半丁則人無夭折生長滋
繁矣帝善之初甯之出非帝本意故所啓多合旨甯在郡又大設庠序遣人往
交州採磬石以供學用改革舊制不拘常憲遠近至者千餘人資給衆費一出
私祿并取郡四姓子弟皆充學生課讀五經又起學臺功用彌廣江州刺史王
凝之上言曰豫章郡居此州之半太守臣甯入參機省出宰名郡而肆其奢濁
所爲狼籍郡城先有六門甯悉改作重樓復更開二門合前爲八私立下舍七
所臣伏尋宗廟之設各有品秩而甯自置家廟又下十五縣皆使左宗廟右社
稷準之太廟皆資人力又奪人居宅工夫萬計甯若以古制宜崇自當列上而
敢專輒惟在任心州旣聞知卽符從事制不復聽而甯嚴威屬縣惟令建立顧

出臣表下太常議之禮典詔曰漢宣云可與共治天下者良二千石也若范甯果如凝之所表者豈可復宰郡乎以此抵罪子泰時爲天門太守棄官稱訴帝以甯所務惟學事久不判會赦免初甯嘗患目痛就中書侍郎張湛求方湛因嘲之曰古方宋陽里子少得其術以授魯東門伯魯東門伯以授左丘明遂世世相傳及漢杜子夏鄭康成魏高堂隆晉左太沖凡此諸賢並有目疾得此方云用損讀書一減思慮二專內視三簡外觀四旦晚起五夜早眠六凡六物熬以神火下以氣簁蘊於胸中七日然後納諸方寸修之一時近能數其目睫遠視尺捶之餘長服不已洞見牆壁之外非但明目乃亦延年既免官家于丹陽猶勤經學終年不輟年六十三卒于家初甯以春秋穀梁氏未有善釋遂沉思積年爲之集解其義精審爲世所重既而徐邈復爲之注世亦稱之子泰元熙中爲護軍將軍

堅字子常博學善屬文永嘉中避亂江東拜佐著作郎撫軍參軍討蘇峻賜爵都亭侯累遷尚書右丞時廷尉奏殿中帳吏邵廣盜官幔三張合布三十匹有

司正刑棄市廣二子宗年十三雲年十一黃幡撾登聞鼓乞恩辭求自沒爲奚
官奴以贖父命尙書郎朱暎議以爲天下之人父無子者少一事遂行便成永
制懼死罪之刑於此而弛堅亦同暎議時議者以廣爲鉗徒二兒沒入既足以
懲又使百姓知父子之道聖朝有垂恩之仁可特聽減廣死罪爲五歲刑宗等
付奚官爲奴而不爲永制堅駁之曰自淳朴澆散刑辟仍作刑之所以止刑殺
之所以止殺雖時有赦過宥罪議獄緩死未有行小不忍而輕易典刑者也且
既許宗等宥廣以死若復有宗比而不求贖父者豈得不擯絕人倫同之禽獸
邪按主者今奏云惟特聽宗等而不爲永制臣以爲王者之作動關盛衰嚬笑
之閒尙愼所加況於國典可以徒虧今之所以宥廣正以宗等耳人之愛父誰
不如宗今既居然許宗之請將來訴者何獨匪民特聽之意未見其益不以爲
例交與怨讟此爲施一恩于今而開萬怨於後也成帝從之正廣死刑後遷護
軍長史卒官子啓字榮期雖經學不及堅而以才義顯於當世于時淸談之士
庾龢韓伯袁宏等並相知友爲祕書郎累居顯職終於黃門侍郎父子並有文

筆傳於世

劉惔

劉惔字真長沛國相人也祖宏字終嘏光祿勳宏兄粹字純嘏侍中宏弟潢字沖嘏吏部尚書並有名中朝時人語曰洛中雅雅有三嘏父耽晉陵太守亦知名惔少清遠有標奇與母任氏寓居京口家貧織芒屩以爲養雖蓽門陋巷晏如也人未之識惟王導深器之後稍知名論者比之袁羊惔喜還告其母其母聰明婦人也謂之曰此非汝比勿受之又有方之范汪者惔復喜母又不聽及惔年德轉升論者遂比之荀粲尚明帝女廬陵公主以惔雅善言理簡文帝初作相與王濛並爲談客俱蒙上賓禮時孫盛作易象妙於見形論帝使殷浩難之不能屈帝曰使真長來故應有以制之乃命迎惔盛素敬服惔及至便與抗答辭甚簡至盛理遂屈一座撫掌大笑咸稱美之累遷丹陽尹爲政清整門無雜賓時百姓頗有訟官長者諸郡往往有相舉正惔嘆曰夫居下訕上此弊道也古之善政司契而已豈不以其敦本正源鎮靜流末乎君雖不君下安可以

失禮若此風不革百姓將往而不反遂寢而不問性簡貴與王羲之雅相友善郗愔有傖奴善知文章羲之愛之每稱奴於惔惔曰何如方回邪羲之曰小人耳何比郗公惔曰若不如方回故常奴耳桓溫嘗問惔會稽王談更進邪惔曰極進然故第三流耳溫曰第一復誰惔曰故在我輩其高自標置如此惔每奇溫才而知其有不臣之迹及溫爲荊州惔言於帝曰溫不可使居形勝地其位號常宜抑之勸帝自鎮上流而己爲軍司帝不納又請自行復不聽及溫伐蜀時咸謂未易可制惟惔以爲必剋或問其故云以蒱博驗之其不必得則不爲也恐溫終專制朝廷及後竟如其言嘗薦吳郡張憑憑卒爲美士衆以此服其知人尤好莊老任自然趣疾篤百姓欲爲之祈禱家人又請祭神惔曰丘之禱久矣年三十六卒官孫綽爲之誄云居官無官官之事處事無事事之心時人以爲名言後綽嘗詣褚裒言及惔流涕曰可謂人之云亡邦國殄瘁裒大怒曰真長生平何嘗相比數而卿今日作此面向人邪其爲名流所敬重如此

張憑

張憑字長宗祖鎮蒼梧太守憑年數歲鎮謂其父曰我不如汝有佳兒憑曰阿翁豈宜以子戲父邪及長有志氣爲鄉閭所稱舉孝廉負其才自謂必參時彥初欲詣惔鄉里及同舉者共笑之既至惔處之下坐神意不接憑欲自發而無端會王濛就惔清言有所不通憑於末坐判之言旨深遠足暢彼我之懷一坐皆驚惔延之上坐清言彌日留宿至旦遣之憑既還船須臾惔遣傳教覓張孝廉船便召與同載遂言之於簡文帝帝召與語歎曰張憑勃窣爲理窟官至吏部郎御史中丞

韓伯

韓伯字康伯潁川長社人也母殷氏高明有行家貧窶伯年數歲至大寒母方爲作襦令伯捉熨斗而謂之曰且著襦尋當作複褌伯曰不復須母問其故對曰火在斗中而柄尙熱今既著襦下亦當煖母甚異之及長清和有思理留心文藝舅殷浩稱之曰康伯能自標置居然是出羣之器潁川庾龢名重一時少所推服常稱伯及王坦之曰思理倫和我敬韓康伯志力彊正吾愧王文度自

此以還吾皆百之矣舉秀才徵佐著作郎並不就簡文帝居藩引爲談客自司徒左西屬轉撫軍掾中書郎散騎常侍豫章太守入爲侍中陳郡周勰爲謝安主簿居喪廢禮崇尚莊老脫落名教伯領中正不通勰議曰拜下之敬猶違衆從禮情理之極不宜以多比爲通時人憚焉識者謂伯可謂澄世所不能澄而裁世所不能裁者矣與夫容己順衆者豈得同時而共稱哉王坦之又嘗著公謙論袁宏作論以難之伯覽而美其辭旨以爲是非既辯誰與正之遂作辯謙以折中曰夫尋理辯疑必先定其名分所存所存既明則彼我之趣可得而詳也夫謙之爲義存乎降己者也以高從卑以賢同鄙故謙名生焉孤寡不穀人之所惡而侯王以自稱降其貴者也執御執射衆之所賤而君子以自目降其賢者也與夫山在地中之象其致豈殊哉捨此二者而更求其義雖南轅求冥終莫近也夫有所貴故有降焉夫有所美故有謙焉譬影響之與形聲相與而立道足者忘貴賤而一賢愚體公者乘理當而均彼我降挹之義於何而生則謙之爲美固不可以語至足之道涉乎大方之家矣然君子之行己必尚於至

當而必造乎匿善至理在乎無私而動之於降己者何誠由未能一觀於能鄙則貴賤之情立非忘懷於彼我則私己之累存當其所貴在我則矜值其所賢能之則伐處貴非矜而矜己者常有其貴言善非伐而伐善者驟稱其能是以知矜貴之傷德者故宅心於卑素悟驟稱之虧理者故情存乎不言情存於不言則善斯匿矣宅心於卑素則貴斯降矣夫所況君子之流苟理有未盡情有未夷存我之理未冥於內豈不同心於降挹洗之所滯哉體有而擬無者聖人之德有累而存理者君子之情雖所滯不同其於遣情之累緣有弊而用降己之道由私我而存一也故懲忿窒欲著於損象卑以自牧實繫謙爻皆所以存其所不足拂其所有餘者也王生之談以至理無謙近得之矣云人有爭心善不可收假後物之迹以逃動者之患以語聖賢則可施之於下斯者豈惟逃患於外亦所以洗心於內也轉丹陽尹吏部尚書領軍將軍既疾病占候者云不宜此官朝廷改授太常未拜卒時年四十九卽贈太常子璯官至衡陽太守

史臣曰王湛門資台鉉地處膏腴識表鄰機才惟王佐叶宣尼之遠契翫道韋

編遵伯陽之幽旨含虛牝谷所謂天質不雕合於太朴者也安期英姿挺秀籍
甚一時朝野挹其風流人倫推其表燭雖崇勳懋績有闕於旂常素德清規足
傳於汗簡矣懷祖鑒局夷遠沖衿玉粹坦之牆宇凝曠逸操金貞騰諷庾之良
箴情嗤語怪演廢莊之宏論道煥崇儒或寄重文昌允釐於袞職或任華綸閣
密勿於王言或能克著徽音保其榮秩美矣國寶檢行無聞坐升彼相混暗識
於心鏡開險路於情田于時疆埸多虞憲章罕備天子居綴旒之運人臣微覆
餗之憂於是竊勢擁權黷明王之彝典窮奢縱侈假凶豎之餘威繡桷雕楹陵
跨於宸極驪珍冶質充牣於帷房亦猶犬彘腴肥不知禍之將及告盡私室固
其宜哉荀景猷履孝居忠無慚往烈范玄平陳謀獻策有會時機崧則思業該
通緝遺經於已紊汪則風飆直亮抗高節於將顛揚搉而言俱爲雅士劉韓儁
爽標置軼羣勝氣籠霄飛談卷霧並蘭芬菊耀無絕於終古矣
贊曰處沖絕懿是稱奇器養素虛庭同塵下位雅道雖屈高風不墜猗歟後胤
世傳清德帝室馳芬士林揚則國寶庸暗託意驕奢既豐其屋終蔀其家荀范

令望金聲遠暢劉韓秀士珠談間起異術同華葳蕤青史

晉書卷七十五

晉書卷七十五考證

王綏傳少有美稱厚自矜邁○邁一本作遇

袁悅之傳上齎戰國策○上一本作止

韓伯傳其於遣情之累緣有弊而用○各本脫情字累字今從本集增正

晉書卷七十五考證

晉書卷七十六

唐　太　宗　文　皇　帝　御　撰

列傳第四十六

王舒　子允之

王舒字處明丞相導之從弟也父會侍御史舒少爲從兄敦所知以天下多故不營當時名恆處私門潛心學植年四十餘州禮命太傅辟皆不就及敦爲青州舒往依焉時敦被徵爲祕書監以寇難路險輕騎歸洛陽委棄公主時輜重金寶甚多親賓無不競取惟舒一無所眄益爲敦所賞及元帝鎮建康因與諸父兄弟俱渡江委質焉參鎮東軍事出補溧陽令明帝之爲東中郎將妙選上佐以舒爲司馬轉後將軍宣城公裒諮議參軍遷軍司固辭不受裒鎮廣陵復以舒爲車騎司馬頻領望府咸稱明練裒薨遂代裒鎮除北中郎將監青徐二州軍事頃之徵國子博士加散騎常侍未拜轉少府太寧初徙廷尉敦表舒爲鷹揚將軍荊州刺史領護南蠻校尉監荊州沔南諸軍事及敦敗王含父子

俱奔舒舒遣軍逆之並沉于江進都督荆州平西將軍假節尋以陶侃代舒遷舒爲安南將軍廣州刺史舒疾病不樂越嶺朝議亦以其有功不應遠出乃徙爲湘州刺史將軍都督持節如故徵代鄧攸爲尚書僕射時將徵蘇峻司徒王導欲出舒爲外援乃授撫軍將軍會稽內史秩中二千石舒上疏辭以父名朝議以字同音異於禮無嫌舒復陳音雖異而字同求換宅郡於是改會字爲鄶舒不得已而行在郡二年而蘇峻作逆乃假舒節都督行揚州刺史事時吳國內史庾冰棄郡奔舒舒移告屬縣以吳王師虞駿爲軍司御史中丞謝藻行龍驤將軍監前鋒征討軍事率衆一萬與庾冰俱渡浙江前義興太守顧衆護軍參軍顧颺等皆起義軍以應舒舒假衆揚威將軍督護吳中軍事颺監晉陵軍事於御亭築壘峻聞舒等兵起乃赦庾亮諸弟以悅東軍舒率衆次郡之西江爲冰藻後繼冰颺等遣前鋒進據無錫遇賊將張健等數千人交戰大敗奔還御亭復自相驚擾冰颺等並退于錢唐藻守嘉興賊遂入吳燒府舍掠諸縣所在塗地舒以輕進奔敗斬二軍主者免冰颺督護以白衣行事更以顧衆督護

吳晉陵軍屯兵章埭吳興太守虞潭率所領討健屯烏苞亭並不敢進時暴雨大水賊管商乘船旁出襲潭及衆潭等奔敗潭還保吳興衆退守錢唐舒更遣將軍陳孺率精銳千人增戍海浦所在築壘或勸舒宜還都使謝藻守西陵扶海立柵舒不聽留藻守錢唐使衆颺守紫壁於是賊轉攻吳興潭諸軍復退賊復掠東遷餘杭武康諸縣舒遣子允之行揚烈將軍與將軍徐遜陳孺及揚烈司馬朱燾以精銳三千輕邀賊於武康出其不意遂破之斬首數百級賊悉委舟步走允之收其器械進兵助潭時賊韓晃既破宣城轉入故鄣長城允之遣朱燾何準等擊之戰於于湖潭以彊弩射之晃等退走斬首千餘級納降二千人潭由是得保郡是時臨海新安諸山縣並反應賊舒分兵悉討平之會陶侃等至京都舒潭等並以屢戰失利移書盟府自貶去節侃遣使敦喻不聽及侃立行臺上舒監浙江東五郡軍事允之督護吳郡義興晉陵三郡征討軍事既而晃等南走允之追躡於長塘西復大破之賊平以功封彭澤縣侯尋卒官贈車騎大將軍儀同三司諡曰穆長子晏之蘇峻時爲護軍參軍遇害晏之子崐

之嗣卒子陋之嗣宋受禪國除晏之弟允之最知名
允之字深猷總角從伯敦謂爲似己恆以自隨出則同輿入則共寢敦嘗夜飲允之辭醉先臥敦與錢鳳謀爲逆允之已醒悉聞其言慮敦或疑己便於臥處大吐衣面並污鳳既出敦果照視見允之臥吐中以爲大醉不復疑之時父舒始拜廷尉允之求還定省敦許之至都以敦鳳謀議事白舒舒卽與導俱啓明帝舒爲荆州允之隨在西府及敦平帝欲令允之仕舒請曰臣子尚少不樂早宦帝許隨舒之會稽及蘇峻反允之討賊有功封番禺縣侯邑千六百戶除建武將軍錢唐令領司監都尉舒卒去職既葬除義與太守以憂哀不拜從伯導與其書曰太保安豐侯以孝聞天下不得辭司隸和長輿海內名士不免作中書令吾羣從死亡略盡子弟零落遇汝如親如其不爾吾復何言允之固不肯就咸和末除宣城內史監揚州江西四郡事建武將軍鎮于湖咸康中進號西中郎將假節尋遷南中郎將江州刺史莅政甚有威惠時王恬服闋除豫章郡允之聞之驚愕以爲恬丞相子應被優遇不可出爲遠郡乃求自解州欲與庾

冰言之冰聞甚愧卽以恬爲吳郡而以允之爲衞將軍會稽內史未到卒年四十諡曰忠子晞之嗣卒子肇之嗣

王廙 弟彬 彬子彪之

王廙字世將丞相導從弟而元帝姨弟也父正尙書郎廙少能屬文多所通涉工書畫善音樂射御博奕雜伎辟太傅掾轉參軍豫迎大駕封武陵縣侯拜尙書郎出爲濮陽太守元帝作鎭江左廙棄郡過江帝見之大悅以爲司馬頻守廬江鄱陽二郡豫討周馥杜弢以功累增封邑除冠軍將軍鎭石頭領丞相軍諮祭酒王敦啓爲寧遠將軍荊州刺史及帝卽位廙奏中興賦上疏曰臣託備肺腑幼蒙洪潤爰自齠齔至于弱冠陛下之所撫育恩侔於兄弟義同於交友思欲攀龍鱗附鳳翼者有年矣是以昔忝濮陽棄官遠跡扶侍老母攜將細弱越長江歸陛下者誠以道之所存願託餘庇故也天誘其願遇陛下中興當大明之盛而守局遐外不得奉瞻大禮聞問之日悲喜交集昔司馬相如不得覩封禪之事慷慨發憤況臣情則骨肉服膺聖化哉又臣昔嘗侍坐於先后說陛

下誕育之日光明映室白毫生於額之左相者謂當王有四海又臣以壬申歲見用爲鄱陽內史七月四星聚于牽牛又臣郡有枯樟更生及臣後還京都陛下見臣白兔命臣作賦時琅邪郡又獻甘露陛下命臣嘗之又驃騎將軍導向臣說晉陵有金鐸之瑞郭璞云必致中興璞之爻筮雖京房管輅不過也明天之歷數在陛下矣臣少好文學志在史籍而飄放遐外常與桀寇爲對臣犬馬之年四十三矣未能上報天施而愆負屢彰恐先朝露塡溝壑令微情不得上達謹竭其頑獻中興賦一篇雖未足以宣揚盛美亦是詩人嗟嘆詠歌之義也文多不載初王敦左遷陶侃使廙代爲荆州將吏馬儁鄭攀等上書請留侃敦不許廙爲儁等所襲奔于江安賊杜曾與儁攀北迎第五猗以距廙廙督諸軍討曾又爲曾所敗敦命湘州刺史甘卓豫章太守周廣等助廙擊曾曾衆潰廙得到州廙性儁率嘗從南下旦自尋陽迅風飛帆暮至都倚舫樓長嘯神氣甚逸王導謂庾亮曰世將爲傷時識事亮曰正足舒其逸氣耳廙在州大誅戮侃時將佐及徵士皇甫方回於是大失荆土之望人情乖阻帝乃徵廙爲輔國將

軍加散騎常侍以母喪去職服闋拜征虜將軍進左衞將軍及王敦構禍帝遣廙喻敦既不能諫其悖逆乃爲敦所留受任助亂敦得志以廙爲平南將軍領護南蠻校尉荆州刺史尋病卒帝猶以親故深痛愍之喪還京都皇太子親臨拜柩如家人之禮贈侍中驃騎將軍謚曰康明帝與大將軍溫嶠書曰痛謝琨未絕於口世將復至於此並盛年儁才不遂其志痛切于心廙明古多通鯤達有識致其言雖未足令人改聽然味之不倦近未易有也坐相視盡如何子頤之嗣仕至東海內史頤之弟胡之字修齡弱冠有聲譽歷郡守侍中丹陽尹素有風眩疾發動甚數而神明不損石季龍死朝廷欲綏輯河洛以胡之爲西中郎將司州刺史假節以疾固辭未行而卒子茂之亦有美譽官至晉陵太守子敬弘義熙末爲尚書

彬字世儒少稱雅正弱冠不就州郡之命光祿大夫傅祗辟爲掾後與兄廙俱渡江爲揚州刺史劉機建武長史元帝引爲鎮東賊曹參軍轉典軍參軍豫討華軼功封都亭侯愍帝召爲尚書郎以道險不就遷建安太守徙義興內史未

之職轉軍諮祭酒中興建稍遷侍中從兄敦舉兵入石頭帝使彬勞之會周顗遇害彬素與顗善先往哭顗甚慟既而見敦敦怪其有慘容而問其所以彬曰向哭伯仁情未能已敦怒曰伯仁自致刑戮且凡人遇汝復何爲者哉彬曰伯仁長者君之親友在朝雖無謇諤亦非阿黨而赦後加以極刑所以傷惋也因勃然數敦曰兄抗旌犯順殺戮忠良謀圖不軌禍及門戶音辭慷慨聲淚俱下敦大怒厲聲曰爾狂悖乃可至此爲吾不能殺汝邪時王導在坐爲之懼勸彬起謝彬曰有腳疾已來見天子尚欲不拜何跪之有此復何所謝敦曰腳痛孰若頭痛彬意氣自若殊無懼容後敦議舉兵向京師彬諫甚苦敦變色目左右將收彬彬正色曰君昔歲害兄今又殺弟邪先是彬從兄豫章太守稜爲敦所害敦以彬親故容忍之俄而以彬爲豫章太守彬爲人樸素方直乏風味之好雖居顯位常布衣蔬食遷前將軍江州刺史及敦死王含欲投王舒王應勸含投彬含曰大將軍平素與江州云何汝欲歸之應曰此乃所以宜往也江州當人彊盛時能立同異此非常人所及覩衰危必興愍惻荊州守文豈能意外行

事含不從遂共投舒舒果沉含父子于江彬聞應來密具船以待之既不至深以爲恨敦平有司奏彬及兄子安成太守籍之並是敦親皆除名詔曰司徒導以大義滅親其後昆雖或有違猶將百世宥之況彬等公之近親乃原之徵拜光祿勳轉度支尚書蘇峻平後改築新宮彬爲大匠以營創勳勞賜爵關內侯遷尚書右僕射卒官年五十九贈特進衞將軍加散騎常侍謚曰肅長子彭之嗣位至黃門郎次彪之最知名

彪之字叔武年二十鬚鬢皓白時人謂之王白鬚初除佐著作郎東海王文學從伯導謂曰選官欲以汝爲尚書郎汝幸可作諸王佐邪彪之曰位之多少既不足計自當任之於時至於超遷是所不願遂爲郎鎮軍將軍武陵王晞以爲司馬累遷尚書左丞司徒左長史御史中丞侍中廷尉時永嘉太守謝毅赦後殺郡人周矯矯從兄球詣州訴冤揚州刺史殷浩遣從事收毅付廷尉彪之以球爲獄主身無王爵非廷尉所料不肯受與州相反覆穆帝發詔令受之彪之又上疏執據時人比之張釋之時當南郊簡文帝爲撫軍執政訪彪之應有赦

不答曰中興以來郊祀往往有赦愚意常謂非宜何者黎庶不達其意將謂郊
祀必赦至此時凶愚之輩復生心於僥倖矣遂從之轉吏部尚書簡文有命用
秣陵令曲安遠補句容令殿中侍御史奚朗補湘東郡彪之執不從曰秣陵令
三品縣耳殿下昔用安遠談者紛然句容近畿三品佳邑豈可處卜術之人無
才用者邪湘東雖復遠小所用未有朗比談者謂頗兼卜術得進殿下若超用
寒悴當令人才可拔朗等凡器實未足充此選太尉桓温欲北伐屢詔不許温
輒下武昌人情震懼或勸殷浩引身告退彪之言於簡文曰此非保社稷爲殿
下計皆自爲計耳若殷浩去職人情崩駭天子獨坐既爾當有任其責者非殿
下而誰又謂浩曰彼抗表問罪卿爲其首事任如此猜釁已構欲作匹夫豈有
全地耶且當靜以待之令相王與手書示以款誠陳以成敗當必旋旆若不順
命卽遣中詔如復不奉乃當以正義相裁無故忽忽先自猖獗浩曰決大事正
自難頃日來欲使人悶聞卿此謀意始得了温亦奉帝旨果不進時衆官漸多
而遷徙每速彪之上議曰爲政之道以得賢爲急非謂雍容廊廟標的而已固

將涖任贊時職思其憂也得賢之道在於涖任涖任之道在於能久久於其道
天下化成是以三載考績三考黜陟不收一切之功不採速成之譽故勳格辰
極道融四海風流遐邈聲冠百代凡庸之族衆賢能之才寡才寡於世而官多
於朝焉得不賢鄙共貫清濁同官官衆則闕多闕多則遷速前後去來更相代
補非爲故然理固然耳所以職事未修朝風未澄者也職事之修在於省官朝
風之澄在於幷職官省則選清而得久職幷則吏簡而俗靜選清則勝人久於
其事事久則中才猶足有成今內外百官較而計之固應有幷省者矣六卿之
任太常望雅而職重然其所司義高務約宗正所統蓋尠可以幷太常宿衞之
重二衞任之其次驍騎左軍各有所領無兵軍校皆應罷廢四軍皆罷則左軍
之名不宜獨立宜改游擊以對驍騎內官自侍中以下舊員皆四中興之初二
人而已二人對直或有不周愚謂三人於事則無闕也凡餘諸官無綜事實者
可令大官隨才位所帖而領之若未能頓廢自可因缺而省之委之以職分責
之以有成能否因考績而著淸濁隨黜陟而彰雖緝熙之隆康哉之歌未能遂

奏且可使庶官之選差清涖職之日差久無奉祿之虛費簡吏寺之煩役矣永
和末多疾疫舊制朝臣家有時疾染易三人以上者身雖無病百日不得入宮
至是百官多列家疾不入虨之又言疾疫之年家無不染若以之不復入宮則
直侍頓闕王者宮省空矣朝廷從之旣而長安人雷弱兒梁安等詐云殺苻堅
苻眉請兵應接時殷浩鎮壽陽便進據洛營復山陵屬虨之疾歸上簡文帝㦸
陳弱兒等容有詐僞浩未應輕進尋而弱兒果詐姚襄反叛浩大敗退守譙城
簡文笑謂虨之曰果如君言自頃以來君謀無遺策張陳復何以過之轉領軍
將軍遷尙書僕射以疾病不拜徙太常領崇德衞尉時或謂簡文曰武陵第中
大修器仗將謀非常也簡文以問虨之虨之曰武陵王志意盡於馳騁田獵耳
願深靜之以懷異同者或復以此爲言簡文甚悅復轉尙書僕射時豫州刺史
謝奕卒簡文遽使虨之舉可以代奕者對曰當今時賢備簡高監簡文曰人有
舉桓雲者君謂如何虨之曰雲不必非才然溫居上流割天下之半其弟復處
西藩兵權盡在一門亦非深根固蔕之宜也人才非可豫量但當令不與殿下

作異者耳簡文頌曰君言是也後以彪之爲鎭軍將軍會稽內史加散騎常侍
居郡八年豪右斂跡亡戸歸者三萬餘口桓溫下鎭姑孰威勢震主四方修敬
皆遣上佐綱紀彪之獨曰大司馬誠爲富貴朝廷既有宰相動靜之宜自當諮
稟修敬若遣綱紀致貢天子復何以過之竟不遣溫以山陰縣折布米不時畢
郡不彈糾上免彪之彪之去郡郡見罪謫未上州臺者皆原散之溫復以爲罪
乃檻收下吏會赦免左降爲尚書頃之復爲僕射是時溫將廢海西公百寮震
慄溫亦色動莫知所爲彪之既知溫不臣迹已著理不可奪乃謂溫曰公阿衡
皇家便當倚傍先代耳命取霍光傳禮度儀制定於須臾曾無懼容溫歎曰作
元凱不當如是邪時廢立之儀既絕於曠代朝廷莫有識其故典者彪之神彩
毅然朝服當階文武儀準莫不取定朝廷以此服之溫又廢武陵王遵以事示
彪之彪之曰武陵親尊未有顯罪不可以猜嫌之閒便相廢徙公建立聖明遐
邇歸心當崇獎王室伊周同美此大事宜更深詳溫曰此已成事卿勿復言及
簡文崩羣臣疑惑未敢立嗣或云宜當須大司馬處分彪之正色曰君崩太子

代立大司馬何容得異若先面諮必反爲所責矣於是朝議乃定及孝武帝即位太皇太后令以帝沖幼加在諒闇令溫依周公居攝故事事已施行彪之曰此異常大事大司馬必當固讓使萬幾停滯稽廢山陵未敢奉令謹具封還內請停事遂不行溫遇疾諷朝廷求九錫袁宏爲文以示彪之彪之視訖歎其文辭之美謂宏曰卿固大才安可以此示人時謝安見其文又頻使宏改之宏遂逡巡其事既屢引日乃謀於彪之彪之曰聞彼病日增亦當不復支久自可更小遲迴宏從之溫亦尋薨時桓沖及安夾輔朝政以新喪元輔主上未能親覽萬幾時太皇太后宜臨朝彪之曰先代前朝主在襁抱母子一體故可臨朝太后亦不能決政事終是顧問僕與君諸人耳今上年出十歲垂婚冠反令從嫂臨朝示人君幼弱豈是翼戴讚揚立德之謂乎二君必行此事豈僕所制所惜者大體耳時安不欲委任桓沖故使太后臨朝決政獻替專在乎己彪之不達安旨故以爲言安竟不從尋還尚書令與安共掌朝政安每曰朝之大事衆不能決者諮王公無不得判以年老上疏乞骸骨詔不許轉拜護軍將軍加散騎

常侍安欲更營宮室彪之曰中興初即位東府殊爲儉陋元明二帝亦不改制蘇峻之亂成帝止蘭臺都坐殆不蔽寒暑是以更營修築方之漢魏誠爲儉狹復不至陋殆合豐約之中今自可隨宜增益修補而已彊寇未殄正是休兵養士之時何可大興功力勞擾百姓邪安曰宮室不壯後世謂之無能彪之曰任天下事當保國寧家朝政爲允豈以修屋宇爲能邪安無以奪之故終彪之之世不改營焉加光祿大夫儀同三司未拜疾篤帝遣黃門侍郎問所苦賜錢三十萬以營醫藥太元二年卒年七十三即以光祿爲贈謚曰簡二子越之撫軍將軍臨之東陽太守

稜字文子彬季父國子祭酒琛之子也少歷清官渡江爲元帝丞相從事中郎從兄導以稜有政事宜守大郡乃出爲豫章太守加廣武將軍稜知從兄敦驕傲自負有罔上心日夕諫諍以爲宜自抑損推崇盟主且羣從一門並相與服事應務相崇高以隆勳業每言苦切敦不能容潛使人害之弟侃亦知名少歷顯職位至吳國內史

虞潭　孫嘯父　兄子䝺

虞潭字思奧會稽餘姚人吳騎都尉翻之孫也父忠仕至宜都太守吳之亡也堅壁不降遂死之潭清貞有檢操州辟從事主簿舉秀才大司馬齊王冏請爲祭酒除祁鄉令徙醴陵令值張昌作亂郡縣多從之潭獨起兵斬昌別率鄧穆等襄陽太守華恢上潭領建平太守以疾固辭遂周旋征討以軍功賜爵都亭侯陳敏反潭東下討敏弟讚於江州廣州刺史王矩上潭領廬陵太守綏撫荒餘咸得其所又與諸軍共平陳恢仍轉南康太守進爵東鄉侯尋被元帝檄使討江州刺史華軼潭至廬陵會軼已平而湘川賊杜弢猶盛江州刺史衞展上潭并領安成太守時甘卓屯宜陽爲弢所逼潭進軍救卓卓上潭領長沙太守固辭不就王敦叛潭爲湘東太守復以疾辭弢平後元帝召補丞相軍諮祭酒轉琅邪國中尉帝爲晉王除屯騎校尉徙右衞將軍遷宗正卿以疾告歸會王含沈充等攻逼京都潭遂於本縣招合宗人及郡中大姓共起義軍衆以萬數自假明威將軍乃進赴國難至上虞明帝手詔潭爲冠軍將軍領會稽內史潭

卽受命義衆雲集時有野鷹飛集屋梁衆咸懼潭曰起大義而剛鷙之鳥來集破賊必矣遣長史孔坦領前鋒過浙江追躡充潭次于西陵爲坦後繼會充已擒罷兵徵拜尚書尋補右衛將軍加散騎常侍成帝卽位出爲吳興太守秩中二千石加輔國將軍以討充功進爵零陵縣侯蘇峻反加潭督三吳晉陵宣城義興五郡軍事會王師敗績大駕逼遷潭勢弱不能獨振乃固守以俟四方之舉會陶侃等下潭與郗鑒王舒協同義舉侃等假潭節監揚州浙江西軍事潭率衆與諸軍幷勢東西犄角遣督護沈伊距管商於吳縣爲商所敗潭自貶還節尋而峻平潭以母老輒去官還餘姚詔轉鎮軍將軍吳國內史復徙會稽內史未發還復吳郡以前後功進爵武昌縣侯邑一千六百戶是時軍荒之後百姓饑饉死亡塗地潭乃表出倉米振救之又修滬瀆壘以防海沙百姓賴之咸康中進衛將軍潭貌雖和弱而內堅明有膽決雖屢統軍旅而尠有傾敗以母憂去職服闋以侍中衛將軍徵既至更拜右光祿大夫開府儀同三司給親兵三百人侍中如故年七十九卒于位追贈左光祿大夫開府侍中如故諡曰孝

烈子侘嗣官至右將軍司馬侘卒子嘯父嗣
嘯父少歷顯位後至侍中爲孝武帝所親愛嘗侍飲宴帝從容問曰卿在門下
初不聞有所獻替邪嘯父家近海謂帝有所求對曰天時尙溫鱟魚蝦鮓未可
致尋當有所上獻帝大笑因飲大醉出拜不能起帝顧曰扶虞侍中嘯父曰臣
位未及扶醉不及亂非分之賜所不敢當帝甚悅隆安初爲吳國內史徵補尙
書未發而王廞舉兵叛嘯父行吳興太守嘯父卽入吳興應廞廞敗有司奏嘯
父與廞同謀罪應斬詔以祖潭舊勳聽以疾贖爲庶人四年復拜尙書桓玄用
事以爲太尉左司馬尋遷護軍將軍出爲會稽內史義熙初去職卒於家
駿字思行潭之兄子也雖機幹不及於潭然而素行過之與譙國桓彝俱爲吏
部郎情好甚篤彝遣溫拜駿駿使子谷拜彝歷吳興太守金紫光祿大夫王導
常謂駿曰孔愉有公才而無公望丁潭有公望而無公才兼之者其在卿乎官
未達而喪時人惜之子谷位至吳國內史

顧衆

顧衆字長始吳郡吳人驃騎將軍榮之族弟也父祕交州刺史有文武才幹衆出後伯父早終事伯母以孝聞光祿朱誕器之州辟主簿舉秀才除餘杭秣陵令並不行元帝爲鎮東將軍命爲參軍以討華軼功封東鄉侯辟丞相掾祕卒交州人立衆兄壽爲刺史尋爲州人所害衆往交州迎喪值杜弢之亂崎嶇六年乃還祕曾莅吳興吳興義故以衆經離寇難共遺錢二百萬一無所受及帝踐阼徵拜駙馬都尉奉朝請轉尚書郎大將軍王敦請爲從事中郎上補南康太守會詔除鄱陽太守加廣武將軍衆徑之鄱陽不過敦敦甚怪焉及敦構逆令衆出軍衆遲迴不發敦大怒以軍期召衆還詰之聲色甚厲衆不爲動容敦意漸釋時敦又怒宣城內史陸喈衆又辨明之敦長史陸玩在坐代衆危懼出謂衆曰卿真所謂剛亦不吐柔亦不茹雖仲山甫何以加之敦事捷欲以衆爲吳興內史衆固辭舉吏部郎桓彝彝亦讓衆事並不行敦鎮姑孰復以衆爲從事中郎敦平除太子中庶子爲義興太守加揚威將軍蘇峻反王師敗績衆還吳潛圖義舉時吳國內史庾冰奔于會稽峻以蔡謨代之前陵江將軍張悊爲

峻收兵於吳衆遣人喻悊悊從之衆乃遣郎中徐機告謨曰衆已潛合家兵待
時而奮又與張悊剋期效節謨乃檄衆爲本國督護揚威將軍仍舊衆從弟護
軍將軍颺爲威遠將軍前鋒督護吳中人士同時響應峻遣將弘徽領甲卒五
百鼓行而前衆與颺悊要擊徽戰于高莋大破之收其軍實謨以冰當還任故
便去郡衆遣颺率諸軍屯無錫冰至鎮御亭恐賊從海虞道入衆自往備之而
賊率張健馬流攻無錫颺等大敗庾冰亦失守健等遂據吳城衆自海虞由婁
縣東倉與賊別率交戰破之義軍又集進屯烏包會稽內史王舒吳興內史虞
潭並檄衆爲五郡大督護統諸義軍討健潭遣將姚休爲衆前鋒與賊戰沒衆
還守紫壁時賊黨方銳義軍沮退人咸勸衆過浙江衆曰不然今保固紫壁可
得全錢唐以南五縣若越宅境便爲寓軍控引無所非長計也臨平人范明亦
謂衆曰此地險要可以制寇不可委也衆乃版明爲參軍明率宗黨五百人合
諸軍凡四千人復進討健健退于曲阿留錢弘爲吳令軍次路丘即斬弘首衆
進往吳城遣督護朱祈等九軍與蘭陵太守李閎共守婁亭健遣馬流陶陽等

往攻之閎與祈等逆擊大破之斬首二千餘級峻平論功衆以承檄奮義推功于謨謨以衆唱謀非己之力俱表相讓論者美之封鄱陽縣伯除平南軍司不就更拜丹陽尹本國大中正入爲侍中轉尚書咸康末遷領軍將軍揚州大中正固讓不拜以母憂去職穆帝即位何充執政復徵衆爲領軍不起服闋乃就是時充與武陵王不平衆會通其間遂得和釋充崇信佛教衆議其糜費每以爲言嘗與充同載經佛寺充要衆入門衆不下車充以衆州里宿望每優遇之以年老上疏乞骸骨詔書不許遷尚書僕射永和二年卒時年七十三追贈特進光祿大夫謚曰靖長子昌嗣爲建康令第三子會中軍諮議參軍時稱美士

張闓

張闓字敬緒丹陽人吳輔吳將軍昭之曾孫也少孤有志操太常薛兼進之於元帝言闓才幹貞固當今之良器即引爲安東參軍甚加禮遇轉丞相從事中郎以母憂去職既葬帝強起之闓固辭疾篤優命敦逼遂起視事及帝爲晉王拜給事黃門侍郎領本郡大中正以佐翼勳賜爵丹陽縣侯遷侍中帝踐阼出

補晉陵內史在郡甚有威惠帝下詔曰夫二千石之任當勉勵其德綏齊所莅使寬而不縱嚴而不苛其於勤功督察便國利人抑彊扶弱使無雜濫真太守之任也若聲過其實古人所不取攻乎異端爲政之甚害蓋所貴者本也闓遵而行之時所部四縣並以旱失田闓乃立曲阿新豐塘溉田八百餘頃每歲豐稔葛洪爲其頌計用二十一萬一千四百二十功以擅興造免官後公卿並爲之言曰張闓興陂溉田可謂益國而反被黜使臣下難復爲善帝感悟乃下詔曰丹陽侯闓昔以勞役部人免官雖從吏議猶未掩其忠節之志也倉廩國之大本宜得其才今以闓爲大司農闓陳黜免始爾不宜便居九列疏奏不許然後就職帝晏駕以闓爲大匠卿營建平陵事畢遷尚書蘇峻之役闓與王導俱入宮侍衛峻使闓持節權督東軍王導潛與闓謀密宣太后詔於三吳令速起義軍陶侃等至假闓節行征虜將軍與振威將軍陶回共督丹陽義軍闓到晉陵使內史劉耽盡以一部穀并遣吳郡度支運四部穀以給車騎將軍郗鑒又與吳郡內史蔡謨前吳興內史虞潭會稽內史王舒等招集義兵以討峻峻平

以尙書加散騎常侍賜爵宜陽伯遷廷尉以疾解職拜金紫光祿大夫尋卒時年六十四子混嗣閭戕表文議傳於世

史臣曰季孫行父稱見有禮於其君者如孝子之養父母無禮於其君者如鷹鸇之逐鳥雀是以石碏戮厚叔向誅鮒前史以爲美譚王敦之惡不足矜其類然而朱家容布爲大俠之首酈寄載呂與賣友之譏亦所以激揚風俗弘長名教王彬犧船而厚其所薄王舒沉江而薄其所厚較之優劣斷乎可知思行彪之厲風規於多僻之日虞潭顧衆徇貞心於危慼之辰龍筦爲出納之端鬻魚非獻替之術嘯父之對何其鄙歟

贊曰處明夙令聲穎暮年允之騂角無棄山川虞稱多藝綢繆哲后二三其德亦孔之醜世儒憤發慟顗陵敦彪之不撓寧浩旋湛顧實南金虞惟東箭銑質無改鈞心不變公望公才騑爲其選

晉書卷七十六

晉書卷七十六考證

史臣論龍莞爲出納之端○莞各本誤莞　臣人龍　按前漢谷永傳昔龍莞言而

帝命惟允此以虞嘯父爲門下侍郎故史臣引之今改正

晉書卷七十六考證

晉書卷七十七

唐 太 宗 文 皇 帝 御 撰

列傳第四十七

陸曄 曄弟玩 玩子納

陸曄字士光吳郡吳人也伯父喜吳吏部尚書父英高平相員外散騎常侍曄少有雅望從兄機每稱之曰我家世不乏公矣居喪以孝聞同郡顧榮與鄉人書曰士光氣息裁屬慮其性命言之傷心矣後察孝廉除永世烏江二縣令皆不就元帝初鎮江左辟爲祭酒尋補振威將軍義興太守以疾不拜預討華軼功封平望亭侯累遷散騎常侍本郡大中正太興元年遷太子詹事時帝以侍中皆北士宜兼用南人曄以清貞著稱遂拜侍中徙尚書領州大中正明帝即位轉光祿勳遷太常代紀瞻爲尚書左僕射領太子少傅尋加金紫光祿大夫代卞壺爲領軍將軍以平錢鳳功進爵江陵伯帝不豫曄與王導卞壺庾亮溫嶠郄鑒並受顧命輔皇太子更入殿將兵直宿遺詔曰曄清操忠貞歷職顯允

且其兄弟事君如父憂國如家歲寒不凋體自門風既委以六軍可錄尚書事
加散騎常侍成帝踐阼拜左光祿大夫開府儀同三司給親兵百人常侍如故
蘇峻之難曄隨帝在石頭舉動方正不以凶威變節峻以曄吳士之望不敢加
害使守留臺匡術以苑城歸順時共推曄督宮城軍事峻平加衛將軍給千兵
百騎以勳進爵爲公封次子嘏新康子咸和中求歸鄉里拜墳墓有司奏舊制
假六十日侍中顏含黃門侍郎馮懷駁曰曄內蘊至德清一其心受託付之重
居台司之位既蒙詔許歸省墳塋大臣之義本在忘己豈容有期而反無期必
違愚謂宜還自還不須制日帝從之曄因歸以疾卒時年七十四追贈侍中車
騎大將軍諡曰穆子諶散騎常侍

玩字士瑤器量淹雅弱冠有美名賀循每稱其清允平當郡檄綱紀東海王越
辟爲掾皆不就元帝引爲丞相參軍時王導初至江左思結人情請婚於玩玩
對曰培塿無松柏薰蕕不同器玩雖不才義不能爲亂倫之始導乃止玩嘗詣
導食酪因而得疾與導牋曰僕雖吳人幾爲傖鬼其輕易權貴如此累加奮武

將軍徵拜侍中以疾辭王敦請爲長史逼以軍期不得已乃從命敦平尚書令郄鑒議敦佐吏不能匡正姦惡宜皆免官禁錮會温嶠上表申理得不坐復拜侍中遷吏部尚書領會稽王師讓不拜轉尚書左僕射領本州大中正及蘇峻反遣玩與兄暐俱守宮城玩潛說匡術歸順以功封興平伯轉尚書令又詔曰玩體道清純雅量弘遠歷位內外風績顯著宜居台司以允衆望授左光祿大夫開府儀同三司加散騎常侍餘如故玩頻自表優詔褒揚重復自陳曰臣實凡短風操不立階緣嘉會便蕃榮顯遂總括憲臺豫聞政道竟不能敷融玄風清一朝序咎責之來於臣已重誠以身許國義忘曲讓而僂僂所守終於陳訴者特以端右機要事務殷多臣已盈六十之年智力有限疾患深重體氣日弊朝夕自勵非復所堪若偃息苟免職事並廢則莫大之悔天下將謂臣何乞陛下披豁聖懷霈然垂允詔不許玩重表曰臣比披誠款不足上暢天聽聖恩徘徊厲以體國臣聞至公之道上下玄同用才不負其長量力不受其短雖加官重祿無世不有皆庸勳親賢時所須賴兼統以濟世務非優崇以榮一人臣受

遇三世恩隆寵厚豈敢辭職事之勞求冲讓之譽徒以端右要重與替所存久以無任妨賢曠職臣猶自知不可況天下之人乎今復外參論道內統百揆不堪之名有如皎日願陛下少垂哀矜使四海知官不可以私於人人不可以私取官則天工弘坦誰不謂允猶不許尋而王導郄鑒庾亮相繼而薨朝野咸以爲三良既沒國家殄瘁以玩有德望乃遷侍中司空給羽林四十人玩既拜有人詣之索盃酒瀉置柱梁之間呪曰當今乏材以爾爲柱石莫傾人梁棟耶玩笑曰戢卿良箴既而歎息謂賓客曰以我爲三公是天下爲無人談者以爲知言玩雖登公輔謙讓不辟掾屬成帝聞而勸之玩不得已而從命所辟皆寒素有行之士玩翼亮累世常以弘重爲人主所貴加性通雅不以名位格物誘納後進謙若布衣由是搢紳之徒莫不廕其德宇後疾甚上表曰臣嬰遘疾疢沉頓歷月不蒙痊損而日夕漸篤自省微綿無復生望荷恩不報孤負已及仰瞻天覆伏枕靦涕臣年向中壽窮極寵榮終身歸全將復何恨惟願陛下崇明聖德弘敷洪化會構祖宗之基道濟羣生之命臣不勝臨命遺戀之情貪及視息

上表以聞薨年六十四諡曰康給兵千人守冢七十家太元中功臣普被減削司空何充等止得六家以玩有佐命之勳先陪陵而葬由是特置輿平伯官屬以衞墓子始嗣歷侍中尙書

納字祖言少有清操貞厲絕俗初辟鎮軍大將軍武陵王掾州舉秀才太原王述雅敬重之引爲建威長史累遷黃門侍郎本州別駕尙書吏部郎出爲吳興太守將之郡先至姑孰辭桓温因問温曰公致醉可飲幾酒食肉多少温曰年大來飲三升便醉白肉不過十臠卿復云何納曰素不能飲止可二升肉亦不足言後伺温閑謂之曰外有微禮方守遠郡欲與公一醉以展下情温欣然納之時王坦之刁彝在坐及受禮唯酒一斗鹿肉一柈坐客愕然納徐曰明公近云飲酒三升納止可二升今有一斗以備杯杓餘瀝温及賓客並歎其率素更勑中廚設精饌酣飲極懽而罷納至郡不受俸祿頃之徵拜左民尙書領州大中正將應召外白宜裝幾船納曰私奴裝糧食來無所復須也臨發止有被幞而已其餘並封以還官遷太常徙吏部尙書加奉車都尉衞將軍謝安嘗欲詣

納而納殊無供辦其兄子俶不敢問之乃密爲之具安既至納所設唯茶果而已俶遂陳盛饌珍羞畢具客罷納大怒曰汝不能光益父叔乃復穢我素業邪於是杖之四十其舉措多此類後以愛子長生有疾求解官營視兄子禽又犯法應刑乞免官謝罪詔特許輕降頃長生小佳喻還攝職尋遷尚書僕射轉左僕射加散騎常侍俄拜尚書令常侍如故恪勤貞固始終不渝時會稽王道子以少年專政委任羣小納望闕而歎曰好家居纖兒欲撞壞之邪朝士咸服其忠亮尋除左光祿大夫開府儀同三司未拜而卒即以爲贈長生先卒無子以弟子道隆嗣元熙中爲廷尉

何充

何充字次道廬江灊人魏光祿大夫禎之曾孫也祖惲豫州刺史父叡安豐太守充風韻淹雅文義見稱初辟大將軍王敦掾轉主簿敦兄含時爲廬江郡貪汙狼藉敦嘗於座中稱曰家兄在郡定佳廬江人士咸稱之充正色曰充即廬江人所聞異於此敦默然傍人皆爲之不安充晏然自若由是忤敦左遷東海

王文學尋屬敦敗累遷中書侍郎充即王導妻之姊子充妻明穆皇后之妹也故少與導善早歷顯官嘗詣導導以麈尾指牀呼充共坐曰此是君坐也導繕揚州廨舍顧而言曰正爲次道耳明帝亦友昵之成帝即位遷給事黄門侍郎蘇峻作亂京都傾覆導從駕在石頭充東奔義軍其後導奔白石充亦得還賊平封都鄉侯拜散騎常侍出爲東陽太守仍除建威將軍會稽內史在郡甚有德政薦徵士虞喜拔郡人謝奉魏顗等以爲佐吏後以墓被發去郡詔徵侍中不拜改葬畢除建威將軍丹陽尹王導庾亮並言於帝曰何充器局方概有萬夫之望必能總錄朝端爲老臣之副臣死之日願引充內侍則外譽唯緝社稷無虞矣由是加吏部尚書進號冠軍將軍又領會稽王師及導薨轉護軍將軍與中書監庾冰參錄尚書事詔充冰各以甲杖五十人至止車門尋遷尚書令加左將軍充以內外統任宜相糾正若使事綜一人於課對爲嫌乃上疏固讓許之徙中書令加散騎常侍領軍如故又領州大中正以州有先達宿德固讓不拜庾冰兄弟以舅氏輔王室權侔人主慮易世之後戚屬轉疎將爲外物所

攻謀立康帝卽帝母弟也每說帝以國有彊敵宜須長君帝從之充建議曰父子相傳先王舊典忽妄改易懼非長計故武王不授聖弟卽其義也昔漢景亦欲傳祚梁王朝臣咸以爲虧亂典制據而弗聽今琅邪踐阼如孺子何社稷宗廟將其危乎冰等不從旣而康帝立帝臨軒冰充侍坐帝曰朕嗣鴻業二君之力也充對曰陛下龍飛臣冰之力也若如臣議不覩升平之世帝有慚色建元初出爲驃騎將軍都督徐州揚州之晉陵諸軍事假節領徐州刺史鎭京口以避諸庾頃之庾翼將北伐庾冰出鎭江州充入朝言於帝曰臣冰舅氏之重宜居宰相不應遠出朝議不從於是徵充入爲都督揚豫徐州之琅邪諸軍事假節領揚州刺史將軍如故先是翼悉發江荆二州編戶奴以充兵役士庶嗷然充復欲發揚州奴以均其謗後以中興時已發三吳今不宜復發而止俄而帝疾篤冰翼意在簡文帝而充建議立皇太子奏可及帝崩充奉遺旨便立太子是爲穆帝冰翼甚恨之獻后臨朝詔曰驃騎任重可以甲杖百人入殿又加中書監錄尙書事充自陳旣錄尙書不宜復監中書許之復加侍中羽林騎十人

冰翼等尋卒充專輔幼主翼臨終表以後任委息爰之于時論者並以諸庾世
在西藩人情所歸宜依翼所請以安物情充曰不然荆楚國之西門戶口百萬
北帶彊胡西隣勁蜀經略險阻周旋萬里得賢則中原可定勢弱則社稷同憂
所謂陸抗存則吳存抗亡則吳亡者豈可以白面年少猥當此任哉桓溫英略
過人有文武識度西夏之任無出溫者議者又曰庾爰之肯避溫乎如令阻兵
恥懼不淺充曰溫足能制之諸君勿憂乃使溫西爰之果不敢爭充以衞將軍
褚裒皇太后父宜綜朝政上疏薦裒參錄尚書裒以地逼固求外出充每曰桓
溫褚裒爲方伯殷浩居門下我可無勞矣充居宰相雖無澄正改革之能而彊
力有器局臨朝正色以社稷爲己任凡所選用皆以功臣爲先不以私恩樹親
戚談者以此重之然所昵庸雜信任不得其人而性好釋典崇修佛寺供給沙
門以百數糜費巨億而不吝也親友至於貧乏無所施遺以此獲譏於世阮裕
嘗戲之曰卿志大宇宙勇邁終古充問其故裕曰我圖數千戶郡尚未能得卿
圖作佛不亦大乎于時郄愔及弟曇奉天師道而充與弟準崇信釋氏謝萬譏

之云二郄諂於道二何佞於佛充能飲酒雅爲劉惔所貴惔每云見次道飲令人欲傾家釀言其能温克也永和二年卒時年五十五贈司空諡曰文穆無子弟子放嗣卒又無子又以兄孫松嗣位至驃騎諮議參軍充弟準見外戚傳

褚翜

褚翜字謀遠太傅裒之從父兄也父顗少知名早卒翜以才藝楨幹稱襲爵關內侯補冠軍參軍于時長沙王乂擅權成都河間阻兵于外翜知內難方作乃棄官避地幽州後河北有寇難復還鄉里河南尹舉翜行本縣事及天下鼎沸翜招合同志將圖過江先移住陽城界潁川庾敳卽翜之舅也亦憂世亂以家付翜翜道斷不得前東海王越以爲參軍辭疾不就尋洛陽覆沒與滎陽太守郭秀共保萬氏臺秀不能綏衆與將陳撫郭重等搆怨遂相攻擊翜懼禍及謂撫等曰以諸君所以在此謀逃難也今宜共戮力以備賊幸無外難而內自相擊是避坑落井也郭秀誠爲失理應且容之若遂所忿城內自潰胡賊聞之指來掩襲諸君雖得殺秀無解胡虜矣累弱非一宜深思之撫等悔悟與秀交和

時數萬口賴翜獲全明年率數千家將謀東下遇道險不得進因留密縣司隸校尉荀組以爲參軍廣威將軍復領本縣率邑人三千督新城梁陽城三郡諸營事頃之遷司隸司馬仍督營事率衆進至汝水柴肥口復阻賊翜乃單馬至許昌見司空荀藩以爲振威將軍行梁國內史建興初復爲豫州司馬督司州軍事太傅參軍王玄代翜爲郡時梁國部曲將耿奴甚得人情而專勢翜常優遇之玄爲政既急翜知其不能容奴因戒之曰卿威殺已多而人情難一宜深慎之玄納翜言外羈縻奴而內懷憤會還爲陳留將發乃收奴斬之奴餘黨聚衆殺玄梁郡既有內難而徐州賊張平等欲掩襲之郡人遑惑將以郡歸平荀組遣翜往撫之衆心乃定頃之組舉翜爲吏部郎不應召遂東過江元帝爲晉王以翜爲散騎郎轉太子中庶子出爲奮威將軍淮南內史永昌初王敦搆逆征西將軍戴若思令翜出軍赴難翜遣將領五百人從之明帝卽位徵拜屯騎校尉遷太子左衞率成帝初爲左衞將軍蘇峻之役朝廷戒嚴以翜爲侍中典征討軍事既而王師敗績司徒王導謂翜曰至尊當御正殿君可啓令速出翜

卽入上閤躬自抱帝登太極前殿導升御床抱帝翜及鍾雅劉超侍立左右時百官奔散殿省蕭然峻兵既入叱翜令下翜正立不動呵之曰蘇冠軍來覲至尊軍人豈得侵逼由是兵士不敢上殿及峻執政猶以爲侍中從乘輿幸石頭明年與光祿大夫陸曄等出據苑城蘇逸任讓圍之翜等固守賊平以功封長平縣伯遷丹陽尹時京邑焚蕩人物凋殘翜收集散亡甚有惠政代庾亮爲中護軍鎮石頭尋爲領軍徙五兵尙書加奉車都尉監新宮事遷尙書右僕射轉左僕射加散騎常侍久之代何充爲護軍將軍常侍銜如故咸康七年卒時年六十七贈衛將軍諡曰穆子希嗣官至豫章太守

蔡謨

蔡謨字道明陳留考城人也世爲著姓曾祖睦魏尙書祖德樂平太守父克少好學博涉書記爲邦族所敬性公亮守正行不合己雖富貴不交也高平劉整恃才縱誕服飾詭異無所拘忌嘗行造人遇克在坐整終席慚不自安克時爲處士而見憚如此後爲成都王穎大將軍記室督穎爲丞相擢爲東曹掾克素

有格量及居選官苟進之徒望風畏憚初克未仕時河內山簡嘗與琅邪王衍書曰蔡子尼今之正人衍以書示衆曰山子以一字拔人然未易可稱後衍聞克在選官曰山子正人之言驗於今矣陳留時爲大郡號稱多士琅邪王澄行經其界太守呂豫遣吏迎之澄入境問吏曰此郡人士爲誰吏曰有蔡子尼江應元是時郡人多居大位者澄以其姓名問曰甲乙等非君郡人邪吏曰是也曰然則何以但稱此二人吏曰向謂君侯問人不謂問位澄笑而止到郡以吏言謂豫曰舊名此郡有風俗果然小吏亦知如此克以朝政日弊遂絕不仕東嬴公騰爲車騎將軍鎭河北以克爲從事中郎知必不就以軍期致之克不得已至數十日騰爲汲桑所攻城陷克見害謨弱冠察孝廉州辟從事舉秀才東海王越召爲掾皆不就避亂渡江時明帝爲東中郎將引爲參軍元帝拜丞相復辟爲掾轉參軍後爲中書侍郎歷義興太守大將軍王敦從事中郎司徒左長史遷侍中蘇峻構逆吳國內史庾冰出奔會稽乃以謨爲吳國內史謨既至與張闓顧衆顧颺等共起義兵迎冰還郡峻平復爲侍中遷五兵尚書領琅邪

王師謨上疏讓曰八座之任非賢莫居前後所用資名有常孔愉諸葛恢並以清節令才少著名望昔愉爲御史中丞臣尙爲司徒長史恢爲會稽太守臣爲尙書郎恢尹丹陽臣守小郡名輩不同階級殊懸今猥以輕鄙超倫踰等上亂聖朝貫魚之序下違羣士準平之論豈唯微臣其亡之誠實招聖政惟塵之累且左長史一超而侍帷幄再登而廁納言中興已來上德之舉所未嘗有臣何人斯而猥當之是以叩心自忖三省愚身與其茍進以穢清塗寧受違命狷固之罪疏奏不許轉掌吏部以平蘇峻勳賜爵濟陽男又讓不許冬烝謨領祠部主者忘設明帝位與太常張泉俱免白衣領職頃之遷太常領祕書監以疾不堪親職上疏自解不聽成帝臨軒遣使拜太傅太尉司空會將作樂宿懸於殿庭門下奏非祭祀燕饗則無設樂之制事下太常謨議臨軒遣使宜有金石之樂遂從之臨軒作樂自此始也彭城王紘上言樂賢堂有先帝手畫佛象經歷寇難而此堂猶存宜勑作頌帝下其議謨曰佛者夷狄之俗非經典之制先帝量同天地多才多藝聊因臨時而畫此象至於雅好佛道所未承聞也盜賊奔

突王都隳敗而此堂塊然獨存斯誠神靈保祚之徵然未是大晉盛德之形容歌頌之所先也人臣覩物興義私作賦頌可也今欲發王命勑史官上稱先帝好佛之志下爲夷狄作一象之頌於義有疑焉於是遂寢時征西將軍庾亮以石勒新死欲移鎮石城爲滅賊之漸事下公卿謨議曰時有否泰道有屈伸暴逆之寇雖終滅亡然當其彊盛皆屈而避之是以高祖受黜於巴漢忍辱於平城也若爭強於鴻門則亡不終日故蕭何曰百戰百敗不死何待也原始要終歸於大濟而已豈與當亡之寇爭遲速之間哉夫惟鴻門之不爭故垓下莫能與之爭文王身圮於羑里故道泰於牧野句踐見屈於會稽故威申於強吳今日之事亦由此矣賊假息之命垂盡而豺狼之力尚彊宜抗威以待時或曰抗威待時時已可矣愚以爲時之可否在賊之彊弱賊之彊弱在季龍之能否季龍之能否可得而言矣自勒初起則季龍爲爪牙百戰百勝遂定中國境土所據同於魏世及勒死之日將相內外欲誅季龍季龍獨起於衆異之中殺嗣主誅寵臣內難既定千里遠出一攻而拔金墉再戰而斬石生禽彭彪殺石聰滅

郭權還據根本內外並定四方鎮守不失尺土詳察此事豈能乎將不能也假令不能者爲之其將濟乎將不濟也賊前攻襄陽而不能拔誠有之矣不信百戰之効而執一攻之驗棄多從少於理安乎譬若射者百發而一不中可謂之拙乎且不拔襄陽者非季龍身也桓平北守邊之將耳賊前攻之爭疆埸耳得之爲善不得則止非其所急也今征西之往則異於是何者重鎮也名賢也中國之人所聞而歸心也今而西度實有席卷河南之勢賊所大懼豈與桓宣同哉季龍必率其精兵身來距爭若欲與戰戰何如石生若欲城守守何如金墉若欲阻沔沔何如大江蘇峻何如季龍凡此數者宜詳校之愚謂石生猛將關中精兵征西之戰不能勝也金墉險固劉曜十萬所不能拔今征西之守不能勝也又是時兗州洛陽關中皆舉兵擊季龍此今三處反爲其用方之於前倍半之覺也若石生不能敵其半而征西欲當其倍愚所疑也蘇峻之彊不及季龍沔水之險不及大江大江不能禦蘇峻而以沔水禦季龍又所疑也昔祖士稚在譙佃於城北慮賊來攻因以爲資故豫安軍屯以禦其外穀將熟賊果至

丁夫戰於外老弱穫於內多持炬火急則燒穀而走如此數年竟不得其利是時賊唯據沔北方之於今四分之一耳士稚不能捍其一而征西欲禦其四又所疑也或云賊若多來則必無糧然致糧之難莫過崤函而季龍昔涉此險深入敵國平關中而後還今至襄陽路既無險又行其國內自相供給方之於前難易百倍前已經至難而謂今不能濟其易又所疑也然此所論但說征西既至之後耳尙未論道路之虜也自沔以西水急岸高魚貫泝流首尾百里若賊無宋襄之義及我未陣而擊之將如之何今王士與賊水陸異勢便習不同寇若送死雖開江延敵以一當千猶吞之有餘宜誘而致之以保萬全棄江遠進以我所短擊彼所長懼非廟勝之算朝議同之故亮不果移鎭初皇后每年拜陵勞費甚多謨建議曰古者皇后廟見而已不拜陵也由是遂止及太尉郗鑒疾篤出謨爲太尉軍司加侍中鑒卒卽拜謨爲征北將軍都督徐兗青三州揚州之晉陵豫州之沛郡諸軍事領徐州刺史假節時左衞將軍陳光上疏請伐胡詔令攻壽陽謨上疏曰今壽陽城小而固自壽陽至琅邪城壁相望其間遠

者裁百餘里一城見攻衆城必救且王師在路五十餘日劉仕一軍早已入淮

又遣數部北取堅壁大軍未至聲息久聞而賊之郵驛一日千里河北之騎足

以來赴非唯隣城相救而已夫以白起韓信項籍之勇猶發梁焚舟背水而陣

今欲停船水渚引兵造城前對堅敵顧臨歸路此兵法之所誡也若進攻未拔

胡騎卒至懼桓子不知所爲而舟中之指可掬今征軍五千皆王都精銳之衆

又光爲左衛遠近聞之名爲殿中之軍宜令所向有征無戰而頓之堅城之下

勝之不武不勝爲笑今以國之上駟擊寇之下邑得之則利薄而不足損敵失

之則害重而足以益寇懼非策之長者臣愚以爲聞寇而致討賊退而振旅於

事無失不勝管見謹冒陳聞季龍於青州造船數百掠緣海諸縣所在殺戮朝

廷以爲憂謨遣龍驤將軍徐玄等守中洲并設募若得賊大白船者賞布千匹

小船百匹是時謨所統七千餘人所戍東至土山西至江乘鎮守八所城壘凡

十一處烽火樓望三十餘處隨宜防備甚有算略先是郄鑒上部下有勳勞者

凡一百八十人帝並酬其功未卒而鑒薨斷不復與謨上疏以爲先已許鑒今

不宜斷且鑒所上者皆積年勳效百戰之餘亦不可不報詔聽之康帝卽位徵拜左光祿大夫開府儀同三司領司徒代殷浩爲揚州刺史又錄尚書事領司徒如故初謨沖讓不辟寮佐詔屢敦逼之始取掾屬石季龍死中國大亂時朝野咸謂當太平復舊謨獨謂不然語所親曰胡滅誠大慶也然將貽王室之憂或曰何哉謨曰夫能順天而奉時濟六合於草昧若非上哲必由英豪度德量力非時賢所及必將經營分表疲人以逞志才不副意略不稱心財單力竭智勇俱屈此韓盧東郭所以雙斃也遷侍中司徒上疏讓曰伏自惟省昔階謬恩蒙忝非據尸素累積而光寵更崇謗讟彌興而榮進復加上虧聖朝棟隆之舉下增微臣覆餗之釁惶懼戰灼寄顏無所乞賜天鑒回恩改謬以允羣望皇太后詔報不許謨猶固讓謂所親曰我若爲司徒將爲後代所哂義不敢拜也皇太后遣使喻意自四年冬至五年末詔書屢下謨固守所執六年復上疏以疾病乞骸骨上左光祿大夫領司徒印綬章表十餘上穆帝臨軒遣侍中紀璩黃門郎丁纂徵謨謨陳疾篤使主簿謝攸對曰臣謨不幸有公族穆子之疾天威

不違顏咫尺不敢奉詔寢伏待罪自旦至申使者十餘反而謨不至時帝年八歲甚倦悶左右曰所召人何以至今不來臨軒何時當竟君臣俱疲弊皇太后詔必不來者宜罷朝中軍將軍殷浩奏免吏部尚書江虨官簡文時爲會稽王命曹曰蔡公傲違上命無人臣之禮若人主卑屈於上大義不行於下亦不知復所以爲政矣於是公卿奏曰司徒謨頃以常疾久逋王命皇帝臨軒百僚齊立俯僂之恭有望於謨若志存止退自宜致辭闕庭安有人君卑勞終日而人臣曾無一酬之禮悖慢傲上罪同不臣臣等參議宜明國憲請送廷尉以正刑書謨懼率子弟素服詣闕稽顙躬到廷尉待罪皇太后詔曰謨先帝師傅服事累世且歸罪有司內訟思愆若遂致之于理情所未忍可依舊制免爲庶人謨既被廢杜門不出終日講誦教授子弟數年皇太后詔曰前司徒謨以道素著稱軌行成名故歷事先朝致位台輔以往年之失用致黜責自爾已來闔門思愆誠合大臣罪己之義以謨爲光祿大夫開府儀同三司於是遣謁者僕射孟洪就加冊命謨上疏陳謝曰臣以頑薄昔忝殊寵尸素累紀加違慢詔命當肆

市朝幸蒙寬宥不悟天施復加光飾非臣隕越所能上報臣寢疾未損不任詣闕不勝仰感聖恩謹遣拜章遂以疾篤不復朝見詔賜几杖門施行馬十二年卒時年七十六賵贈之禮一依太尉陸玩故事詔贈侍中司空謚曰文穆謨博學於禮儀宗廟制度多所議定文筆論議有集行於世總應劭以來注班固漢書者爲之集解謨初渡江見彭蜞大喜曰蟹有八足加以二螯令烹之既食吐下委頓方知非蟹後詣謝尚而說之尚曰卿讀爾雅不熟幾爲勸學死謨性方雅丞相王導作女伎施設牀席謨先在坐不悅而去導亦不止之性尤篤慎每事必爲過防故時人云蔡公過浮航脫帶腰舟長子邵永嘉太守少子系有才學位至撫軍長史

諸葛恢

諸葛恢字道明琅邪陽都人也祖誕魏司空爲文帝所誅父靚奔吳爲大司馬吳平逃竄不出武帝與靚有舊靚姊又爲琅邪王妃帝知靚在姊間因就見焉靚逃于廁帝又逼見之謂曰不謂今日復得相見靚流涕曰不能漆身皮面復

覲聖顏詔以爲侍中固辭不拜歸于鄉里終身不向朝廷而坐恢弱冠知名試守卽丘長轉臨沂令爲政和平值天下大亂避地江左名亞王導庾亮導嘗謂曰明府當爲黑頭公及導拜司空恢在坐導指冠謂曰君當復著此導嘗與恢戲爭族姓曰人言王葛不言葛王也恢曰不言馬驢而言驢馬豈驢勝馬邪其見親狎如此于時頛川荀闓字道明陳留蔡謨字道明與恢俱有名譽號曰中興三明人爲之語曰京都三明各有名蔡氏儒雅荀葛清元帝爲安東將軍以恢爲主簿再遷江寧令討周馥有功封博陵亭侯復爲鎭東參軍與卞壼並以時譽遷從事中郎兼統記室時四方多務牋疏殷積恢斟酌酬答咸稱折中于時王氏爲將軍而恢兄弟及顏含並居顯要劉超以忠謹掌書命時人以帝善任一國之才愍帝卽位徵用四方賢儁召恢爲尚書郎元帝以經緯須才上疏留之承制調爲會稽太守臨行帝爲置酒謂曰今之會稽昔之關中足食足兵在於良守以君有莅任之方是以相屈四方分崩當匡振圮運政之所先君爲言之恢陳謝因對曰今天下喪亂風俗陵遲宜尊五美屏四惡進忠實退浮華

帝深納焉太興初以政績第一詔曰自頃多難官長數易益有諸弊雖聖人猶
久於其道然後化成況其餘乎漢宣帝稱與我共安天下者其惟良二千石斯
言信矣是以黃霸等或十年或二十年而不徙所以能濟其中興之勳也賞罰
黜陟所以明政道也會稽內史諸葛恢莅官三年政清人和爲諸郡首宜進其
位班以勸風教今增恢秩中二千石頃之以母憂去官服闋拜中書令王敦上
恢爲丹陽尹以久疾免明帝征敦以恢爲侍中加奉車都尉討王含有功進封
建安伯以先爵賜次子甝爲關內侯又拜恢後將軍會稽內史徵爲侍中遷左
民尚書武陵王師吏部尚書累遷尚書右僕射加散騎常侍銀青光祿大夫領
選本州大中正尚書令常侍吏部如故成帝踐阼加侍中金紫光祿大夫卒年
六十二贈左光祿大夫儀同三司賵贈之禮一依太尉興平伯故事諡曰敬祠
以太牢子虪嗣位至散騎常侍恢兄頤字道回亦爲元帝所器重終於太常

殷浩

殷浩字深源陳郡長平人也父羨字洪喬爲豫章太守都下人士因其致書者

百餘函行次石頭皆投之水中曰沉者自沉浮者自浮殷洪喬不爲致書郵其
資性介立如此終於光祿勳浩識度清遠弱冠有美名尤善玄言與叔父融俱
好老易融與浩口談則辭屈著篇則融勝浩由是爲風流談論者所宗或問浩
曰將蒞官而夢棺將得財而夢糞何也浩曰官本臭腐故將得官而夢尸錢本
糞土故將得錢而夢穢時人以爲名言三府辟皆不就征西將軍庾亮引爲記
室參軍累遷司徒左長史安西庾翼復請爲司馬除侍中安西軍司並稱疾不
起遂屏居墓所幾將十年于時擬之管葛王濛謝尚猶伺其出處以卜江左興
亡因相與省之知浩有確然之志既反相謂曰深源不起當如蒼生何庾翼貽
浩書曰當今江東社稷安危內委何褚諸君外託庾桓數族恐不得百年無憂
亦朝夕而弊足下少標令名十餘年間位經內外而欲潛居利貞斯理難全且
夫濟一時之務須一時之勝何必德均古人韻齊先達邪王夷甫先朝風流士
也然吾薄其立名非真而始終莫取若以道非虞夏自當超然獨往而不能謀
始大合聲譽極致名位正當抑揚名教以靜亂源而乃高談莊老說空終日雖

云談道實長華競及其末年人望猶存思安懼亂寄命推務而甫自申述徇小好名旣身因胡虜棄言非所凡明德君子遇會處際寧可然乎而世皆然之益知名實之未定弊風之未革也浩固辭不起建元初庾冰兄弟及何充等相繼卒簡文帝時在藩始綜萬幾衞將軍褚裒薦浩徵爲建武將軍揚州刺史浩上疏陳讓幷致牋於簡文具自申敘簡文答之曰屬當厄運危弊理盡誠賴時有其才不復遠求版築足下沉識淹長思綜通練起而明之足以經濟若復深存挹退苟遂本懷吾恐天下之事於此去矣今紘領不振晉綱不綱願蹈東海復可得邪由此言之足下去就卽是時之廢興時之廢興則家國不異足下弘思之靜算之亦將有以深鑒可否望必廢本懷率羣情也浩頻陳讓自三月至七月乃受拜焉時桓溫旣滅蜀威勢轉振朝廷憚之簡文以浩有盛名朝野推伏故引爲心膂以抗於溫爲是與溫頗相疑貳會遭父憂去職時以蔡謨攝揚州以俟浩服闋徵爲尙書僕射不拜復爲建武將軍揚州刺史遂參綜朝權潁川荀羨少有令聞浩擢爲義興吳郡以爲羽翼王羲之密說浩羨令與桓溫和同

不宜內構嫌隙浩不從及石季龍死胡中大亂朝廷欲遂蕩平關河於是以浩爲中軍將軍假節都督揚豫徐兗青五州軍事浩既受命以中原爲己任上疏北征許洛將發墜馬時咸惡之既而以淮南太守陳逵兗州刺史蔡裔爲前鋒安西將軍謝尙北中郎將荀羨爲督統開江西疁田千餘頃以爲軍儲師次壽陽潛誘苻健大臣梁安雷弱兒等使殺健許以關右之任初降人魏脫卒其弟憬代領部曲姚襄殺憬以幷其衆浩大惡之使龍驤將軍劉啓守譙遷襄於梁既而魏氏子弟往來壽陽襄猜懼俄而襄部曲有欲歸浩者襄殺之浩於是謀誅襄會苻健殺其大臣健兄子眉自洛陽西奔浩以爲梁安事捷意苻健已死請進屯洛陽修復園陵使襄爲前驅冠軍將軍劉洽鎮鹿臺建武將軍劉遯據倉垣又求解揚州專鎮洛陽詔不許浩既至許昌會張遇反謝尙又敗績浩還壽陽後復進軍次山桑而襄反浩懼棄輜重退保譙城器械軍儲皆爲襄所掠士卒多亡叛浩遣劉啓王彬之擊襄於山桑並爲襄所殺桓溫素忌浩及聞其敗上疏罪浩曰按中軍將軍浩過蒙朝恩叨竊非據寵靈超卓再司京輦不能

恭慎所任恪居職次而侵官離局高下在心前司徒臣謨執義履素位居台輔師傅先帝朝之元老年登七十以禮請退雖臨軒固辭不順恩旨適足以明遜讓之風弘優賢之禮而浩虛生狡說疑誤朝聽獄之有司將致大辟自揭胡天士羣凶殄滅而百姓塗炭企遲拯接浩受專征之重無雪恥之志坐自封殖妄生風塵遂使寇讎稽誅姦逆並起華夏鼎沸黎元殄悴浩懼罪將及不容於朝外聲進討內求苟免出次壽陽頓甲彌年傾天府之資竭五州之力收合無賴以自彊衛爵命無章猜害罔顧故范豐之屬反叛於芍陂奇德龍會作變於肘腋羌帥姚襄率衆歸化遣其母弟入質京邑浩不能撫而用之陰圖殺害再遣刺客為襄所覺襄遂惶懼用致逆命生長亂階自浩始也復不能以時掃滅縱放小豎鼓行毒害身狼狽於山桑軍破碎於梁國舟車焚燒輜重覆沒三軍積實反以資寇精甲利器更為賊用神怒人怨衆之所棄傾危之憂將及社稷臣所以忘寢屏營啓處無地夫率正顯義所以致訓明罰勑法所以齊衆伏願陛下上追唐堯放命之刑下鑒春秋無君之典若聖上含弘未忍誅殛且宜退棄

擯之荒裔雖未足以塞山海之責粗可以宣誡於將來矣竟坐廢爲庶人徙于東陽之信安縣浩少與温齊名而每心競温嘗問浩君何如我浩曰我與君周旋久寧作我也温既以雄豪自許每輕浩浩不之憚也至是温語人曰少時吾與浩共騎竹馬我棄去浩輒取之故當出我下也又謂郗超曰浩有德有言向使作令僕足以儀刑百揆朝廷用違其才耳浩雖被黜放口無怨言夷神委命談詠不輟雖家人不見其有流放之慼但終日書空作咄咄怪事四字而已浩甥韓伯浩素賞愛之隨至徙所經歲還都浩送至渚側詠曹顔遠詩云富貴他人合貧賤親戚離因而泣下後温將以浩爲尚書令遺書告之浩欣然許焉將答書慮有謬誤開閉者數十竟達空函大忤温意由是遂絶永和十二年卒子涓亦有美名咸安初桓温廢太宰武陵王晞誣涓及庾倩與晞謀反害之浩後將改葬其故吏顧悅之上疏訟浩曰伏見故中軍將軍揚州刺史殷浩體德沉粹識理淹長風流雅勝聲蓋當時再臨神州萬里肅清勳績茂著聖朝欽嘉遂授分陝推轂之任戎旗既建出鎮壽陽驅其豺狼翦其荆棘收羅向義廣開屯

田沐兩櫛風等勤臺僕仰憑皇威羣醜革面進軍河洛修復園陵不虞之變中路猖蹶遂令爲山之功崩於垂成忠款之志於是而廢既受削黜自擯山海杜門終身與世兩絕可謂克己復禮窮而無怨者也尋浩所犯蓋負敗之常科非即情之永責論其名德深誠則如彼察其補過罪己則如此豈可棄而不卹使法有餘寃方今宅兆已成埏隧已開懸棺而窆禮同庶人存亡有非命之分九泉無自訴之期仰感三良昊天罔極若使明詔爰發旌我善人崇復本官遠彰幽昧斯則國家威恩有兼濟之美死而可作無負心之恨疏奏詔追復浩本官

顧悅之

顧悅之字君叔少有義行與簡文同年而髮早白帝問其故對曰松柏之姿經霜猶茂蒲柳常質望秋先零簡文悅其對始將抗表訟浩浩親故多謂非宜悅之決意以聞又與朝臣爭論故衆無以奪焉時人咸稱之爲州別駕歷尚書右丞卒子凱之別有傳

蔡裔

蔡裔者有勇氣聲若雷震嘗有二偷入室裔拊牀一呼而盜俱隕故浩委以軍鋒焉

史臣曰陸曄等並以時望國華效彰歷試迭居端揆參掌機衡然皆率由舊章得免祇悔而充抗言孺子雖屈壓於權臣翊奉儲君竟導揚於末命頻參大議屢畫嘉謀可謂忠貞在斯而已殷浩清徽雅量衆議攸歸高秩厚禮不行而至咸謂教義由其興替社稷俟以安危及其入處國鈞未有嘉謀善政出總戎律唯聞蹙國喪師是知風流異貞固之才談論非奇正之要違方易任以致播遷悲夫蔡謨度德而處弘斯止足寘以刑書斯爲過矣

贊曰士光時望士瑤允當政既弟兄任惟台相祖言簡率遺風可尚蔡葛知名或雅或清次道方概謀遠忠貞中軍鑒局唯光雅俗夷曠有餘經綸不足舍長任短功虧名辱

唐　太　宗　文　皇　帝　御　撰

列傳第四十八

孔愉 子汪 安國 弟祗 從子坦 嚴 從弟羣 羣子沈

孔愉字敬康會稽山陰人也其先世居梁國曾祖潛太子少傅漢末避地會稽因家焉祖竺吳豫章太守父恬湘東太守從兄侃大司農俱有名江左愉年十三而孤養祖母以孝聞與同郡張茂字偉康丁潭字世康齊名時人號曰會稽三康吳平愉還于洛惠帝末歸鄉里行至江淮閒遇石冰封雲爲亂雲逼愉爲參軍不從將殺之賴雲司馬張統營救獲免東還會稽入新安山中改姓孫氏以稼穡讀書爲務信著鄉里後忽捨去皆謂爲神人而爲之立祠永嘉中元帝始以安東將軍鎭揚土命愉爲參軍邦族尋求莫知所在建興初始出應召爲丞相掾仍除駙馬都尉參丞相軍事時年已五十矣以討華軼功封餘不亭侯愉嘗行經餘不亭見籠龜於路者愉買而放之溪中龜中流左顧者數四及是

鑄侯印而印龜左顧三鑄如初印工以告愉乃悟遂佩焉帝爲晉王使長兼中書郎于時刁協劉隗用事王導頗見疏遠愉陳導忠賢有佐命之勳謂事無大小皆宜諮訪由是不合旨出爲司徒左長史累遷吳興太守沈充反愉棄官還京師拜御史中丞遷侍中太常及蘇峻反愉朝服守宗廟初愉爲司徒長史以平南將軍溫嶠母亡遭亂不葬乃不過其品至是峻平而嶠有重功愉往石頭詣嶠嶠執愉手而流涕曰天下喪亂忠孝道廢能持古人之節歲寒不凋者唯君一人耳時人咸稱嶠居公而重愉之守正尋徙大尚書遷安南將軍江州刺史不行轉尚書右僕射領東海王師尋遷左僕射咸和八年詔曰尚書令玩左僕射愉並恪居官次祿不代耕端右任重先朝所崇其給玩親信三十人愉二十人稟賜愉上疏固讓優詔不許重表曰臣以朽闇忝廁朝右而以惰劣無益毗佐方今彊寇未殄疆場日駭政煩役重百姓困苦奸吏擅威暴人肆虐大弊之後倉庫空虛功勞之士賞報不足困悴之餘未見拯恤呼嗟之怨人鬼感動宜并官省職貶食節用勤撫其人以濟其艱臣等不能贊揚大化糾明刑政而

愉安高位橫受寵給無德而祿殃必及之不敢橫受殊施以重罪戾從之王導聞而非之於都坐謂愉曰君言姦吏擅威暴人肆虐爲患是誰愉欲大論朝廷得失陸玩抑之乃止後導將以趙胤爲護軍愉謂導曰中興以來處此官者周伯仁應思遠耳今誠乏才豈宜以趙胤居之邪導不從其守正如此由是爲導所銜後省左右僕射以愉爲尚書僕射愉年在懸車累乞骸骨不許轉護軍將軍加散騎常侍復徙領軍將軍加金紫光祿大夫領國子祭酒頃之出爲鎮軍將軍會稽內史加散騎常侍句章縣有漢時舊陂毀廢數百年愉自巡行修復故堰溉田二百餘頃皆成良業在郡三年乃營山陰湖南侯山下數畝地爲宅草屋數間便棄官居之送資數百萬悉無所取病篤遺令斂以時服鄉邑義賵一不得受年七十五咸康八年卒贈車騎將軍開府儀同三司謚曰貞三子誾汪安國誾嗣爵位至建安太守誾子靜字季恭再爲會稽內史累遷尚書左僕射加後將軍

汪字德澤好學有志行孝武帝時位至侍中時茹千秋以佞媚見幸於會稽王

道子汪屢言之於帝帝不納遷尚書太常卿以不合意求出爲假節都督交廣二州諸軍事征虜將軍平越中郎將廣州刺史甚有政績爲嶺表所稱太元十七年卒

安國字安國年小諸兄三十餘歲羣從諸兄並乏才名以富彊自立唯安國與汪少厲孤貧之操汪既以直亮稱安國亦以儒素顯孝武帝時甚蒙禮遇仕歷侍中太常及帝崩安國形素羸瘦服衰絰涕泗竟日見者以爲真孝再爲會稽內史領軍將軍安帝隆安中下詔曰領軍將軍孔安國貞慎清正出內播譽可以本官領東海王師必能導達津梁依仁游藝後歷尚書左右僕射義熙四年卒贈左光祿大夫

祗字承祖太守周札命爲功曹史札爲沈充所害故人賓吏莫敢近者祗冒刃號哭親行殯禮送喪還義與時人義之

坦字君平祖沖丹陽太守父侃大司農坦少方直有雅望通左氏傳解屬文元帝爲晉王以坦爲世子文學東宮建補太子舍人遷尚書郎時臺郎初到普加

策試帝手策問曰吳興徐馥爲賊殺郡將郡今應舉孝廉不坦對曰四罪不相及殛鯀而興禹徐馥爲逆何妨一郡之賢又問姦臣賊子弒君污宮瀦宅莫大之惡也鄉舊廢四科之選今何所依坦曰季平子逐魯昭公豈可廢仲尼也竟不能屈先是以兵亂之後務存慰悅遠方秀孝到不策試普皆除署至是帝申明舊制皆令試經有不中科刺史太守免官太興三年秀孝多不敢行其有到者並託疾帝欲除署孝廉而秀才如前制坦奏議曰臣聞經邦建國教學爲先移風崇化莫尚斯矣古者且耕且學三年而通一經以平康之世猶假漸漬積以日月自喪亂以來十有餘年干戈載揚俎豆禮戢家廢講誦國闕庠序率爾責試竊以爲疑然宣下以來涉歷三載累遇慶會遂未一試揚州諸郡接近京都懼累及君父多不敢行其遠州邊郡掩誣朝廷冀於不試冒昧來赴既到審試遂不敢會臣愚以不會與不行其爲闕也同若當偏加除署是爲肅法奉憲者失分僥倖投射者得官頹風傷教懼於是始夫王言如絲其出如綸臨事改制示短天下人聽有惑臣竊惜之愚以王命無貳憲制宜信去年察舉一皆策

試如不能試可不拘到遣歸不署又秀才雖以事策亦汎問經義苟所未學實難闇通不足復曲碎乖例違舊造異謂因宜其不會徐更革制可申明前下崇修學校普延五年以展講習鈞法齊訓示人軌則夫信之與法爲政之綱施之家室猶弗可貳況經國之典而可翫黷乎帝納焉聽孝廉申至七年秀才如故時典客令萬默領諸胡胡人相誣朝廷疑默有所偏助將加大辟坦獨不署由是被譴遂棄官歸會稽久之除領軍司馬未赴召會王敦反與右衛將軍虞潭俱在會稽起義而討沈充事平始就職揚州刺史王導請爲別駕咸和初遷尚書左丞深爲臺中之所敬憚尋屬蘇峻反坦與司徒司馬陶回白王導曰及峻未至宜急斷阜陵之界守江西當利諸口彼少我衆一戰決矣若峻未至可往逼其城今不先往峻必先至先人有奪人之功時不可失導然之庾亮以爲峻脫逕來是襲朝廷虛也故計不行峻遂破姑熟取鹽米亮方悔之坦謂人曰觀峻之勢必破臺城自非戰士不須戎服既而臺城陷戎服者多死白衣者無他時人稱其先見及峻挾天子幸石頭坦奔陶侃侃引爲長史時侃等夜築白石

壘至曉而成聞峻軍嚴聲咸懼來攻坦曰不然若峻攻壘必須東北風急令我水軍不得往救今天清靜賊必不動決遣軍出江乘掠京口以東矣果如所籌時郗鑒鎭京口侃等各以兵會旣至坦議以爲本不應須召郗公遂使東門無限今宜遣還雖晚猶勝不也侃等猶疑坦固爭甚切始令鑒還據京口遣郭默屯大業又令驍將李閎曹統周光與默幷力賊遂勢分卒如坦計及峻平以坦爲吳郡太守自陳吳多賢豪而坦年少未宜臨之王導庾亮並欲用坦爲丹陽尹時亂離之後百姓凋弊坦固辭之導等猶未之許坦慨然曰昔肅祖臨崩諸君親據御牀共奉遺詔孔坦疏賤不在顧命之限旣有艱難則以微臣爲先今由俎上肉任人膾截耳乃拂衣而去導等亦止於是遷吳興內史封晉陵男加建威將軍以歲饑運家米以賑窮乏百姓賴之時使坦募江淮流人爲軍有殿中兵因亂東還來應坦募坦不知而納之或諷朝廷以坦藏臺叛兵遂坐免尋拜侍中咸康元年石聰寇歷陽王導爲大司馬討之請坦爲司馬會石勒新死季龍專恣石聰及譙郡太守彭彪等各遣使請降坦與聰書曰華狄道乖南北

逈邈瞻河企宋每懷飢渴數會陽九天禍晉國姦凶猾夏乘釁肆虐我德雖衰天命未改乾符啓再集之慶中興應靈期之會百六之艱既過惟新之美日隆而神州振蕩遺氓波散誓命戎狄之手跼蹐豺狼之穴朝廷每臨寐永歎痛心疾首天罰既集罪人斯隕王旅未加自相魚肉豈非人怨神怒天降其災蘭艾同焚賢愚所歎矜哀勿喜我后之仁大赦曠廓唯季龍是討彭譙使至粗具動靜知將軍忿疾醜類翻然同舉承問欣豫慶若在己何知幾之先覺介石之易悟哉引領來儀怪無聲息將軍出自名族誕育洪胄遭世多故國傾家覆生離親屬假養異類雖逼僞寵將亦何賴聞之者猶或有悼況身嬰之能不憤慨哉非我族類其心必異誠反族歸正之秋圖義建功之日也若將軍喻納往言宣之同盟率關右之衆輔河南之卒申威趙魏爲國前驅雖竇融之保西河黥布之去項羽比諸古今未足爲喻聖上寬明宰輔弘納雖射鉤之隙賞之故行雍齒之恨侯之列國況二三子無曩人之嫌而遇天啓之會當如影響有何遲疑今六軍誠嚴水陸齊舉熊羆踴躍龍噬爭先鋒鏑一交玉石同碎雖復後悔何

嗟及矣僕以不才世荷國寵雖實不敏誠爲行李之主區區之情還信所具夫
機事不先鮮不後悔自求多福唯將軍圖之朝廷遂不果北伐人皆懷恨坦在
職數年遷侍中時成帝每幸丞相王導府拜導妻曹氏有同家人坦每切諫時
帝刻日納后而尚書左僕射王彬卒議者以爲欲却期坦曰婚禮之重重於救
日蝕救日蝕有后之喪太子墮井則止納后盛禮豈可以臣喪而廢從之及帝
既加元服猶委政王導坦每發憤以國事爲己憂嘗從容言於帝曰陛下春秋
以長聖敬日躋宜博納朝臣諮諏善道由是忤導出爲廷尉怏怏不悅以疾去
職加散騎常侍遷尚書未拜疾篤庾冰省之乃流涕坦慨然曰大丈夫將終不
問安國寧家之術乃作兒女子相問邪冰深謝焉臨終與庾亮書曰不謂疾苦
遂至頓斃自省緜緜奄忽無日脩短命也將何所悲但以身往名沒朝恩不報
所懷未敘即命多恨耳足下以伯舅之尊居方伯之重抗威顧盼名震天下榱
椽之佐常願下風使九服式序四海一統封京觀於中原反紫極於華壤是宿
昔之所味詠慷慨之本誠矣今中道而斃豈不惜哉若死而有靈潛聽風烈俄

卒時年五十一追贈光祿勳諡曰簡亮報書曰廷尉孔君神游體離嗚呼哀哉得八月十五日書知疾患轉篤遂不起濟悲恨傷楚不能自勝足下方在中年素少疾患雖天命有在亦禍出不圖且足下才經於世世常須才況於今日倍相痛惜吾以寡乏忝當大任國恥未雪夙夜憂憤常欲足下同在外藩戮力時事此情未果來書奄至申尋往復不覺深隕深明足下慷慨之懷深痛足下不遂之志邈然永隔夫復何言謹遣報答幷致薄祭望足下降神饗之子混嗣

嚴字彭祖祖父奕全椒令明察過人時有遺其酒者始提入門奕遙呵之曰人餉吾兩罌酒其一何故非也檢視之一罌果是水或問奕何以知之笑曰酒重水輕提酒者手有輕重之異故耳在官有惠化及卒市人若喪慈親焉父倫黃門郎嚴少仕州郡歷司徒掾尚書殿中郎殷浩臨揚州請爲別駕遷尚書左丞時朝廷崇樹浩以抗擬桓溫溫深以不平浩又引接荒人謀立功於閫外嚴言於浩曰當今時事艱難可謂百六之運使君屈己應務屬當其會聖懷所以日昃匪懈臨朝斤斤每欲深根固本靜邊寧國耳亦豈至私哉而處任者所至不

同所見各異人口云云無所不至頃來天時人情良可寒心古人爲政防人之口甚於防川闇日侍座亦已粗申所懷不審竟當何以鎭之老子云夫唯不爭則萬物不能與之爭此言不可不察也愚意故謂朝廷宜更明授任之方韓彭可專征伐蕭曹守管籥內外之任各有攸司深思廉藺屈申之道平勃相和之義令婉然通順人無間言然後乃可保大定功平濟天下也又觀頃日降附之徒皆人面獸心貪而無親難以義感而聚著都邑雜處人間使君常疲聖體以接之虛府庫以拯之足以疑惑視聽耳浩深納之及哀帝踐阼議所承統時多異議嚴與丹陽尹庾龢議曰順本居正親親不可奪宜繼成皇帝諸儒咸以嚴議爲長竟從之隆和元年詔曰天文失度太史雖有祈禳之事猶釁眚屢彰今欲依鴻祀之制於太極殿前庭親執虔肅嚴諫曰鴻祀雖出尙書大傳先儒所不究歷代莫之與承天接神豈可以疑殆行事乎天道無親唯德是輔陛下祗順恭敬留心兆庶可以消災復異皆已蹈而行之德合神明丘禱久矣豈須屈萬乘之尊修雜祀之事君舉必書可不愼歟帝嘉之而止以爲揚州大中正嚴

不就有司奏免詔特以侯領尚書時東海王奕求海鹽錢塘以水牛牽埭稅取錢直帝初從之嚴諫乃止初帝或施私恩以錢帛賜左右嚴又啓諸所別賜及給廚食皆應減省帝曰左右多困乏故有所賜今通斷之又廚膳宜有減徹思詳具聞嚴多所匡益太和中拜吳興太守加秩中二千石善於宰牧甚得人和餘杭婦人經年荒賣其子以活夫之兄子武康有兄弟二人妻各有孕弟遠行未反遇荒歲不能兩全棄其子而活弟子嚴並褒薦之又甄賞才能之士論者美焉五年以疾去職卒于家三子道民宣城內史靜民散騎侍郎福民太子洗馬皆爲孫恩所害

羣字敬林嚴叔父也有智局志尚不羈蘇峻入石頭時匡術有寵於峻賓從甚盛羣與從兄愉同行於橫塘遇之愉止與語而羣初不視術術怒欲刃之愉下車抱術曰吾弟發狂卿爲我宥之乃獲免後峻平王導保存術嘗因衆坐令術勸羣酒以釋橫塘之憾羣答曰羣非孔子厄同匡人雖陽和布氣鷹化爲鳩至於識者猶憎其目導有愧色任歷中丞性嗜酒導嘗戒之曰卿恆飲不見酒家

覆瓿布日月久糜爛邪答曰公不見肉糟淹更堪久邪嘗與親友書云今年田得七百石秫米不足了麴糵事其躭湎如此卒於官嗣子沈

沈字德度有美名何充薦沈於王導曰文思通敏宜登宰門辟丞相司徒掾琅邪王文學並不就從兄坦以裘遺之辭不受坦曰晏平仲儉祀其先人豚肩不掩豆猶狐裘數十年卿復何辭於是受而服之是時沈與魏顗虞球虞存謝奉並爲四族之儁沈子歆位至吳興太守廷尉歆子琳之以草書擅名又爲吳興太守侍中

丁潭

丁潭字世康會稽山陰人也祖固吳司徒父彌梁州刺史潭初爲郡功曹察孝廉除郎中稍遷丞相西閤祭酒時元帝稱制使各陳時事損益潭上書曰爲國者恃人須才蓋二千石長吏是也安可不明簡其才使必允當既得其人使久於其職在官者無苟且居下者有恆心此爲政之較也今之長吏還轉既數有送迎之費古人三載考績三考黜陟中才處局故難以速成矣夫兵所以防禦

未然鎮壓姦凶周雖三聖功成由武今戎戰之世益宜留心簡選精銳以備不虞無事則優其身有難則責其力竊聞今之兵士或私有役使而營陳不充夫爲國者由爲家也計財力之所任審趨舍之舉動不營難成之功損棄分外之役今兵人未彊當審其宜經塗遠舉未獻大捷更使力單財盡而威望挫弱也及帝踐阼拜駙馬都尉奉朝請尚書祠部郎時琅邪王裒始受封帝欲引朝賢爲其國上卿將用潭以問中書令賀循循曰郎中令職望清重實宜審授潭清淳貞粹雅有隱正聖明所簡才實宜之遂爲琅邪王郎中令會裒薨潭上書求行終喪禮曰在三之義禮有達制近代已來或隨時降殺宜一匡革以敦于後輒案令文王侯之喪官僚服斬既葬而除今國無繼統喪庭無主臣實陋賤不足當重謬荷首任禮宜終喪詔下博議國子祭酒杜夷議古者諒闇三年不言下及周世稅衰效命春秋之時天子諸侯既葬而除此所謂三代損益禮有不同故三年之喪由此而廢然則漢文之詔合於隨時凡有國者皆宜同也非唯施於帝皇而已按禮殤與無後降於成人有後既葬而除今不得以無後之故

而獨不除也愚以丁郎中應除衰麻自宜主祭以終三年太常賀循議禮天子諸侯俱以至尊臨人上下之義君臣之禮自古以來其例一也故禮盛則並全其重禮殺則從其降春秋之事天子諸侯不行三年至於臣爲君服亦宜以君爲節未有君除而臣服君服而臣除者今法令諸侯卿相官屬爲君斬衰既葬而除以令文言之明諸侯不以三年之喪與天子同可知也君若遂服則臣子輕重無應除者也若當皆除無一人獨重之文禮有攝主而無攝重故大功之親主人喪者必爲之再祭練祥以大功之服主人三年喪者也苟謂諸侯與天子同制國有嗣王自不全服而人主居喪素服主祭三年不攝吉事以尊令制若當遠迹三代令復舊典不依法令者則侯之服貴賤一例亦不得唯一人論於是詔使除服心喪三年太興三年遷王導驃騎司馬轉中書郎出爲廣武將軍東陽太守以清潔見稱徵爲太子左衞率不拜成帝踐阼以爲散騎常侍侍中蘇峻作亂帝蒙塵於石頭唯潭及侍中鍾雅劉超等隨從不離帝側峻誅以功賜爵永安伯遷大尙書徙廷尉累遷左光祿大夫領國子祭酒本國大中正

加散騎常侍康帝卽位屢表乞骸骨詔以光祿大夫還第門施行馬祿秩一如舊制給傳詔二人賜錢二十萬牀帳褥席年八十卒贈侍中大夫如故諡曰簡王導嘗謂孔敬康有公才而無公望丁世康有公望而無公才子話位至散騎侍郎

張茂

張茂字偉康少單貧有志行爲鄉里所敬信初起義兵討賊陳斌一郡用全元帝辟爲掾屬官有老牛數十將賣之茂曰殺牛有禁買者不得輒屠齒力疲老又不任耕駕是以無用之物收百姓利也帝乃止遷太子右衛率出補吳興內史沈充之反也茂與三子並遇害茂弟盎爲周札將軍充討札盎又死之贈茂太僕茂少時夢得大象以問占夢萬推推曰君當爲大郡而不善也問其故推曰象者大獸獸者守也故知當得大郡然象以齒焚爲人所害果如其言

陶回

陶回丹陽人也祖基吳交州刺史父抗太子中庶子回辟司空府中軍主簿並

不就大將軍王敦命爲參軍轉州別駕敦死司徒王導引爲從事中郎遷司馬
蘇峻之役回與孔坦言於導請早出兵守江口語在坦傳峻將至回復謂亮曰
峻知石頭有重戍不敢直下必向小丹陽南道步來宜伏兵要之可一戰而擒
亮不從峻果由小丹陽經秣陵迷失道逢郡人執以爲鄉導時峻夜行甚無部
分亮聞之深悔不從回等之言尋王師敗績回還本縣收合義軍得千餘人並
爲步軍與陶侃溫嶠等并力攻峻又別破韓晃以功封康樂伯時大賊新平綱
維弛廢司徒王導以回有器幹擢補北軍中候俄轉中護軍久之遷征虜將軍
吳興太守時人飢穀貴三吳尤甚詔欲聽相鬻賣以拯一時之急回上疏曰當
今天下不普荒儉唯獨東土穀價偏貴便相鬻賣聲必遠流北賊聞此將窺疆
埸如愚臣意不如開倉廩以賑之乃不待報輒便開倉及割府郡軍資數萬斛
米以救乏絕由是一境獲全既而下詔并敕會稽吳郡依回振恤二郡賴之在
郡四年徵拜領軍將軍加散騎常侍征虜將軍如故回性雅正不憚彊禦丹陽
尹桓景佞事王導甚爲導所昵回常慷慨謂景非正人不宜親狎會熒惑守南

斗經旬導語回曰南斗揚州分而熒惑守之吾當遜位以厭此譴回答曰公以明德作相輔弼聖主當親忠貞遠邪佞而與桓景造膝熒惑何由退舍導深愧之咸和二年以疾辭職帝不許徙護軍將軍常侍領軍如故未拜卒年五十一謚曰威四子汪陋隱無忌汪嗣爵位至輔國將軍宣城內史陋冠軍將軍隱少府無忌光祿勳兄弟咸有幹用

史臣曰孔愉父子暨丁潭等咸以篠簜之材邀締構之運策名覇府騁足高衢歷試清階遂登顯要外宣政績內盡謀猷罄心力以佐時竭股肱以衞主並能保全名節善始令終而愉高謝百萬之貲辭榮數畝之宅弘止足之分有廉讓之風者矣陶回陳邪佞之宜遠明鬻賣之非宜並補闕弼違良可稱也

贊曰愉既公才潭惟公望領軍儒雅平越忠亮君平料敵彭祖弘益茂以象焚羣由匡厄陶回規過言同金石

晉書卷七十八

晉書卷七十九

唐　太　宗　文　皇　帝　御　撰

列傳第四十九

謝尚

謝尚字仁祖豫章太守鯤之子也幼有至性七歲喪兄哀慟過禮親戚異之八歲神悟夙成鯤嘗攜之送客或曰此兒一坐之顏回也尚應聲答曰坐無尼父焉別顏回席賓莫不歎異十餘歲遭父憂丹陽尹溫嶠弔之尚號咷極哀既而收涕告訴舉止有異常童嶠甚奇之及長開率穎秀辨悟絕倫脫略細行不為流俗之事好衣刺文袴諸父責之因而自改遂知名善音樂博綜眾藝司徒王導深器之比之王戎常呼為小安豐辟為掾襲父爵咸亭侯始到府通謁導以其有勝會謂曰聞君能作鴝鵒舞一坐傾想寧有此理不尚曰佳便著衣幘而舞導令坐者撫掌擊節尚俯仰在中傍若無人其率詣如此轉西曹屬時有遭亂與父母乖離議者或以進仕理王事婚姻繼百世於禮非嫌尚議曰典禮之

與皆因循情理開通弘勝如運有屯夷要當斷之以大義夫無後之罪三千所
不過今婚姻將以繼百世崇宗緒此固不可塞也然至於天屬生離之哀父子
乖絶之痛痛之深者莫深於茲夫以一體之小患猶或忘思慮損聽察況於抱
傷心之巨痛懷忉怛之至感方寸既亂豈能綜理時務哉有心之人決不冒榮
苟進冒榮苟進之疇必非所求之旨徒開偷薄之門而長流弊之路或有執志
丘園守心不革者猶當崇其操業以弘風尚而況含艱履感之人勉之以榮貴
邪遷會稽王友入補給事黃門侍郎出爲建武將軍歷陽太守轉督江夏義陽
隨三郡軍事江夏相將軍如故時安西將軍庾翼鎮武昌尙數詣翼諮謀軍事
嘗與翼共射翼曰卿若破的當以鼓吹相賞尙應聲中之翼卽以其副鼓吹給
之尙爲政清簡始到官郡府以布四十匹爲尙造烏布帳尙壞之以爲軍士襦
袴建元二年詔曰尙往以戎戍事要故輟黃散以授軍旅所處險要宜崇其威
望今以爲南中郎將餘官如故會庾冰薨復以本號督豫州四郡領江州刺史
俄而復轉西中郎將督揚州之六郡諸軍事豫州刺史假節鎭歷陽大司馬桓

温欲有事中原使尚率衆向壽春進號安西將軍初苻健將張遇降尚尚不能
綏懷之遇怒據許昌叛尚討之爲遇所敗收付廷尉時康獻皇后臨朝卽尚之
甥也特令降號爲建威將軍初尚之行也使建武將軍濮陽太守戴施據枋頭
會冉閔之子智與其大將蔣幹來附復遣行人劉猗詣尚請救施止猗求傳國
璽猗歸以告幹幹謂尚已敗慮不能救己猶豫不許施遣參軍何融率壯士百
人入鄴登三臺助戍譎之曰今且可出璽付我凶寇在外道路梗澁亦未敢送
璽當遣單使馳白天子聞璽已在吾許知卿等至誠必遣重軍相救并厚相餉
幹乃出璽付融融齎璽馳還枋頭尚遣振武將軍胡彬率騎三百迎璽致諸京
師時苻健將楊平戍許昌尚遣兵襲破之徵授給事中賜軺車鼓吹戍石頭永
和中拜尚書僕射出爲都督江西淮南諸軍事前將軍豫州刺史給事中僕射
如故鎭歷陽加都督豫州揚州之五郡軍事在任有政績上表求入朝因留京
師署僕射事尋進號鎭西將軍鎭壽陽尚於是採拾樂人并制石磬以備太樂
江表有鍾石之樂自尚始也桓温北平洛陽上疏請尚爲都督司州諸軍事將

鎮洛陽以疾病不行升平初又進都督豫冀幽并四州病篤徵拜衛將軍加散騎常侍未至卒於歷陽時年五十詔贈散騎常侍衛將軍開府儀同三司謚曰簡無子從弟奕以子康襲爵早卒康弟靜復以子肅嗣又無子靜子虔以子靈祐繼鯤後

謝安

安子琰 琰子混 安弟萬 萬弟石
安兄奕 奕子玄 石兄子朗 弟子邈

謝安字安石尚從弟也父裒太常卿安年四歲時譙郡桓彝見而歎曰此兒風神秀徹後當不減王東海及總角神識沉敏風宇條暢善行書弱冠詣王濛清言良久既去濛子脩曰向客何如大人濛曰此客亹亹爲來逼人王導亦深器之由是少有重名初辟司徒府除佐著作郎並以疾辭寓居會稽與王羲之及高陽許詢桑門支遁游處出則漁弋山水入則言詠屬文無處世意揚州刺史庾冰以安有重名必欲致之累下郡縣敦逼不得已赴召月餘告歸復除尚書郎琅邪王友並不起吏部尚書范汪舉安爲吏部郎安以書距絕之有司奏安被召歷年不至禁錮終身遂棲遲東土常往臨安山中坐石室臨濬谷悠然歎

曰此去伯夷何遠嘗與孫綽等汎海風起浪湧諸人並懼安吟嘯自若舟人以安爲悅猶去不止風轉急安徐曰如此將何歸邪舟人承言卽迴衆咸服其雅量安雖放情丘壑然每游賞必以妓女從旣累辟不就簡文帝時爲相曰安石旣與人同樂必不得不與人同憂召之必至時安弟萬爲西中郎將總藩任之重安雖處衡門其名猶出萬之右自好有公輔之望處家常以儀範訓子弟安妻劉惔妹也旣見家門富貴而安獨靜退乃謂曰丈夫不如此也安掩鼻曰恐不免耳及萬黜廢安始有仕進志時年已四十餘矣征西大將軍桓溫請爲司馬將發新亭朝士咸送中丞高崧戲之曰卿累違朝旨高臥東山諸人每相與言安石不肯出將如蒼生何蒼生今亦將如卿何安甚有愧色旣到溫甚喜言生平歡笑竟日旣出溫問左右頗嘗見我有如此客不溫後詣安値其理髮安性遲緩久而方罷使取幘溫見留之曰令司馬著帽進其見重如此溫當北征會萬病卒安投牋求歸尋除吳興太守在官無當時譽去後爲人所思頃之徵拜侍中遷吏部尙書中護軍簡文帝疾篤溫上疏薦安宜受顧命及帝崩溫入

赴山陵止新亭大陳兵衞將移晉室呼安及王坦之欲於坐害之坦之甚懼問
計於安安神色不變曰晉祚存亡在此一行既見溫坦之流汗沾衣倒執手板
安從容就席坐定謂溫曰安聞諸侯有道守在四鄰明公何須壁後置人邪溫
笑曰正自不能不爾耳遂笑語移日坦之與安初齊名至是方知坦之之劣溫
嘗以安所作簡文帝謚議以示坐賓曰此謝安石碎金也時孝武帝富於春秋
政不自己溫威振內外人情噂喈互生同異安與坦之盡忠匡翼終能輯穆及
溫病篤諷朝廷加九錫使袁宏具草安見輒改之由是歷旬不就會溫薨錫命
遂寢尋爲尚書僕射領吏部加後將軍及中書令王坦之出爲徐州刺史詔安
總關中書事安義存輔導雖會稽王道子亦賴弼諧之益時彊敵寇境邊書續
至梁益不守樊鄧陷没安每鎮以和靖御以長筭德政既行文武用命不存小
察弘以大綱威懷外著人皆比之王導謂文雅過之嘗與王羲之登冶城悠然
遐想有高世之志羲之謂曰夏禹勤王手足胼胝文王旰食日不暇給今四郊
多壘宜思自效而虛談廢務浮文妨要恐非當今所宜安曰秦任商鞅二世而

士豈清言致患邪是時宮室毀壞安欲繕之尚書令王彪之等以外寇爲諫安不從竟獨決之宮室用成皆仰模玄象合體辰極而役無勞怨又領揚州刺史詔以甲仗百人入殿時帝始親萬幾進安中書監驃騎將軍錄尚書事固讓軍號于時懸象失度亢旱彌年安奏興滅繼絕求晉初佐命功臣後而封之頃之加司徒後軍文武盡配大府又讓不拜復加侍中都督揚豫徐兗青五州幽州之燕國諸軍事假節時苻堅強盛疆埸多虞諸將敗退相繼安遣弟石及兄子玄等應機征討所在剋捷拜衞將軍開府儀同三司封建昌縣公堅後率衆號百萬次于淮肥京師震恐加安征討大都督玄入問計安夷然無懼色答曰已別有旨既而寂然玄不敢復言乃令張玄重請安遂命駕出山墅親朋畢集方與玄圍棋賭別墅安常棋劣於玄是日玄懼便爲敵手而又不勝安顧謂其甥羊曇曰以墅乞汝安遂游涉至夜乃還指授將帥各當其任玄等既破堅有驛書至安方對客圍棋看書既竟便攝放牀上了無喜色棋如故客問之徐答云小兒輩遂已破賊既罷還內過戶限心喜甚不覺屐齒之折其矯情鎮物如此

以總統功進拜太保安方欲混一文軌上疏求自北征乃進都督揚江荊司豫徐兗青冀幽并寧益雍梁十五州軍事加黃鉞其本官悉如故置從事中郎二人安上疏讓太保及爵不許是時桓沖既卒荊江二州並缺物論以玄勳望宜以授之安以父子皆著大勳恐為朝廷所疑又懼桓氏失職桓石虔復有沔陽之功慮其驍猛在形勝之地終或難制乃以桓石民為荊州改桓伊於中流石虔為豫州既以三桓據三州彼此無怨各得所任其經遠無競類皆如此性好音樂自弟萬喪十年不聽音樂及登台輔期喪不廢樂王坦之書喻之不從衣冠效之遂以成俗又於土山營墅樓館林竹甚盛每攜中外子姪往來游集肴饌亦屢費百金世頗以此譏焉而安殊不以屑意常疑劉牢之既不可獨任又知王味之不宜專城牢之既以亂終而味之亦以貪敗由是識者服其知人時會稽王道子專權而姦諂頗相扇構安出鎮廣陵之步丘築壘曰新城以避之帝出祖于西池獻觴賦詩焉安雖受朝寄然東山之志始末不渝每形於言色及鎮新城盡室而行造汎海之裝欲須經略粗定自江道還東雅志未就遂遇

疾篤上疏請量宜旋旆并召子征虜將軍琰解甲息徒命龍驤將軍朱序進據洛陽前鋒都督玄抗威彭沛委以董督若二賊假延來年水生東西齊舉詔遣侍中慰勞遂還都聞當輿入西州門自以本志不遂深自慨失因悵然謂所親曰昔桓溫在時吾常懼不全忽夢乘溫輿行十六里見一白雞而止乘溫輿者代其位也十六里止今十六年矣白雞主酉今太歲在酉吾病殆不起乎乃上疏遜位詔遣侍中尚書喻旨先是安發石頭金鼓忽破又語未嘗謬而忽一誤衆亦怪異之尋薨時年六十六帝三日臨于朝堂賜東園祕器朝服一具衣一襲錢百萬布千匹蠟五百斤贈太傅謚曰文靖以無下舍詔府中備凶儀及葬加殊禮依大司馬桓溫故事又以平苻堅勳更封廬陵郡公安少有盛名時多愛慕鄉人有罷中宿縣者還詣安安問其歸資答曰有蒲葵扇五萬安乃取其中者捉之京師士庶競市價增數倍安本能爲洛下書生詠有鼻疾故其音濁名流愛其詠而弗能及或手掩鼻以斅之及至新城築埭於城北後人追思之名爲召伯埭羊曇者太山人知名士也爲安所愛重安薨後輟樂彌年行不由

西州路嘗因石頭大醉扶路唱樂不覺至州門左右白曰此西州門曇悲感不已以馬策扣扉誦曹子建詩曰生存華屋處零落歸山丘慟哭而去安有二子瑤琰瑤襲爵官至琅邪王友早卒子該嗣終東陽太守無子弟光祿勳模以子承伯嗣有罪國除劉裕以安勳德濟世特更封該弟澹爲柴桑侯邑千戶奉安祀澹少歷顯位桓玄簒位以澹兼太尉與王謐俱齎冊到姑孰元熙中爲光祿大夫復兼太保持節奉冊禪宋琰字瑗度弱冠以貞幹稱美風姿與從兄護軍淡雖比居不往來宗中子弟惟與才令者數人相接拜著作郎轉祕書丞累遷散騎常侍侍中苻堅之役安以琰有軍國才用出爲輔國將軍以精兵八千與從兄玄俱陷陣破堅以勳封望蔡公尋遭父憂去官服闋除征虜將軍會稽內史頃之徵爲尚書右僕射領太子詹事加散騎常侍將軍如故又遭母憂朝廷疑其葬禮時議者云潘岳爲賈充婦宜城宣君誄云昔在武侯喪禮殊倫伉儷一體朝儀則均謂宜資給葬禮悉依太傅故事先是王珣娶萬女珣弟珉娶安女竝不終由是與謝氏有隙珣時爲僕射猶以前憾緩其事琰聞恥之遂自造

轀輬車以葬議者譏之太元末爲護軍將軍加右將軍會稽王道子以爲司馬右將軍如故王恭舉兵假琰節都督前鋒軍事恭平遷衞將軍徐州刺史假節孫恩作亂加督吳興義興二郡軍事討恩至義興斬賊許允之迎太守魏鄢還郡進討吳興賊丘尫破之又詔琰與輔國將軍劉牢之俱討孫恩恩逃于海島朝廷憂之以琰爲會稽內史都督五郡軍事本官並如故琰既以資望鎮越土議者謂無復東顧之虞及至郡無綏撫之能而不爲武備將帥皆諫曰強賊在海伺人形便宜振揚仁風開其自新之路琰曰苻堅百萬尚送死淮南況孫恩奔衂歸海何能復出若其復至正是天不養國賊令速就戮耳遂不從其言恩後果復寇浹口入餘姚破上虞進及邢浦去山陰北三十五里琰遣參軍劉宣之距破恩既而上黨太守張虔碩戰敗羣賊銳進人情震駭咸以宜持重嚴備且列水軍於南湖分兵設伏以待之琰不聽賊既至尚未食琰曰要當先滅此寇而後食也跨馬而出廣武將軍桓寶爲前鋒摧鋒陷陣殺賊甚多而塘路迮狹琰軍魚貫而前賊於艦中傍射之前後斷絕琰至千秋亭敗績琰帳下都督

張猛於後斫琰馬琰墮地與二子肇峻俱被害寶亦死之後劉裕左里之捷生擒猛送琰小子混混刳肝生食之詔以琰父子隕於君親忠孝萃於一門贈琰侍中司空謚曰忠肅三子肇峻混肇歷驃騎參軍峻以琰勳封建昌侯及沒於賊詔贈肇散騎常侍峻散騎侍郎

混字叔源少有美譽善屬文初孝武帝爲晉陵公主求壻謂王珣曰主壻但如劉真長王子敬便足如王處仲桓元子誠可才小富貴便豫人家事珣對曰謝混雖不及真長不減子敬帝曰如此便足未幾帝崩袁崧欲以女妻之珣曰卿莫近禁臠初元帝始鎮建業公私窘罄每得一㹠以爲珍膳項上一臠尤美輒以薦帝羣下未嘗敢食于時呼爲禁臠故珣因以爲戲混竟尚主襲父爵桓玄嘗欲以安宅爲營混曰召伯之仁猶惠及甘棠文靖之德更不保五畝之宅邪玄聞慚而止歷中書令中領軍尚書左僕射領選以黨劉毅誅國除及宋受禪謝晦謂劉裕曰陛下應天受命登壇日恨不得謝益壽奉璽紱裕亦歎曰吾甚恨之使後生不得見其風流益壽混小字也

奕字無奕少有名譽初爲剡令有老人犯法奕以醇酒飲之醉猶未已安時年七八歲在奕膝邊諫止之奕爲改容遣之與桓溫善溫辟爲安西司馬猶推布衣好在溫坐岸幘笑詠無異常日桓溫曰我方外司馬奕每因酒無復朝廷禮常逼溫飲溫走入南康主門避之主曰君若無狂司馬我何由得相見奕遂攜酒就聽事引溫一兵帥共飲曰失一老兵得一老兵亦何所在溫不之責從兄尙有德政既卒爲西藩所思朝議以奕立行有素必能嗣尙事乃遷都督豫兗冀并四州軍事安西將軍豫州刺史假節未幾卒官贈鎭西將軍三子泉靖玄泉有名譽歷義興太守靖官至太常

玄字幼度少穎悟與從兄朗俱爲叔父安所器重安嘗戒約子姪因曰子弟亦何豫人事而正欲使其佳諸人莫有言者玄答曰譬如芝蘭玉樹欲使其生於庭階耳安悅玄少好佩紫羅香囊安患之而不欲傷其意因戲賭取卽焚之於此遂止及長有經國才略屢辟不起後與王珣俱被桓溫辟爲掾並禮重之轉征西將軍桓豁司馬領南郡相監北征諸軍事于時苻堅彊盛邊境數被侵寇

朝廷求文武良將可以鎮禦北方者安乃以玄應舉中書郎郗超雖素與玄不
善聞而歎之曰安違衆舉親明也玄必不負舉才也時咸以爲不然超曰吾嘗
與玄共在桓公府見其使才雖履屐閒亦得其任所以知之於是徵還拜建武
將軍兗州刺史領廣陵相監江北諸軍事時苻堅遣軍圍襄陽車騎將軍桓沖
禦之詔玄發三州人丁遣彭城內史何謙游軍淮以爲形援襄陽既沒堅將
彭超攻龍驤將軍戴逯於彭城玄率東莞太守高衡後軍將軍何謙次于泗口
欲遣閒使報逯令知救至其道無由小將田泓請行乃沒水潛行將趣城爲賊
所獲賊厚賂泓使云南軍已敗泓僞許之既而告城中曰南軍垂至我單行來
報爲賊所得勉之遂遇害時彭超置輜重於留城玄乃揚聲遣謙等向留城超
聞之還保輜重謙馳進解彭城圍超復進軍南侵堅將句難毛當自襄陽來會
超圍幽州刺史田洛於三阿有衆六萬詔征虜將軍謝石率水軍次涂中右衛
將軍毛安之游擊將軍河閒王曇之淮南太守楊廣宣城內史丘準次堂邑既
而盱眙城陷高密內史毛藻沒安之等軍人相驚遂各分散朝廷震動玄於是

自廣陵西討難等何謙解田洛圍進據白馬與賊大戰破之斬其僞將都督顏因復進擊又破之斬其僞將邵保超難引退玄率何謙戴遯田洛追之戰于君川復大破之玄參軍劉牢之攻破浮航及白船督護諸葛侃單父令李都又破其運艦難等相率北走僅以身免於是罷彭城下邳二戍詔遣殿中將軍慰勞進號冠軍加領徐州刺史還于廣陵以功封東興縣侯及苻堅自率兵次于項城衆號百萬而涼州之師始達咸陽蜀漢順流幽并係至先遣苻融慕容暐張蚝苻方等至潁口梁成王先等屯洛澗詔以玄爲前鋒都督徐兗青三州揚州之晉陵幽州之燕國諸軍事與叔父征虜將軍石從弟輔國將軍琰西中郎將桓伊龍驤將軍檀玄建威將軍戴熙揚武將軍陶隱等距之衆凡八萬玄先遣廣陵相劉牢之五千人直指洛澗即斬梁成及成弟雲步騎崩潰爭赴淮水牢之縱兵追之生擒堅僞將梁他王顯梁悌慕容屈氏等收其軍實堅進屯壽陽列陣臨肥水玄軍不得渡玄使謂苻融曰君遠涉吾境而臨水爲陣是不欲速戰諸君稍却令將士得周旋僕與諸君緩轡而觀之不亦樂乎堅衆皆曰宜阻

肥水莫令得上我衆彼寡勢必萬全堅曰但却軍令得過而我以鐵騎數十萬
向水逼而殺之融亦以爲然遂麾使却陣衆因亂不能止於是玄與琰伊等以
精銳八千涉渡肥水石軍距張蚝小退琰玄仍進決戰肥水南堅中流矢臨陣
斬融堅衆奔潰自相蹈藉投水死者不可勝計肥水爲之不流餘衆弃甲宵遁
聞風聲鶴唳皆以爲王師已至草行露宿重以飢凍死者十七八獲堅乘輿雲
母車儀服器械軍資珍寶山積牛馬驢騾駱駝十萬餘詔遣殿中將軍慰勞進
號前將軍假節固讓不受賜錢百萬綵千匹既而安奏苻堅喪敗宜乘其釁會
以玄爲前鋒都督率冠軍將軍桓石虔徑造渦潁經略舊都玄復率衆次于彭
城遣參軍劉襲攻堅兗州刺史張崇於鄄城走之使劉牢之守鄄城兗州既平
玄患水道險澁糧運艱難用督護聞人奭謀堰呂梁水樹柵立七埭爲派擁二
岸之流以利運漕自此公私利便又進伐青州故謂之青州派遣淮陵太守高
素以三千人向廣固降堅青州刺史苻朗又進伐冀州遣龍驤將軍劉牢之濟
北太守丁匡據碻磝濟陽太守郭滿據滑臺奮武將軍顏雄渡河立營堅子丕

遣將桑據屯黎陽玄命劉襲夜襲據走之丕惶遽欲降玄許之丕告飢玄饋丕米二千斛又遣晉陵太守滕恬之渡河守黎陽三魏皆降以兗青司豫平加玄都督徐兗青司冀幽幷七州軍事玄上疏以方平河北幽冀宜須總督司州懸遠應統豫州以勳封康樂縣公玄請以先封東興侯賜兄子玩詔聽之更封玩豫寧伯復遣寧遠將軍吞演伐申凱於魏郡破之玄欲令豫州刺史朱序鎭梁國玄住彭城北固河上西援洛陽內藩朝廷朝議以征役既久宜置戍而還使玄還鎭淮陰序鎭壽陽會翟遼據黎陽反執滕恬之又泰山太守張願舉郡叛河北騷動玄自以處分失所上疏送節盡求解所職詔慰勞令且還鎭淮陰以朱序代鎭彭城玄既還遇疾上疏解職詔書不許玄又自陳既不堪攝職慮有曠廢詔又使移鎭東陽城玄卽路於道疾篤上疏曰臣以常人才不佐世忽蒙殊遇不復自量遂從戎政驅馳十載不辭鳴鏑之險每有征事輒請爲軍鋒由恩厚忘軀甘死若生也冀有毫釐上報榮寵天祚大晉王威屢舉實由陛下神武英斷無思不服亡叔臣安協贊雍熙以成天工而雰霧尙翳六合未朗遺黎

塗炭巢窟宜除復命臣荷戈前驅董司戎首冀仰憑皇威宇宙寧一陛下致太平之化庸臣以塵露報恩然後從亡叔臣安退身東山以道養壽此誠以形于文旨達於聖聽矣臣所以區區家國實在於此不謂臣愆咎夙積罪鍾中年上延亡叔臣安亡兄臣靖數月之間相係殂背下逮稚子尋復夭昏哀毒兼纏痛百常情臣不勝禍酷暴集每一慟殆弊所以含哀忍悲期之必存者雖哲輔傾落聖明方融伊周嗣作人懷自厲猶欲申臣本志隆國保家故能豁其情滯同之無心耳去冬奉司徒道子告括囊遠圖逮問臣進止之宜臣進不達事機以蹙境爲恥退不自揆故欲順其宿心豈謂經略不振自貽斯戾是以奉送章節待罪有司執徇常儀實有媿心而聖恩赦過黷法垂宥使抱罪之臣復得更名於所司木石猶感而況臣乎顧將身不良動與釁會謙德不著害盈是荷先疾既動便至委篤陛下體臣疢重使還藩淮側甫欲休兵靜衆綏懷善撫兼苦自療冀日月漸瘳繕甲俟會思更奮迅而所患沉頓有增無損今者惙惙救命朝夕臣之平日率其常矩加以匪懈猶不能令政理弘宣況今內外天隔永不復

接寧可臥居重任以招患慮追尋前事可爲寒心臣之微身復何足惜區區血
誠憂國實深謹遣兼長史劉濟重奉送節蓋章傳伏願陛下垂天地之仁拯將
絶之氣時遣軍司鎭慰荒雜聽臣所乞盡醫藥消息歸誠道門冀神祇之祐若
此而不差修短命也使臣得及視息瞻覩墳柏以此之盡公私真無恨矣伏枕
悲慨不覺流涕詔遣高手醫一人令自消息又使還京口療疾玄奉詔便還病
久不差又上疏曰臣同生七人凋落相繼惟臣一己孑然獨存在生荼酷無如
臣比所以含哀忍痛希延視息者欲報之德實懷罔極庶蒙一瘳申其此志且
臣孤遺滿目顧之惻然爲欲極其求生之心未能自分於灰土慺慺之情可哀
可愍伏願陛下矜其所訴霈然垂恕不令微臣銜恨泉壤表寢不報前後表疏
十餘上久之乃轉授散騎常侍左將軍會稽內史時吳興太守晉寧侯張玄之
亦以才學顯自吏部尙書與玄同年之郡而玄之名亞於玄時人稱爲南北二
玄論者美之玄旣輿疾之郡十三年卒於官時年四十六追贈車騎將軍開府
儀同三司謚曰獻武子瑍嗣祕書郎早卒子靈運嗣瑍少不惠而靈運文藻豔

逸玄嘗稱曰我尚生瑱瑱那得不生靈運永熙中爲劉裕世子左衞率始從玄
征伐者何謙字恭子東海人戴逯字安丘處士逵之弟並驍果多權略逵厲操
東山而逯以武勇顯謝安嘗謂逯曰卿兄弟志業何殊逯曰下官不堪其憂家
兄不改其樂逯以軍功封廣信侯位至大司農
萬字萬石才器儁秀雖器量不及安而善自衒曜故早有時譽工言論善屬文
敘漁父屈原季主賈誼楚老龔勝孫登稽康四隱四顯爲八賢論其旨以處者
爲優出者爲劣以示孫綽綽與往反以體公識遠者則出處同歸嘗與蔡系送
客于征虜亭與系爭言系推萬落牀冠帽傾脫萬徐拂衣就席神意自若坐定
謂系曰卿幾壞我面系曰本不爲卿面計然俱不以介意時亦以此稱之弱冠
辟司徒掾遷右西屬不就簡文帝作相聞其名召爲撫軍從事中郎萬著白綸
巾鶴氅裘履版而前既見與帝共談移日太原王述萬之妻父也爲揚州刺史
萬嘗衣白綸巾乘平肩輿徑至聽事前謂述曰人言君侯癡君侯信自癡述曰
非無此論但晚合耳萬再遷豫州刺史領淮南太守監司豫冀并四州軍事假

節王羲之與桓溫箋曰謝萬才流經通處廊廟參諷議故是後來一器而今屈其邁往之氣以俯順荒餘近是違才易務矣溫不從萬既受任北征矜豪傲物嘗以嘯詠自高未嘗撫衆兄安深憂之自隊主將帥已下安無不慰勉謂萬曰汝爲元帥諸將宜數接對以悅其心豈有傲誕若斯而能濟事也萬乃召集諸將都無所說直以如意指四坐云諸將皆勁卒諸將益恨之既而先遣征虜將軍劉建修治馬頭城池自率衆入渦潁以援洛陽北中郎將郗曇以疾病退還彭城萬以爲賊盛致退便引軍還衆遂潰散狼狽單歸廢爲庶人後復以爲散騎常侍會卒時年四十二因以爲贈子韶字穆度少有名時謝氏尤彥秀者稱封胡羯末封謂韶胡謂朗羯謂玄末謂川皆其小字也韶朗川並早卒惟玄以功名終韶至車騎司馬韶子恩字景伯宏達有遠略韶爲黃門郎武昌太守恩三子曜弘微皆歷顯位

朗字長度父據早卒朗善言玄理文義豔發名亞於玄總角時病新起體甚羸未堪勞於叔父安前與沙門支遁講論遂至相苦其母王氏再遣信令還安欲

留使竟論王氏因出云新婦少遭艱難一生所寄惟在此兒遂流涕攜郎去安
謂坐客曰家嫂辭情慷慨恨不使朝士見之郎終於東陽太守子重字景重明
秀有才名爲會稽王道子驃騎長史嘗因侍坐于時月夜明淨道子歎以爲佳
重率爾曰意謂乃不如微雲點綴道子因戲重曰卿居心不淨乃復強欲滓穢
太清邪子絢字宣映曾於公坐戲調無禮於其舅袁湛湛甚不堪之謂曰汝父
昔已輕舅汝今復來加我可謂世無渭陽情也絢父重卽王胡之外孫與舅亦
有不協之論湛故有此及云
石字石奴初拜祕書郎累遷尚書僕射征句難以勳封興平縣伯淮肥之役詔
石解僕射以將軍假節征討大都督與兄子玄琰破苻堅先是童謠云誰謂爾
堅石打碎故桓豁皆以石名子以邀功焉堅之敗也雖功始牢之而成于玄琰
然石時實爲都督焉還中軍將軍尚書令更封南康郡公于時學校陵遲石上
疏請興復國學以訓冑子班下州郡普修鄉校疏奏孝武帝納焉兄安薨石遷
衞將軍加散騎常侍以公事與吏部郎王恭互相短長恭甚忿恨自陳褊阨不

允且疾源深固乞還私門石亦上疏遜位有司奏石輒去職免官詔曰石以疾求退豈準之常制其喻令還歲餘不起表十餘上帝不許石乞依故尙書令王彪之例於府綜攝詔聽之疾篤進位開府儀同三司加鼓吹未拜卒時年六十二石少患面創療之莫愈乃自匿夜有物來舐其瘡隨舐隨差舐處甚白故世呼爲謝白面石在職務存文刻既無他才望直以宰相弟兼有大勳遂居清顯而聚斂無饜取譏當世追贈司空禮官議謚博士范弘之議謚曰襄墨公語在弘之傳朝議不從單謚曰襄子汪嗣早卒汪從兄沖以子明慧嗣爲孫恩所害明慧從兄喻復以子暠嗣宋受禪國除

邈字茂度父鐵永嘉太守邈性剛鯁無所屈撓頗有理識累遷侍中時孝武帝觴樂之後多賜侍臣文詔辭義有不雅者邈輒焚毀之其他侍臣被詔者或宣揚之故論者以此多邈後爲吳興太守孫恩之亂爲賊胡桀郜驃等所執害之賊逼令北面邈厲聲曰我不得罪天子何北面之有遂害之邈妻郗氏甚妬邈先娶妾郗氏怨懟與邈書告絕邈以其書非婦人詞疑其門下生仇玄達爲之

作遂斥玄達玄達怒遂投孫恩并害邈兄弟竟至滅門

史臣曰建元之後時政多虞巨猾陸梁權臣橫恣其有兼將相於中外系存亡於社稷負扆資之以端拱鑿井賴之以晏安者其惟謝氏乎簡侯任總中臺效彰分閫正議云唱喪禮墮而復弘遺音既補雅樂缺而還備君子哉斯人也文靖始居塵外高謝人間嘯詠山林浮泛江海當此之時蕭然有陵霞之致暨于褫薜蘿而襲朱組去衡泌而踐丹墀庶績於是用康彝倫以之載穆苻堅百萬之衆已瞰吳江桓溫九五之心將移晉鼎衣冠易慮遠邇崩心從容而杜姦謀宴衎而清羣寇宸居獲太山之固維揚去累卵之危斯爲盛矣然激繁會於期服之辰敦一歡於百金之費廢禮於媮薄之俗崇侈於耕戰之秋雖欲混哀樂而同歸齊奢儉於一致而不知頹風已扇雅道日淪國之儀刑豈期若是琰稱貞幹卒以忠勇垂名混曰風流竟以文詞獲譽並階時宰無墮家風奕葉以放肆爲高石奴以褊濁興累雖曰微纇猶稱名實康樂才兼文武志存匡濟淮肥之役勍寇望之而土崩渦潁之師中州應之而席卷方欲西平鞏洛北定幽燕

廟算有餘良圖不果降齡何促功敗垂成搨其遺文經綸遠矣

贊曰安西英爽才兼辯博宣力方鎮流聲臺閣太保沉浮曠若虛舟任高百辟

情惟一丘琰邈忠壯奕萬虛放爲龍爲光或卿或將偉哉獻武功宣授斧剋翦

凶渠幾清中寓

晉書卷七十九

晉書卷七十九考證

謝安傳誦曹子建詩曰生存華屋處○文選曹植樂府四首其一爲箜篌引五言疊所誦是也存文選作在

晉書卷七十九考證

晉書卷八十

唐　太　宗　文　皇　帝　御　撰

列傳第五十

王羲之　子玄之　凝之　徽之　徽之子楨之　徽之弟操之　獻之

王羲之字逸少司徒導之從子也祖正尚書郎父曠淮南太守元帝之過江也曠首創其議羲之幼訥於言人未之奇年十三嘗謁周顗顗察而異之時重牛心炙坐客未噉顗先割啗羲之於是始知名及長辯贍以骨鯁稱尤善隸書爲古今之冠論者稱其筆勢以爲飄若浮雲矯若驚龍深爲從伯敦導所器重時陳留阮裕有重名爲敦主簿敦嘗謂羲之曰汝是吾家佳子弟當不減阮主簿裕亦目羲之與王承王悅爲王氏三少時太尉郗鑒使門生求女婿於導導令就東廂徧觀子弟門生歸謂鑒曰王氏諸少並佳然聞信至咸自矜持惟一人在東牀坦腹食獨若不聞鑒曰正此佳婿邪訪之乃羲之也遂以女妻之起家祕書郎征西將軍庾亮請爲參軍累遷長史亮臨薨上疏稱羲之清貴有鑒裁

遷寧遠將軍江州刺史羲之既少有美譽朝廷公卿皆愛其才器頻召爲侍中吏部尚書皆不就復授護國將軍又推遷不拜揚州刺史殷浩素雅重之勸使應命乃遺羲之書曰悠悠者以足下出處足觀政之隆替如吾等亦謂爲然至如足下出處正與隆替對豈可以一世之存亡必從足下從容之適幸徐求衆心卿不時起復可以求美政不若豁然開懷當知萬物之情也羲之遂報書曰吾素自無廊廟志直主丞相時果欲內吾誓不許之手跡猶存由來尚矣不於足下參政而方進退自兒娶女嫁便懷尚子平之志數與親知言之非一日也若蒙驅使關隴巴蜀皆所不辭吾雖無專對之能直謹守時命宣國家威德故當不同於凡使必令遠近咸知朝廷留心於無外此所益殊不同居護軍也漢末使太傅馬日磾慰撫關東若不以吾輕微無所爲疑宜及初冬以行吾惟恭以待命羲之既拜護軍又苦求宣城郡不許乃以爲右軍將軍會稽內史時殷浩與桓溫不協羲之以國家之安在於內外和因以與浩書以誡之浩不從及浩將北伐羲之以爲必敗以書止之言甚切至浩遂行果爲姚襄所敗復圖再

舉又遺浩書曰知安西敗喪公私惋怛不能須臾去懷以區區江左所營綜如此天下寒心固以久矣而加之敗喪此可熟念往事豈復可追願思弘將來令天下寄命有所自隆中興之業政以道勝寬和爲本力爭武功作非所當因循所長以固大業想識其由來也自寇亂以來處內外之任者未有深謀遠慮括囊至計而疲竭根本各從所志竟無一功可論一事可記忠言嘉謀棄而莫用遂令天下將有土崩之勢何能不痛心悲慨也任其事者豈得辭四海之責追咎往事亦何所復及宜更虛己求賢當與有識共之不可復令忠允之言常屈於當權今軍破於外資竭於內保淮之志非復所及莫過還保長江都督將各復舊鎮自長江以外羈縻而已任國鈞者引咎責躬深自貶降以謝百姓更與朝賢思布平正除其煩苛省其賦役與百姓更始庶可以允塞羣望救倒懸之急使君起於布衣任天下之重尚德之舉未能事事允稱當重統之任而喪敗至此恐闔朝羣賢未有與人分其謗者今亟修德補闕廣延羣賢與之分任尚未知獲濟所期若猶以前事爲未工故復求之於分外宇宙雖廣自容何所知

言不必用或取怨執政然當情慨所在正自不能不盡懷極言若必親征未達此旨果行者愚智所不解也願復與衆共之復被州符增運千石徵役兼至皆以軍期對之喪氣罔知所厝自頃年割剝遺黎刑徒竟路殆同秦政惟未加慘夷之刑耳恐勝廣之憂無復日矣又與會稽王牋陳浩不宜北伐幷論時事曰古人恥其君不爲堯舜北面之道豈不願尊其所事比隆往代況遇千載一時之運顧智力屈於當年何得不權輕重而處之也今雖有可欣之會內求諸己而所憂乃重於所欣傳云自非聖人外寧必有內憂今外不寧內憂以深古之弘大業者或不謀於衆傾國以濟一時功者亦往往而有之誠獨運之明足以邁衆暫勞之弊終獲永逸者可也求之於今可得擬議乎夫廟算決勝必宜審量彼我萬全而後動功就之日便當因其衆而卽其實今功未可期而遺黎殲盡萬不餘一且千里饋糧自古爲難況今轉運供繼西輸許洛北入黃河雖秦政之弊未至於此而十室之憂便以交至今運無還期徵求日重以區區吳越經緯天下十分之九不亡何待而不度德量力不弊不已此封內所痛心歎悼

而莫敢吐誠往者不可諫來者猶可追願殿下更垂三思解而更張令殷浩荀羨還據合肥廣陵許昌譙郡梁彭城諸軍皆還保淮爲不可勝之基須根立勢舉謀之未晚此實當今策之上者若不行此社稷之憂可計日而待安危之機易於反掌考之虛實著於目前願運獨斷之明定之於一朝也地淺而言深豈不知其未易然古人處閭閻行陣之間尚或干時謀國評裁者不以爲譏況廁大臣末行豈可默而不言哉存亡所係決在行之不可復持疑後機不定之於此後欲悔之亦無及也殿下德冠宇內以公室輔朝最可直道行之致隆當年而未允物望受殊遇者所以寤寐長歎實爲殿下惜之國家之慮深矣常恐伍員之憂不獨在昔麋鹿之游將不止林藪而已願殿下暫廢虛遠之懷以救倒懸之急可謂以亡爲存轉禍爲福則宗廟之慶四海有賴矣時東土饑荒羲之輒開倉賑貸然朝廷賦役繁重吳會尤甚羲之每上疏爭之事多見從又遺尚書僕射謝安書曰頃所陳論每蒙允納所以令下小得蘇息各安其業若不爾此一郡久以蹈東海矣今事之大者未布漕運是也吾意望朝廷可申下定期

委之所司勿復催下但當歲終考其殿最長吏尤殿命檻車送詣天臺三縣不舉二千石必免或可左降令在疆塞極難之地又自吾到此從事常有四五兼以臺司及都水御史行臺文符如兩倒錯違背不復可知吾又瞑目循常推前取重者及綱紀輕者在五曹主者涖事未嘗得十日吏民趨走功費萬計卿方任其重可徐尋所言江左平日揚州一良刺史便足統之況以羣才而更不理正由為法不一牽制者衆思簡而易從便足以保守成業倉督監耗盜官米動以萬計吾謂誅翦一人其後便斷而時意不同近檢校諸縣無不皆爾餘姚近十萬斛重斂以資姦吏令國用空乏良可歎也自軍興以來征役及充運死亡叛散不反者衆虛耗至此而補代循常所在凋困莫知所出上命所差上道多叛則吏及叛者席卷同去又有常制輒令其家及同伍課捕課捕不擒家及同伍尋復亡叛百姓流亡戶口日減其源在此又有百工醫寺死亡絕沒家戶空盡差代無所上命不絕事起或十年十五年彈舉獲罪無懈息而無益實事何以堪之謂自今諸死罪原輕者及五歲刑可以充此其減死者可長充兵役五

歲者可充雜工醫寺皆令移其家以實都邑都邑既實是政之本又可絕其亡叛不移其家逃亡之患復如初耳今除罪而充雜役盡移其家小人愚迷或以爲重於殺戮可以絕姦刑名雖輕懲肅實重豈非適時之宜邪羲之雅好服食養性不樂在京師初渡浙江便有終焉之志會稽有佳山水名士多居之謝安未仕時亦居焉孫綽李充許詢支遁等皆以文義冠世並築室東土與羲之同好嘗與同志宴集於會稽山陰之蘭亭羲之自爲之序以申其志曰永和九年歲在癸丑暮春之初會於會稽山陰之蘭亭修禊事也羣賢畢至少長咸集此地有崇山峻嶺茂林修竹又有清流激湍映帶左右引以爲流觴曲水列坐其次雖無絲竹管弦之盛一觴一詠亦足以暢敘幽情是日也天朗氣清惠風和暢仰觀宇宙之大俯察品類之盛所以游目騁懷足以極視聽之娛信可樂也夫人之相與俯仰一世或取諸懷抱晤言一室之內或因寄所託放浪形骸之外雖趣舍萬殊靜躁不同當其欣於所遇蹔得於己快然自足不知老之將至及其所之既倦情隨事遷感慨係之矣向之所欣俛仰之閒已爲陳迹猶不能

不以之興懷況修短隨化終期於盡古人云死生亦大矣豈不痛哉每覽昔人興感之由若合一契未嘗不臨文嗟悼不能喻之於懷固知一死生爲虛誕齊彭殤爲妄作後之視今亦由今之視昔悲夫故列敘時人錄其所述雖世殊事異所以興懷其致一也後之覽者亦將有感於斯文或以潘岳金谷詩序方其文羲之比於石崇聞而甚喜性愛鵝會稽有孤居姥養一鵝善鳴求市未得遂攜親友命駕就觀姥聞羲之將至烹以待之羲之歎惜彌日又山陰有一道士養好鵝羲之往觀焉意甚悅固求市之道士云爲寫道德經當舉羣相贈耳羲之欣然寫畢籠鵝而歸甚以爲樂其任率如此嘗詣門生家見棐几滑淨因書之真草相半後爲其父誤刮去之門生驚懊者累日又嘗在蕺山見一老姥持六角竹扇賣之羲之書其扇各爲五字姥初有慍色因謂姥曰但言是王右軍書以求百錢邪姥如其言人競買之他日姥又持扇來羲之笑而不答其書爲世所重皆此類也每自稱我書比鍾繇當抗行比張芝草猶當鴈行也曾與人書云張芝臨池學書池水盡黑使人耽之若是未必後之也羲之書初不勝庾

翼郄愔及其暮年方妙嘗以草章答庾亮而翼深歎伏因與羲之書云吾昔有伯英章草十紙過江顛狽遂乃亡失常歎妙迹永絕忽見足下答家兄書煥若神明頓還舊觀時驃騎將軍王述少有名譽與羲之齊名而羲之甚輕之由是情好不協述先爲會稽以母喪居郡境羲之代述止一弔遂不重詣述每聞角聲謂羲之當候己輒灑埽而待之如此者累年而羲之竟不顧述深以爲恨及述爲揚州刺史將就徵周行郡界而不過羲之臨發一別而去先是羲之常謂賓友曰懷祖正當作尚書耳投老可得僕射更求會稽便自邈然及述蒙顯授羲之恥爲之下遣使詣朝廷求分會稽爲越州行人失辭大爲時賢所笑既而內懷愧歎謂其諸子曰吾不減懷祖而位遇懸邈當由汝等不及坦之故邪述後檢察會稽郡辯其刑政主者疲於簡對羲之深恥之遂稱病去郡於父母墓前自誓曰維永和十一年三月癸卯朔九日辛亥小子羲之敢告二尊之靈羲之不天夙遭閔凶不蒙過庭之訓母兄鞠育得漸庶幾遂因人乏蒙國寵榮進無忠孝之節退違推賢之義每仰詠老氏周任之誡常恐死亡無日憂及宗祀

豈在微身而已是用籍䝖承歎若墜深谷止足之分定之於今謹以今月吉辰肆筵設席稽顙歸誠告誓先靈自今之後敢渝此心貪冒苟進是有無尊之心而不子也子而不子天地所不覆載名教所不得容信誓之誠有如皦日義之既去官與東土人士盡山水之遊弋釣爲娛又與道士許邁共修服食採藥石不遠千里徧游東中諸郡窮諸名山泛滄海歎曰我卒當以樂死謝安嘗謂羲之曰中年以來傷於哀樂與親友別輒作數日惡羲之曰年在桑榆自然至此須正賴絲竹陶寫恆恐兒輩覺損其懽樂之趣朝廷以其誓苦亦不復徵之時劉惔爲丹陽令許詢嘗就惔宿牀帷新麗飲食豐甘詢曰若此保全殊勝東山惔曰卿若知吉凶由人吾安得保此羲之在坐曰令巢許遇稷契當無此言二人並有愧色初羲之既優游無事與吏部郎謝萬書曰古之辭世者或被髮佯狂或污身穢跡可謂艱矣今僕坐而獲免遂其宿心其爲慶幸豈非天賜違天不祥頃東游還修植桑果今盛敷榮率諸子抱弱孫游觀其間有一味之甘割而分之以娛目前雖植德無殊邈猶欲教養子孫以敦厚退讓或有輕薄庶令

舉策數馬彷彿萬石之風君謂此何如比當與安石東游山海幷行田視地利頤養閑暇衣食之餘欲與親知時共懽讌雖不能興言高詠銜杯引滿語田里所行故以爲撫掌之資其爲得意可勝言邪常依陸賈班嗣楊王孫之處世甚欲希風數子老夫志願盡於此也萬後爲豫州都督又遺萬書誡之曰以君邁往不屑之韻而俯同羣辟誠難爲意也然所謂通識正自當隨事行藏乃爲遠耳願君每與士之下者同則盡善矣食不二味居不重席此復何有而古人以爲美談濟否所由實在積小以致高大君其存之萬不能用果敗年五十九卒贈金紫光祿大夫諸子遵父先旨固讓不受有七子知名者五人玄之早卒次凝之亦工草隸仕歷江州刺史左將軍會稽內史王氏世事張氏五斗米道凝之彌篤孫恩之攻會稽寮佐請爲之備凝之不從方入靖室請禱出語諸將佐曰吾已請大道許鬼兵相助賊自破矣既不設備遂爲孫恩所害

徽之字子猷性卓犖不羈爲大司馬桓温參軍蓬首散帶不綜府事又爲車騎桓沖騎兵參軍沖問卿署何曹對曰似是馬曹又問管幾馬曰不知馬何由知

數又問馬比死多少曰未知生焉知死嘗從沖行值暴雨徽之因下馬排入車中謂曰公豈得獨擅一車沖嘗謂徽之曰卿在府日久比當相料理徽之初不酬答直高視以手版拄頰云西山朝來致有爽氣耳時吳中一士大夫家有好竹欲觀之便出坐輿造竹下諷嘯良久主人灑埽請坐徽之不顧將出主人乃閉門徽之便以此賞之盡歡而去嘗寄居空宅中便令種竹或問其故徽之但嘯詠指竹曰何可一日無此君邪嘗居山陰夜雪初霽月色清朗四望皓然獨酌酒詠左思招隱詩忽憶戴逵逵時在剡便夜乘小船詣之經宿方至造門不前而反人問其故徽之曰本乘興而來興盡而反何必見安道邪雅性放誕好聲色嘗夜與弟獻之共讀高士傳讚獻之賞井丹高潔徽之曰未若長卿慢世也其傲達若此時人皆欽其才而穢其行後爲黃門侍郎棄官東歸與獻之俱病篤時有術人云人命應終而有生人樂代者則死者可生徽之謂曰吾才位不如弟請以餘年代之術者曰代死者以己年有餘得以足亡者耳今君與弟算俱盡何代也未幾獻之卒徽之奔喪不哭直上靈牀坐取獻之琴彈之久而

不調歎曰嗚呼子敬人琴俱亡因頓絕先有背疾遂潰裂月餘亦卒子楨之
楨之字公幹歷位侍中大司馬長史桓玄爲太尉朝臣畢集問楨之我何如君
亡叔在坐咸爲氣咽楨之曰亡叔一時之標公是千載之英一坐皆悅
操之字子重歷侍中尚書豫章太守
獻之字子敬少有盛名而高邁不羈雖閑居終日容止不怠風流爲一時之冠
年數歲嘗觀門生樗蒱曰南風不競門生曰此郎亦管中窺豹時見一斑獻之
怒曰遠慚荀奉倩近愧劉真長遂拂衣而去嘗與兄徽之操之俱詣謝安二兄
多言俗事獻之寒溫而已既出客問安王氏兄弟優劣安曰小者佳客問其故
安曰吉人之辭寡以其少言故知之嘗與徽之共在一室忽然火發徽之遽走
不遑取履獻之神色恬然徐呼左右扶出夜臥齋中而有偷人入其室盜物都
盡獻之徐曰偷兒青氈我家舊物可特置之羣偷驚走工草隸善丹青七八歲
時學書羲之密從後掣其筆不得歎曰此兒後當復有大名嘗書壁爲方丈大
字羲之甚以爲能觀者數百人桓溫嘗使書扇筆誤落因畫作烏駮牸牛甚妙

起家州主簿祕書郎轉丞以選尚新安公主嘗經吳郡聞顧辟彊有名園先不相識乘平肩輿徑入時辟彊方集賓友而獻之遊歷既畢傍若無人辟彊勃然數之曰慠主人非禮也以貴驕士非道也失是二者不足齒之傖耳便驅出門獻之慠如也不以屑意謝安甚欽愛之請爲長史安進號衞將軍復爲長史太元中新起太極殿安欲使獻之題榜以爲萬代寶而難言之試謂曰魏時陵雲殿榜未題而匠者誤釘之不可下乃使韋仲將懸橙書之比訖鬚鬢盡白裁餘氣息還語子弟宜絕此法獻之揣知其旨正色曰仲將魏之大臣寧有此事使其若此有以知魏德之不長安遂不之逼安又問曰君書何如君家尊答曰故當不同安曰外論不爾答曰人那得知尋除建威將軍吳興太守徵拜中書令及安薨贈禮有同異之議惟獻之與徐邈共明安之忠勳獻之乃上疏曰故太傅臣安少振玄風道譽洋溢弱冠遐棲則契齊箕皓應運釋褐而王猷允塞及至載宣威靈彊猾消殄功勳既融投韍高讓且服事先帝眷隆布衣陛下踐阼陽秋尚富盡心竭智以輔聖明考其潛躍始終事情繾綣實大晉之儁輔義篤

於曩臣矣伏惟陛下留心宗臣澄神於省察孝武帝遂加安殊禮未幾獻之遇疾家人爲上章道家法應首過問其有何得失對曰不覺餘事惟憶與郗家離婚獻之前妻郗曇女也俄而卒於官安僖皇后立以后父追贈侍中特進光祿大夫太宰謚曰憲無子以兄子靜之嗣位至義興太守時議者以爲羲之草隸江左中朝莫有及者獻之骨力遠不及父而頗有媚趣桓玄雅愛其父子書各爲一袠置左右以翫之始羲之所與共游者許邁

許邁

許邁字叔玄一名映丹陽句容人也家世士族而邁少恬靜不慕仕進未弱冠嘗造郭璞璞爲之筮遇泰之大畜其上六爻發璞謂曰君元吉自天宜學升遐之道時南海太守鮑靚隱跡潛遁人莫知之邁乃往候之探其至要父母尚存未忍違親謂餘杭懸霤山近延陵之茅山是洞庭西門潛通五嶽陳安世茅季偉常所遊處於是立精舍於懸霤而往來茅嶺之洞室放絕世務以尋僊館朔望時節還家定省而已父母既終乃遣婦孫氏還家遂攜其同志徧遊名山焉初

採藥於桐廬縣之桓山餌朮涉三年時欲斷穀以此山近人不得專一四面藩
之好道之徒欲相見者登樓與語以此爲樂常服氣一氣千餘息永和二年移
入臨安西山登巖茹芝眇爾自得有終焉之志乃改名玄字遠游與婦書告別
又著詩十二首論神僊之事焉羲之造之未嘗不彌日忘歸相與爲世外之交
玄遺羲之書云自山陰南至臨安多有金堂玉室僊人芝草左元放之徒漢末
諸得道者皆在焉羲之自爲之傳述靈異之跡甚多不可詳記玄自後莫測所
終好道者皆謂之羽化矣

制曰書契之興肇乎中古繩文鳥跡不足可觀末代去朴歸華舒牋點翰爭相
誇尚競其工拙伯英臨池之妙無復餘蹤師宜懸帳之奇罕有遺跡逮乎鍾王
以降略可言焉鍾雖擅美一時亦爲迥絕論其盡善或有所疑至於布纖濃分
疎密霞舒雲卷無所間然但其體則古而不今字則長而逾制語其大量以此
爲瑕獻之雖有父風殊非新巧觀其字勢疎瘦如隆冬枯樹覽其筆蹤拘束若
嚴家之餓隸其枯樹也雖槎枿而無屈伸其餓隸也則羈羸而不放縱兼斯二

者故翰墨之病歟子雲近世擅名江表然僅得成書無丈夫之氣行行若縈春蚓字字如綰秋蛇臥王蒙於紙中坐徐偃於筆下雖禿千兔之翰聚無一毫之筋窮萬榖之皮斂無半分之骨以茲播美非其濫名邪此數子者皆譽過其實所以詳察古今研精篆素盡善盡美其惟王逸少乎觀其點曳之工裁成之妙煙霏露結狀若斷而還連鳳翥龍蟠勢如斜而反正翫之不覺爲倦覽之莫識其端心慕手追此人而已其餘區區之類何足論哉

晉書卷八十

晉書卷八十考證

王羲之傳吾素自無廊廟志○監本脫志字今增

恆恐兒輩覺損其懽樂之趣○監本脫損字今增

吾已請大道許鬼兵相助○監本脫許字今從閣本增

王獻之傳徽之遽走不遑取履○監本脫不遑二字今從閣本增

晉書卷八十考證

晉書卷八十一

唐　太　宗　文　皇　帝　御　撰

列傳第五十一

王遜

王遜字邵伯魏興人也仕郡察孝廉爲吏部令史轉殿中將軍累遷上洛太守私牛馬在郡生駒犢者秩滿悉以付官云是郡中所產也轉魏興太守惠帝末西南夷叛寧州刺史李毅卒城中百餘人奉毅女固守經年永嘉四年治中毛孟詣京師求刺史不見省孟固陳曰君亡親喪幽閉窮城萬里訴哀不垂愍救既慚包胥無哭秦之感又愧梁妻無崩城之驗存不若亡乞賜臣死朝廷憐之乃以遜爲南夷校尉寧州刺史使於郡便之鎮遜與孟俱行道遇寇賊踰年乃至外逼李雄內有夷寇吏士散沒城邑丘墟遜披荒糾厲收聚離散專杖威刑鞭撻殊俗遜未到州遙舉董聯爲秀才建寧功曹周悅謂聯非才不下版檄遜既到收悅殺之悅弟潛謀殺遜以前建寧太守趙混子濤代爲刺史事覺並誅

之又誅豪右不奉法度者數十家征伐諸夷俘馘千計獲馬及牛羊數萬餘於是莫不振服威行寧土又遣子澄奉表勸進於元帝帝嘉之累加散騎常侍安南將軍假節校尉刺史如故賜爵褒中縣公遜以地勢形便上分牂牁爲平夷郡分朱提爲南廣郡分建寧爲夜郎郡分永昌爲梁水郡又改益州郡爲晉寧郡事皆施行先是越巂太守李釗爲李雄所執自蜀逃歸遜復以釗爲越巂太守李雄遣李驤任回攻釗釗自南秦與漢嘉太守王載共距之戰于溫水釗敗績載遂以二郡附雄後驤等又渡瀘水寇寧州遜使將軍姚崇爨琛距之戰于堂狼大破驤等崇追至瀘水透水死者千餘人崇以道遠不敢渡水遜以崇不窮追也怒囚羣帥執崇鞭之怒甚髮上衝冠冠爲之裂夜中卒遜在州十四年州人復立遜中子堅行州府事詔除堅爲南夷校尉寧州刺史假節謚遜曰壯陶侃懼堅不能抗對蜀人太寧末表以零陵太守尹奉爲寧州徵堅還京病卒兄澄襲爵歷魏興太守散騎常侍

蔡豹

蔡豹字士宣陳留圉城人高祖質漢衞尉左中郎將邕之叔父也祖睦魏尙書
父宏陰平太守豹有氣幹歷河南丞長樂清河太守避亂南渡元帝以爲振武
將軍臨淮太守遷建威將軍徐州刺史初祖逖爲徐州豹爲司馬素易豹至是
逖爲豫州而豹爲徐州俱受征討之寄逖甚愧之是時泰山太守徐龕與彭城
內史劉遐同討反賊周撫於寒山龕將于藥斬撫及論功而遐先之龕怒以泰
山叛自號安北將軍兗州刺史攻破東莞太守侯史旄而據其塢石季龍伐之
龕懼求降元帝許焉既而復叛歸石勒勒遣其將王伏都張景等數百騎助龕
詔征虜將軍羊鑒武威將軍侯禮臨淮太守劉遐鮮卑段文鴦等與豹共討之
諸將畏愞頓兵下邳不敢前豹欲進軍鑒固不許龕遣使請救於勒勒辭以外
難而多求於龕又王伏都等淫其室龕知勒不救且患伏都等縱暴乃殺之復
求降元帝惡其反覆不納勑豹鑒以時進討鑒及劉遐等並疑憚不相聽從互
有表聞故豹久不得進尙書令刁協奏曰臣等伏思淮北征軍已失不速今方
盛暑且涉山險山人便弓弩習土俗一人守阨百夫不當且運漕至難一朝糧

乏非復智力所能防禦也書云寧致人不致於人宜頓兵所在深壁固壘至秋不了乃進大軍詔曰知難而退誠合兵家之言然小賊雖狡猾故成擒耳未戰而退先自摧衂亦古之所忌且邵存已據賊壘威勢既振不可退一步也於是遣治書御史郝嘏爲行臺催攝令進討豹欲逕進鑒執不聽協又奏免鑒官委豹爲前鋒以鑒兵配之降號折衝將軍以責後効豹進據卞城欲以逼龕時石季龍屯鉅平將攻豹豹夜遁退守下邳徐龕襲取豹輜重於檀丘將軍留寵陸黨力戰死之豹既敗將歸謝罪北中郎王舒止之曰胡寇方至使君且當攝職爲百姓障扞賊退謝罪不晚也豹從之元帝聞豹退使收之使者至王舒夜以兵圍豹豹以爲他難率麾下擊之聞有詔乃止舒執豹送至建康斬之尸于市三日時年五十二豹在徐土內撫將士外懷諸衆甚得遠近情聞其死多悼惜之無子兄子裔字元子散騎常侍兗州刺史高陽鄉侯殷浩北伐使裔率衆出彭城卒於軍

羊鑒

羊鑒字景期泰山人也父濟匈奴中郎將兄煒歷太僕兗徐二州刺史鑒爲東陽太守累遷太子左衞率時徐龕反叛司徒王導以鑒是龕州里冠族必能制之請遣北討鑒深辭才非將帥太尉郗鑒亦表謂鑒非才不宜妄使導不納強啓授以征討都督果敗績導以舉鑒非才請自貶帝不從有司正鑒斬刑元帝詔以鑒太妃外屬特免死除名久之爲少府及王敦反明帝以鑒敦舅又素相親黨微被嫌責及成帝即位豫討蘇峻以功封豐城縣侯徙光祿勳卒

劉胤

劉胤字承胤東萊掖人漢齊悼惠王肥之後也美姿容善自任遇交結時豪名著海岱間士咸慕之舉賢良辟司空掾並不就會天下大亂攜母欲避地遼東路經幽州刺史王浚留胤表爲渤海太守浚敗轉依冀州刺史邵續續徒衆寡弱謀降於石勒胤言於續曰夫田單包胥齊楚之小吏耳猶能存已滅之邦全喪敗之國今將軍杖精銳之衆居全勝之城如何墜將登之功於一簣委忠信之人於豺狼乎且項羽袁紹非不強也高祖縞冠人應如響曹公奉帝而諸侯

綏穆何者蓋逆順之理殊自然之數定也況夷戎醜類屯結無賴雖有犬羊之
盛終有庖宰之患而欲託根結援無乃殆哉續曰若如君言計將安出胤曰琅
邪王以聖德欽明創基江右中興之隆可企踵而待今爲將軍計者莫若抗大
順以激義士之心奉忠正以厲軍人之志夫機事在密時至難違存亡廢興在
此舉矣續從之乃殺異議者數人遣使江南朝廷嘉之胤仍求自行續厚遣之
既至元帝命爲丞相參軍累遷尚書吏部郎胤聞石季龍攻厭次言於元帝曰
北方方鎭皆沒惟餘邵續而已如使復爲季龍所制孤義士之心阻歸本之路
愚謂宜存救援元帝將遣救之會續已沒而止王敦素與胤交甚欽貴之請爲
右司馬胤知敦有不臣心枕疾不視事以是忤敦意出爲豫章太守辭以脚疾
詔就家授印綬郡人莫鴻南士豪族因亂殺本縣令橫恣無道百姓患之胤至
誅鴻及諸豪右界內肅然咸和初爲平南軍司加散騎常侍蘇峻作亂溫嶠率
衆而下留胤等守湓口事平以勳賜爵豐城子俄而代嶠爲平南將軍都督江
州諸軍事領江州刺史假節胤位任轉高矜豪日甚縱酒耽樂不恤政事大殖

財貨商販百萬初胤之代嶠也遠近皆謂非選陶侃郗鑒咸云胤非方伯才朝
廷不從或問王悅曰今大難之後綱紀弛頓自江陵至于建康三千餘里流人
萬計布在江州江州國之南藩要害之地而胤以侈忲之性臥而對之不有外
變必有內患悅曰聞溫平南語家公云連得惡夢思見代者尋云可用劉胤此
乃溫意非家公也是時朝廷空罄百官無祿惟資江州運漕而胤商旅繼路以
私廢公有司奏免胤官書始下而胤為郭默所害年四十九子赤松嗣尚南平
長公主位至黃門郎義興太守

桓宣 族子伊

桓宣譙國銍人也祖詡義陽太守父弼冠軍長史宣開濟篤素為元帝丞相舍
人時塢主張平自稱豫州刺史樊雅自號譙郡太守各據一城衆數千人帝以
宣信厚又與平雅同州里轉宣為參軍使就平雅平雅遣軍主簿隨宣詣丞相
府受節度帝皆加四品將軍即其所部使扞禦北方南中郎將王含請宣為參
軍頃之豫州刺史祖逖出屯蘆州遣參軍殷乂詣平雅乂意輕平視其屋云當

持作馬廄見大鑊欲鑄作鐵器平曰此是帝王大鑊天下定後方當用之奈何打破又曰卿能保頭不而惜大鑊邪平大怒於坐斬又阻兵固守歲餘逖攻平殺之而雅據譙城逖以力弱求助於含含遣宣領兵五百助逖逖謂宣曰卿先已說平雅信義大著於彼今復爲我說雅雅若降者方相擢用不但免死而已宣復單馬從兩人詣雅曰祖逖方欲平蕩二寇每倚卿爲援前殷又輕薄非豫州意今若和解則忠勳可立富貴可保若猶固執東府赫然更遣猛將以卿烏合之衆憑阻窮城强賊伺其北國家攻其南萬無一全也願善量之雅與宣置酒結友遣子隨宣詣逖少日雅便自詣逖逖遣雅還撫其衆雅僉謂前數罵辱懼罪不敢降雅復閉城自守逖往攻之復遣宣入說雅雅卽斬異己者遂出降未幾石勒別將圍譙城含又遣宣率衆救逖未至而賊退逖留宣討諸未服皆破之遷譙國內史祖約之棄譙城也宣以牋諫不從由是石勒遂有陳留及約與蘇峻同反宣謂祖智曰今强胡未滅將戮力以討之而與峻俱反此安得久乎使君若欲爲雄霸何不助國討峻威名自舉智等不能用宣欲諫約遣其子

戎白約求入約知宣必諫不聽宣遂距約不與之同邵陵人陳光率部落數百家降宣宣皆慰撫之約還歷陽宣將數千家欲南投尋陽營於馬頭山值祖煥欲襲湓口陶侃使毛寶救之煥遣衆攻宣宣使戎求救於寶寶擊煥破之宣因投溫嶠嶠以戎爲參軍賊平宣居于武昌戎復爲劉胤參軍郭默害胤復以戎爲參軍陶侃討默默遣戎求救於宣宣僞許之西陽太守鄧嶽武昌太守劉詡皆疑宣與默同豫州西曹王隨曰宣尚背祖約何緣同郭默邪嶽詡乃遣隨詣宣以觀之隨謂宣曰明府心雖不爾無以自明惟有以戎付隨耳宣乃遣戎與隨俱迎陶侃辟戎爲掾上宣爲武昌太守尋遷監沔中軍事南中郎將江夏相石勒荆州刺史郭敬戍襄陽陶侃使其子平西參軍斌與宣俱攻樊城拔之竟陵太守李陽又破新野敬懼遁走宣與陽遂平襄陽侃使宣鎮之以其淮南部曲立義成郡宣招懷初附勸課農桑簡刑罰略威儀或載鉏耒於軺軒或親芸穫於隴畝十餘年間石季龍再遣騎攻之宣能得衆心每以寡弱距守論者以爲次於祖逖周訪侃方欲使宣北事中原會侃薨後庾亮爲荆州將謀北伐以

宣爲都督沔北前鋒征討軍事平北將軍司州刺史假節鎮襄陽季龍使騎七千渡沔攻之亮遣司馬王愆期輔國將軍毛寶救宣賊三面爲地窟攻城宣募精勇出其不意殺傷數百多獲鎧馬賊解圍退走久之宣遣步騎收南陽諸郡百姓没賊者八千餘人以歸庾翼代亮欲傾國北討更以宣爲都督司雍梁三州荆州之南陽襄陽新野南鄉四郡軍事梁州刺史持節將軍如故以前後功封竟陵縣男宣久在襄陽綏撫僑舊甚有稱績庾翼還鎮襄陽令宣進伐石季龍將李羆軍次丹水爲賊所敗翼怒貶宣爲建威將軍使移戍峴山宣望實俱喪兼以老疾時南蠻校尉王愆期守江陵以疾求代翼以宣爲鎮南將軍南郡太守代愆期宣不得志未之官發憤卒追贈鎮南將軍戎官至新野太守

伊字叔夏父景有當世才幹仕至侍中丹陽尹中領軍護軍將軍長社侯伊有武幹標格簡率爲王濛劉惔所知頻參諸府軍事累遷大司馬參軍時苻堅強盛邊鄙多虞朝議選能距捍疆埸者乃授伊淮南太守以綏御有方進督豫州之十二郡揚州之江西五郡軍事建威將軍歷陽太守淮南如故與謝玄共破

賊別將王鑒張蚝等以功封宣城縣子又進都督豫州諸軍事西中郎將豫州刺史及苻堅南寇伊與冠軍將軍謝玄輔國將軍謝琰俱破堅於肥水以功封永脩縣侯進號右軍將軍賜錢百萬袍表千端伊性謙素雖有大功而始終不替善音樂盡一時之妙爲江左第一有蔡邕柯亭笛常自吹之王徽之赴召京師泊舟青溪側素不與徽之相識伊於岸上過船中客稱伊小字曰此桓野王也徽之便令人謂伊曰聞君善吹笛試爲我一奏伊是時已貴顯素聞徽之名便下車踞胡床爲作三調弄畢便上車去客主不交一言時謝安女壻王國寶專利無檢行安惡其爲人每抑制之及孝武末年嗜酒好內而會稽王道子昏營尤甚惟狎昵諂邪於是國寶讒諛之計稍行於主相之間而好利險詖之徒以安功名盛極而構會之嫌隙遂成帝召伊飲讌安侍坐帝命伊吹笛伊神色無迕卽吹爲一弄乃放笛云臣於箏分乃不及笛然自足以韻合歌管請以箏歌幷請一吹笛人帝善其調達乃勑御妓奏笛伊又云御府人於臣必自不合臣有一奴善相便串帝彌賞其放率乃許召之奴既吹笛伊便撫箏而歌怨詩

曰爲君既不易爲臣良獨難忠信事不顯乃有見疑患周旦佐文武金縢功不刊推心輔王政二叔反流言聲節慷慨俯仰可觀安泣下沾衿乃越席而就之捋其鬚曰使君於此不凡帝甚有愧色伊在州十年綏撫荒雜甚得物情桓沖卒遷都督江州荆州十郡豫州四郡軍事江州刺史將軍如故假節伊到鎮以邊境無虞宜以寬卹爲務乃上疏以江州虛耗加連歲不登今餘戶有五萬六千宜并合小縣除諸郡逋米移州還鎮豫章詔令移州尋陽其餘皆聽之伊隨宜拯撫百姓賴焉在任累年徵拜護軍將軍以右軍府千人自隨配護軍府卒官贈右將軍加散騎常侍諡曰烈初伊有馬步鎧六百領豫爲表令死乃上之表曰臣過蒙殊寵受任西藩淮南之捷逆兵奔北人馬器鎧隨處放散于時收拾敗破不足貫連比年營繕並已修整今六合雖一餘燼未滅臣不以朽邁猶欲輸效力命仰報皇恩此志永絕銜恨泉壤謹奉輸馬具裝百具步鎧五百領並在尋陽請勒所屬領受詔曰伊忠誠不遂益以傷懷仍受其所上之鎧子肅之嗣卒子陵嗣宋受禪國除伊弟不才亦有將略討孫恩至冠軍將軍

朱伺

朱伺字仲文安陸人少爲吳牙門將陶丹給使吳平內徙江夏伺有武勇而訥口不知書爲郡將督見鄉里士大夫揖稱名而已及爲將遂以謙恭稱張昌之逆太守弓欽走灄口伺與同輩郴寶布興合衆討之不剋乃與欽奔武昌後更率部黨攻滅之轉騎部曲督加綏夷都尉伺部曲等以諸縣附昌惟本部唱義討逆逆順有嫌求別立縣因此遂割安陸東界爲灄陽縣而貫焉其後陳敏作亂陶侃時鎮江夏以伺能水戰曉作舟艦乃遣作大艦署爲左甄據江口摧破敏前鋒敏弟恢稱荊州刺史在武昌侃率伺及諸軍進討破之敏恢既平伺以功封亭侯領騎督時西陽夷賊抄掠江夏太守楊珉每請督將議距賊之計伺獨不言珉曰朱將軍何以不言伺答曰諸人以舌擊賊伺惟以力耳珉又問將軍前後擊賊何以每得勝邪伺曰兩敵共對惟當忍之彼不能忍我能忍是以勝耳珉大笑永嘉中石勒破江夏伺與楊珉走夏口及陶侃來戍夏口伺依之加明威將軍隨侃討杜弢有殊功語在侃傳夏口之戰伺用鐵面自衞以弩的

射賊大帥數人皆殺之賊挽船上岸於水邊作陣侗逐水上下以邀之箭中其
脛氣色不變諸軍尋至賊潰追擊之皆棄船投水死者大半賊夜還長沙侗追
至蒲圻不及而反加威遠將軍赤幢曲蓋建興中陳聲率諸無賴二千餘家斷
江抄掠侃遣侗爲督護討聲聲衆雖少侗容之不擊求遣弟詣侃降侗外許之
及聲去侗乃遣勁勇要聲弟斬之潛軍襲聲聲正旦並出祭祀飲食侗軍入其
門方覺聲將閻晉鄭進皆死戰侗軍人多傷乃還營聲東走保董城侗又率諸
軍圍守之遂重柴繞城作高櫓以勁弩下射之又斷其水道城中無水殺牛飲
血閻晉聲婦弟也乃斬聲首出降又以平蜀賊龔高之功加侗廣威將軍領竟
陵內史時王敦欲用從弟廙代侃爲荆州侃故將鄭攀馬儁等乞侃於敦敦不
許攀等以侃始滅大賊人皆樂附又以廙忌戾難事謀共距之遂屯結湞口遣
使告侗侗外許之而稱疾不赴攀等遂進距廙既而士衆疑阻復散還橫桑口
欲入杜曾時朱軌趙誘李桓率衆將擊之攀等懼誅以司馬孫景造謀距廙因
斬之降軌等廙將西出遣長史劉浚留鎮揚口壘時杜曾請討第五猗於襄陽

伺謂廙曰曾是猾賊外示西還以疑衆心欲誘引官軍使西然後兼道襲揚口耳宜大部分未可便西廙性矜厲自用兼以伺老怯難信遂西行曾等果馳還廙乃遣伺歸裁至壘卽爲曾等所圍劉浚以壘北門危欲令伺守之或說浚云伺與鄭攀同者乃轉守南門賊知之攻其北門時鄭攀黨馬儁等亦來攻壘儁妻子先在壘內或請皮其面以示之伺曰殺其妻子未能解圍但益其怒耳乃止伺常所調弩忽噤不發伺甚惡之及賊攻陷北門伺被傷退入船初浚開諸船底以木掩之名爲船械伺既入賊舉鋋摘伺伺逆接得鋋反以摘賊賊走上船屋大喚云賊帥在此伺從船底沉行五十步乃免遇醫療創小差杜曾遣說伺云馬儁等感卿恩妻孥得活盡以卿家外內百口付儁儁已盡心收視卿可來也伺答曰賊無白首者今吾年六十餘不能復與卿作賊吾死當歸南妻子付汝乃還甑山時王廙與李桓杜曾相持累戰甑山下軍士數驚喚云賊欲至伺驚創而卒因葬甑山

毛寶子穆之　安之　孫璩　宗人德祖

毛寶字碩真滎陽陽武人也王敦以爲臨湘令敦卒爲溫嶠平南參軍蘇峻作逆嶠將赴難而征西將軍陶侃懷疑不從嶠屢說不能迴更遣使順侃意曰仁公且守僕宜先下遣信已二日會寶別使還聞之說嶠曰凡舉大事當與天下共同衆克在和不聞有異假令可疑猶當外示不覺況自作疑邪便宜急追信改舊書說必應俱征若不及前信宜更遣使嶠意悟卽追信改書侃果共征峻寶領千人爲嶠前鋒俱次茄子浦初嶠以南軍習水峻軍便步欲以所長制之宜令三軍有上岸者死時蘇峻送米萬斛饋祖約約遣司馬桓撫等迎之寶告其衆曰兵法軍令有所不從豈可不上岸邪乃設變力戰悉獲其人虜殺萬計約用大飢嶠嘉其勳上爲廬江太守約遣祖煥桓撫等欲襲湓口陶侃將自擊之寶曰義軍恃公公不可動寶請討之侃顧謂坐客曰此年少言可用也乃使寶行先是桓宣背約南屯馬頭山爲煥撫所攻求救於寶寶衆以宣本是約黨疑之宣遣子戎重請寶卽隨戎赴之未至而賊已與宣戰寶軍懸兵少器杖濫惡大爲煥撫所破寶中箭貫髀徹鞍使人蹋鞍拔箭血流滿鞾夜奔船所百餘

里望星而行到先哭戰士將士洗瘡訖夜還救宣寶至宣營而煥撫亦退寶進攻祖約軍次東關破合肥尋召歸石頭陶侃溫嶠未能破賊侃欲率衆南還寶謂嶠曰下官能留之乃往說侃曰公本應領蕪湖爲南北勢援前既已下勢不可還且軍政有進無退非直整齊三軍示衆必死而已亦謂退無所據終至滅亡往者杜弢非不強盛公竟滅之何至於峻獨不可破邪賊亦畏死非皆勇健公可試與寶兵使上岸斷賊資糧出其不意使賊困蹙若寶不立效然後公去人心不恨侃然之加寶督護寶燒峻句容湖孰積聚峻頗乏食侃遂留不去峻既死匡術以苑城降侃使寶守南城鄧嶽守西城賊遣韓晃攻之寶登城射殺數十人晃問寶曰君是毛廬江邪寶曰是晃曰君名壯勇何不出鬬寶曰君若健將何不入鬬晃笑而退賊平封州陵縣開國侯千六百戶庾亮西鎮請爲輔國將軍江夏相督隨義陽二郡鎮上明又進南中郎隨亮討郭默默平與亮司馬王愆期等救桓宣於章山擊賊將石遇破之進征虜將軍亮謀北伐上疏解豫州請以授寶於是詔以寶監揚州之江西諸軍事豫州刺史將軍如故與西

陽太守樊峻以萬人守邾城石季龍惡之乃遣其子鑒與其將夔安李菟等五萬人來寇張貉渡二萬騎攻邾城寶求救於亮亮以城固不時遣軍城遂陷寶峻等率左右突圍出赴江死者六千人寶亦溺死亮哭之慟因發疾遂薨詔曰寶之傾敗宜在貶裁然蘇峻之難致力王室今咎其過故不加贈祭之可也其後公卿言寶有重勳加死王事不宜奪爵升平三年乃下詔復本封初寶在武昌軍人有於市買得一白龜長四五寸養之漸大放諸江中邾城之敗養龜人被鎧持刀自投於水中如覺墮一石上視之乃先所養白龜長五六尺送至東岸遂得免焉寶二子穆之安之

穆之字憲祖小字武生名犯王靖后諱故行字後又以桓溫母名憲乃更稱小字穆之果毅有父風安西將軍庾翼以爲參軍襲爵州陵侯翼等專威陜西以子方之爲建武將軍守襄陽方之年少翼選武將可信杖者爲輔弼乃以穆之爲建武司馬俄而翼薨大將于瓚戴義等作亂穆之與安西長史江虨司馬朱燾等共平之桓溫代翼復取爲參軍從溫平蜀以功賜次子都鄉侯尋除揚威

將軍潁川太守隨温平洛入關温將旋師以謝尚未至留穆之以二千人衞山陵升平初遷督寧州諸軍事揚威將軍寧州刺史以桓温封南郡徙穆之爲建安侯復爲温太尉參軍加冠軍將軍以所募兵配之温伐慕容暐使穆之監鑿鉅野百餘里引汶會于濟川及温焚舟步歸使穆之督東燕四郡軍事領東燕太守本官如故袁真以壽陽叛温將征之穆之以冠軍領淮南太守守歷陽真平餘黨分散乃以穆之督揚州之江西軍事復領陳郡太守俄而徙督揚州之義成荊州五郡雍州之京兆軍事襄陽義成河南三郡太守將軍如故尋進領梁州刺史頃之以疾解職詔以冠軍徵還苻堅別將寇彭城復以將軍假節監江北軍事鎮廣陵還右將軍宣城內史假節鎮姑孰穆之以爲戍在近畿無復軍警不宜加節上疏辭讓許之苻堅別將圍襄陽詔穆之就上明受桓沖節度沖使穆之游軍沔中穆之始至而朱序陷沒引軍還郡堅衆又寇蜀漢梁州刺史楊亮益州刺史周仲孫奔退沖使穆之督梁州之三郡軍事右將軍西蠻校尉益州刺史領建平太守假節戍巴郡以子球爲梓潼太守穆之與球伐堅至

于巴西郡以糧運乏少退屯巴東病卒追贈中軍將軍謚曰烈子珍嗣位至天門太守珍弟璩球璠瑾瑗璩最知名

璩字叔連弱冠右將軍桓豁以爲參軍尋遭父憂服闋爲謝安衛將軍參軍除尚書郎安復請爲參軍轉安子琰征虜司馬淮淝之役苻堅迸走璩與田次之共躡堅至中陽不及而歸還寧朔將軍淮南太守尋補鎮北將軍譙王恬司馬海陵縣界地名青蒲四面湖澤皆是菰葑逃亡所聚威令不能及璩建議率千人討之時大旱璩因放火菰葑盡然亡戶窘迫悉出詣璩自首近有萬戶皆以補兵朝廷嘉之轉西中郎司馬龍驤將軍譙梁二郡內史尋代郭銓爲建威將軍益州刺史安帝初進征虜將軍及桓玄篡位遣使加璩散騎常侍左將軍璩執留玄使不受命玄以桓希爲梁州刺史王异據涪郭法戍宕渠師寂戍巴郡周道子戍白帝以防之璩傳檄遠近列玄罪狀遣巴東太守柳約之建平太守羅述征虜司馬甄季之擊破希等仍率衆次于白帝武陵王令曰益州刺史毛璩忠誠懇亮自桓玄萌禍常思躡其後今若平殄兇逆肅清荆郢者便當即授

上流之任初璩弟寧州刺史璠喪官璩兄球孫祐之及參軍費恬以數百人送
喪葬江陵會玄敗謀奔梁州璩弟瑾子脩之時爲玄屯騎校尉誘玄使入蜀既
而脩之與祐之費恬及漢嘉人馮遷共殺玄約之等聞玄死進軍到枝江而桓
振復攻沒江陵劉毅等還尋陽約之亦退俄而季之述等皆病約之詣振僞降
因欲襲振事泄被害約之司馬時延祖涪陵太守文處茂等撫其餘衆保涪陵
振遣桓放之爲益州屯西陵處茂距擊破之振死安帝反正詔曰夫貞松標於
歲寒忠臣亮于國危益州刺史璩體識弘正誠契義旗受命偏師次于近畿匡
翼之勳實感朕心可進征西將軍加散騎常侍都督益梁秦涼寧五州軍事行
宜都寧蜀太守文處茂宣讚蕃牧蒙險夷難可輔國將軍西夷校尉巴西梓潼
二郡太守又詔西夷校尉瑾爲持節監梁秦二州軍事征虜將軍梁秦二州刺
史略陽武都太守瑾弟蜀郡太守瑗爲輔國將軍寧州刺史初璩聞振陷江陵
率衆赴難使瑾瑗順外江而下使參軍譙縱領巴西梓潼二郡軍下涪水當與
璩軍會於巴郡蜀人不樂東征縱因人情思歸於五城水口反還襲涪害瑾瑾

留府長史鄭純之自成都馳使告璩璩時在略城去成都四百里遣參軍王瓊討反者相距於廣漢僰道令何林聚黨助縱而璩下人受縱誘說遂共害璩及瑗并子姪之在蜀者一時殄沒璩子弘之嗣義熙中時延祖爲始康太守上疏訟璩兄弟於是詔曰故益州刺史璩西夷校尉瑾蜀郡太守瑗勤王忠烈事乖慮外葬送日近益懷惻愴可皆贈先所授官給錢三十萬布三百匹論璩討桓玄功追封歸鄉公千五百戶又以祐之斬玄功封夷道縣侯自寶至璩三葉擁旄開國者四人將帥之家與尋陽周氏爲輩而人物不及也瑾子脩之頻歷清顯至右衛將軍從劉裕平姚泓後爲安西司馬沒于魏

安之字仲祖亦有武幹累遷撫軍參軍魏郡太守簡文輔政委以爪牙及登阼安之領兵從駕使止宿宮中尋拜游擊將軍時庾希入京口朝廷震動命安之督城門諸軍事孝武卽位妖賊盧悚突入殿廷安之聞難率衆直入雲龍門手自奮擊既而左衛將軍殷康領軍將軍桓祕等至與安之并力悚因勦滅遷右衛將軍定后崩領將作大匠卒官追贈光祿勳四子潭泰邃遁潭嗣爵官至江

夏相泰歷太傅從事中郎後軍諮議參軍與邃俱爲會稽王父子所昵乃追論安之討盧悚勳賜爵平都子命潭襲爵元顯嘗宴泰家既而欲去泰苦留之曰公若遂去當取公脚元顯大怒奮衣而出遂與元顯有隙及元顯敗泰時爲冠軍將軍堂邑泰山二郡太守邃爲游擊將軍遁爲太傅主簿桓玄得志使泰收元顯送于新亭泰因宿恨手加毆辱俄並爲玄所殺惟遁被徙廣州義熙初得還至宜都太守

德祖璩宗人也父祖並沒于賊中德祖兄弟五人相攜南渡皆有武幹荊州刺史劉道規以德祖爲建武將軍始平太守又從涪陵太守盧循之役道規又以爲參軍伐徐道覆於始興尋遭母憂劉裕伐司馬休之版補太尉參軍義陽太守賜爵還陵縣侯轉南陽太守從劉裕伐姚泓頻攻滎陽扶風南安馮翊數郡所在剋捷裕嘉之以爲龍驤將軍秦州刺史裕第二子義真爲安西將軍雍州刺史以德祖爲中兵參軍領天水太守從義真還裕以德祖督河東平陽二郡軍事輔國將軍河東太守代劉遵考守蒲坂及河北覆敗德祖全軍而歸裕方

欲蕩平關洛先以德祖督九郡軍事冠軍將軍滎陽京兆太守以前後功賜爵
灌陽縣男尋遷督司雍幷三州諸軍事冠軍將軍司州刺史戍武牢爲魏所沒
德祖次弟嶷嶷弟辯並有志節嶷死於盧循之難辯沒於魯宗之役並奮不顧
命爲世所歎

劉遐

劉遐字正長廣平易陽人也性果毅便弓馬開豁勇壯值天下大亂遐爲塢主
每擊賊率壯士陷堅摧鋒冀方比之張飛關羽鄉人冀州刺史邵續深器之以
女妻焉遂壁于河濟之間賊不敢逼遐間道遣使受元帝節度朝廷嘉之璽書
慰勉以爲龍驤將軍平原內史建武初元帝令曰遐忠勇果毅義誠可嘉以遐
爲下邳內史將軍如故初沛人周堅一名撫與同郡周默因天下亂各爲塢主
以寇抄爲事默降祖逖撫怒遂襲殺默以彭城叛石勒遣騎援之詔遐領彭城
內史與徐州刺史蔡豹泰山太守徐龕共討撫戰於寒山撫敗走詔徙遐爲臨
淮太守徐龕復反事平以遐爲北中郎將兗州刺史太寧初自彭城移屯泗口

王含反遐與蘇峻俱赴京都含敗隨丹陽尹温嶠追含至于淮南遐頗放兵虜掠嶠曰天道助順故王含勦絶不可因亂爲亂也遐深自陳而拜謝事平以功封泉陵公遷散騎常侍監淮北軍中郎將徐州刺史假節代王邃鎮淮陰咸和元年卒追贈安北將軍子肇年幼成帝以徐州授郄鑒以郭默爲北中郎將領遐部曲遐妹夫田防及遐故將史迭卞咸李龍等不樂他屬共立肇襲遐故位以叛成帝遣郭默等率諸郡討之默等始上道而臨淮太守劉矯率將士數百掩襲遐營迭等迸走斬田防及督護卞咸等追斬迭龍於下邳傳首詣闕遐母妻子參佐將士悉還建康遐妻驍果有父風遐嘗爲石季龍所圍妻單將數騎拔遐出於萬衆之中及田防等欲爲亂遐妻止之不從乃密起火燒甲杖都盡

肇襲爵官至散騎侍郎肇卒子舉嗣卒子遵之嗣卒子伯齡嗣宋受禪國除

鄧嶽 子遐

鄧嶽字伯山陳郡人也本名岳以犯康帝諱改爲嶽後竟改名爲岱焉少有將帥才略爲王敦參軍轉從事中郎西陽太守王含構逆嶽領兵隨含向京都及

含敗嶽與周撫俱奔蠻王向蠶後遇赦與撫俱出久之司徒王導命爲從事中郎後復爲西陽太守及蘇峻反平南將軍溫嶠遣嶽與督護王愆期鄱陽太守紀睦等率舟軍赴難峻平還郡郭默之殺劉胤也大司馬陶侃使嶽率西陽之衆討之默平還督交廣二州軍事建武將軍領平越中郎將廣州刺史假節錄前後勳封宜城縣伯咸康三年嶽遣軍伐夜郎破之加督寧州進征虜將軍遷

平南將軍卒子遐嗣

遐字應遠勇力絶人氣蓋當時時人方之樊噲桓溫以爲參軍數從溫征伐歷冠軍將軍數郡太守號爲名將襄陽城北沔水中有蛟常爲人害遐遂拔劍入水蛟繞其足遐揮劍截蛟數段而出枋頭之役溫旣懷恥忿且忌憚遐之勇果因免遐官尋卒寧康中追贈廬陵太守嶽弟逸字茂山亦有武幹嶽卒後以逸監交廣州建威將軍平越中郎將廣州刺史假節

朱序

朱序字次倫義陽人也父燾以才幹歷西蠻校尉益州刺史序世爲名將累遷

鷹揚將軍江夏相與寧末梁州刺史司馬勳反桓温表序爲征討都護往討之以功拜征虜將軍封襄平子太和中還兗州刺史時長城人錢弘聚黨百餘人藏匿原鄉山以序爲中軍司馬吳興太守序至郡討擒之事訖還兗州寧康初拜使侍節監沔中諸軍事南中郎將梁州刺史鎮襄陽是歲苻堅遣其將苻丕等率衆圍序序固守賊糧將盡率衆苦攻之初苻丕之來攻也序母韓自登城履行謂西北角當先受弊遂領百餘婢并城中女丁於其角斜築城二十餘丈賊攻西北角果潰衆便固新築城丕遂引退襄陽人謂此城爲夫人城序累戰破賊人情勞懈又以賊退稍遠疑未能來守備不謹督護李伯護密與賊相應襄陽遂沒序陷於苻堅堅殺伯護徇之以其不忠也序欲逃歸潛至宜陽藏夏揆家堅疑揆收之序乃詣苻暉自首堅嘉而不問以爲尚書太元中苻堅南侵謝石率衆距之時堅大兵尚在項苻融以三十萬衆先至堅遣序說謝石稱己兵威序反謂石曰若堅百萬之衆悉到莫可與敵及其未會擊之可以得志於是石遣謝琰選勇士八千人涉肥水挑戰堅衆小卻序時在其軍後唱云堅敗

衆遂大奔序乃得歸拜龍驤將軍琅邪内史轉揚州豫州五郡軍事豫州刺史
屯洛陽後丁零翟遼反序遣將軍秦膺童斌與淮泗諸郡共討之又監兗青二
州諸軍事二州刺史將軍如故進鎮彭城序求鎮淮陰帝許焉翟遼又使其子
釗寇陳潁序還遣秦膺討釗走之拜征虜將軍表求運江州米十萬斛布五千
匹以資軍費詔聽之加都督司雍梁秦四州軍事帝遣廣威將軍河南太守楊
佺期南陽太守趙睦各領兵千人隷序序又表求故荆州刺史桓石生府田百
頃并穀八萬斛給之仍戍洛陽衞山陵也其後慕容永率衆向洛陽序自河陰
北濟與永僞將王次等相遇乃戰於沁水次敗走斬其支將勿支首參軍趙睦
江夏相桓不才追永破之于太行永歸上黨時楊楷聚衆數千在湖陜聞永敗
遣任子詣序乞降序追永至上黨之白水與永相持二旬聞翟遼欲向金墉乃
還遂攻翟釗於石門遣參軍趙蕃破翟遼於懷縣遼宵遁序退次洛陽留鷹揚
將軍朱黨戍石門序仍使子略督護洛城趙蕃爲助序還襄陽會稽王道子以
序勝負相補不加褒貶其後東羌校尉竇衝欲入漢川安定人皇甫釗京兆人

周勳等謀納之梁州刺史周瓊失巴西三郡衆寡力弱告急於序序遣將軍皇甫貞率衆赴之衝據長安東釗勳散走序以老病累表解職不許詔斷表遂輒去任數旬歸罪廷尉詔原不問太元十八年卒贈左將軍散騎常侍

史臣曰晉氏淪喪播遷江表內難薦臻外虞不息經略之道是所未弘將帥之功無聞焉爾遜豹宣胤服勤於太興之間毛鄧劉朱馳騖乎咸和之後雖人不逮古亦足列於當世焉

贊曰氣分淮海災流瀍澗覆類玄蚖興微鴻雁鼓鞞在聽兎罝有作赳赳羣英勤兹王略

晉書卷八十一

晉書卷八十一考證

毛璩傳俄而季之述等皆病○等各本誤之按上文云征虜將軍甄季之建平太守羅述不應作述之也今改正

晉書卷八十一考證

晉書卷八十二

唐　太　宗　文　皇　帝　御　撰

列傳第五十二

陳壽

陳壽字承祚巴西安漢人也少好學師事同郡譙周仕蜀爲觀閣令史宦人黄皓專弄威權大臣皆曲意附之壽獨不爲之屈由是屢被譴黜遭父喪有疾使婢丸藥客往見之鄉黨以爲貶議及蜀平坐是沉滯者累年司空張華愛其才以壽雖不遠嫌原情不至貶廢舉爲孝廉除佐著作郎出補陽平令撰蜀相諸葛亮集奏之除著作郎領本郡中正撰魏吳蜀三國志凡六十五篇時人稱其善敘事有良史之才夏侯湛時著魏書見壽所作便壞己書而罷張華深善之謂壽曰當以晉書相付耳其爲時所重如此或云丁儀丁廙有盛名於魏壽謂其子曰可覓千斛米見與當爲尊公作佳傳丁不與之竟不爲立傳壽父爲馬謖參軍謖爲諸葛亮所誅壽父亦坐被髡諸葛瞻又輕壽壽爲亮立傳謂亮將

略非長無應敵之才言瞻惟工書名過其實議者以此少之張華將舉壽爲中書郎荀勗忌華而疾壽遂諷吏部遷壽爲長廣太守辭母老不就杜預將之鎮復薦之於帝宜補黃散由是授御史治書以母憂去職母遺言令葬洛陽壽遵其志又坐不以母歸葬竟被貶議初譙周嘗謂壽曰卿必以才學成名當被損折亦非不幸也宜深慎之壽至此再致廢辱皆如周言後數歲起爲太子中庶子未拜元康七年病卒時年六十五梁州大中正尚書郎范頵等上表曰昔漢武帝詔曰司馬相如病甚可遣悉取其書使者得其遺書言封禪事天子異焉臣等按故治書侍御史陳壽作三國志辭多勸誡明乎得失有益風化雖文豔不若相如而質直過之願垂採錄於是詔下河南尹洛陽令就家寫其書壽又撰古國志五十篇益都耆舊傳十篇餘文章傳於世

王長文

王長文字德叡廣漢郪人也少以才學知名而放蕩不羈州府辟命皆不就州辟別駕乃微服竊出舉州莫知所之後於成都市中蹲踞齧胡餅刺史知其不

屈禮遣之閉門自守不交人事著書四卷擬易名曰通玄經有文言卦象可用卜筮時人比之楊雄太玄同郡馬秀曰楊雄作太玄惟桓譚以爲必傳後世晚遭陸績玄道遂明長文通玄經未遭陸績君山耳太康中蜀土荒饉開倉振貸長文居貧貸多後無以償郡縣切責送長文到州刺史徐幹捨之不謝而去後成都王穎引爲江源令或問前不降志今何爲屈長文曰祿以養親非爲身也梁王彤爲丞相引爲從事中郎在洛出行輒著白旃小鄣以載車當時異焉後終於洛

虞溥

虞溥字允源高平昌邑人也父祕爲偏將軍鎮隴西溥從父之官專心墳籍時疆埸閱武人爭視之溥未嘗寓目郡察孝廉除郎中補尙書都令史尙書令衞瓘尙書褚䂮並器重之溥謂瓘曰往者金馬啓符大晉應天宜復先王五等之制以綏久長不可承暴秦之法遂漢魏之失也瓘曰歷代歎此而終未能改稍遷公車司馬令除鄱陽內史大修庠序廣招學徒移告屬縣曰學所以定情理

性而積衆善者也情定於內而行成於外積善於心而名顯於教故中人之性
隨教而移善積則習與性成唐虞之時皆比屋而可封及其廢也而云可誅豈
非化以成俗教移人心者哉自漢氏失御天下分崩江表寇隔久替王教庠序
之訓廢而莫修今四海一統萬里同軌熙熙兆庶咸休息乎太和之中宜崇尚
道素廣開學業以讚協時雍光揚盛化乃具爲條制於是至者七百餘人溥乃
作誥以獎訓之曰文學諸生皆冠帶之流年盛志美始涉學庭講修典訓此大
成之業立德之基也夫聖人之道淡而寡味故始學者不好也及至期月所觀
彌博所習彌多日聞所不聞日見所不見然後心開意朗敬業樂羣忽然不覺
大化之陶己至道之入神也故學之染人甚於丹青丹青吾見其久而渝矣未
見久學而渝者也夫工人之染先修其質後事其色質修色積而染工畢矣學
亦有質孝悌忠信是也君子內正其心外修其行行有餘力則以學文文質彬
彬然後爲德夫學者不患才不及而患志不立故曰希驥之馬亦驥之乘希顏
之徒亦顏之倫也又曰契而舍之朽木不知契而不舍金石可虧斯非其效乎

今諸生口誦聖人之典體閑庠序之訓比及三年可以小成而令名宣流雅譽日新朋友欽而樂之朝士敬而歎之於是州府交命擇官而仕不亦美乎若乃含章舒藻揮翰流離稱述世務探賾究奇使楊班韜筆仲舒結舌亦惟才所居固無常人也然積一勺以成江河累微塵以崇峻極匪志匪勤理無由濟也諸生若絕人間之務心專親學累一以貫之積漸以進之則亦或遲或速或先或後耳何滯而不通何遠而不至邪時祭酒求更起屋行禮溥曰君子行禮無常處也故孔子射於矍相之圃而行禮於大樹之下況今學庭庠序高堂顯敞乎溥爲政嚴而不猛風化大行有白烏集于郡庭注春秋經傳撰江表傳及文章詩賦數十篇卒於洛時年六十二子勃過江上江表傳於元帝詔藏于祕書

司馬彪

司馬彪字紹統高陽王睦之長子也出後宣帝弟敏少篤學不倦然好色薄行爲睦所責故不得爲嗣雖名出繼實廢之也彪由此不交人事而專精學習故得博覽羣籍終其綴集之務初拜騎都尉泰始中爲祕書郎轉丞注莊子作九

州春秋以爲先王立史官以書時事載善惡以爲沮勸撮教世之要也是以春
秋不修則仲尼理之關雎既亂則師摯修之前哲豈好煩哉蓋不得已故也漢
氏中興訖于建安忠臣義士亦以昭著而時無良史記述煩雜譙周雖已刪除
然猶未盡安順以下亡缺者多彪乃討論衆書綴其所聞起於世祖終於孝獻
編年二百錄世十二通綜上下旁貫庶事爲紀志傳凡八十篇號曰續漢書泰
始初武帝親祠南郊彪上疏定議語在郊祀志後拜散騎侍郎惠帝末年卒時
年六十餘初譙周以司馬遷史記書周秦以上或採俗語百家之言不專據正
經周於是作古史考二十五篇皆憑舊典以糾遷之謬誤彪復以周爲未盡善
也條古史考中凡百二十二事爲不當多據汲冢紀年之義亦行於世

王隱

王隱字處叔陳郡陳人也世寒素父銓歷陽令少好學有著述之志每私錄晉
事及功臣行狀未就而卒隱以儒素自守不交勢援博學多聞受父遺業西都
舊事多所諳究建興中過江丞相軍諮祭酒涿郡祖納雅相知重納好博弈每

諫止之納曰聊用忘憂耳隱曰蓋古人遭時則以功達其道不遇則以言達其才故否泰不窮也當今晉未有書天下大亂舊事蕩滅非凡才所能立君少長王都游宦四方華夷成敗皆在耳目何不述而裁之應仲遠作風俗通崔子真作政論蔡伯喈作勸學篇史游作急就章猶行於世便為沒而不朽當其同時人豈少哉而了無聞皆由無所述作也故君子疾沒世而無聞易稱自強不息況國史明乎得失之跡何必博奕而後忘憂哉納喟然嘆曰非不悅子之道力不足也乃上疏薦隱元帝以草創務殷未遑史官遂寢不報太興初典章稍備乃召隱及郭璞俱為著作郎令撰晉史豫平王敦功賜爵平陵鄉侯時著作郎虞預私撰晉書而生長東南不知中朝事數訪於隱并借隱所著書竊寫之所聞漸廣是後更疾隱形于言色預既豪族交結權貴共為朋黨以斥隱竟以謗免黜歸于家貧無資用書遂不就乃依征西將軍庾亮於武昌亮供其紙筆書乃得成詣闕上之隱雖好著述而文辭鄙拙蕪舛不倫其書次第可觀者皆其父所撰文體混漫義不可解者隱之作也年七十餘卒於家

隱兄瑚字處仲少重武節成都王穎舉兵向洛以爲冠軍參軍積功累遷游擊將軍與司隸蒲奮河南尹周馥等俱屯大司馬門以衞宮掖時上官巳縱暴瑚與奮等共謀除之反爲所害

虞預

虞預字叔寧徵士喜之弟也本名茂犯明穆皇后母諱故改焉預十二而孤少好學有文章餘姚風俗各有朋黨宗人共薦預爲縣功曹欲使沙汰穢濁預書與其從叔父曰近或聞諸君以預入仕便應委質則當親事不得徒巳然預下愚過有所懷邪黨互瞻異同蜂至一旦差跌衆鼓交鳴毫釐之失差以千里此古人之炯戒而預所大恐也卒如預言未半年遂見斥退太守庾琛命爲主簿預上記陳時政所失曰軍寇以來賦役繁數兼值年荒百姓失業是輕繇薄斂寬刑省役之時也自頃長吏輕多去來送故迎新交錯道路受迎者惟恐船馬之不多見送者惟恨吏卒之常少窮奢竭費謂之忠義省煩從儉呼爲薄俗轉相放效流而不反雖有常防莫肯遵修加以王塗未夷所在停滯送者經年永

失播植一夫不耕十夫無食況轉百數所妨不訾愚謂宜勒屬縣若令尉先去官者人船吏侍皆具條列到當依法減省使公私允當又今統務多端動加重制每有特急輒立督郵計今直兼三十餘人人船吏侍皆當出官益不堪命宜復減損嚴爲之防琛善之卽皆施行太守紀瞻到預復爲主簿轉功曹史察孝廉不行安東從事中郎諸葛恢參軍庾亮等薦預召爲丞相行參軍兼記室遭母憂服竟除佐著作郎太興二年大旱詔求讜言直諫之士預上書諫曰大晉受命于今五十餘載自元康以來王德始闕戎翟及於中國宗廟焚爲灰燼千里無煙爨之氣華夏無冠帶之人自天地開闢書籍所載大亂之極未有若茲者也陛下以聖德先覺超然遠鑒作鎮東南聲教遐被上天眷顧人神贊謀雖云中興其實受命少康宣王誠未足喻然南風之歌可著而陵遲之俗未改者何也臣愚謂爲國之要在於得才得才之術在於抽引苟其可用讎賤必舉高宗文王思佐發夢拔巖徒以爲相載釣老而師之下至列國亦有斯事故燕重郭隗而三士競至魏式干木而秦兵退舍今天下雖弊人士雖寡十室之邑必

有忠信世不乏驥求則可致而束帛未賁於丘園蒲輪頓轂而不駕所以大化不洽而雍熙有闕者也預以寇賊未平當須良將又上疏曰臣聞承平之世其教先文撥亂之運非武不剋故牧野之戰呂望杖鉞淮夷作難召伯專征玁狁爲暴衞霍長驅故陰陽不和擢士爲相三軍不勝拔卒爲將漢帝既定天下猶思猛士以守四方孝文志存鉅鹿馮唐進說魏尙復守詩稱赳赳武夫公侯干城折衝之佐豈可忽哉況今中州荒弊百無一存牧守官長非戎貊之族類即寇竊之幸脫陛下登阼威暢四遠故令此等反善向化然狼子獸心輕薄易動羯虜未殄益使難安周撫陳川相係背叛徐龕驕黠無所拘忌放兵侵掠罪已彰灼昔葛伯違道湯獻之牛吳濞失禮錫以几杖惡成罪著方復加戮龕之小醜可不足滅然豫備不虞古之善教矧乃有虞可不爲防爲防之術宜得良將將不素簡難以應敵壽春無鎮祖逖孤立前有勁虜後無係援雖有智力非可持久願陛下詔之羣公博舉於衆若當局之才必允其任則宜獎厲使不顧命旁料冗猥或有可者厚加寵待足令忘身昔英布見慢恚欲自裁出觀供置然

後致力禮遇之恩可不隆哉誠知山河之量非塵露可益神鑒之慮非愚淺所測然匹夫嫠婦猶有憂國之言況臣得廁朝堂之末蒙冠帶之榮者乎轉琅邪國常侍遷祕書丞著作郎咸和初夏旱詔衆官各陳致雨之意預議曰臣聞天道貴信地道貴誠誠信者蓋二儀所以生植萬物人君所以保乂黎蒸是以殺伐擬於震電推恩象於雲雨刑罰在於必信慶賞貴於平均臣聞間者以來刑獄轉繁多力者則廣牽連逮以稽年月無援者則嚴其檟楚期於入重是以百姓嗷然感傷和氣臣愚以爲輕刑耐罪宜速決遣殊死重囚重加以請寬徭息役務遵節儉砥礪朝臣使各知禁蓋老牛不犧禮有常制而自頃衆官拜授祖贈轉相夸尚屠殺牛犢動有十數醉酒沉湎無復限度傷財敗俗所虧不少昔殷宗修德以消桑穀之異宋景善言以退熒惑之變楚國無災莊王是懼盛德之君未嘗無眚應以信順天祐乃隆臣學見淺闇言不足採從平王含賜爵西鄉侯蘇峻作亂預先假歸家太守王舒請爲諮議參軍峻平進爵平康縣侯遷散騎侍郎著作如故除散騎常侍仍領著作以年老歸卒于家預雅好經史憎

疾玄虛其論阮籍裸袒比之伊川被髮所以胡虜遍於中國以爲過衰周之時著晉書四十餘卷會稽典錄二十篇諸虞傳十二篇皆行於世所著詩賦碑誄論難數十篇

孫盛

孫盛字安國太原中都人祖楚馮翊太守父恂頴川太守恂在郡遇賊被害盛年十歲避難渡江及長博學善言名理于時殷浩擅名一時與抗論者惟盛而已盛嘗詣浩談論對食奮擲麈尾毛悉落飯中食冷而復暖者數四至暮忘飡理竟不定盛又著醫卜及易象妙於見形論浩等竟無以難之由是遂知名起家佐著作郎以家貧親老求爲小邑出補瀏陽令太守陶侃請爲參軍庾亮代侃引爲征西主簿轉參軍時丞相王導執政亮以元舅居外南蠻校尉陶稱讒構其間導亮頗懷疑貳盛密諫亮曰王公神情朗達常有世外之懷豈肯爲凡人事邪此必佞邪之徒欲間內外耳亮納之庾翼代亮以盛爲安西諮議參軍尋遷廷尉正會桓溫代翼留盛爲參軍與俱伐蜀軍次彭模溫自以輕兵入蜀

盛領羸老輜重在後賊數千忽至衆皆遑遽盛部分諸將幷力距之應時敗走蜀平賜爵安懷縣侯累遷温從事中郎從入關平洛以功進封吳昌縣侯出補長沙太守以家貧頗營資貨部從事至郡察知之服其高明而不劾之盛與温牋而辭旨放蕩稱州遣從事觀採風聲進無威鳳來儀之美退無鷹鸇搏擊之用徘徊湘川將爲怪鳥温得盛牋復遣從事重按之贓私狼籍檻車收盛到州捨而不罪累遷祕書監加給事中年七十二卒盛篤學不倦自少至老手不釋卷著魏氏春秋晉陽秋幷造詩賦論難復數十篇晉陽秋詞直而理正咸稱良史焉既而桓温見之怒謂盛子曰枋頭誠爲失利何至乃如尊君所說若此史遂行自是關君門戶事其子遽拜謝謂請刪改之時盛年老還家性方嚴有軌憲雖子孫班白而庭訓愈峻至此諸子乃共號泣稽顙請爲百口切計盛大怒諸子遂竊改之盛寫兩定本寄於慕容儁太元中孝武帝博求異聞始於遼東得之以相考校多有不同書遂兩存子潛放

潛字齊由爲豫章太守殷仲堪之討王國寶也潛時在郡仲堪逼以爲諮議參

軍固辭不就以憂卒
放字齊莊幼稱令慧年七八歲在荆州與父俱從庾亮獵亮謂曰君亦來邪應
聲答曰無小無大從公于邁亮又問欲齊何莊邪放曰欲齊莊周亮曰不慕仲
尼邪答曰仲尼生而知之非希企所及亮大奇之曰王輔嗣弗過也庾翼子爰
客嘗候處見放而問曰安國何在放答曰庾稚恭家爰客大笑曰諸孫大盛有
兒如此也放又曰未若諸庾翼翼既而語人曰我故得重呼奴父也終於長沙
相

干寶

干寶字令升新蔡人也祖統吳奮武將軍都亭侯父瑩丹陽丞寶少勤學博覽
書記以才器召爲著作郎平杜弢有功賜爵關內侯中興草創未置史官中書
監王導上疏曰夫帝王之迹莫不必書著爲令典垂之無窮宣皇帝廓定四海
武皇帝受禪於魏至德大勳等蹤上聖而紀傳不存於王府德音未被乎管絃
陛下聖明當中興之盛宜建立國史撰集帝紀上敷祖宗之烈下紀佐命之勳

務以實錄爲後代之準厭率土之望悅人神之心斯誠雍熙之至美王者之弘基也宜備史官勑佐著作郎干寶等漸就撰集元帝納焉寶於是始領國史以家貧求補山陰令遷始安太守王導請爲司徒右長史遷散騎常侍著晉紀自宣帝迄于愍帝五十三年凡二十卷奏之其書簡略直而能婉咸稱良史性好陰陽術數留思京房夏侯勝等傳寶父先有所寵侍婢母甚妬忌及父亡母乃生推婢於墓中寶兄弟年小不之審也後十餘年母喪開墓而婢伏棺如生載還經日乃蘇言其父常取飲食與之恩情如生在家中吉凶輒語之考校悉驗地中亦不覺爲惡既而嫁之生子又寶兄嘗病氣絕積日不冷後遂寤云見天地間鬼神事如夢覺不自知死寶以此遂撰集古今神祇靈異人物變化名爲搜神記凡二十卷以示劉惔惔曰卿可謂鬼之董狐寶既博採異同遂混虛實因作序以陳其志曰雖考先志於載籍收遺逸於當時蓋非一耳一目之所親聞覩也亦安敢謂無失實者哉衞朔失國二傳互其所聞呂望事周子長存其兩說若此比類往往有焉從此觀之聞見之難一由來尚矣夫書赴告之定辭

據國史之方策猶尚若茲況仰述千載之前記殊俗之表綴片言於殘闕訪行事於故老將使事不二迹言無異塗然後為信者固亦前史之所病然而國家不廢注記之官學士不絕誦覽之業豈不以其所失者小所存者大乎今之所集設有承於前載者則非余之罪也若使采訪近世之事苟有虛錯願與先賢前儒分其譏謗及其著述亦足以明神道之不誣也羣言百家不可勝覽耳目所受不可勝載今粗取足以演八略之旨成其微說而已幸將來好事之士錄其根體有以游心寓目而無尤焉寶又為春秋左氏義外傳注周易周官凡數十篇及雜文集皆行於世

鄧粲

鄧粲長沙人少以高絜著名與南陽劉驎之南郡劉尚公同志友善並不應州郡辟命荊州刺史桓沖卑辭厚禮請粲為別駕粲嘉其好賢乃起應召驎之尚公謂之曰卿道廣學深衆所推懷忽然改節誠失所望粲笑答曰足下可謂有志於隱而未知隱夫隱之為道朝亦可隱市亦可隱隱初在我不在於物尚公

等無以難之然粲亦於此名譽減半矣後患足疾不能朝拜求去職不聽令臥
視事後以病篤乞骸骨許之粲以父騫有忠信言而世無知者乃著元明紀十
篇注老子並行於世

謝沈

謝沈字行思會稽山陰人也曾祖斐吳豫章太守父秀吳翼正都尉沈少孤事
母至孝博學多識明練經史郡命爲主簿功曹察孝廉太尉郗鑒辟並不就會
稽內史何充引爲參軍以母老去職平西將軍庾亮命爲功曹征北將軍蔡謨
版爲參軍皆不就閑居養母不受人事耕耘之暇研精墳籍康帝即位朝議疑
七廟迭毀乃以太學博士徵以質疑滯以母憂去職服闋除尚書度支郎何充
庾冰並稱沈有史才遷著作郎撰晉書三十餘卷會卒時年五十二沈先著後
漢書百卷及毛詩漢書外傳所著述及詩賦文論皆行於世其才學在虞預之
右云

習鑿齒

習鑿齒字彥威襄陽人也宗族富盛世爲鄉豪鑿齒少有志氣博學洽聞以文筆著稱荆州刺史桓温辟爲從事江夏相袁喬深器之數稱其才於温轉西曹主簿親遇隆密時温有大志追蜀人知天文者至夜執手問國家祚運修短答云世祀方永温疑其難言乃飾辭云如君言豈獨吾福乃蒼生之幸然今日之語自可令盡必有小小厄運亦宜說之星人曰太微紫微文昌三宮氣候如此決無憂虞至五十年外不論耳温不悅乃止異日送絹一疋錢五千文以與之星人乃馳詣鑿齒曰家在益州被命遠下今受旨自裁無由致其骸骨緣君仁厚乞爲標碣棺木耳鑿齒問其故星人曰賜絹一疋令僕自裁惠錢五千以買棺耳鑿齒曰君幾誤死君嘗聞前知星宿有不覆之義乎此以絹戲君以錢供道中資是聽君去耳星人大喜明便詣温別温問去意以鑿齒言答温答曰鑿齒憂君誤死君定是誤活然徒三十年看儒書不如一詣習主簿累遷別駕温出征伐鑿齒或從或守所在任職每處機要涖事有績善尺牘論議温甚器遇之時清談文章之士韓伯伏滔等並相友善後使至京師簡文亦雅重焉既還

温問相王何似答曰生平所未見以此大忤温旨左遷戶曹參軍時有桑門釋道安儁辯有高才自北至荆州與鑿齒初相見道安曰彌天釋道安鑿齒曰四海習鑿齒時人以爲佳對初鑿齒與其二舅羅崇羅友俱爲州從事及遷別駕以坐越舅右屢經陳請温後激怒旣盛乃超拔其二舅相繼爲襄陽都督出鑿齒爲滎陽太守温弟祕亦有才氣素與鑿齒相親善鑿齒旣罷郡歸與祕書曰吾以去五月三日來達襄陽觸目悲感略無懽情痛惻之事故非書言之所能具也每定省家舅從北門入西望隆中想臥龍之吟東眺白沙思鳳雛之聲北臨樊墟存鄧老之高南眷城邑懷羊公之風縱目檀溪念崔徐之友肆睇魚梁追二德之遠未嘗不徘徊移日惆悵極多撫乘躊躕慨爾而泣曰若乃魏武之所置酒孫堅之所隕斃裴杜之故居繁王之舊宅遺事猶存星列滿目璅璅常流碌碌凡士焉足以感其方寸哉夫芬芳起於椒蘭清響生乎琳琅命世而作佐者必垂可大之餘風高尚而邁德者必有明勝之遺事若向八君子者千載猶使義想其爲人況相去之不遠乎彼一時也此一時也焉知今日之才不如

疇辰百年之後吾與足下不並爲景升乎其風期俊邁如此是時溫覬覦非望鑿齒在郡著漢晉春秋以裁正之起漢光武終於晉愍帝於三國之時蜀以宗室爲正魏武雖受漢禪晉尚爲簒逆至文帝平蜀乃爲漢亡而晉始興焉引世祖諱炎興而爲禪受明天心不可以勢力強也凡五十四卷後以脚疾遂廢于里巷及襄陽陷於苻堅堅素聞其名與道安俱輿而致焉既見與語大悅之賜遺甚厚又以其蹇疾與諸鎮書昔晉氏平吳利在二陸今破漢南獲士裁一人有半耳俄以疾歸襄陽尋而襄鄧反正朝廷欲徵鑿齒使典國史會卒不果臨終上疏曰臣每謂皇晉宜越魏繼漢不應以魏後爲三恪而身微官卑無由上達懷抱愚情三十餘年今沉淪重疾性命難保遂嘗懷此當與之朽爛區區之情切所悼惜謹力疾著論一篇寫上如左願陛下考尋古義求經常之表超然遠覽不以臣微賤廢其所言論曰或問魏武帝功蓋中夏文帝受禪於漢而吾子謂漢終有晉豈實理乎且魏之見廢晉道亦病晉之臣子寧可以同此言哉答曰此乃所以尊晉也但絕節赴曲非常耳所悲見殊心異雖奇莫察請爲子

言焉昔漢氏失御九州殘隔三國乘間鼎峙數世干戈日尋流血百載雖各有偏平而其實亂也宣皇帝勢逼當年力制魏氏蠖屈從時遂羈戎役晦明掩耀龍潛下位俛眉重足鞠躬屏息道有不容之難躬蹈履霜之險可謂危矣魏武既亡大難獲免始南擒孟達東蕩海隅西抑勁蜀旋撫諸夏摧吳人入侵之鋒埽曹爽見忌之黨植靈根以跨中嶽樹羣才以翼子弟命世之志既恢非常之業亦固景文繼之靈武冠世剋伐貳違以定厥庸席卷梁益奄征西極功格皇天勳侔古烈豐規顯祚故以灼如也至於武皇遂并彊吳混一宇宙乂清四海同軌二漢除三國之大害靜漢末之交爭開九域之蒙晦定千載之盛功者皆司馬氏也而推魏繼漢以晉承魏比義唐虞自託純臣豈不惜哉今若以魏有代王之德則其道不足有靜亂之功則孫劉鼎立道不足則不可謂制當年當年不制於魏則魏未曾爲天下之主王道不足於曹則曹未始爲一日之王矣昔共工伯有九州秦政奄平區夏鞭撻華戎專總六合猶不見序於帝王淪沒於戰國何況暫制數州之人威行境內而已便可推爲一代者乎若以晉嘗事

魏懼傷皇德拘惜禪名謂不可割則惑之甚者也何者隗囂據隴公孫帝蜀蜀隴之人雖服其役取之大義於彼何有且吳楚僭號周室未亡子文延陵不見貶絕宣皇帝官魏逼於性命舉非擇木何虧德美禪代之義不同堯舜校實定名必彰於後人各有心事胡可掩定空虛之魏以屈於己孰若杖義而以貶魏哉夫命世之人正情遇物假之際會必兼義勇宣皇祖考立功于漢世篤爾勞思報亦深魏武超越志在傾主德不素積義險冰薄宣帝與之情將何重雖形屈當年意申百世降心全己憤慨於下非道服北面有純臣之節畢命曹氏忘濟世之功者也夫成業者係於所爲不係所藉立功者言其所濟不言所起是故漢高稟命於懷王劉氏乘斃於亡秦超二僞以遠嗣不論近而計功考五德於帝典不疑道於力政季無承楚之號漢有繼周之業取之既美而己德亦重故也凡天下事有可借喻於古以曉於今定之往昔而足爲來證者當陽秋之時吳楚二國皆僭號之王也若使楚莊推鄢郢以尊有德闔閭舉三江以奉命世命世之君有德之主或藉之以應天或撫之而光宅彼心自係於周室不推

吳楚以爲代明矣況積勳累功靜亂寧衆數之所錄衆之所與不資於燕噲之授不賴於因藉之力長轡廟堂吳蜀兩斃運奇二紀而平定天下服魏武之所不能臣蕩累葉之所不能除者哉自漢末鼎沸五六十年吳魏犯順而強蜀人杖正而弱三家不能相一萬姓曠而無主夫有定天下之大功爲天下之所推孰如見推於闇人受尊於微弱配天而爲帝方駕於三代豈比俛首於曹氏側足於不正卽情而恆實取之而無慚何與詭事而託僞開亂於將來者乎是故故舊之恩可封魏後三恪之數不宜見列以晉承漢功實顯然正名當事情體亦厭又何爲虛尊不正之魏而虧我道於大通哉昔周人詠祖宗之德追述翦商之功仲尼明大孝之道高稱配天之義然后稷勤於所職聿來未以翦商異於司馬氏仕乎曹族三祖之寓於魏世矣且夫魏自君之道不正則三祖臣魏之義未盡義未盡故假塗以運高略道不正故君臣之節有殊然則弘道不以輔魏而無逆取之嫌高拱不勞汗馬而有靜亂之功者蓋勳足以王四海義可以登天位雖我德慚於有周而彼道異於殷商故也今子不疑共工之不得列

於帝王不嫌漢之係周而不係秦何至於一魏猶疑滯而不化哉夫欲尊其君而不知推之於堯舜之道欲重其國而反厝之於不勝之地豈君子之高義若猶未悟請於是止矣子辟彊才學有父風位至驃騎從事中郎

徐廣

徐廣字野民東莞姑幕人侍中邈之弟也世好學至廣尤爲精純百家數術無不研覽謝玄爲兗州辟從事譙王恬爲鎮北補參軍孝武世除祕書郎典校祕書省增置省職轉員外散騎侍郎仍領校書尚書令王珣深相欽重舉爲祠部郎會稽世子元顯時錄尚書欲使百僚致敬內外順之使廣爲議廣常以爲愧焉元顯引爲中軍參軍遷領軍長史桓玄輔政以爲大將軍文學祭酒義熙初奉詔撰車服儀注除鎮軍諮議領記室封樂成侯轉員外散騎常侍領著作尚書奏左史述言右官書事乘志顯於晉鄭春秋著乎魯史自聖代有造中興記者道風帝典煥乎史策而太和以降世歷三朝玄風聖迹儵爲疇古臣等參詳宜勅著作郎徐廣撰成國史於是勑廣撰集焉還驍騎將軍領徐州大中正轉

正員常侍大司農仍領著作如故十二年勒成晉紀凡四十六卷表上之因乞解史任不許遷祕書監初桓玄篡位帝出宮廣陪列悲動左右及劉裕受禪恭帝遜位廣獨哀感涕泗交流謝晦見之謂曰徐公將無小過也廣收淚而言曰君為宋朝佐命吾乃晉室遺老憂喜之事固不同時乃更歔欷因辭衰老乞歸桑梓性好讀書老猶不倦年七十四卒於家廣答禮問行於世

史臣曰古之王者咸建史官昭法立訓莫近於此若夫原始要終紀情括性其言微而顯其義皎而明然後可以茵藹緹油作程遐世者也丘明既沒班馬迭興奮鴻筆於西京騁直詞於東觀自斯已降分明競爽可以繼明先典者陳壽得之乎江漢英靈信有之矣允源將率之子篤志典墳紹統戚藩之胤研機載籍咸能綜緝遺文垂諸不朽豈必克傳門業方擅箕裘者哉處叔區區勵精著述混淆蕪舛良不足觀叔寧寡聞穿窬王氏雖勤成一家未足多尚令升安國有良史之才而所著之事惜非正典悠悠晉室斯文將墜鄧粲謝沉祖述前史葺宇重軒之下施牀連榻之上奇詞異義罕見稱焉習氏徐公俱云筆削彰善

癉惡以爲懲勸夫蹈忠履正貞士之心背義圖榮君子不取而彥威跡淪寇壤
逡巡於僞國野民運遭革命流連於舊朝行不違言廣得之矣
贊曰陳壽含章巖巖孤峙虎溥勵節摛辭綜理王恖雅才虞慚惇史干孫撫翰
前良可擬鄧謝懷鉛異聞無紀習亦研思徐非絢美咸被簡冊共傳遥祀
晉書卷八十二

晉書卷八十二考證

王長文傳長文通玄經未遭陸績君山耳○臣宗楷按山各本訛出漢書桓譚字君山今改正

習鑿齒傳繁王之舊宅○臣宗楷按繁王謂繁欽王粲也

晉書卷八十二考證

晉書卷八十三

唐　太　宗　文　皇　帝　御　撰

列傳第五十三

顧和

顧和字君孝侍中衆之族子也曾祖容吳荆州刺史祖相臨海太守和二歲喪父總角便有清操族叔榮雅重之曰此吾家麒麟興吾宗者必此子也時宗人球亦有令聞爲州別駕榮謂之曰卿速步君孝超卿矣王導爲揚州辟從事月旦當朝未入停車門外周顗遇之和方擇蝨夷然不動顗既過顧指和心曰此中何所有和徐應曰此中最是難測地顗入謂導曰卿州吏中有一令僕才導亦以爲然和嘗詣導導小極對之疲睡和欲叩會之因謂同坐曰昔每聞族叔元公道公叶贊中宗保全江表體小不安令人喘息導覺之謂和曰卿珪璋特達機警有鋒不徒東南之美實爲海內之俊由是遂知名既而導遣八部從事之部和爲下傳還同時俱見諸從事各言二千石官長得失和獨無言導問和

卿何所聞答曰明公作輔寧使網漏吞舟何緣採聽風聞以察察爲政導咨嗟
稱善累遷司徒掾時東海王沖爲長水校尉妙選僚屬以沛國劉耽爲司馬和
爲主簿永昌初除司徒左曹掾太寧初王敦請爲主簿遷太子舍人車騎參軍
護軍長史王導爲揚州請爲別駕所歷皆著稱遷散騎侍郎尚書吏部司空郗
鑒請爲長史領晉陵太守咸康初拜御史中丞劾奏尚書左丞戴抗贓汙百萬
付法議罪幷免尚書傅玩郎劉傭官百僚憚之遷侍中初中興東遷舊章多闕
而冕旒飾以翡翠珊瑚及雜珠等和奏舊冕有十二旒皆用玉珠今用雜珠等
非禮若不能用玉可用白璇成帝於是始下太常改之先是帝以保母周氏有
阿保之勞欲假其名號內外皆奉詔和獨上疏以爲周保祐聖躬不遺其勳第
舍供給擬於戚屬恩澤所加已爲過隆若假名號記籍未見明比惟漢靈帝以
乳母趙嬈爲平氏君此末代之私恩非先代之令典且君舉必書將軌物垂則
書而不法後嗣何觀帝從之轉吏部尚書頻徙領軍將軍太常卿國子祭酒康
帝即位將祀南北郊和議以爲車駕宜親行帝從之皆躬親行禮遷尚書僕射

以母老固辭詔書勅諭特聽暮出朝還其見優遇如此尋朝議以端右之副不宜處外更拜銀青光祿大夫領國子祭酒頃之母憂去職居喪以孝聞既練衞將軍褚裒上書薦和起爲尚書令遣散騎郎喻旨和每見逼促輒號咷慟絕謂所親曰古人或有釋其憂服以祗王命蓋以才足幹時故不得不體國殉義吾在常日猶不如人況今中心荒亂將何以補於萬分祗足以示輕忘孝道貽素冠之議耳帝又下詔曰百揆務殷端右總要而曠職經久甚以悒然昔先朝政道休明中夏隆盛山賈諸公皆釋服從時不獲遂其情禮況今日艱難百王之弊尚書令禮已過祥練豈得聽不赴急疾而遂罔極之情乎和表疏十餘上遂不起服闋然後視職時南中郎將謝尚領宣城內史收涇令陳幹殺之有司以尚違法糾黜詔原之和重奏曰尚先劾姦贓罪入甲戌赦聽自首減死而尚近表云幹包藏姦猾輒收行刑幹事狀自郡非犯軍戎不由都督按尚蒙親賢之舉荷文武之任不能爲國惜體平心聽斷內挾小憾肆其威虐遠近怪愕莫不解體尚忝外屬宥之有典至於下吏宜正刑辟尚皇太后舅故寢其奏時汝南

王統江夏公衞崇並爲庶母制服三年和乃奏曰禮所以軌物成教故有國家者莫不崇正明本以一其統斯人倫之紀不二之道也爲人後者降其所出奪天屬之性顯至公之義降殺節文著于周典按汝南王統爲庶母居廬服重江夏公衞崇本由踈屬開國之緒近喪所生復行重制違冒禮度肆其私情閭閻許其過厚談者莫以爲非則政道陵遲由乎禮廢憲章頹替始於容違若弗糾正無以齊物皆可下太常奪服若不祗王命應加貶黜詔從之和居任多所獻納雖權臣不苟阿撓永和七年以疾篤辭位拜左光祿大夫儀同三司加散騎常侍尚書令如故其年卒年六十四追贈侍中司空諡曰穆子淳歷尚書吏部郎給事黃門侍郎左衞將軍

袁瓌 子喬 喬孫山松 瓌弟猷 從祖準 準孫耽 耽子質 質子湛 湛弟豹

袁瓌字山甫陳郡陽夏人魏郎中令渙之曾孫也祖父並早卒瓌與弟猷欲奉母避亂求爲江淮閒縣拜呂令轉江都因南渡元帝以爲丹陽令中興建拜奉朝請遷治書御史時東海王越尸既爲石勒所焚妃裴氏求招魂葬越朝廷疑

之褒與博士傅純議以爲招魂葬是謂埋神不可從也帝然之雖許裴氏招魂
葬越遂下詔禁之尋除廬江太守大將軍王敦引爲諮議參軍俄爲臨川太守
敦平爲鎮南將軍卞敦軍司尋自解還都游于會稽蘇峻之難與王舒共起義
軍以功封長合鄉侯徵補散騎常侍徙大司農尋除國子祭酒頃之加散騎常
侍于時喪亂之後禮教陵遲褒上疏曰臣聞先王之教也崇典訓以弘遠代明
禮學以統後生所以導萬物之性暢爲善之道也宗周既興文史載煥端委垂
於南蠻頌聲溢於四海故延州聘魯聞雅而歎韓起適魯觀易而美何者立人
之道於斯爲首孔子恂恂以教洙泗孟軻係之誨誘無倦是以仁義之聲于今
猶存禮讓之節時或有之曠昔皇運陵替喪亂屢臻儒林之教漸頹庠序之禮
有闕國學索然墳籍莫啓有心之徒抱志無由昔魏武帝身親介胄務在武功
猶尚廢鞍覽卷投戈吟詠況今陛下以聖明臨朝百官以虔恭莅事朝野無虞
江外謐靜如之何泱泱之風漠然無聞洋洋之美墜於聖世乎古人有言詩書
義之府禮樂德之則實宜留心經籍闡明學義使諷誦之音盈於京室味道之

賢是則是詠豈不盛哉若得給其宅地備其學徒博士僚屬粗有其官則臣之
願也疏奏成帝從之國學之興自瓌始也以年在懸車上疏告老尋卒追贈光
祿大夫諡曰恭子喬嗣

喬字彥叔初拜佐著作郎輔國將軍桓溫請爲司馬除司徒左西屬不就拜尚
書郎桓溫鎮京口復引爲司馬領廣陵相初喬與褚裒友善及康獻皇后臨朝
喬與裒書曰皇太后踐登正祚臨御皇朝將軍之於國外姓之太上皇也至於
皇子近屬咸有揖讓之禮而況策名人臣而交媟人父天性攸尊亦宜體國而
重矣故友之好請於此辭染絲之變墨翟致懷岐路之感楊朱興歎況與將軍
游處少長雖世譽先後而臭味同歸也平昔之交與禮數而降箕踞之懽隨時
事而替雖欲虛詠濠肆脫落儀制其能得乎來物無停變化遷代豈惟寸晷事
亦有之夫御器者神制衆以約願將軍怡情無事以理勝爲任親仗賢達以納
善爲大執筆惆悵不能自盡論者以爲得禮還安西諮議參軍長沙相不拜尋
督沔中諸戍江夏隨義陽三郡軍事建武將軍江夏相時桓溫謀伐蜀衆以爲

不可喬勸温曰夫經略大事故非常情所具智者了於胸心然後舉無遺算耳
今天下之難二寇而已蜀雖險固方胡爲弱將欲除之先從易者今泝流萬里
經歷天險彼或有備不必可剋然蜀人自以斗絶一方恃其完固不修攻戰之
具若以精卒一萬輕軍速進比彼聞之我已入其險要李勢君臣不過自力一
戰擒之必矣論者恐大軍既西胡必闚覦此又似是而非何者胡聞萬里征伐
以爲內有重備必不敢動縱復越逸江渚諸軍足以守境此無憂矣蜀土富實
號稱天府昔諸葛武侯欲以抗衡中國今誠不能爲害然勢據上流易爲寇盜
若襲而取之者有其人衆此國之大利也温從之使喬以江夏相領二千人爲
軍鋒師次彭模去賊已近議者欲兩道並進以分賊勢喬曰今深入萬里置之
死地士無反顧之心所謂人自爲戰者也今分爲兩軍軍力不一萬一偏敗則
大事去矣不如全軍而進棄去釜甑齎三日糧勝可必矣温以爲然即一時俱
進去成都十里與賊大戰前鋒失利喬軍亦退矢及馬首左右失色喬因麾而
進聲氣愈厲遂大破之長驅至成都李勢既降勢將鄧定隗文以其屬反衆各

萬餘温自擊定喬擊文破之進號龍驤將軍封湘西伯尋卒年三十六温甚悼惜之追贈益州刺史謚曰簡喬博學有文才注論語及詩幷諸文筆皆行於世子方平嗣亦以軌素自立辟大司馬掾歷義興琅邪太守卒子山松嗣

山松少有才名博學有文章著後漢書百篇衿情秀遠善音樂舊歌有行路難曲辭頗疎質山松好之乃文其辭句婉其節制每因酣醉縱歌之聽者莫不流涕初羊曇善唱樂桓伊能挽歌及山松行路難繼之時人謂之三絕時張湛好爲齋前種松柏而山松每出游好令左右作挽歌人謂湛屋下陳尸山松道上行殯山松歷顯位爲吳郡太守孫恩作亂山松守滬瀆城城陷被害

猷字申甫少與瓌齊名代瓌爲呂令復相繼爲江都由是俱渡江瓌爲丹陽猷爲武康兄弟列宰名邑論者美之歷位侍中衞尉卿猷孫宏見文苑傳

準字孝尼以儒學知名注喪服經官至給事中準子沖字景玄光祿勳沖子耽

耽字彥道少有才氣俶儻不羈爲士類所稱桓温少時游于博徒資產俱盡尙有負進思自振之方莫知所出欲求濟於耽而耽在艱試以告焉耽略無難色

遂變服懷布帽隨温與債主戲耽素有藝名債者聞之而不相識謂之曰卿當
不辦作袁彥道也遂就局十萬一擲直上百萬耽投馬絶叫探布帽擲地曰竟
識袁彥道不其通脫若此蘇峻之役王導引爲參軍隨導在石頭初路永匡術
賈寧等皆峻心腹聞祖約奔敗懼事不立迭說峻誅大臣峻既不納永等慮必
敗陰結於導導使耽潛說路永使歸順峻平封秭歸男拜建威將軍歷陽太守
咸康初石季龍游騎十餘匹至歷陽耽上列不言騎少時胡寇強盛朝野危懼
王導以宰輔之重請自討之既而賊騎不多又已退散導止不行朝廷以耽失
於輕妄黜之尋復爲導從事中郎方加大任會卒時年二十五子質
質字道和自涣至質五世並以道素繼業惟其父耽以雄豪著及質又以孝行
稱官歷琅邪內史東陽太守質子湛
湛字士深少有操植以沖粹自立而無文華故不爲流俗所重時謝混爲僕射
范泰贈湛及混詩云亦有後出儁離羣頗騫翥湛恨而不答自中書令爲僕射
左光祿大夫晉寧男卒於官湛弟豹

豹字士蔚博學善文辭有經國才爲劉裕所知後爲太尉長史丹陽尹卒

江逌 從弟灌 子績

江逌字道載陳留圉人也曾祖蕤譙郡太守祖允蕪湖令父濟安東參軍逌少孤與從弟灌共居甚相友悌由是獲當時之譽避蘇峻之亂屏居臨海絶棄人事翦茅結宇耽翫載籍有終焉之志本州辟從事除佐著作郎並不就征北將軍蔡謨命爲參軍何充復引爲驃騎功曹以家貧求試守爲太末令縣界深山中有亡命數百家恃險爲阻前後守宰莫能平逌到官召其魁帥厚加撫接諭以禍福旬月之閒襁負而至朝廷嘉之州檄爲治中轉別駕遷吳令中軍將軍殷浩將謀北伐請爲諮議參軍浩甚重之遷長史浩方脩復洛陽經營荒梗逌爲上佐甚有匡弼之益軍中書檄皆以委逌時羌及丁零叛浩軍震懼姚襄去浩十里結營以逼浩浩令逌擊之逌進兵至襄營謂將校曰今兵非不精而衆少於羌且其塹柵甚固難與校力吾當以計破之乃取數百雞以長繩連之繫火於足羣雞駭散飛集襄營襄營火發因其亂隨而擊之襄遂少敗及桓溫奏

廢浩佐吏逌遂免頃之除中書郎升平中遷吏部郎長兼侍中穆帝將修後池起閣道逌上疏曰臣聞王者處萬乘之極享富有之大必顯明制度以表崇高威其文物以殊貴賤建靈臺浚辟雍立宮館設苑囿所以弘於皇之尊彰臨下之義前聖創其禮後代遵其矩當代之君咸營斯事周宣興百堵之作鴻鴈歌安宅之歡魯僖修泮水之宮採芹有思樂之頌蓋上之有爲非予欲是盈下之奉上不以劬勞爲勤此自古之令典軌儀之大式也夫理無常然三正相詭司牧之體與世而移致飾則素故賁返於剝有大必盈則受之以謙損上益下順兆庶之悅享以二簋用至約之義是以唐虞流化於茅茨夏禹垂美於卑室過儉之陋非中庸之制然三聖行之以致至道漢高祖當營建之始怒宮庫之壯孝文處既富之世愛十家之產亦以播惠當時著稱來葉今者二虜未殄神州荒蕪舉江左之眾經略艱難漕揚越之粟北餽河洛兵不獲戢運戍悠遠倉庫內罄百姓力竭加春夏以來水旱爲害遠近之收普減常年財傷人困大役未已軍國之用無所取給方之往代豐弊相懸損之又損實在今日伏惟陛下聖

質天縱凝曠清虛闡日新之盛茂欽明之量無欲體於自然沖素刑乎萬國韶旣盡美則必盡善宜養以玄虛守以無爲登覽不以臺觀游豫不以苑沼偃息畢於仁義馳騁極於六藝觀巍巍之隆鑒二代之文仰味羲農俯尋周孔其爲逍遙足以尊道德之輔親搢紳之秀疇咨以時顧問不倦獻替諷諫日月而聞則庶績惟凝六合咸熙中興之盛邁於殷宗休嘉之慶流乎無窮昔漢起德陽鍾離抗言魏營宮殿陳羣正辭臣雖才非若人然職忝近侍言不足採而義在以聞帝嘉其言而止復領本州大中正升平末遷太常逌累讓不許穆帝崩山林將用寶器逌諫曰以宣皇顧命終制山陵不設明器以貽後則景帝奉遵遺制逮文明皇后崩武皇帝亦承前制無所施設惟脯糒之奠瓦器而已昔康皇帝玄宮始用寶劍金舄此蓋太妃罔己之情實違先旨累世之法今外欲以爲故事臣請述先旨停此二物書奏從之哀帝以天文失度欲依尚書洪祀之制於太極前殿親執虔肅冀以免咎使太常集博士草其制逌上疏諫曰臣尋史漢舊制藝文志劉向五行傳洪祀出於其中然自前代以來莫有用者又其文

惟說爲祀而不載儀注此蓋久遠不行之事非常人所參校按漢儀天子所親之祠惟宗廟而已祭天於雲陽祭地於汾陰在於別宮遙拜不詣壇所其餘羣祀之所必在幽靜是以圓丘方澤列於郊野今若於承明之庭正殿之前設羣神之坐行躬親之禮準之舊典有乖常式臣聞妖眚之發所以鑒悟時主故寅畏上通則宋災退度德禮增修則殷道以隆此往代之成驗不易之定理頃者星辰頗有變異陛下祗戒之誠達於天人在予之懼忘寢與食仰虔玄象俯凝庶政嘉祥之應實在今日而猶乾乾夕惕思廣玆道誠實聖懷殷勤之至然洪祀有書無儀不行於世詢訪時學莫識其禮且其文曰洪祀大祀也陽曰神陰曰靈舉國相率而行祀順四時之序無令過差今按文而言皆漫而無適不可得詳若不詳而修其失不小帝不納逌又上疏曰臣謹更思尋參之時事今強戎據於關雍桀狄縱於河朔封豕四逸虔劉神州長旌不卷鉦鼓日戒兵疲人困歲無休已人事弊於下則七曜錯於上災沴之作固其宜然又頃者以來無乃大異彼月之蝕義見詩人星辰莫同載於五行故洪範不以爲沴陛下今以

晷度之失同之六沴引其輕變方之重旹求己篤於禹湯憂勤踰乎日昃將修大祀以禮神祇傳曰外順天地時氣而祭其鬼神然則神必有號祀必有儀按洪祀之文惟神靈大略而無所祭之名稱舉國行祀而無貴賤之阻有赤黍之盛而無牲醴之奠儀法所用闕略非一若率文而行則舉義皆闕有所施補則不統其源漢侍中盧植時之達學受法不究則不敢厝心誠以五行深遠神道幽昧探賾之求難以常思錯綜之理不可一數臣非至精孰能與此帝猶勅撰定逌又陳古義帝乃止逌在職多所匡諫著阮籍序贊逸士箴及詩賦奏議數十篇行於世病卒時年五十八子蔚吳興太守

灌字道羣父曹尚書郎灌少知名才識亞於逌州辟主簿舉秀才爲治中轉別駕歷司徒屬北中郎長史領晉陵太守簡文帝引爲撫軍從事中郎後遷吏部郎時謝奕爲尚書銓敘不允灌每執正不從奕託以他事免之受黜無怨色頃之簡文帝又以爲撫軍司馬甚相賓禮遷御史中丞轉吳興太守灌性方正視權貴蔑如也爲大司馬桓溫所惡溫欲中傷之徵拜侍中以在郡時公事有失

追免之後爲祕書監尋復解職時温方執權朝廷希旨故灌積年不調温末年以爲諮議參軍會温薨遷尚書中護軍復出爲吳郡太守加秩中二千石未拜卒子績

績字仲元有志氣除祕書郎以父與謝氏不穆故謝安之世辟召無所從論者多之安薨始爲會稽王道子驃騎主簿多所規諫歷諮議參軍出爲南郡相會荊州刺史殷仲堪舉兵以應王恭仲堪要績與南蠻校尉殷顗同行並不從仲堪等屢以爲言績終不爲之屈顗慮績及禍乃於仲堪坐和解之績曰大丈夫何至以死相脅江仲元行年六十但未知獲死所耳一坐皆爲之懼仲堪憚其堅正以楊佺期代之朝廷聞而徵績爲御史中丞奏劾無所屈撓會稽世子元顯專政夜開六門績密啓會稽王道子欲以奏聞道子不許車胤亦曰元顯驕縱宜禁制之道子默然元顯聞而謂衆曰江績車胤間我父子遣人密讓之俄而績卒朝野悼之

車胤

車胤字武子南平人也曾祖浚吳會稽太守父育郡主簿太守王胡之名知人見胤於童幼之中謂胤父曰此兒當大興卿門可使專學胤恭勤不倦博學多通家貧不常得油夏月則練囊盛數十螢火以照書以夜繼日焉及長風姿美劭機悟敏速甚有鄉曲之譽桓溫在荆州辟爲從事以辯識義理深重之引爲主簿稍遷別駕征西長史遂顯於朝廷時惟胤與吳隱之以寒素博學知名于世又善於賞會當時每有盛坐而胤不在皆云無車公不樂謝安游集之日輒開筵待之寧康初以胤爲中書侍郎關內侯孝武帝嘗講孝經僕射謝安侍坐尚書陸納侍講侍中卞耽執讀黃門侍郎謝石吏部郎袁宏執經胤與丹陽尹王混摘句時論榮之累遷侍中太元中增置太學生百人以胤領國子博士其後年議郊廟明堂之事胤以明堂之制既甚難詳且樂主於和禮主於敬故質文不同音器亦殊既茅茨廣廈不一其度何必守其形範而不弘本順時乎九服咸寧四野無塵然後明堂辟雍可光而修之時從其議又遷驃騎長史太常進爵臨湘侯以疾去職俄爲護軍將軍時王國寶諂於會稽王道子諷八坐啓

以道子爲丞相加殊禮胤曰此乃成王所以尊周公也今主上當陽升成王之地相王在位豈得爲周公乎望實二三並不宜爾必大忤上意乃稱疾不署其事疏奏帝大怒而甚嘉胤隆安初爲吳興太守秩中二千石辭疾不拜加輔國將軍丹陽尹頃之遷吏部尚書元顯有過胤與江績密言於道子將奏之事泄元顯逼令自裁俄而胤卒朝廷傷之

殷顗

殷顗字伯通陳郡人也祖融太常卿父康吳興太守顗性通率有才氣少與從弟仲堪俱知名太元中以中書郎擢爲南蠻校尉莅職清明政績肅舉及仲堪得王恭書將與兵內伐告顗欲同舉顗不平之曰夫人臣之義愼保所守朝廷是非宰輔之務豈藩屏之所圖也晉陽之事宜所不豫仲堪要之轉切顗怒曰吾進不敢同退不敢異仲堪甚以爲恨猶密諫仲堪辭甚切至仲堪既貴素情亦殊而志望無厭謂顗言爲非顗見江績亦以正直爲仲堪所斥知仲堪當逐異己樹置所親因出行散託疾不還仲堪聞其病出省之謂顗曰兄病殊爲可

憂顗曰我病不過身死但汝病在滅門幸熟爲慮勿以我爲念也仲堪不從卒與楊佺期桓玄同下顗遂以憂卒隆安中詔曰故南蠻校尉殷顗忠績未融奄焉隕喪可贈冠軍將軍弟仲文叔獻別有傳

王雅

王雅字茂達東海剡人魏衛將軍肅之曾孫也祖隆後將軍父景大鴻臚雅少知名州檄主簿舉秀才除郎中出補永興令以幹理著稱累遷尚書左右丞歷廷尉侍中左衛將軍丹陽尹領太子左衛率雅性好接下敬慎奉公孝武帝深加禮遇雖在外職侍見甚數朝廷大事多參謀議帝每置酒宴集雅未至不先舉觴其見重如此然任遇有過其才時人被以佞幸之目帝起清暑殿於後宮開北上閤出華林園與美人張氏同游止惟雅與焉會稽王道子領太子太傅以雅爲太子少傅時王珣兒婚賓客車騎甚衆會聞雅拜少傅迴詣雅者過半時風俗頹敝無復廉恥然少傅之任朝望屬珣珣亦頗以自許及中詔用雅衆遂赴雅焉將拜遇雨請以繖入王珣不許之因冒雨而拜雅既貴倖威權甚震

門下車騎常數百而善應接傾心禮之帝以道子無社稷器幹慮晏駕之後皇室傾危乃選時望以爲藩屏將擢王恭殷仲堪等先以訪雅雅以恭等無當世之才不可大任乃從容曰王恭風神簡貴志氣方嚴既居外戚之重當親賢之寄然其稟性峻隘無所苞容執自是之操無守節之志仲堪雖謹於細行以文義著稱亦無弘量且幹略不長若委以連率之重據形勝之地今四海無事足能守職若道不常隆必爲亂階矣帝以恭等爲當時秀望謂雅疾其勝己故不從二人皆被升用其後竟敗有識之士稱其知人遷領軍尚書散騎常侍方大崇進之將參副相之重而帝崩倉卒不獲顧命雅素被優遇一旦失權又以朝廷方亂內外攜離但慎默而已無所辯正雖在孝武世亦不能犯顏廷爭凡所謀謨唯唯而已尋遷左僕射隆安四年卒時年六十七追贈光祿大夫儀同三司長子準之散騎侍郎次協之黃門次少卿侍中並有士操立名於世云

史臣曰爰在中興玄風滋扇溺王綱於拱默撓國步於淸虛骨鯁謇諤之風蓋亦微矣而君孝固情禮而違顯命山甫獻誠讜而振頹風彥叔之兵謀道載之

正諫洋洋盈耳有足可稱灌不屈節於權臣績敢危言於賊將道子殊物之禮
車胤沮之無懼心仲堪反常之舉殷覬折之以正色求諸古烈何以加焉山松
悅哀挽於軒冕之辰彥道歡博徒於衰絰之日天心已喪其能濟乎旋及於促
齡俄致於非命宜哉
贊曰顧生軌物屢申誠讜袁子崇儒拯斯頹喪逌績剛謇車殷忠壯睠言遺直
莫之能尚
晉書卷八十三

西元二〇二〇年六月一日重製一版

晉書（附考證）冊四（唐太宗御撰 何超音義）

平裝六冊基本定價肆仟捌佰元正（郵運匯費另加）

發行人：張敏君

發行處：中華書局

臺北市內湖區舊宗路二段一八一巷八號五樓（5FL., No. 8, Lane 181, JIOU-TZUNG Rd., Sec 2, NEI HU, TAIPEI, 11494, TAIWAN)

客服電話：886-2-8797-8396

公司傳真：886-2-8797-8909

匯款帳戶：華南商業銀行西湖分行 179100026931

印刷：維中科技有限公司 海瑞印刷品有限公司

No. N1042-4

國家圖書館出版品預行編目(CIP)資料

晉書 / 唐太宗御撰 ; 何超音義. -- 重製一版. --
臺北市 : 中華書局, 2020.06
冊 ;　公分
ISBN 978-986-5512-16-3(全套 : 平裝)

1.晉史

623.101　　109007154